연규동 선생의
우리말 어휘 이야기

연규동

1963년 6월 18일 ~ 2022년 2월 9일

1985년 2월 서울대학교 인문대학 언어학과를 졸업하고, 1996년 8월 서울대학교 대학원 언어학과에서 문학박사학위를 받았다.

1992년 이래 일본 동경외국어대학과 미국 UCLA에서 초빙연구원으로 지냈으며, 서울대학교를 비롯하여 경기대학교, 고려대학교, 광운대학교, 덕성여자대학교, 서울시립대학교, 숙명여자대학교, 충남대학교의 강의교수를 거쳐, 2010년부터 연세대학교 인문학연구원 HK연구교수를 지냈다. 2020년에 경성대학교 한국한자연구소 교수로 취임하였다.

그간 ≪동서양 문자의 성립과 규범화≫, ≪말한다는 것 : 연규동 선생님의 언어와 소통 이야기≫, ≪통일시대의 한글 맞춤법≫을 비롯한 18편의 저서와 '근대국어 어휘집 연구 - 유해류 역학서를 중심으로'를 비롯한 60여 편의 논문을 발표하였다.

연규동 선생의 우리말 어휘 이야기

인   쇄 2023년 1월 9일
발   행 2023년 1월 20일
지 은 이 연규동
펴 낸 이 박찬익
펴 낸 곳 ㈜ 박이정
주   소 경기도 하남시 조정대로45 미사센텀비즈 8층 F827호
전   화 031-792-1195
팩   스 02-928-4683
홈페이지 www.pjbook.com
이 메 일 pijbook@naver.com
등   록 2014년 8월 22일 제2020-000029호
I S B N 979-11-5848-854-3 93710
책   값 22,000원

연규동 선생의

우리말 어휘 이야기

머리말

 이 책은 일 년 전 우리 곁을 홀연히 떠난 연규동 선생이 컴퓨터에 갈무리해 두었던 우리말 어휘에 관한 글을 모아 펴낸 유고집입니다. 연선생은 언어학 전문가는 물론 일반 교양인들도 이해하기 쉽도록 우리말어휘의 특성과 역사를 이야기하듯 쉽게 풀어썼습니다. 그래서 책 이름을 ≪연규동 선생의 우리말 어휘 이야기≫라 붙였습니다.

 연규동 선생은 서울대학교 언어학과를 졸업하고 대학원에서 "근대국어 어휘집 연구 - 유해류 역학서를 중심으로"(1996년)로 문학박사학위를 받은 역사언어학자였습니다. 학위논문 제목에서 보듯 어휘의 역사에 대한 연구, 역학서와 관련한 알타이어학에 대한 연구가 평생 연구의 중심 분야였습니다. 어휘사와 알타이어학을 연구하면서 자연스럽게 현장언어조사와 문자학에 대해서도 큰 관심을 쏟았습니다. 그래서 대학에서주로 어휘론, 알타이어학, 방언과 언어조사, 문자학과 훈민정음 등의 강의를 맡았으며, 전임 교수가 되었을 때는 문자학을 주요 분야로 삼아연구 활동을 펼쳤습니다.

 연규동 선생은 학술 논문뿐만 아니라 학생들이나 교양인들을 위한 해설 논문도 많이 썼습니다. 그간 저서 18편과 논문 60여 편이 이를 대변해 줍니다. 참으로 왕성한 저술 활동이었습니다. 넓고도 깊은 저술 활동이었습니다. 이 많은 저술 가운데 미처 출판하지 못한 글도 많이 있었습니다. 이 많은, 주옥과 같은 글을 컴퓨터 속에 담아둘 것이 아니라 정리해서 널리 펼칠 필요가 있었습니다. 그래서 첫째는 어휘 분야, 둘째는 문자 분야로 크게 두 분야로 나누어, 연 선생의 일주기를 맞이하여, 유고집을 세상에 펴내기로 유족과 동학들은 의견을 모았습니다. 그 가운데 이 책은 바로 어휘 분야의 책입니다.

연규동 선생의 어휘 연구는 어휘 역사로부터 시작하여 현대 한국어 어휘에 이르기까지 연구의 폭이 넓습니다. 그래서 이 책은 다음 두 부문으로 나누어서 편집하였습니다. 첫째는 현대 한국어의 어휘입니다. 생활 속에서 살펴보는 어휘 이야기입니다. 따라서 이 책의 제1부와 제2부에서는 바로 이러한 내용을 담아 보았습니다. 제1부에서는 우리 일상에서 마주치는 다양한 어휘 문제를 언어학의 관점에서 체계적으로 풀이해 줍니다. 그리고 제2부에서는 어휘와 한국어 어문규범의 문제를 쉽게 풀이해 줍니다. 둘째는 우리말 어휘의 역사입니다. 역사의 흐름 속에서 찾아보는 어휘 이야기입니다. 따라서 이 책의 제3부와 제4부에서는 바로 이러한 내용을 담아 보았습니다. 제3부는 우리말 어휘가 시대의 흐름에 따라 변천해 온 것을 역사언어학의 관점에서 다양하게 풀이해 줍니다. 그리고 제4부는 어휘와 관련하여 우리말의 뿌리와 삼국 시대 언어 문제를 알기 쉽게 풀이해 줍니다.

이 책을 펴내는 데는 유족인 부인 윤경희 님, 아들 연한결 님과 서울대학교 언어학과 동학들이 뜻을 함께하였습니다. 그래서 이 책의 기획과 편집, 그리고 내용 검토를 언어학과 동학들이 맡았습니다. 최대한 연 선생의 학문 업적을 정확하고 체계적으로 담고자 힘썼습니다. 다만 이 책에서 참고문헌을 제시하지 못했습니다. 그것은 편집자들이 원고 상태를 보면서 지은이가 어떤 부분을 어느 문헌에서 인용해 왔는지를 찾아 밝히기가 매우 어려웠기 때문입니다. 인용 부분을 일일이 밝히지 못한 점을 인용된 글의 저자분들께 깊은 양해의 말씀을 드립니다. 그리고 이 책의 내용 일부는 1999년부터 연 선생이 매월 대한화학회가 발행하는 ≪화학세계≫에 연재하였던 글입니다. 자연과학 월간지에 우리말에 관한 내용을 연재하는 특별한 기회를 마련해 주시고, 그 내용을 편집하여 이 책에 싣도록 양해해 주신 대한화학회에 감사의 말씀을 드립니다.

아무쪼록 이 책이 연규동 선생의 어휘 연구의 참모습을 살펴보고 기리는 의의가 있기를 바랍니다. 여러 독자들께서 이 책을 통해 우리말의 어휘와 어휘 역사를 쉽고 정확하게 이해하시길 소망합니다. 그리고 기꺼이 이 책의 출판을 맡아 주신 (주) 박이정의 박찬익 사장님께 감사드립니다. 끝으로 다시금 연규동 선생의 영원한 안식을 빕니다.

2023년 1월 1일
편집 대표   권재일

차 례

:: 제3부 역사 속에서 찾아보는 우리말 어휘

:: **연규동 교수 논저 일람**

제1부

생활 속에서 살펴보는 우리말 어휘

 # 한글과 한국어

《조선왕조실록》의 기록에 의하면 한글은 1443년 음력 12월에 완성되어, 약 3년간의 검토 기간을 거쳐 1446년 음력 9월 상한에 반포되었다. 우리가 한글날을 10월 9일로 기념하는 것은 한글이 일반 백성에게 반포된 날인 음력 9월 상한을 양력으로 환산하여 정해진 날이다.

한글이 처음 만들어졌을 때의 이름은 '백성을 가르치는 바른 소리'라는 의미의 '훈민정음'(訓民正音)이었다. 그 이후 한글은 '언문, 반절, 암클, 국문' 등으로 불리었는데, '한글'이라는 명칭을 처음 사용한 사람은 개화기의 국어학자 주시경 선생으로 알려져 있다.

여기에서 주의할 점은 한글은 '문자'를 가리키는 명칭이지 '언어'를 가리키는 것은 아니라는 점이다. 즉, '한글'과 '한국어'를 구별하여야 한다. 예를 들어 '센스, 판타지아' 등은 외국어지만, 한글로 표기된 것이고, '學校, 民族' 등은 우리말이지만, 한자로 표기되었다. 그러므로 순우리말로 지은 이름인 '한결, 샛별' 등을 '한글 이름'이라고 하는 것은 잘못된 것이다. 어떤 이름이든 한글로 표기되면 그것은 한글 이름이다. 또한 '한글 사전을 찾아보아라'라든지 '한글보다 외국어를 더 품위 있게 생각하는 경향이 있다'와 같은 말 역시 잘못 사용한 것이다. 이런 경우에 '우리말 사전을 찾아보아라'와 '우리말보다 외국어를 더 품위 있게 생각하는 경향이 있다'처럼 사용해야 바르다.

세계 문자사에서 한글은 독창적이고 과학적이라고 평가받고 있다. 한글의 독창성은, 대부분의 세계 문자가 이미 존재하고 있는 다른 문자를 변형해서 만들어진 것인 반면에, 한글은 전혀 새로운 것이라는 점에서 독창적이라는 평가를 받는다. 아마 문자를 창제한 원리와 창제자가 알려진 유일한 문자라고 할 수 있을 것이다. 항간에는 한글이 가림다문(加臨多文)이나 신대문자(神代文字) 등 이전의 다른 글자들을 베낀 것이라고 하는 이야기를 하는 사람도 있지만, 이들은 모두 추측이거나 잘못된 근거에 의한 판단이다. 물론 한자나 파스파문자 등 이미 존재하였던 문자들을 참고하였을 것이지만, 그 기본 개념은 세종대왕의 독창적인 것이다. 이러한 한글의 독창성은 다른 문자들과는 다르게 한글이 과학적으로 구성되어 있다는 점에 잘 나타나 있다. 한글의 과학성은, 한글의 각 문자와 그것이 표시하는 소리 사이에 직접적이고 체계적인 관련이 있다는 점에서 받는 평가이다.

한글의 독창성과 과학성에 대해서는, 집현전 학자들이 세종대왕의 명령을 받고 한글에 대해 해설을 붙인 ≪훈민정음≫(訓民正音)이라는 책에서 명백하게 찾아볼 수 있다. ≪훈민정음≫의 제자해(制字解 : 글자 만든 원리)에는 한글의 자형이 어디에 근거한 것이며 어떤 구성으로 이루어졌는가에 대해 언어학적인 측면과 철학적인 측면으로 나누어 상세하고 깊이 있게 해설하고 있다. 여기에서는 언어학적인 측면의 해설을 토대로 한글의 제자 원리를 간단히 살펴보기로 하자.

한글의 창제 원리는 첫째 '본뜸'의 원리 즉 상형(象形)이다. 즉, 한글 자모는 각각 뿔뿔이 만들어진 것이 아니고 몇 개의 기본자를 먼저 만든 다음, 나머지는 이것들에서 파생시켜 나가는 식으로 만들어졌다.

자음 글자의 기본자는 'ㄱ, ㄴ, ㅁ, ㅅ, ㅇ' 다섯 개인데, 이들은 모두 발음기관을 본떠서 만들었다. 우선 글자 'ㄱ'과 'ㄴ'은 이 소리 들을 낼 때의 혀 모양을 상형한 것이다. 즉, 'ㄱ'은 혀의 뒷부분이 목구멍을 막는 모양을 본떴으며, 'ㄴ'은 혀가 윗잇몸에 붙는 모양을 본떴다. 아울러 'ㅁ'은 입, 'ㅅ'은 이, 'ㅇ'은 목구멍의 모양을 상형한 것이라는 것은 금방 생각해 볼 수 있을 것이다. 또한, 모음 글자의 기본자는 'ㆍ, ㅡ, ㅣ' 세 개인데, 이들은 삼재(三才 : 하늘과 땅과 사람)의 모양을 본떠서 만들고 다시 이들을 결합하여 'ㅏ, ㅓ, ㅗ, ㅜ' 글자를 만든 것이다.

한글이 만들어진 두 번째의 원리는 '덧쓰기'의 원리 즉, 가획(加劃)과 재출(再出)이다. 예를 들어 'ㄱ'에 획을 하나 더하면 'ㅋ'이 되고, 마찬가지로 'ㄴ'에 획을 하나 더하면 'ㄷ'이 되며, 다시 'ㄷ'에 한 획을 더하면 'ㅌ'이 되는 것이다. 이런 식으로 나머지 자음 글자들을 만들었다. 이러한 '덧쓰기'의 원리는 모음에도 그대로 적용되어, 'ㅏ, ㅓ, ㅗ, ㅜ'에서 각각 'ㅑ, ㅕ, ㅛ, ㅠ'가 나오는 것이다.

한글이 만들어진 세 번째의 원리는 '나란히'의 원리 즉, 병서(竝書)이다. 'ㄲ, ㄸ, ㅃ, ㅆ, ㅉ'과 같은 된소리는 'ㄱ, ㄷ, ㅂ, ㅅ, ㅈ'을 나란히 겹쳐 만듦으로써 이 소리들이 엉기는 소리임을 표시해 주었다.

한글이 세계에 처음 알려진 것은 20세기 들어서이다. 그럼에도 이 같은 '본뜸, 덧쓰기, 나란히'의 원리가 독창적이고 과학적이라는 점이 세계 문자학자들의 높은 관심을 받았다. 즉, 기본 글자를 먼저 만들고 그것을 조합하여 다른 글자들을 생성하는 방법은 현대 과학 또는 수학의 생성 원리와 일치되는 점이다. 따라서 한글의 각 글자 모양은 자음 간에 존재하는 음운론적인 관계를 반영하고 있다. 입안의 동일한 위치에서 발음되는 자음들은 동일한 기본적인 글자형을 공유하는 것이다. 그래서 만약 이 자음 중의 하나에 자질이 첨가된다면, 그 자음을 위한 글자에는 한 획이 첨가되며(덧쓰기의 원리), 이 자음들이 엉기어서 나는 소리는 그 자음을 위한 글자를 겹쳐 쓰게 되는 것이다(나란히의 원리).

이처럼 한글이 소리의 산출기관인 발음기관을 상형하고 그것을 바탕으로 글자를 만들고 있다는 사실은 세계 문자사에서도 일찍이 전례가 없었던 일이다. 한글의 이러한 원리를 로마자의 글자들을 비교해 보면 한글의 독창성과 과학성이 더 명확해진다. 예를 들어 로마자 g는 글자의 모양에서 어떠한 점도 그 음소가 어떻게 조음되는지 보여 주지 않는다. 반면에 한글의 'ㄱ'은 그 소리를 낼 때의 혀 모양을 본떴다는 것과 비교해 볼 수 있다. 또한 g와 k 같은 글자의 쌍은 그 글자들이 나타내는 두 음소가 어떤 식으로든 서로 연관되어 있다는 암시를 주지 않는다. 반면, 한글에서 'ㄱ'과 'ㅋ'을 비교해 보면 그 차이를 쉽게 알 수 있다. 이렇듯 세종대왕은 인간의 발음기관을 본떠 가장 과학적인 문자를 만들어 내었다.

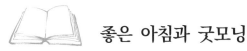

좋은 아침과 굿모닝

어휘와 관련하여, 이번에는 우리 생활에서 언어가 어떤 기능을 담당하고 있는가를 몇 가지로 나누어 살펴보도록 하자.

첫째, 언어는 지시적 기능을 수행한다. 말하는 사람은 듣는 사람에게 말하고자 하는 내용에 대해 알려주는 것이 있으면, 이를 언어를 통해서 한다. 하늘, 달, 별과 같은 자연에 대해 말할 수도 있고, 사랑, 희망 같은 추상적인 내용을 논할 수도 있는데, 이 경우 언어는 그 대상을 지시하는 것이다. 언어가 수행하는 가장 원초적인 기능이라고 할 수 있다.

둘째, 인간은 언어를 개인적인 느낌을 표현하는데 사용할 수 있다. 이를 정서적 기능이라고 한다. 같은 단어를 발음하더라도 높낮이를 넣든가, 길거나 짧게 말한다든가, 강하거나 약하게 말하는 것은, 그 말이 가지고 있는 지시적 기능 외에 말하는 사람의 감정을 실어 보내고 싶기 때문이다. '무더운', '끔찍한'과 같은 말의 첫음절에 아무리 강하고 높은 억양을 넣어도 그 단어가 나타내는 지시적인 의미에는 아무런 변화가 없으나 말하는 사람의 느낌은 강렬하게 전달된다. '흥, 저런' 등의 감탄사라든가, '아야' 등 아플 때 내는 소리들 역시 모두 자신의 마음속의 있는 느낌을 표현한다. 또한 매일 찾아와 귀찮게 구는 걸인을 보고, '아이구, 저 인간, 또 왔어'라고 하는 말에도 언어의 정서적 기능이 이용되고 있다.

셋째, 언어를 사용하여 인간은 상대방에게 무엇을 요구하거나, 일을 시키는 기능을 하기도 한다. 예를 들어, 듣는 이로 하여금 교실의 창문을 닫게 하고 싶을 때, '문 좀 닫아라'라고 직접 명령문을 사용할 수도 있고, "거기, 문!", "문 좀 닫지 않겠니?", "문 좀 닫아주시면 감사하겠습니다", "왜 이리 춥지!" 등처럼 여러 가지 표현 방식을 사용할 수 있는데, 이 말을 듣고 상대방이 문을 닫았다면 언어의 명령적 기능을 발휘했다고 볼 수 있다. 명령적 기능을 표현하는 방식은 상대방과의 관계, 이를테면 상하 관계인지, 친밀한 관계인지, 서먹서먹한 관계인지 등에 따라 다양한 표현이 가능하다.

우리의 생활 속에서 말로 사람의 행동을 구속하거나 통제하는 것 역시 언어의 명령적 기능이다. 예를 들어 "피고는 무죄이므로 석방한다."라든가, "이번 주 일요일에 영화 보여 줄게."와 같은 말들도 재판장의 말 한마디에 따라 사람의 운명이 좌우되거나, 약속을 통하여 자신과 상대방의 행동을 구속한다는 점에서 언어의 명령적 기능에 속한다고 할 수 있다. 또한 "여기에서는 금연입니다."라는 말은 겉으로 보기에는 단순히 서술하고 있지만, 여기에는 '금연하라'는 명령문과 같은 기능을 하고 있다. 마찬가지로 "휴지통이 꽉 찼네."라는 말을 들으면 우리는 휴지통을 비우는 행동을 해야 한다.

넷째, 언어는 무언가 꼭 할 말이 있을 때만 사용하는 것이 아니라, 순전히 상대방과의 유대 관계를 확인하거나 친교를 돈독히 하기 위한 목적으로 사용되는 경우도 있다. 즉, 언어를 통하여 실질적인 의사 전달이나 정보 교환이 아닌 의례적이거나 형식적인 말을 하기도 하는데, 이를 언어의 친교적 기능이라고 한다.

우리가 다른 사람과 처음 만났을 때 하는 인사말들이 그 대표적인 예이다. 이런 인사말들은 서로 간에 무슨 필요한 정보를 전달하기 위한 것이 아니라 그저 서로 친숙한 관계에 있다거나, 서로 호의를 가지고 있다는 점을 전달하기 위한 목적으로 사용된다. "안녕하십니까, 잘 있었니, 오래간만입니다, 진지 잡수셨습니까?"와 같은 인사말들은 사람들이 만나 반갑다는 뜻으로 웃으며 악수를 한다거나, 포옹을 한다거나, 정답게 어깨를 두들긴다거나 하는 행동들과 마찬가지로 원만한 사회생활의 유지를 위하여 윤활유와 같은 기능을 하는 것이다. 그러기에 날씨가 흐린 날도 Good Morning이라는 인사말을 주고받을 수 있게 된다. 언어가 단지 지시적 기능만을 하고 있다면, 큰 태풍이 부는 날에 '좋은 아침'이라는 말은 사용할 수 없을 것이다.

어렸을 때 동네 어른들이 "어디 가니?"라고 물은 적이 있다. 가다 멈추어 서서 굳이 내가 가는 곳을 일일이 설명해 드린 기억이 있다. 그 어른은 내가 어디 가는지 궁금해서 물은 것은 아니다. 바로 언어의 친교적 기능을 내가 이해하지 못했던 까닭이었다. 길에서 오랜만에 만난 친구에게 "다음에 차나 한잔하지."라고 말하면서도 전화번호를 묻지 않고 헤어지는 것 역시 마찬가지이다.

어떤 사람이 길가에 자동차를 세워 둔 채 서 있었다. 이를 보고 한 청년이 다가가 "타이어가 터졌나요?"라고 말을 걸었다. 그러자 자동차의 운전자가 화를 내며, "보면 몰라요? 제가 심심해서 여기다 차를 세운 줄 아세요? 누구 약 올리는 것도 아니고."라고 말했다면 그 사람은 언어의 친교적 기능을 이해하지 못했다고 할 수 있다. 그 청년은 단지 타이어가 터진 사실을 묻고 있는 것이 아니라, 무언가 도움을 주겠다는 신호를 보낸 것이기 때문이다.

다섯째, 우리는 언어를 사용하여 언어 자체에 관해서 이야기를 할 수도 있다. 또 언어를 사용해서 다른 언어를 정의하기도 하고, 언어를 배우기도 한다. 이를 언어의 관어적(關語的) 기능 또는 메타언어적 기능이라고 한다. 예를 들어 '춘부장'이란 다른 사람의 아버지를 일컬을 때 쓰는 말이다, 'I' is the eighth letter와 같은 것이 언어의 메타적 기능을 잘 보여 준다고 할 수 있다.

"그런 말씀을 하시는 진정한 뜻은 무엇인가요?, 선생님 말씀을 문자 그대로 해석해도 괜찮겠습니까?, 제 말씀을 질책이 아니라 일종의 질문으로 받아들여 주시기 바랍니다." 이런 표현들은 모두 언어외적인 대상에 대하여 말하는 것이 아니라 언어 자체에 대하여 확인하거나 설명하는 것이다. 관어적 기능을 하는 이러한 표현들은 모국어를 배울 때는 물론 외국어를 배울 때에도 매우 중요한 역할을 한다.

여섯째, 우리는 언어를 사용할 때 표현이 되도록 아름다운 짜임새를 가지도록 의식적이건 무의식적이건 노력한다. 즉, 자기가 말하고자 하는 내용을 신중하게 고려하는 것은 물론이지만 일종의 미학적인 기준을 따르는 일도 많다. 같은 말을 하더라도 좀 더 듣기 좋은 표현이 따로 있기 때문이다. 이럴 때 사용되는 언어의 기능을 시적 기능이라고 한다.

시나 소설 같은 문학 작품에서는 물론, 대중을 상대로 하는 선전, 광고, 구호, 표어 등에서도 이러한 언어의 미적 기능을 잘 확인할 수 있다. '산이 좋아 산을 마신다, 산이 좋아 산에 취한다'라는 광고에서는 사전적 의미의 '산'과 제품 이름을 절묘하게 결합함으로써 제품의 특성을 긍정적인 이미지로 알리고 있는 것이다. '티 없이 맑은 T'라는 음료수 광고에서도 마찬가지로 앞의 '티'와 뒤의 'T'가 같은 발음이라는 사실을 이용한 것으로 볼 수 있다. '천상병은 천상 시인이다'와 같은 시집 제목에서도 언어의 시적 기능은 발휘되고 있다. "울음 끝에서 슬픔이 무너지고 길이 보인다, 우울할 땐 울면, 짜증 날 땐 짜장면, 라라라 즐거울 땐 라면" 등 일상생활에서 언어의 시적 기능은 여러모로 이용되고 있다.

따라서 "날씨가 참 좋군요."라는 말이 정말 글자 그대로의 뜻일 수도 있지만, 과거 언젠가 날씨가 좋은 날 야외로 놀러 가자고 한 사람에게 이 말을 했다면 언어의 명령적 기능으로 사용된 것이고, 아침에 만난 동료 직원에게 이 말을 했다면 언어의 친교적 기능으로 사용된 것이며, 맑은 하늘을 보며 말했다면 언어의 지시적 기능으로 사용되었다고 볼 수 있다. 또한 이를 자기 혼잣말로 했다면 자신의 감정을 토로한 말로 해석될 수도 있다.

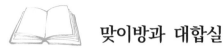# 맞이방과 대합실

　언젠가부터 '맞이방, 길머리'라는 말을 들어 보았을 것이다. 이 말은 철도청에서, 광복 이후 사용하고 있던 일본식 용어와 국민들이 이해하기 어렵고 어법에도 맞지 않는 철도 특유의 어휘를 바르고 쉬운 우리말로 바꾸어 쓰기로 한 용어들이다. 좀 낯설게 느껴질지도 모르겠지만, 이제 어휘에 대한 우리들의 의식이 조금씩 바뀌어 가고 있는 것 같아 바람직하게 생각된다.

　물론 '대합실, 행선지'라는 단어가 아직 사용되었다는 점에서 놀라움을 금할 수가 없다. 일본의 식민지에서 벗어난 지가 벌써 칠십 년이 훨씬 지났음에도 언어의 관점에서는 아직도 식민지의 영향에 있다고 말해도 과언이 아닌 듯하다. '대합실'(待合室)을 한자대로 해석해 보면 '대합(待合)하는 실(室)'이라는 뜻이겠다. 그런데 '실'이야 '대기실, 편집실' 등에서 사용된다고 하더라도, '대합'(待合)이 우리말이 아니라는 데에 문제가 있다. 당연한 이야기이겠지만, 국어 사전에도 '대합'은 보이지 않는다. 즉, '대합'이라는 말은 일본어에서 '기다림'이라는 뜻을 가진 명사이지 우리말은 아니다. 마찬가지로 '행선지' 역시 '행선'(行先)이 우리말 어법에 맞지 않은 말이라는 점에서 다시 생각할 여지가 있다. '선'(先)은 우리말에서 '먼저, 앞'의 의미만이 있을 뿐, 일본에서 사용되듯이 '목적지, 장소'의 의미는 없기 때문이다.

　우리와 용법이 다른 일본식 한자어의 예는 우리말에서 손쉽게 찾아낼 수 있다. '잔고, 생산고' 등에 들어 있는 '고'(高)에는 '돈'의 의미가 들어 있지 않을 뿐더러, '수입원, 공급원' 등에 들어 있는 '원'(元)에 '중심지'라는 뜻이 들어 있지 않다. 또한, '총기 수입'(手入), '고수부지'(高水敷地) 등도 모두 일본에서 만들어진 말이다.

이와는 조금 다른 경우인데, '인터체인지, 톨게이트'를 '나들목, 요금소'로 바꿔 사용한 것은 주목할 만한 변화였다. '인터체인지, 톨게이트'가 영어에서 온 말이라는 것은 영어를 아는 사람이라면 다 알 수 있는 말이지만, '톨게이트'의 경우, '게이트'(gate)가 '문'이라는 것을 알더라도 '톨'(toll)이 '사용료, 세금'의 의미라는 것을 아는 사람은 그다지 많지 않기 때문이다. 이처럼 많은 이들이 그 뜻도 제대로 알지 못하고 써 온 말이 '톨게이트'였던 것이다.

본래 뜰이나 정원을 의미하는 독일어 '호프'는 언젠가부터 우리말에서 '생맥줏집'으로 통하고 있거나, 역시 뜰이나 정원을 뜻하는 영어 '가든'이 '갈빗집'을 가리키는 것은 원래 언어와는 다르게 우리말에서만 사용되는 용법이다. 이와 비슷한 예들 역시 우리 주위에서 흔히 찾아볼 수 있다. 녹슬지 않는 철로 만든 그릇은 '스댕 그릇'이라고 한다거나 운동복을 '추리닝'이라고 하는 것, 또는 할인 판매를 '세일'이라고 하는 것은 모두 영어 'stainless steel, training wear, bargain sale'에서 일부를 떼어내어 만들어진 말로 우리나라에서 통용되는 말이라고 할 수 있다.

물론 이런 말들이 이미 우리말에서 굳어져 있는 것들이라는 사실을 무시할 수는 없다. 그러므로 이제 와서 전혀 사용하지 않을 수도 없을 듯하다. 그렇지만 처음 이 말들을 받아들일 때, 조금만 주의했다면 얼마든지 바르게 사용할 수 있었을 것이라는 아쉬움은 남아 있다. 이처럼 무의식적으로 외국어를 받아들이는 이유는 여러 가지 있지만, 어떤 용어를 우리말로 적절하게 옮길 말이 없으며, 옮긴다 하더라도 그 뜻이 잘 살아나지 않고, 또 그 뜻을 잘 살려 옮기자니 음절이 너무 길어진다는 이유 때문에 무비판적으로 외국어를 남용했던 것도 사실이다.

지금도 우리는 다른 나라의 기술을 그 용어와 함께 받아들이고 있다. 그러나 우리 자신의 불편, 무관심, 또는 허세 때문에 많은 부분에 외국어를 그대로 쓰고 있다. 문제는 이제부터이다. 새로운 말을 받아들일 때, 우선 가급적 익숙한 우리말로 바꾸는 노력이 필요하다. 물론 여기서 우리말이라고 했을 때 반드시 고유어만을 고집할 필요는 없다. 고유어로 바꿀 수 있으면 더할 나위 없이 좋겠지만, 한자어가 가지고 있는 간결성 또한 무시할 수는 없겠다.

언어란 사실상 습관의 문제이다. 처음에는 조금 입에 익지 않아서 낯설게 느껴지더라도 자주 사용하면 금방 입에 붙게 된다. 조금 연배가 있으신 분들이라면, 많이 사용했던 '벤또, 다마네기, 야끼만두, 요비링, 자부동' 등의 일본어가 이젠 우리말에서 거의 죽은 말이 된 것을 느낄 수가 있을 것이다. 또한 요즈음 널리 쓰이고 있는 '동아리, 뒤풀이'보다는, 학생 시절에 사용되던 '써클, 애프터'라는 말이 더 익숙하게 느껴질지도 모르겠다. 그렇지만, '동아리, 뒤풀이'를 반복해서 사용하게 되자 이젠 '써클, 애프터'가 낯선 단어가 되어 버렸다.

이처럼 우리가 마음만 굳게 먹고 조금만 주의를 기울이면 얼마든지 바르게 고칠 수 있음에도 타성적으로 잘못된 말이나 외래어를 남용하는 것은 문제가 있다. 따라서 우리말, 우리글에 대한 관심은 일부 국어학자들의 일만은 아니다. 우리말, 우리글 문제를 전적으로 전문가에게만 돌려버렸기 때문에 일어난 잘못도 꽤 많았다. 두 가지 예를 들어보기로 하겠다.

언젠가 '샛강을 살리자'라는 환경운동이 크게 전개된 적이 있었다. 여기에서 '샛강'이 잘못 사용되고 있었다. '샛강을 살리자'라는 표어에서는 '샛강'을 '큰 강으로 모여드는 시냇물, 개천, 지류' 등의 의미로 이해한 듯한데, 실은 '샛강'의 원래 의미는 '큰 강의 줄기에서 한 줄기가 갈려 나가 중간에 섬을 이루고, 하류에 가서는 다시 본래의 큰 강에 합쳐지는 강'이다. 서울의 여의도 샛강이 바로 그것이다. 이처럼 우리말에 무관심했던 한 환경운동가에 의해 잘못 사용된 단어가 마치 옳은 것인 양 사용된 적이 있었다.

또 다른 예는 '도우미'에서 볼 수 있다. 대전 과학엑스포 때에 만들어진 '도우미'라는 단어는 영어의 helper, server를 번역한 아주 잘 만들어진 단어라고 할 수 있다. 그런데 '도움이'로 표기해야 올바르다. 그런데 한 번 잘못 표기되자 그 이후에 계속 다 '도우미'로 쓸 뿐만 아니라, '깔끄미, 새코미'와 같은 비슷한 잘못 표기를 낳게 되었다.

우리 주위의 모든 외래어를 몰아내자는 국수주의적인 생각은 올바르지 않다. 이른바 국제화, 세계화 시대에 어느 정도의 외국어, 외래어는 필요하고 또 피할 수 없는 일이기도 하다. 그렇지만 우리말, 우리글에 대한 조그마한 관심만이라도 가진다면 지금보다는 좀 더 나은 언어생활을 할 수 있을 것이다. 우리에게 널리 알려진 알퐁스 도데의 〈마지막 수업〉에 나오는 한 구절을 인용한다.

> "한 민족이 다른 나라에 노예가 되어 끌려가더라도 제 민족
> 의 말을 잘 보존한다면 이것은 감옥의 열쇠를 쥐고 있는 것
> 이나 마찬가지입니다."

밀레니엄 버그와 천년충

몇 해 전 서울 지하철 노선에 새로운 역이 개통되었다. 그때 지하철 각 역에는 이를 알리는 안내문이 게시되었고, 그 안에는 다음과 같은 내용이 들어 있었다.

운행시격 : R/H 2분 30초, 평시 5분

여기서 문제 삼고 싶은 부분은 바로 R/H라는 표기이다. 아마 이 글을 읽는 독자들은 이 말이 무슨 뜻인지는 모두 알고 있을 것이다. 지하철의 운행 간격이 평시에는 5분이고 '러시아워'에는 2분 30초라는 거겠다고 생각할 것이다. 그렇지만 다시 한번 생각해 보자. 우리가 R/H라는 표기를 보고 '러시아워'를 떠올리기까지는 다음과 같은 과정이 필요했다. 우선 R/H라고만 달랑 써 있었다면 아무도 그 뜻을 알아차리지 못했을 것이다. 영어 사전을 찾아보더라도 R/H라는 약어에는 '러시아워'란 의미는 들어 있지는 않다. 그러니까 일단 R/H란 단어는 '지하철 운행 안내, 운행시격, 평시 5분' 등과 같은 표현과 함께 사용됨으로써 그 의미를 갖게 되었다는 점이다. 따라서 R/H의 뜻을 알기 위해서는 그 단어의 뜻 자체보다는 그 단어가 사용된 문맥 의미를 고려할 줄 아는 지식이 필요했다는 점이다.

또한 시간과 관련 있는 문맥 속에 사용된 R/H를 보고 '러시아워'를 연상한 이들은 rush hour라는 영어 단어를 아는 사람들뿐이라는 것이다. 그러므로 영어를 모르는 사람이라면 R/H를 보고도 rush hour와 연결시키지 못했을 것이고, 따라서 R/H라는 표현의 뜻을 알기 위해서는 영어에 대한 지식이 필요하게 된다는 점이다. 결국 지하철 게시문 하나를 이해하기 위해서 그 게시물을 읽는 사람이 갖추어야 할 지식은 너무 복잡하지 않은가?

다시 생각해 보자. 지하철을 이용하는 사람들 중에 얼마나 많은 이들이 영어에 익숙할까? 요즘은 초등학교 때부터 영어를 배우고 있으므로 영어를 모르는 사람은 거의 없다고 할 수도 있겠지만, R/H라는 표기를 보고 '교통이 혼잡한 시간'이라는 의미까지 옮아갈 수 있는 지식이 없거나 부족하다고 해서, 다시 말해서 영어를 모른다고 해서 지하철 이용에 제약을 받는 사람이 있을 수도 있다면 이는 결코 간과해서는 안 된다. 자신에게 익숙하다고 해서 무심코 R/H라고 써 놓은 사람의 무신경이 비난받아야 할 이유가 바로 여기에 있다.

만약 그 게시문에 러시아워라고 써 놓았다면 사정은 좀 나아졌을 것이다. 비록 그 어원은 영어이고 우리가 그것을 수입해 와서 사용하고 있지만, 러시아워란 말은 일상생활에서 널리 사용되는 엄연한 우리말이기 때문이다. 그렇지만 더 바람직한 것은 '혼잡시'라든지 '출퇴근 때' 등으로 바뀌는 것이겠다. 아무래도 러시아워를 보고 이해하는 사람들보다는 '출퇴근 때' 등을 보고 이해할 수 있는 이들이 조금은 더 많았을 것이기 때문이다.

Y2K는 또 어떤가? 이 말이 'Year 2000'의 약자라는 사실 역시 이미

영어에 대한 지식을 전제로 하고 있지 않은가? 구식 컴퓨터의 연도 인식 오류 가능성을 이해하려면 컴퓨터에 대한 지식이 전제되어야 하는 것은 당연한 일이지만, 그럼에도 불구하고 'Y2K 문제'는 암호이지만, '2000년 문제'는 누구나 이해할 수 있고 의미를 유추해 낼 수 있는 표현이지 않는가.

이처럼 우리는 너무 쉽게 그리고 무의식적으로 영어에 기원을 둔 어휘를 일상용어로 만들어 버리는 경향이 있는 것 같다. 물론 이른바 세계화 시대에서 국제어로서 영어의 지위를 무시할 수는 없다. 영어를 비롯한 다양한 외국어의 도입은 우리말 어휘 수가 그만큼 늘어나고 표현이 다양해진다는 면에서 어떤 면에서는 바람직하기도 하다. 그런 의미에서 우리 생활에서 외국어 또는 외래어를 배격할 수는 없다. 그것은 언어뿐만이 아니라 이미 우리의 일상적인 삶이 서양화되어 가고 있는 것을 무조건 반대할 수도 없다는 것이기도 하다. 우리 것만을 고집하는 일은 현명하지 못한 일일뿐더러 우리가 먹고, 입고, 살고 있는 도구나 수단의 대부분이 이미 외국에 기원을 둔 것이기 때문이다. '만약에 김치가 없었더라면 무슨 맛으로 라면을 먹을까' 하는 어린이 노래도 들은 적이 있지만, 한국 사람이 그것이 없으면 잠시도 살 수 없다는 김치에 사용되는 고춧가루도 알고 보면 임진왜란 이후에 우리나라에 들어온 것이어서, 지금 우리가 떠올리는 김치의 모습은 적어도 그 이후에 형성된 것이라는 것을 생각하면 더욱 그러하다.

그렇지만 반드시 영어를 써야 할 곳이 아닌 곳까지 영어가 사용된다면, 그리고 그러한 영어의 사용이 멀쩡한 사람을 문맹으로 만들어 버릴

지도 모른다면, 그래서 영어를 모른다고 삶이 불편하거나 무식한 사람 취급을 받게 된다면, 이는 오히려 영어를 조금 안다고 하는 사람들이 잘못일 수 있다. 영어를 아는 것은 나름대로 능력일 수 있겠지만, 우리나라에 살면서 영어를 모른다고 해서 조금도 기죽을 필요가 없는 것 아닌가. 예들 들어 불어나 독일어를 잘 아는 사람들 사이에서 그 말들을 모른다고 위축되지 않거나 또 위축될 필요가 없는 것과 마찬가지이겠다. 그런데도 우리 사회는 영어를 아는 것을 아주 당연한 지식인 양 만들어 가고 있는 것 같다. 이런 점에서 영어에 익숙한 사람들이 더 주의해야 하는지도 모르겠다.

'인터넷, 컴퓨터' 등처럼 이미 널리 알려진 말들은 이제 어쩔 수 없다고 하더라도, 또 일부의 사람들 사이에서만 사용되는 특수한 분야의 전문 용어도 그 사용이 불가피하다고 하더라도, '핸드폰, 밀레니엄 베이비, 홈페이지' 등 우리가 조금만 신경을 썼으면 좋은 우리말을 만들어 낼 수 있는 곳까지 너무나 많은 말들이 그저 한글 표기만으로 사용되고 있다는 것은 안타까운 일이다.

자기 혼자 보는 글이나 소수 집단 내에서 사용하는 글에서는 방언을 사용하든지 맞춤법에 어긋나는 표현을 쓰든지, 아니면 자기나 그 모임만 알 수 있는 비밀부호를 사용하든지, 이것은 아무 문제가 없다. 문제는 모든 말과 글이 공적으로 사용될 때이다. 언어의 가장 기본적인 기능이 '의사소통'이라면 혹시 일부의 사람들에게 오해가 되거나 장애가 되지 않는 글을 써야 한다는 것은 기본이다. 그런 의미에서 한글 맞춤법이 필요하게 되는 것이고 표준어 규정이 필요한 것처럼, 외래어의 적절한 사용도 마찬가지이다.

다시 한번 말하자면, 모든 한자어나 외래어를 토박이말로 모두 바꾸어야 한다고 주장하는 것은 아니다. 새로 들어오는 모든 말들을 그저 받아서 쓰기보다는 이미 있는 우리말로 잘 표현해 내는 일도 나름대로 필요한 작업이라는 것이다. 이는 국어와 관련 있는 사람들만의 일은 아닐 것이다. 이런 점에서 '밀레니엄 버그'를 '천년충'(千年蟲)이라고 번역해서 사용하고 있는 중국 사람들의 지혜가 부러워진다.

한편, 언어의 세계에는 어휘가 원래 지니던 가치가 낮아지는 현상이 있다. 특히 외래어와 관련된 경우에서 쉽게 찾아볼 수 있다. 한동안 서민들의 사랑방 구실을 하던 '다방'이 '커피숍' 때문에 가치가 하락하자, 마치 '다방'은 시골 사람이나 나이 든 어른들만 다니는 곳처럼 느껴지고, 좀 배웠다는 사람이나 젊은이들은 '커피숍'만을 선호하게 되었다. 그렇지만 그 '커피숍'도 이젠 다른 외래어인 '까페'에 자리를 내어 주고 말았다.

이와 같이 '다방'이 '커피숍'이나 '까페'보다 낮은 의미를 갖게 된 현상은 외제 선호에 따른 것이라고 할 수 있다. 오래전 일이지만 한동안 외국 여행을 다녀온 사람들이라면 꼭 하나씩 들고 왔던 것이 가까운 이웃 나라의 밥통인 적이 있었다. 우리 것은 어딘가 모자라고 부족한 것이고, 외국의 것은 무조건 좋다는 의식 때문에 일어난 현상일 것이다. 이제 우리나라에서 만든 밥통이 외제 못지않게 되자, 적어도 밥통에 관한 한, 이런 현상은 사라졌다.

이른바 국제화, 세계화 시대가 되었다. 이에 따라 하루에도 수많은 외국 문물을 접하게 되고, 이 때문에 외국어를 접하는 빈도 또한 늘어나고 있다. 외국어와 여기사 비롯된 외래어는 문화의 폭을 넓혀주고 우리에게 없던 사상과 개념을 전달하여, 우리말과 우리 문화를 살찌우는 구실을 하기도 한다. 하지만, 외래어는 우리말의 영역을 잠식하여 결국 우리 문화의 설 자리가 좁아지게끔 하는 부작용을 낳기도 한다. 그렇지만, 부작용이 있다고 해서 외래어를 무조건 배척할 수는 없다. 우리의 의복, 음식, 주거환경 등 생활 전반에 걸쳐 전통적인 것보다는 외래문화를 받아들이고 있으면서 언어만은 그렇지 않기를 바라는 것 역시 지나친 국수주의일 수도 있다.

그렇지만, 맹목적으로 외제만을 선호하는 의식 역시 바람직한 태도라고는 볼 수 없다. '아내, 처'보다는 '와이프'가 높임말처럼 느껴지고, '동물 병원'이라고 하면 뭔가 고루하게 생각되어 '페트 클리닉'이라고 해야만 현대식 시설을 갖춘 곳으로 생각된다면, 무조건 외제를 선호하는 의식이 언어에까지 넓혀진 것이라 할 수 있다.

이런 현상은 이미 우리 주위에서 쉽게 찾아볼 수 있다. 신문, 잡지 등 인쇄 매체나 라디오, 텔레비전의 방송 매체에서 제목에 영어를 사용하고 있는 현상 역시 이미 꽤 오래된 일이기도 하지만, 요즘은 그 외의 분야에서도 외래어가 거의 일상화된 것을 느낄 수가 있다. 과거 프로야구가 처음 발족할 당시의 '(엠비시) 청룡'이라는 이름을 가진 구단이 있었지만, 지금은 모두 '라이온즈, 레이더스, 베어스, 자이언츠' 등으로 영어로 바뀌었다.

또한 예전에도 외래어 이름을 가진 그룹이 없었던 것은 아니지만, 요즘 그룹으로 활동하는 가수들은 거의 다 외래어를 사용하고 있는 실정이다. '핑클, 터보, 젝스키스, 영턱스클럽, HOT, SES' 등 그 예는 한이 없다. 그러기에 HOT를 뜨겁다는 의미의 영어 '핫'으로 읽으면 쉰세대, '에쵸티'로 읽으면 신세대라는 농담도 있었다. '금성'이 LG로, 선경이 SK로 이름을 바꾸는가 하면, 심지어는 국영기업인 '포항제철'까지 POSCO로 이름을 바꾸었다. '금성'이나 '선경'이라고 하면 회사 이름의 뜻이라도 알 수 있지만, LG나 SK는 그나마도 없다고 할 수 있다. 다만 서양적인 인상을 줄 뿐이다. 여기에 외국 것을 선호하는 의식을 엿볼 수 있다. 이런 의식은 사실 요즘만의 현상은 아니다. 한자말인 '연세(年歲), 성함(姓銜), 치아(齒牙), 왕림(枉臨)하다'가 '나이, 이름, 이, 오다'보다 더 존댓말이 되어 버린 현실을 보면 앞으로 몇 년 또는 몇십 년 뒤의 우리말이 어떻게 변해있을지 예측할 수 있을 듯하다.

우리말은 우리 문화를 창조하는 도구이다. 우리말을 살려 씀으로써 우리말을 보전하는 것은, 문화 식민지화도 막고 서양 문화의 독선도 막을 수 있다. 우리나라에서 현재 연구되고 있는 대부분 학문이 서양에서 들여온 것이라 외국어 학술용어가 상당히 많지만, 우리말이 힘을 얻으면 우리말로 새로운 사상과 개념도 지어낼 수 있을 것이다. 헤겔을 비롯한 독일 철학자들이 모국어인 독일어를 잘 살려 썼기 때문에 독일어와 독일 문화가 세계적인 수준으로 발돋움할 수 있었다는 사실을 염두에 두어야 하겠다.

그러므로 다른 나라의 학문과 기술을 수입하면서 제일 필요한 일은 그것을 자기의 것으로 소화하는 일이고, 그 개념을 적절하게 모국어로 옮기는 일이다. '그 기능들은 외국 사람들이 만들어서 자기 나라말로 이름 지어 놓고 사용하는 걸 우리가 배워서 쓰는 거니까 이름도 그대로 사용하면 되지'. 이런 태도라면 그동안 우리들이 배운 대부분 학문은 외국어투성이였을 것이다. 또한 오히려 새로운 기술을 개발하려는 생각보다는, 남의 것을 가져다 쓰겠다는 생각이 더 만연했을 것이다.

학술용어를 비롯해 우리말을 살려 쓰는 일에는 다음과 같은 요소들이 필요하다. 우선 권위 있는 말 만들기이다. 관련 분야의 중지를 모은 가운데, 그 분야의 석학들과 어문학자들이 공동으로 심의 과정을 거쳐서 최적의 용어를 제정하는 일이 기본적으로 중요한 일이다. 다음으로 널리 보급하여 보편적으로 사용되도록 해야 한다. 아무리 잘 만든 용어라 할지라도 널리 사용되지 않으면 아무 소용이 없다.

통신 관련 용어로서 '호스트에서 보내 주는 문자 등을 터미널에서 받아서 파일로 저장시키는 기능'을 의미하는 '캡처'(capture)라는 단어가 초기에 널리 사용되다가 '갈무리'로 바뀌었다. 지금이야 누구나 '갈무리'를 사용하고 있지만, 물론 그 말이 사용되기까지는 이를 효과적으로 보급하기 위해 노력한 사람들이 있었다. 이에 우리는 주시경 선생의 다음 말씀을 되새겨 볼 필요가 있다.

> "말은 사람과 사람의 뜻을 통하는 것이라. 한 말을 쓰는 사람과 사람끼리는 그 뜻을 통하여 살기를 서로 도와줌으로 그 사람들이 절로 한 덩이가 되고, 그 덩이가 점점 늘어 큰 덩이를 이루나니, 사람의 제일 큰 덩이는 나라라. 그러하므로

말은 나라를 이루는 것인데, 말이 오르면 나라도 오르고, 말이 내리면 나라도 내리나니라. 이러하므로 나라마다 그 말을 힘쓰지 아니할 수 없는 바니라."

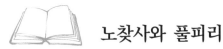# 노찾사와 풀피리

　이제는 세계 공용어가 된 영어에는 라틴어나 불어에서 받아들인 말들이 상당수를 차지하고 있다. 이처럼 어느 언어든지 외래 요소가 끼어 있게 마련이다. 여러 언어들이 서로 영향을 주고받는 과정에서, 한 언어에 없는 개념이라면 새로 만들어 내야 하겠지만, 그런 일이 쉽지 않거나 불가능할 경우 다른 언어에서 어휘를 차용(借用)하여 오게 된다.

　우리말의 어휘는 고유어와 한자어 그리고 외래어로 구성되어 있다. 고유어란 옛날부터 우리 조상들이 사용해 온 어휘이고, 한자어는 한자를 바탕으로 만들어진 어휘들이며, 또한 외래어는 다른 언어에서 빌려와 우리말의 어휘 체계에 편입된 어휘들이다. 한자어 역시 고유어가 아니라는 점에서는 외래어라 할 수도 있지만, 한자어가 우리말에서 차지하고 있는 위치가 다르므로 외래어와는 따로 취급하곤 한다. 특히 한자어는 우리말 어휘의 70% 정도를 차지하고 있는 것으로 알려져 있어, 이런 까닭에 우리말 어휘의 역사는 한자어가 들어온 역사라고 말하기도 한다.

　우리말의 외래어는 여러 언어에서 차용되어 왔다. 한자어와는 또 다른 중국어 차용어들은 중국 문화와의 직접적인 접촉의 결과 중국 문물과 함께 들어온 것들로서, 이들은 한국 한자음으로 읽히지 않고 중국음으로 읽힌다. '보배(←寶貝), 상투(←上頭), 무명(←木棉), 사탕(←砂糖)' 등과 같은 어휘가 바로 그것이다. 고려 시대에는 몽골의 영향 아래에서 주로 말과 매와 관련된 어휘들이 차용되었지만, 이제는 '보라매, 송골매'와 같은 어휘만 사용되고 있다. 이 어휘들이 몽골어 차용어라는 의식은 이제 거의 사라졌으므로, 이들은 우리말의 지위를 획득하였다고 보는 것이 더 좋을 것이다.

우리말 어휘에 영향을 미친 또 다른 언어는 일본어이다. '구루마, 벤또, 모찌, 우와기, 에리, 곤조, 와리깡, 단도리, 유도리, 무데뽀, 스끼다시, 시마이, 하꼬방' 등 상당히 많은 것들이 일본어에 기원을 둔 어휘들이다. 그런데 특이한 것은 이러한 일본계 외래어는 우리나라 사람들에게 강한 저항을 받았다는 점이다. 이는 일본과의 특수한 관계에 기인한 것이다. 최근 젊은이들은 위의 어휘 대부분은 이해하지 못하거나 사용하지 않고 있다.

이처럼 한 언어 내의 어휘 구성을 보면 그 언어를 사용하는 사람들의 역사까지도 엿볼 수 있다. 우리말에서 새로운 어휘는 우선적으로 중국어에서 빌려와 한자어로 표기되어 왔다. 그것은 우리 민족과 중국과의 관계를 보여 준다. 우리나라에 한자가 유입된 이래, 한자 및 한문에 능숙한 지식인들이 등장하기 시작했을 것이고, 그 이후부터는 한자어가 고유어와 함께 사용되기 시작했을 것이다. 우리의 일상생활에서 널리 쓰는 '가구(家口), 가정(家庭), 고독(孤獨), 고향(故鄕), 구원(救援), 생산(生産), 매매(賣買), 정치(政治), 용감(勇敢), 결혼(結婚), 사망(死亡)'과 같은 단어들이 이미 ≪삼국사기≫나 ≪삼국유사≫, ≪고려사≫ 등의 문헌에 이미 나타나 있다. 이처럼 오늘날 우리가 무심코 사용하는 한자어들이 우리나라에 유입되어 쓰인 역사가 오래되었음을 보여 준다. 그 당시에 이런 어휘들은 아마 외국어 또는 외래어 정도의 지위를 가지고 있었을 것으로 보인다.

우리가 쓰고 있는 한자어 중에는 '연역(演繹), 관념(觀念), 일요일(日曜日), 현상(現象)' 등과 같이 일본이 독자적으로 개발하여 만든 한자어를 그대로 수입해서 사용하는 것도 있다. 아울러 '입구(入口←いりぐち), 시장(市場←いちば), 호명(呼名←よびな), 품절(品切←しなぎれ), 입장(立場←たちば), 할인(割引←わりびき)' 등과 같이 일본에서는 한자로 표기될 뿐 한자어가 아닌 일본의 고유어인데 우리나라에서 한자음으로 읽어 한자어가 되어버린 것들도 있다. 이 같은 일본계 한자어는 20세기 초중엽에 일어난 한국어 어휘사에 돌이킬 수 없는 사실로서, 주로 일본 강점기나 개화기에 이루어졌다. 또한 '고수부지(高水敷地), 단신부임(單身赴任), 진검승부(眞劍勝負)' 등과 같이 최근에 만들어진 말들도 언론매체 등을 통해 수입되고 있다.

때로는 한국에서 만들어진 한자어들도 있다. '감기(感氣), 복덕방(福德房), 서방(書房), 도령(道令), 사돈(査頓), 편지(便紙)' 등은 예전에 만들어져 사용되어 온 한국 한자어이며, '자가용(自家用), 공주병(公主病), 성희롱(性戲弄), 당근(唐根)' 등은 현대에 만들어진 한국 한자어이다. 물론 한자어가 원래 가지고 있던 음을 포기하고 우리말의 어휘 체계에 동화된 경우도 있는데, 이런 경우는 한자어라기보다는 고유어로 보는 것이 더 좋을 듯하다. 이런 어휘들에는 '성냥(←石硫黃), 영계(←軟鷄), 얌채(←廉恥), 내숭(←內凶), 귀양(←歸鄕), 사냥(←山行)' 등이 있다. 한자어와 우리말과의 관계를 보여 주는 어휘들이라 할 수 있다.

이처럼 우리말과 밀접한 관계를 맺어온 한자어는 우리말의 어휘에 많은 영향을 미쳤다. 그 첫 번째 영향은 수많은 고유어가 중국어에 밀려 사라졌다는 데 있다. 'ᄀᆞᄅᆞᆷ, 구의, 여름, 즈믄, 큰말, 구실, ᄉᆞ뭇알다' 등과 같은 고유어들은 각각 '강(江), 관청(官廳), 농사(農事), 천(千), 대변(大便), 세금(稅金), 통달(通達)하다' 등과 같은 한자어에 자리를 내주었다.

또한 한자어가 고유어를 대치하지는 않았더라도 고유어보다는 중국어가 더 높임말인 것처럼 느껴지는 경우도 있다. 앞서도 언급한 예이지만, '나이, 이름, 이, 오다' 등을 사용할 대상이 있고, '연세(年歲), 성함(姓銜), 치아(齒牙), 왕림(枉臨)하다' 등을 사용할 대상이 있는 것도 한자어가 미친 두 번째 영향이라고 하겠다.

한자어가 우리말에 미친 세 번째 영향은 이른바 튀기말이라고 할 수 있다. 어떤 말이 한자어임을 모르게 되어 우리말처럼 느껴지게 되자 한자어와 고유어가 서로 결합한 현상이 나타난 것이다. '역전앞, 모래사장'은 널리 알려진 말이지만, 이런 현상은 '사기그릇, 매화꽃, 삼세판, 처갓집, 고목나무, 속내의, 겉표지, 깨끗이 청산하다, 다시 재발하다, 양팀 득점 없이 0대0, 판이하게 다르다, 백발이 하얗다, 왼쪽으로 좌회전하다, 뒤로 후퇴하다, 예방접종을 맞다' 등에서도 쉽게 찾아볼 수 있다.

네 번째는 한자어가 우리말 구조에까지 영향을 미치게 된 것이다. 한자어는 원래 '임정(←임시정부), 노조(←노동조합), 한은(←한국은행), 일제 시대(←일본제국주의 시대)' 등과 같이 일부 음절만을 떼어내서 줄임말을 만들 수 있지만, 고유어는 이런 규칙이 없었다. 그러나 1980년대 후반부터 이런 식으로 고유어를 만드는 방법이 일부에서 사용되기 시작하여 지금은 어느 정도 보편화되었다. 한자어에만 적용되는 규칙이 우리말에까지 확대된 것으로 볼 수 있다. '노찾사'(←노래를 찾는 사람들), '별다줄'(←별걸 다 줄여) 등.

이상과 같은 것들을 어떻게 평가해야 할지는 좀 더 생각해 보아야 하겠지만, 한자어의 장점이라고 할 수 있는 영향도 있다. 예를 들어 고유어로는 '생각'이 그 문맥에 따라 '사고, 사색, 명상, 묵상, 관조, 숙고, 추억, 상념, 상상, 연상'과 같이 분화되어 사용되거나, 또한 고유어 '고치다' 대신에 '수리하다, 수선하다, 치료하다, 교정하다, 수정하다, 개정하다, 개혁하다, 개조하다, 개수하다, 정정하다' 등을 구별하여 사용하게 된 것은, 한자어가 우리말의 표현을 풍부하게 할 수 있도록 도와준 것으로 볼 수 있다.

그런데 우리말 어휘의 70% 이상을 차지하고 있는 한자어는 '학교'와 같이 한글로 표기되기도 하지만 또한 '學校'와 같이 한자로도 표기될 수 있다. 그렇기 때문에 그동안 한자와 한자어에 관련해서 많은 논쟁이 있어 왔는데, 이러한 논쟁은 우리말 어휘 생활에 주요한 문제가 되어왔다.

한자어와 관련된 첫 번째 문제는, 한자어와 고유어 선택에 대한 논쟁이다. 이는 이른바 '문법, 명사, 동사'라는 용어와 '말본, 이름씨, 움직씨'라는 용어의 차이에 잘 드러나 있다. 때로 이러한 차이는 '빗물 펌프장'을 '우수 배제 펌프장'이라고 쓰고, '흠, 드러나다' 보다는 '하자, 가시화되다'라고 써야만 더 고상하고 권위가 있다고 느끼는 경향을 낳기도 했다.

그러나 이러한 관점 중 어느 한쪽 만을 고집할 수는 없어 보인다. 이미 널리 쓰이는 말 '학교, 비행기' 등을 '배움집, 날틀'로 고치거나 함께 쓰는 일은 불가능하고 실효성도 없어 보이는 일지만, 아직 일반화되지 않았거나 새로 만들어지는 말들을 고유어로 이름 붙이거나 또는 고유어와 한자어를 혼용하는 것은 그렇게 어려워 보이는 일은 아닌 듯하다. 예를 들어 '석영, 반월형 석도'를 '차돌, 반달 돌칼' 등으로 하는 것이 그런 예라 할 수 있다. 교육적인 측면에서 볼 때, 학생들에게 우격다짐식으로 용어 자체를 그저 외우게 하는 것보다 고유어로 용어를 사용하게 되면 그 내용을 쉽게 이해할 수 있다는 점에서 바람직해 보인다.

한자어와 관련된 두 번째 문제는 한자어를 어떻게 표기하느냐 하는 점이다. 한글과 한자를 어디에 중점을 두어 표기하는가에 따라 다음과 같이 네 가지 표기가 가능하다.

(1) a. 학교에 가다

b. 學校에 가다

c. 학교(學校)에 가다

d. 學校(학교)에 가다

언젠가 '한자 병용 정책'이 큰 논쟁을 일으킨 적이 있다. '학교에 가다'와 같은 표기가 일반적으로 사용되고 있지만, 도로표지판이나 간판 등에 '학교(學校)에 가다'처럼 한자를 병용하겠다는 정책이 논쟁을 낳은 것이다. 한자를 혼용하기를 주장하는 이들은 한자가 가진 표의성(表意

性)을 장점으로 들면서, 한자어는 한자로 표기되어야 그 뜻이 얼른 파악되다는 주장을 편다. 또한 한자로 표기되어야 동음이의어를 파악하는 데 도움이 된다는 것이다. '高3은 苦3'과 같은 다양한 표현도 한자와 결부되었을 때 가능하기도 하며, 지명인 '잠실, 죽전'을 한자 '蠶室, 竹田'과 결부시키면 그 유래를 쉽게 파악할 수 있어 전통문화의 계승에 도움이 된다는 주장도 있다.

그러나 이에 대한 반론도 만만하지 않다. 동음이의어는 어느 언어에도 있으며, 단어는 문맥 속에서 그 의미를 얻는 것이라는 주장이다. 예를 들어 '불을 막다'의 '방화'(防火)와 '불을 지르다'의 '방화'(放火)가 한글로만 적힐 때 오해의 소지가 있다고 하지만, '연쇄 방화 사건을 조사 중이다'라고 할 때, 여기에서 방화를 '불을 막다'라는 의미로 파악하는 이가 있겠는가, '방화수'를 '불 지르는 물'이라고 생각하는 사람이 있겠는가, 하는 것이다.

사실 하나의 언어가 하나의 문자 체계로 표기되는 것은 아주 자연스러운 현상이다. 이는 가장 대중적이라고 할 수 있는 최근의 신문, 잡지나 단행본 등을 보면 알 수가 있으며, 또한 근대 이후에 한글 전용을 가장 먼저 시작한 것이 번역 성서였고, 그 뒤를 이은 것이 소설이었다는 사실은 시사하는 바가 크다고 할 수 있다.

세 번째 문제는 한자 교육에 관한 것이다. 즉, 새로운 세대에게 한자를 교육하여야 할 것인지 아니면 전혀 가르치지 말 것인지 하는 문제이다. 이는 한자 표기 문제와 결부되어 있기는 하지만, 그것과는 또 다른 것이다. 예를 들어 '학교에 가다'와 같이 표기하여야 한다는 태도라 하더라도, 한자 교육은 필요하다고 할 수 있기 때문이다.

[동님문]이라고 읽는 독립문을 '독립문'이라고 표기하는 까닭은 이 낱말이 각각 '獨, 立, 門'이라는 한자와 결부되어 있기 때문이다. 즉 한자를 전제하지 않으면 '독립문'이라고 표기할 근거가 사라지게 된다. 어차피 한자어가 우리말과 우리글에 큰 영향을 미치는 이상, 그 표기야 어떻든 한자를 알고 있으면, 주어진 단어에 대한 인지도를 더 높일 수 있으므로 한자를 교육해야 한다는 것이다.

물론 '독학, 독재, 독점, 독창, 독자적, 독보적, 독단, 독신, 단독' 등 '독'을 포함하는 낱말들을 배워 가면서 자연스럽게 '독'의 의미를 알게 될 수도 있을 것이고, 또한 이런 과정을 통한다면 '독립문'의 '독'이 '애독자'의 '독'과는 어떻게 다르고 '중독자'의 '독'과는 어떻게 다른지를 구분할 수도 있을 듯하다. 그러나 이때 한자를 개입시킨다면 설명이 훨씬 깔끔하고 간단해진다는 사실은 부인할 수 없다. 또한 '현무암'의 색깔이 검은색이라는 것을 이 단어가 '玄武巖'에서 온 것임을 알면 쉽게 알 수 있지만, 그렇지 못하면 이 사실을 따로 암기해야 한다는 점에서 한자 교육의 필요성을 논하기도 한다.

네 번째 문제는 한자 교육의 방법과 시기에 관한 논쟁이다. 만약 한자 교육을 하게 된다면, 한국어 시간에 할 것인가 아니면 외국어 교육의 일부로 할 것인가 하는 문제이고, 이를 초등학생 때부터 시작할 것인가 아니면 중학교 이상의 학생들에게 할 것인가 하는 논쟁이다. 한자 교육이 필요하다면 한자 시간을 따로 만들어 가르치자는 주장과, 한자 교육을 외국어의 일부로서 하게 된다면 단순히 한자 또는 한문 암기로 끝나지만, 한자 교육을 국어 시간에 한다면 우리말과 우리글의 이해력을 높이고 우리말의 정확한 사용에 도움이 된다는 주장이 각각 그것이다.

이처럼 한자와 한자어에 관련된 논쟁은 여러 논점이 뒤섞여 있다고 할 수 있다. 이러한 논쟁은 언제든지 되풀이될 것으로 보이지만, 논점을 명백하게 구분하지 않으면 근본을 잃어버릴 수도 있게 된다.

풀잎이나 나뭇잎 가장자리를 살짝 접어서 부는 전통 연주 방법인 '풀피리'를 새로 서울특별시가 무형문화재로 지정한 바 있다. 그런데 그 공식 이름은 '초적'(草笛)이라고 정했다고 하였다. 공식적으로는 고유어 '풀피리'가 낯선 한자어 '초적'에 밀려난 셈이다.

재미있는 것은 이러한 영향이 영어에 기원을 둔 외래어에도 똑같이 보인다는 점이다. 아직 고유어가 영어계 외래어와의 싸움에서 진 경우는 보이지 않지만, 일부 계층에서는 외래어가 고유어보다 더 활발하게 사용되고 있다. 고유어를 대치해 버린 한자어들도 처음에는 일반인들보다 한자에 익숙한 지식층에서부터 시작되었을 것이라는 점을 고려해 본다면, 이른바 지식인들의 의식이 좀 더 정제될 필요가 있을 듯하다. 고유어보다 외래어가 더 높임말처럼 느껴지는 예들은 많이 있다. 한자어와 고유어가 결합한 튀기말처럼 외래어와 고유어가 결합한 튀기말도 아주 많이 찾아볼 수 있다. 또한 외래어를 적절히 줄여 사용하는 것도 현대 한국어에서 아주 흔한 일이다. 우리 일상생활의 어휘를 어떻게 사용해야 할까, 우리 모두 고민해 보아야 할 것이다.

대딩과 19남설

얼마 전, 큰 흥행으로 관심을 모았던 영화 〈접속〉이 있었다. 이 영화가 성공한 이유는 무엇보다도 요즘 젊은 세대들에게 유행처럼 번지는 인터넷 통신을 이야기의 중심에 설정한 것에 있다고 할 수 있다. 이처럼 인터넷 통신은 이제 젊은 세대들에게 없어서는 안 될 새로운 문화로 자리매김을 하고 있다. 인터넷 통신이 이전에는 없던 매체이며 새로운 문화 현상이라는 점을 생각하면, 그곳에는 분명 과거와는 다른 새로운 어떤 문화적 현상이나 행동들 특히 젊은 세대들의 행동 양식이나 사고가 담겨 있음을 알 수 있다.

이제 인터넷 통신 등에서 널리 사용되고 있는 통신 언어에 대하여 생각해 보기로 하겠다. 이 글의 제목을 바로 이해하신 독자라면 아마 어느 정도 통신 언어에 익숙해 있다고 볼 수 있다.

통신에서 사용되는 언어들은 크게 두 가지로 나누어 볼 수 있다. 첫째는 '방가, 20000, 어솨요, 잼있다, 며짤, 아뒤, 19남설' 등과 같은 것이다. 이들은 각각 '반가워, 그럼 이만, 어서 오세요, 재미있다, 몇 살, 아이디, 19세 남자 서울 거주'라는 뜻으로, 이 표현을 보면 알 수 있듯이 대부분 맞춤법과 표준어에 어긋난 것이거나 또는 간편하게 줄인 것이다.

둘째는 '고딩, 대딩, 직딩, 정팅, 비방, 잠수, 도배'와 같이 은어의 성격을 띠고 있는 것이다. 이 말들은 각각 '고등학생, 대학생, 직장인, 정해진 시간에 하는 채팅, 비밀번호를 사용하는 대화방, 둘이서만 이야기하기, 같은 내용으로 화면을 가득 채우는 일'이라는 의미를 가지고 있다.

젊은 세대들 사이에서 이러한 통신 언어가 널리 쓰이는 이유는 여러 가지가 있겠지만 크게 다음과 같이 볼 수 있다. 첫 번째는 간편성 때문이다. 말로 하는 것보다는 자판을 두드리는 것이 더 느리기 마련이다. 생각의 속도를 타자 속도가 따라갈 수 없기 때문에, 되도록 줄여서 타자를 하게 되는 것이다. 그래서 어려운 받침은 간단하게 하며, 소리나는 대로 쓰려는 경향이 나타나게 되었다. 휴대전화의 문자 메시지도 마찬가지이다. 제한된 메시지 안에 자신이 하고 싶은 말을 담으려니까 글자들을 되도록 줄여서 하나로 만들어 쓰려는 것은 당연할 수도 있다. 두 번째는 은밀성 때문이다. 젊은 세대는 다른 집단과는 구별되는 자신들만의 공간과 문화를 누리고 싶어 하는 속성을 띄게 마련이다. 따라서 남들은 잘 알아들을 수 없는 그들만의 언어를 소유함으로써 이러한 은밀성을 더욱 견고히 하게 되고 그 집단 구성원들에게는 동질감을 느끼게 하는 것이다. 즉, 일상생활과는 다른 언어를 사용함으로써 새로움과 신선함을 느끼는 동시에, 그 집단만의 암호 같은 것을 형성함으로써 다른 집단과는 구별되는 차별성을 두고 싶은 욕구에서 비롯되었다고 볼 수 있다.

그러나 이런 통신 언어를 부정적으로 바라보는 이유는 무엇보다도 이러한 통신 언어가 어문규범을 파괴한다는 데에 있다. 속어나 은어들이 교양 있는 언어생활을 파괴하듯이, 통신 언어의 새로운 표현들이 현재 쓰이는 어문규범을 파괴한다는 것이다. 또한 언어가 단순한 표현수단이 아닌 생활 양식까지 표현하는 것이라면, 이런 언어 양식이 젊은 세대들의 행동과 생활 양식까지 악영향을 끼치지 않을까 하는 우려도 커지고 있다.

게다가 아직 맞춤법도 정확히 알지 못하는 초등학생들은 말할 것도 없고, 심지어는 대학생까지도 글을 쓰거나 일상생활에서 대화를 할 때에 무의식적으로 통신 언어를 사용하게 되고, 심지어는 흔히 쓰다 보니 익숙해져서 그것을 잘못된 것이라고는 생각하지 못하는 데에 있다는 것이다.

그러나 이러한 현상을 좀 더 다른 방향으로 생각해 볼 필요도 있다. 우선 인터넷 통신은 새로운 문화라는 점을 인식해야 할 것이다. 새롭다는 것은 이전과는 분명히 다르다는 것을 전제로 한다. 통신 문화라는 새로운 현상 속에는 당연히 그 특색에 맞는 그 세대들 고유의 행동이나 표현 양식이 그대로 반영되는 것이다. 이전 종이 편지 세대에는 편지만의 독특한 표현이 있었듯이, 통신 세대에는 그들만의 새로운 감각과 표현이 담겨 있는 것은 당연할 것이다. 따라서 젊은 세대의 새로운 문화 양식이라는 시각으로 바라본다면 통신 언어에 대한 부정적 시각을 벗어나 그 세대의 자연스러운 현상으로 볼 수 있을 것이다. 이러한 언어 양식은 전화하듯 바로바로 서로의 의사를 주고받지만, 소리 등의 형태가 아닌 글로 써서 의사를 전달하는 것으로, 구어체와 문어체의 속성을 둘 다 가지고 있는 특이한 언어 양식이다. '전화 편지' 또는 '말을 쓴다'라는 표현이 걸맞을지도 모른다.

이러한 인터넷 언어의 유행은 전통적인 필기도구를 사용한 이전 세대들의 글쓰기 문화가 바뀌었음을 보여 준다. 어느 중견 문인은 '아무래도 글이란 원고지에 만년필로 꾹꾹 눌러가야 써야 제맛이다'라는 취지의 말을 했다고 하지만, 이제 그런 방식의 글쓰기가 이 시대의 대세는 아닐 것이다. 또한, 특정 집단이나 계층에서 어느 정도 비문법적인 독특한 말들이 쓰이는 것과 마찬가지로 통신 공간의 말글에 대해서도 최소한의 고유성을 인정할 필요도 있다. 오랫동안 문어(文語 : 글말)와 구어(口語 : 입말)에는 차이가 있었듯이, 사이버 공간에서 사용하는 언어를 또 하나의 의사소통 방식으로 인정하자는 것이다. 즉, 통신에서 사용되는 말들은 대화방이라는 특수한 공간에서 필요에 의해 사용되는 특수어일 뿐이다. 많은 이들은 통신에서 대화를 나눌 때와 실제로 만나서 이야기를 나눌 때 사용하는 언어에는 분명한 차이가 있음을 알고 있다. 따라서 그런 언어를 일상생활의 대화 속에서 쓰는 경우는 그리 많지 않거니와, 실제 생활과 혼동하여 사용한다고 해도 이는 통신 언어의 문제라기보다는 제대로 된 국어 교육이 부재하기 때문일 것이다. 영화를 보고 흉내를 내는 것이 꼭 그 영화가 가진 문제점이라고는 볼 수 없는 것에 비유할 수 있다.

혹시 통신 언어가 젊은 세대들의 부정적인 가치관을 반영하고 있다면, 이 역시 통신 언어 때문이 아니라 이 시대가 젊은 세대에게 올바른 가치관을 가르치지 못한 탓이라는 것이다. 또한 지금의 현상은 어느 정도 과도기로 보아도 좋지 않을까 생각한다. 휴대전화를 통한 통신 기술이 발달하면 이러한 통신 언어는 또 다른 방식으로 변모할 것이다.

현재의 통신 언어는 이전에 우리가 겪어 보지 못한, 구어체도 아니고

문어체도 아닌 새로운 형태의 언어 양식이다. 따라서 이러한 언어 양식은 우리에게는 매우 생소해서 혼란을 가져올 수도 있기도 하지만, 한편으로는 새로운 형태의 언어문화를 낳을 기회를 주었다고 볼 수 있다. 그러므로 자유롭고 창의적인 젊은 세대들의 언어를 새로운 문화의 차원에서 이해하는 것도 필요하다고 생각한다.

"20000 마치게씀다. 빠이~~~~~ *^.~*"

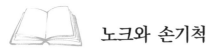 ## 노크와 손기척

현재 남한과 북한은 각각 표준어와 문화어를 따로 가지고 있다. 문화어는 남한의 표준어와 같은 것으로서, 평양말을 중심으로 평안 방언 및 함경 방언을 고려하여 새로 만든 것이다. 이제 표준어와 문화어의 차이를 중심으로 남한과 북한의 어휘 차이에 대하여 살펴보기로 하자.

우선 같은 단어라도 의미가 다른 것이 있다. 이런 말 중에 가장 인상 깊은 것이 '일없다'이다. 이 말이 남한에서는 상대방에 대한 감정이 좋지 않을 때 상대방의 호의나 친절을 거절할 때 사용되는 반면, 북한에서는 '괜찮다, 상관없다'라는 겸양의 뜻으로 쓰이고 있어서, 서로 오해의 소지가 생겨날 수 있는 말이다. '바쁘지 않느냐' 역시 남한의 '안녕하십니까'에 해당하는 말이라는 사실을 모르면 의사소통에 제약을 받을 수 있는 표현이다. '동무'라는 단어는 원래 '어깨동무 새 동무 미나리밭에 앉았다'나 '동무들아 모여라 서로들 손잡고'와 같이 남한에서도 사용되던 말이었지만, 북한이 러시아어의 번역으로 쓰고 나서는 남한에서 더 이상 쓰지 않게 되었다. 또한 '소행, 일군, 교양, 사업' 등을 각각 '칭찬할 만한 행동, 정치활동가, 정치사상적인 교육, 정치적인 활동'의 의미로 사용하는 것도 동일한 단어가 의미를 달리하는 예라 하겠다.

같은 의미라도 표현이 다른 경우도 있다. 북한에서는 식당 종업원에게 '아가씨'라고 부르면 결례이고 그 대신에 '접대원'을 사용한다고 하지만, 오히려 남한에서는 식당 종업원에게 '접대원'이라고 불렀다가는 자못 뺨을 맞는 사태가 일어날지도 모를 일이다. '상호간'(相互間)을 '호상간'(互相間)이라고 하는 것도 이미 널리 알려진 예이고, '꼬부랑국수, 때식, 몸까기' 등이 각각 '라면, 식사, 살빼기' 등을 가리키는 것 역시 같은 의미에 남북한이 다른 표현을 사용하고 있는 예이다. 이 외에도 남한의 '초등학교, 고등학교, 화장실, 최선을 다한, 도와주다, 이해하다, 창피하다, 효과를 내다, 책상다리를 하다'에 해당하는 말을 각각 '인민 학교, 고급중학교, 위생실, 이악한, 방조하다, 료해하다, 열스럽다, 은을 내다, 올방자를 틀다'라고 한다.

남한에서 사용되지 않거나 방언에만 남아 있는 말이 북한에서 사용되는 경우도 있다. 북한에선 '장인, 장모'를 '가시아버지, 가시어머니'로 부르는데, 이 말들 역시 옛말이거나 남한에서는 방언에서만 사용되는 것이다. 여기에는 '뜨덕국(수제비), 가마치(누룽지), 남새(채소)' 등이 있다.

또한 남한 사람에게 북한 사람이 가장 생소하게 느껴졌던 것은 아무래도 남한에서 남용되고 있는 외래어가 아니었나 한다. 우리에게는 일상어로 사용되는 외래어가 북한 사람들에게는 거의 이해되지 못했다고 한다. 이런 상황을 가장 적절하게 보여 준 것이 '스타'였다. 언론의 취재를 통해 방송, 신문에 등장한 북한 사람에게 어느 기자가 '이번에 스타가 되셨군요'라고 농담을 건넸지만, 그는 이해하지 못하고 '인민배우'라고 통역(!)을 통해서야 이해가 되었다는 것이다. 아울러 남한에서 쓰는 외래어 가운데 '브래지어'는 '가슴띠', '볼펜'은 '원주필', '주스'는 '단물', '헬리콥터'는 '직승기', '스파이크'는 '못신', '슬리퍼'는 '끌신', '도넛'은 '가락지빵', '노크'은 '손기척', '투피스'는 '동강옷', '매스게임'

은 '집단체조', '리듬체조'는 '예술체조' 등으로 불린다고 한다.

이처럼 북한이 만든 우리말 중에는 그대로 들여오더라도 언어생활을 풍요롭게 할 수 있는 아름다운 어휘가 많다. '다리매(각선미), 꽝포(거짓말), 볼웃음(미소), 오목샘(보조개), 끌배(견인선), 모두매(집단구타)' 등이 그러한 예이다.

남북한 언어는 어휘뿐만 아니라 맞춤법에서도 차이가 있다. 북한의 오영재 시인의 '다시는 헤여지지 맙시다'라는 제목의 시를 보면, '력사, 리별, 헤여지지'와 같은 표기가 보인다. '력사, 리별'은 북한말의 표기에서 두음법칙을 적용하지 않기 때문이고, '헤여지지'와 같은 표기는 '되다, 캐다, 치다' 등 어간 말에 'ㅣ' 글자가 포함된 용언에 '-어'가 붙을 때, 남한에서는 그대로 '되어, 캐어, 치어'처럼 적지만 북한에서는 '되여, 캐여, 치여'처럼 '-여'로 적기 때문에 생겨나는 표기이다. 이 외에도 '페품, 페병, 페문'을 '폐품, 폐병, 폐문'으로 적거나, '나무가지, 이사짐, 바다가'와 같이 사이시옷을 표기하지 않는 표기도 '나뭇가지, 이삿짐, 바닷가'로 적는 남한의 표기법과 크게 차이 나는 부분이다.

또한 띄어쓰기에도 차이가 있어서 북한에서는 '하나로 묶어지는 덩이'라는 개념을 도입해서 합성명사는 붙여쓴다. 예를 들면 남한에서 '경제 개발 위원회'는 단어마다 띄어쓰는 것이 원칙이지만 북한에서는 '하나로 묶어지는 덩이'로 보고 '경제개발위원회'처럼 붙여쓰는 것을 원칙으로 삼는다. 보조용언 '있다, 보다, 싶다' 등은 앞에 오는 용언과 붙여쓰고 또 '-어'와 그다음에 오는 용언도 붙여쓴다. '먹고있다, 앉아있다, 읽어보다, 쉬고싶다, 뛰어내리다, 앉아가다, 사오다' 등이 그 예이다. 또한 부사 중에 부정과 관련된 '안'과 '못' 역시 '못먹다', '안읽다' 등과 같이 뒤에 오는 용언과 붙여쓴다.

그러나 위에 보인 이러한 차이들은 그다지 크다고 볼 수는 없다. 어느 언어든지 이 정도의 방언 차이는 있을 수 있기 때문이다. 서울말을 중심으로 제정된 표준어가 남쪽의 다른 방언들과의 차이가 있듯이, 북한말과 차이도 그 정도라고 말할 수 있다. 다만, 경상 방언이나 전라 방언 등 남한의 방언은 우리가 늘 접해왔기 때문에 익숙해 있을 뿐이고, 북한말은 별로 접할 기회가 없었기 때문에 아직 낯설어 보일 뿐이다.

오랜만에 만나면 반가움과 함께 서먹함이 함께 하는 것은 세상사 이치이다. 문제는 관심과 접촉의 빈도이다. 남북한 사이의 교류가 활발해져서 자주 만나고 서로에게 관심을 가지기 시작한다면 지금 이질화되어 있는 것처럼 보이는 이 간격도 곧 좁혀지고 가까워질 것이라고 믿는다.

 한째와 speaked

흔히 언어는 인간만의 것이라고 말하는데, 그러면 이 인간만의 언어는 어떻게 습득되는 것일까, 인간이 나면서부터 가지고 태어나는 것일까, 아니면 태어난 이후에 얻어진 것일까, 어린이는 언어를 부모로부터 물려받은 것일까, 아니면 언어의 습득을 백지상태로부터 시작하는 것일까?

한국 어린아이의 눈동자와 머리카락이 검고 엉덩이에 반점이 있는 것은 그의 부모로부터 물려받은 형질적인 특징이라고 할 수 있다. 그렇다면 그 어린아이가 자라면서 한국어를 사용하게 되는 것 역시 부모로부터 물려받은 것이라 할 수 있다. 이제 언어의 습득이 선천적인 것인지 후천적인 것인지 하는 문제에 대하여 살펴보도록 하자.

한국어를 사용하는 부모에게서 태어나 한국에서 자란 정상적인 아이라면 대체로 다섯 살쯤만 되면 자기가 아는 어휘를 자유롭게 골라 써서 문장을 구성하여 말할 수 있으며, 아울러 남들이 말하는 내용도 거침없이 알아들을 수 있게 된다. 일반적으로 아이들은 읽기와 쓰기를 배우기 전에 먼저 언어를 습득하게 된다. 그런데 읽기와 쓰기의 경우에는 특별한 노력을 기울이거나 의식적인 훈련 과정을 거쳐서 이루어지지만, 어린아이가 말을 배울 때는 거의 자연발생적으로 체득하여 간다. 어린 시절 아무도 가르쳐 주지 않았지만 이빨로 음식을 씹어 먹을 줄 알고, 특별한 훈련 없이도 두 다리로 걸어 다닐 수 있었던 것과 같이, 정상적인 아이라면 누구나 자연스럽게 언어를 습득할 수 있다. 이는 어느 언어를 사용하는 어린이든 모두 마찬가지이다.

어린이의 언어습득에 대해서는 두 가지 견해가 있다. 첫째는 행동주의 심리학자들의 경험론이다. 그들에 의하면, 언어습득은 후천적인 것이며, 어린아이가 말을 배우는 데에는 반드시 일정한 언어 환경이 주어져야 한다고 한다. 언어 접촉이나, 언어 자극이 주어지지 않으면 아무 말도 배울 수 없다는 뜻이다. 그러므로 어린아이가 언어를 습득하는 것은 서커스단의 동물이 재주를 배우는 과정과 거의 같으며, 순전히 모방과 연습과 반복에 의한 과정이라는 것이다. 이러한 사실은 어떤 이유에 의해서 인간과의 접촉이 없이 동물과 생활해 온 야생의 어린 인도 소녀 자매가 인간의 세계로 돌아온 뒤, 배고픔과 목마름을 호소하는 말을 하는 데 2년이 걸렸다는 것이나, 다른 이들과의 접촉을 의도적으로 막은 채 양육된 고립아가 말을 할 줄 몰랐다는 데에서도 엿볼 수 있다.

이 같은 경험론에서는 어린이는 언어에 대한 아무 지식이 없이 백지와 같은 상태에서 태어나고 모든 언어능력은 주로 연상에 의하여 일생을 통하여 습득된다고 가정한다. 글씨를 쓰는 능력이 일정한 훈련을 통해서 배운 것이지 그 지식을 미리 지니고 태어나는 것이 아닌 것처럼, 언어 역시 일정한 훈련에 의해서 시행착오를 거듭하면서 배우는 것이라는 것이다.

이와는 달리 인간이 나면서부터 언어를 습득할 수 있는 능력을 타고 난다는 언어 생득설(生得說)이 좀 더 많은 지지를 얻고 있다. 그들에 의하면 정상적인 사람이라면 걷는 것을 따로 배우지 않더라도 걸을 수 있듯이, 이러한 능력은 유전자에 의해 결정되는 것이라고 한다. 인간은 언어 구조에 대하여 무엇인가를 알면서 태어나며, 그 언어에 대한 지식은 생후 수년 이내에 나타난다는 것이다.

인간이 사용하는 언어 체계는 매우 복잡하다. 하지만, 어린이는 5살이 되기도 전에 우리가 언어의 문법이라고 부르는 복잡한 체계를 터득한다. 즉, 어린이는 2+2도 배우기 전에 문장을 구성할 줄 알며, 질문할 줄 알고, 적절한 대명사를 선택할 줄 알고, 부정문을 만들며, 관형절을 형성해 낸다. 그럼에도 불구하고, 어린이는 언어를 따로 배운 적이 없다. 아무도 그들에게 언어를 가르쳐 주지 않았다. 그저 부모님과 주변의 친구들과 이야기하면서 자연스럽게 언어를 배우는 것이다.

어린이가 말을 배우는 과정에서 '한째(→첫째), 삼틀(→사흘), speaked(→spoke), two foots(→two feet)'과 같은 표현들이 나타난다고 보고된 바 있다. 그러나 이러한 표현들은 단지 어린이의 실수라고 쉽게 단정할 수 없다. 만약 어린이가 말을 배우는 과정이 그저 어른의 말을 흉내 낸 것이라고 한다면, 아마 정상적인 경우에 어린이가 그러한 표현을 어른을 통해 들었을 리가 없다. 오히려 위와 같은 잘못된 표현은 어린이가 자신이 들은 많은 언어적 자극을 그대로 따라 한 것이 아니라 자기 나름대로 규칙화한 결과라는 것을 알 수 있다.

그러므로 언어습득이란 어떤 언어 환경이 주어졌을 때 어린아이가 제한된 언어 자료를 스스로 분석하고 여기서 자기 나름의 문법을 조성해 가는 과정이다. 어린이는 자기가 들은 모든 어휘를 모두 기억 속의 어휘 목록에 담았다가 그것을 반복하여 말을 하지 않는다. 인간이 가지고 있는 어휘 목록은 유한하지만, 우리가 사용할 수 있는 문장의 개수는 무한하다는 사실, 역시 단순한 암기에 의해 언어가 습득되는 것이 아님을 보여 준다. 또한 어린이는 자기가 전에 전혀 말하거나 듣지 않았던 문장들도 새롭게 구성해 낼 수 있다. 아이들이 문장을 이해할 때, 그 문장을 전에 기억해 놓았던 문장과 비교하는 방식으로 이해하는 것이 아니다. 그러므로 어린이들은 언어를 사용할 수 있는 것은 그 언어의 규칙들을 세울 줄 알기 때문이다. 아무도 그러한 규칙을 가르쳐 준 적이 없고, 어른들도 아이들처럼 언어의 규칙을 알지 못하지만, 어린이는 주위에서 일차적 언어 자료를 들으면, 나름대로 문법의 가설을 세우고 그것을 수정해 가면서 안정된 모국어의 문법을 습득하게 된다.

우리가 어린 시절을 기억해 보아도, 동사구와 명사구를 결합하라는 식의 규칙을 누군가가 가르쳐 준 적은 없고, '국민'이 [궁민]으로 발음되는 현상에서 보듯이, [k]를 [m] 앞에서 [ng]로 발음해야 한다는 음운규칙 같은 것을 배운 적도 없다. 그런 의미에서 어린이는 언어의 규칙에 대한 완벽한 이론을 터득한 언어학자와도 같다고 할 수 있다. 그들은 이러한 언어의 규칙에 대한 이론을 이용하여 그들이 듣는 언어의 문법을 세우게 되는 것이다. 그리고 그러한 능력은 후천적이 아니라 선천적으로 타고나는 것이다.

그러나 이러한 능력은 일정 시기가 되면 사라진다. 그러므로 5살 난 어린이와 20세 대학생이 언어를 배우는 속도는 다르다. 따라서 모국어를 배우는 것과 외국어를 배우는 과정에 차이가 나는 것이다. 만약 언어를 배우는 것이 단순히 후천적인 과정이라면 외국어를 배우는 것 역시 모국어를 배우는 것과 같아야 할 것이다. 또한 유아보다 지능이 높다고 알려져 있는 똑똑한 원숭이에게 인간과 똑같은 언어 자극을 주면 왜 말을 못 배울까 하는 점을 고려해 보면 인간이 언어에 대한 무엇인가를 가지고 태어난다는 점은 부인할 수 없을 듯하다.

다만 앞서 말했듯이 특정한 어떤 언어를 가지고 태어나는 것이 아니라 언어를 배울 수 있는 능력을 타고나는 것이다. 그래서 부모가 한국인이더라도 한국어가 아닌 태어나서 자란 곳의 말을 배우게 되는 것이다. 물론 어린이가 이러한 생득적 언어능력을 가지고 있다고 해서, 어린이에게 언어가 하루아침에 이루어지는 것은 아니다. 왜냐하면, 언어습득에 필요한 기억력이나 분석 능력이 성숙되어야 언어습득이 가능해지기 때문이다.

첫머리에서 언어는 인간만의 것이라고 말하는데, 그렇다면 동물의 세계는 어떠할까? 우리는 한국어를 가지고 서로 의사소통을 하고 있다. 이처럼 모든 인간은 하나 또는 그 이상의 모국어를 가지고 있고, 이를 통해서 자신의 생각을 다른 사람에게 전달한다. 이러한 언어는 인간만의 특징이다. 동물들도 나름대로 의사소통을 하는 도구가 있지만, 인간 언어에 비교하면 일방적이고 제한되며 조건에 제약을 받는 전달 과정에 불과하다.

동물에게 인간의 언어를 가르치려는 시도를 해보기도 했지만, 아주 지능이 높은 원숭이에게 몇 년간의 훈련을 시킨 결과, 그 원숭이는 기껏해야 100여 개의 단어만 이해했을 뿐이었다. 이는 인간의 언어습득에 비교하면 여러 가지 한계를 지니고 있다. 첫째, 인간이 다른 훈련 없이 자연스럽게 언어를 배우는 것에 비교하면, 그 원숭이에 대한 훈련은 너무 인위적이고 조작적이다. 둘째, 이렇게 해서 언어를 배웠다 하더라도 그 원숭이가 죽으면 그것으로 끝이다. 유전되지 않는다. 이는 육상선수가 100m를 10초에 달린다고 모든 인간이 그러하다고는 할 수 없는 것에 비유할 수 있다. 셋째, 원숭이가 배운 언어는 메시지의 유형이 한정되어 있다. 원숭이는 그저 훈련에 의한 것만 인식할 뿐, 예를 들면, 어제 느낀 감정, 내일 있을 일 등은 표현할 수 없고, 또한 희망, 평화 등 추상적 개념 역시 거의 표현할 수 없다. 게다가 원숭이가 할 수 있는 것은 문장이 아니라 주로 단어일 뿐이다.

그렇기 때문에 인간의 생각하는 면을 강조한 '호모 사피언스', 인간의 직립성을 강조한 '호모 에렉투스', 도구를 사용하는 인간이라는 의미의 '호모 파베르', 놀이하는 인간이라는 뜻의 '호모 루렌스' 등 인간을 부르는 호칭이 여럿 있지만, 언어를 가진 인간이라는 의미의 '호모 로쿠엔스'라고 인간을 부르기도 한다.

이러한 언어는 우리의 사고 능력과 밀접한 관계를 맺고 있다. 인간에게 있어서 성장과 삶이 시작되는 순간부터 생각이 먼저 형성되고 나중에 언어습득이 일어나는 것을 보면, 사고 능력이 언어보다 앞선 것이라고 말할 수는 있다. 하지만 일단 언어가 형성되면, 인간의 사고 능력은 언어에 지배받거나 또는 언어가 주는 제한을 받게 된다.

예를 들어 언어는 소리를 듣는 방법에 관여한다. 우리나라 사람은 개 짖는 소리를 '멍멍'이라고 생각하지만, 미국 사람은 '바우와우'(bow-wow), 러시아 사람은 '가브가브'(gav-gav)라고 듣는 것은 나라마다 개가 다르게 짖어서가 아니라, 어려서부터 자신들의 언어로 개 짖는 소리를 배워왔기 때문이다. 다시 말하면, 우리는 어려서부터 개는 '멍멍' 짖는다고 우리의 말로써 배워 왔고, 다른 나라 사람들은 자신들의 언어로 '바우와우' 또는 '가브가브'라고 짖는 것으로 배워 왔기 때문에 저마다 다르게 개 짖는 소리를 생각하게 된 것이다. 이를 통해 각 나라의 말이 그 나라 사람들의 소리 듣는 방법에 관여하고 있음을 알 수 있다.

단어의 경우도 마찬가지이다. '푸른 하늘, 푸른 숲'과 같이 우리는 영어의 blue와 green을 모두 '푸르다' 또는 '파랗다'라고 표현하고 있다. (물론 최근에 의도적으로 '녹색'이라는 말을 green에 대응시키고 있지만, 역시 '녹색 숲'은 부자연스럽다.) '우리들 마음에 빛이 있다면 여름엔 파랄 거예요'라고 노래하는 노래의 가사를 살펴보아도, '산도 들도 나무도' 파랗지만, 마지막에서 '파아란 하늘 보고 자라니까요'로 끝을 맺고 있음을 볼 수 있다. 그렇다고 해서 우리나라 사람이 영어를 쓰는 사람들이 인지하고 있는 두 색을 구별하지 못한다고는 볼 수 없다. 다만, 우리는 하늘의 빛깔과 숲의 빛깔 사이의 공통점에 주목해서 빛깔을 인식하는 것이고, 영어권에서는 그 차이점에 관심을 두어 빛깔을 인식하고 있을 뿐이다.

마찬가지로 영어에서는 몸이 더운 현상(덥다)과 혀가 더운 현상(맵다)을 구별하지 않고 단지 hot으로만 사용하고 있는 것도, 그들이 그 둘의 차이를 몰라서가 아니라 그들의 언어가 나누어 주는 대로 세상을 바라보고 있기 때문이다. 두 언어의 어휘 조직이 다르기 때문에 바깥세계에 있는 사물을 보는 눈이 달라진 예이다. 역시 언어가 사고에 영향을 주는 예라고 할 수 있다.

언어에는 기본적으로 말을 하는 이, 말을 듣는 이, 문장 서술어의 행동 주체, 행동의 대상 인물이 등장한다. 예를 들어 '선생님, 영희가 철수에게 책을 주었어요'라는 문장에서 말을 하는 이는 문장에 드러나 있지 않은 '나'이고, 말을 듣는 이는 '선생님', 문장 서술어의 행동 주체는 '영희', 행동 대상 인물은 '철수'이다. 우리말은 이 중에서 각각 말을 듣는 이와 문장 서술어의 행동 주체와 행동 대상 인물을 높이느냐에 따라 높임법이 발달해 있는 언어이다. 그러므로 우리말을 사용하는 우리들은 자신의 말을 듣는 상대방에 대하여 말을 할 때에는 그를 어떻게 높일 것인지에 대하여 우선 결정하지 않으면 안 된다. 또한 다른 이를 말의 주체나 대상으로 등장시킬 때에도 그를 높일 것인지 아닌지를 또한 결정하여야 한다. 즉, 우리들은 우리말의 구조 때문에 남을 이러한 방식으로 분류하여 판단하지 않으면 안 되도록 강요받고 있다. 이러한 다양한 단계의 높임법이 없는 다른 언어 구조를 가진 말, 예를 들어 영어를 모국어로 사용하는 사람들의 인식 방법과는 다른 것이다.

우리는 언어를 사용하여 우리의 생각을 나타낸다. 처음에는 머릿속의 생각을 언어로 표현해 내지만, 언어의 구조는 생각과 꼭 맞는 것이 아니기 때문에 거기에는 한계가 있기 마련이다. 그러므로 우리는 자신이 표현 수단으로 가진 언어의 구조에 맞도록 생각을 가다듬어야 하는 것이고, 이러한 작업이 한평생 되풀이되는 사이에 그 언어의 구조에 이끌려 사고하는 방식이 결정되는 것으로 볼 수 있다. 즉, 인간은 우리가 보통 생각하듯이 객관적인 세계에 살고 있는 것이 아니라, 언어를 매개로

하여 살고 있는 것이다. 우리는 언어가 드러내고 분절시켜 놓은 세계를 보고 듣고 경험하는 셈이다. 따라서 우리들의 사고 과정이나 경험 양식은 언어에 의존하고 있어 언어가 다르면 거기에 의해서 사고와 경험의 양식도 달라진다. 다시 말해서 언어는 사람들의 경험과 사고방식을 규정하며 사람은 이것을 피할 수 없다. 한 국민의 사고방식이나 세계를 보는 눈이 다른 국민의 그것과 크게 차이 나는 이유 역시 그가 사용하는 언어의 내적 구조가 다른 국민이 쓰고 있는 언어의 구조와 다르기 때문이라고 볼 수 있다.

20세기 초기 언어학자 주시경 선생이 "그 땅은 독립의 터이고 그 겨레는 독립의 몸이며 그 말은 독립의 본성이다. 이 본성이 없으면 몸이 있어도 그 몸이 아니며, 터가 있어도 그 터가 아니니 그 나라의 잘되고 못됨도 말의 잘되고 못됨에 달렸고 그 나라의 있고 없음도 말의 있고 없음에 매여 있다."라고 한 것이나, 독립운동가 박은식 선생이 "일본어를 가르치면 일본 사람이 되고, 중국어를 가르치면 중국 사람이 되므로, 우리는 우리말을 가르쳐야 한다."는 말도 바로 이 같은 생각에서 나온 것이다. 그러므로 우리말을 아끼고 사랑하자는 것이 단순히 우리말을 사랑하자는 국수주의적인 생각이 아니다. 올바른 언어생활을 통하여 우리의 생각과 행동이 바르게 형성되는 것이기 때문이다.

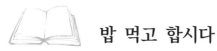 **밥 먹고 합시다**

대화는 말하는 이와 듣는 이가 함께 이루어 내는 협력의 과정이다. 이러한 협력이 깨지면 올바른 대화가 이루어질 수 없다. 일상 대화에서 말하는 이와 듣는 이는 여러 가지 협력의 원리에 충실할 것이라는 믿음을 공유하고 있기에, 대화는 운동 경기의 규칙처럼 순조롭게 진행될 수 있다. 이러한 규칙에는 이제 어떤 것이 있는지 하나씩 살펴보도록 하겠다.

"고향이 어디입니까?"라는 질문에 "강원도입니다."라고만 답하는 것은 질문하는 이가 원하는 정보보다 훨씬 부족한 정보를 주었기 때문에 대화의 원리를 지키지 않은 것이다. 처음 질문한 이는 다시 "강원도 어디죠?"라는 추가 질문을 하지 않을 수 없게 된다. 이와는 반대로 너무 많은 정보를 주는 것도 대화의 원리를 깨는 것이 된다. "지금 몇 시입니까?"라는 질문에 "오후 2시 25분 15초를 막 지나고 있습니다. 아, 말씀드리는 순간 17초가 되었네요."라고 말한다면, 이러한 과잉 정보를 듣는 사람은 말하는 사람이 빈정거리거나 성실하지 않은 태도를 취하고 있다고 생각하게 된다.

버스 안에서 남의 발을 밟은 사람이 다음과 같이 말했다고 가정해 보자. "선생님, 제가 말입니다. 어제 그만 밤새도록 맥주에 소주에 양주를 퍼마시지 않았겠습니까. 그리고 오늘 아침에 도저히 일어날 수 없는데도 불구하고, 무리해서 일어났지요. 출근하지 않으면 요새 같은 어려운 시대에 퇴출당할까 봐요. 그놈의 버스가 좌우로 15%씩 요동만 치지 않았더라도, 아니 제가 손잡이를 조금만 더 꽉 잡고 있었더라도, 제 몸의 아래 끝부분이 선생님의 반짝이는 새까만 구두 위로 포개지지는 않았을 텐데 말입니다. 제 말초신경을 통제하지 못하고 그만 선생님의 구두 속 발가락에 75킬로그램의 하중으로 압력을 가해서 정말 죄송합니다." 이런 장광설을 들은 사람은 오히려 더 화가 날지도 모른다. 이처럼 대화상의 목적에 요구되는 만큼의 정보를 제공하라는 것을 '양(量)의 원리'라고 한다.

'질(質)의 원리'는 거짓이나 충분한 증거가 없는 것을 말하지 말라는 것이다. "나 내일 이사하는데 좀 도와줄래?"라는 친구의 말에 "미안해. 내일 고향에서 부모님이 올라오셔서."라고 말할 때, 만약 고향에서 부모님이 올라오시는 것이 사실이 아니라면 이 대화는 거짓을 토대로 하였으므로, 질의 원리를 깨는 것이 된다. "이번 여름에 남해안으로 놀러 가려는데…"라는 말에, "남해안에 다녀온 사람이 얼마 없는 걸 보니 별로 안 좋은 모양이에요."라고 답했다면, 이 사람은 증거가 충분하지 않은 것을 말했으므로 역시 질의 원리를 어기고 있다.

버스 안에서 남의 발을 밟아놓고 "빵은 역시 크라운 베이커리가 맛있죠."라고 말한다면, 이 말을 들은 발 밟힌 사람은 얼마나 어이가 없고 화가 날까. 이처럼 상황에 맞지 않는 말을 하는 것이 '관계의 원리'를 어기는 것이 된다. "자, 다음 주에 있을 발표회에 참가할 사람을 추천해 주십시오."라는 대화에서 "밥 먹고 합시다."라고 말하는 것도 대화의 내용이 해당 주제에 관련되도록 하라는 원리를 어기고 있다고 할 수 있다.

맥줏집에 가서 "뭐 먹을래? 골뱅이 먹을까?", "글쎄, 아무거나.", "그래? 그럼 오징어 안주로 할까?", "글쎄, 아무거나 먹자니까."라는 대화가 계속된다면 이때의 대화 역시 말하는 사람을 피곤하게 할 수 있다. 이는 '태도의 원리'를 어기고 있는 것으로 모호한 표현을 피해야 하는데 그렇지 못함으로써 대화를 이어나가기 힘들게 하고 있다. (요즘 맥줏집에서는 이러한 태도의 원리를 어겨서 혹시나 친구 간에 불화가 생길까 두려워서 아예 '아무거나'라는 안주를 만들어 놓은 집도 있다.) 지금까지 설명한 대화의 원리를 정리하면 다음과 같다.

   1. 양의 원리
      1) 현재 대화상의 목적에 요구되는 만큼의 정보를 제공하라.
      2) 요구되는 것 이상의 정보를 제공하지 말라.
   2. 질의 원리
      1) 거짓이라고 믿는 것은 말하지 말라.
      2) 적절한 증거가 없는 것은 말하지 말라.
   3. 관계의 원리
      관련성이 있게 하라.
   4. 태도의 원리
      1) 모호한 표현을 피하라.
      2) 중의성을 피하라.
      3) 간결하게 하라.
      4) 순서에 맞게 하라.

그러나 때로는 이러한 대화의 원리를 의도적으로 어기는 경우도 있다. 말하는 이가 일부러 협력의 원리를 깨뜨림으로써 듣는 사람에게 다른 의미를 추론하도록 이끄는 경우가 있는데, 이를 '대화의 함축'이라고 한다.

"어젯밤에 지원이 만났어?"라고 묻는 사람에게 "응. 용인에 있는 별장에서 함께 있다 왔어."라고 답을 한다면 필요 이상의 정보를 제공함으로써 양의 원리를 깨고 있다. 그러나 이러한 의도적인 대답을 통해서 자신과 지원이가 특별한 관계에 있음을 함축하고 있다. "요즈음 창호와 소현이는 자주 만날까?"라는 질문에 "모르겠어. 그런데 창욱이가 주말이면 부산에 자주 가는 것 같아."라는 말 속에도 양의 원리를 의도적으로 깸으로써, 창호에게 소현이 말고 다른 여자가 부산에 있는지도 모른다는 함축을 하고 있다.

좋지 않은 성적표를 들고 온 아들을 혼내던 아버지에게 아들이 "아버지는 학교 성적이 어땠어요?"라고 묻자, "여보, 나 시장해요. 얼른 밥 차려요."라고 말했다면 이는 질의 원리를 깨는 것이라 할 수 있다. 그러나 이를 통해서 아버지의 학교 성적이 그다지 좋지 않았음이 함축한다. "회사 형편은 어떻습니까?"라는 물음에 "차나 드시지요."라고 했다면 대화의 내용을 의도적으로 해당 주제에서 벗어나게 함으로써, 관계의 원리를 깨고 있다. 이 대답을 한 사람은 회사 사정을 말하고 싶지 않다는 의미를 함축하고 있다.

우리는 대화를 할 때 아무렇게나 그저 입에서 나오는 대로 말하는 것 같지만, 사실은 이런 다양한 원리를 지키거나 또는 의도적으로 어기기도 하면서 대화를 이어나간다. 그러므로 발을 밟은 상황에서 "죄송합니다", "괜찮습니다"와 같은 짧은 대화에도 나름대로 대화의 원리는 작용하고 있다. 요즈음 텔레비전에서 많은 토론 프로그램이 있지만, 이러한 프로그램에서 대화의 원리가 어떻게 지켜지고 또는 어떻게 어겨지는지 유의하면서 시청하는 것도 재미있을 것이다.

그런데 문장은 사용되는 문맥, 환경에 따라 그 문장의 의미가 어떻게 달라질 수 있다. 우리가 일상에서 사용하는 발화(發話)들은 그 문장의 형태가 가지고 있는 의미와 그 발화를 통해 이루려는 의도가 일치하는 경우가 있는가 하면 그렇지 않은 경우도 있다.

예를 들어 "지금이 몇 시니?"라는 말은 1차적으로는 시간을 알고 싶은 사람이 사용할 수 있는 문장이다. 이 문장을 이루는 단어들의 결합에 의해 파악될 수 있는 의미는 바로 시간을 묻는 것이다. 그러나 약속 시각에 늦게 나타난 친구에게 이 말을 했다면 이는 단순히 시간을 묻는 질문은 아니다. 겉으로는 의문문의 형태를 띠고 있지만, 이는 질문이 아닌 질책의 의미를 담고 있다. 즉, 이 문장의 내적인 의미는 질책이 되는 셈이다. 이처럼 문장의 형태대로 의도가 표현되는 발화를 직접 발화 행위라고 하고, 문장의 형태와는 다른 의도를 가지는 발화를 간접 발화 행위라고 한다.

"참 덥군요."라는 문장의 형태는 단지 날씨가 덥다는 상황을 묘사하는 것이지만, 이 문장이 사용되는 환경에 따라서는 "날씨가 더우니까 창문을 열어 달라, 내가 창문을 열겠으니 양해해 달라, 차가운 물 한 잔

먹고 싶다." 등 여러 가지 의미로 바뀔 수가 있다. 이런 경우에도 직접 발화 행위와 간접 발화 행위는 달라진다.

"너, 그 사람과 꼭 결혼해야 되겠니?"라는 말은 의문문의 형태를 빌어서, 듣는 사람이 그 사람과 결혼하는 것을 말하는 사람이 바라고 있지 않다는 마음을 완곡하게 표현하고 있다. 또한 "내일까지 꼭 숙제를 해 옵니다."라는 말은 평서문의 형태를 띠고 있지만, 내일까지 숙제해 오라는 명령이 숨어 있다. 실수한 친구에게 "자알 한다."라고 말하거나, 숙제해 오지 않은 어린이에게 선생님이 "오늘도 놀기에 바쁘셔서 숙제를 안 해오셨군요."라고 말하거나, 남편이 아내에게 "현명하신 부인께서 하신 일이니 오죽하겠어요."라고 말했다면 이 발화들의 겉모습과 내포되어 있는 의미는 명백히 다르다.

"시계 있습니까?"라는 말 역시 마찬가지다. 이 말은 상대방이 시계가 있는지 없는지 궁금해서가 아니라, "지금 몇 시인지 좀 알려 주세요."라는 요청이 들어 있다. 이때 "네, 지금 여섯 시 오 분입니다."라고 대답하지 않고, "네, 보여 드릴까요? 작년에 약혼선물로 받은 고급 시계이지요."라고 답했다면 아주 우스운 상황이 되고 말 것이다. "실례합니다. 시청이 어디 있는지 아십니까?"라는 질문에 "예, 알고말고요. 제가 이 도시에서 벌써 10년이나 넘게 산 걸요."라고만 대답하고 그냥 지나쳐 버린다면, 간접 발화 행위를 직접 발화 행위로 잘못 해석한 것이다. "차린 것은 별로 없지만 많이 드세요."라는 말을 듣고 "정말 차린 게 없군요. 먹을 게 없어 뭘 먹어야 할지 모르겠어요."라고 대답했다면 아마 이 말을 한 사람은 다시는 그 집에 초대받지 못할 것이다.

이 같은 상황은 방언과 방언 사이에서도 일어날 수 있다. 경상도 아가씨와 데이트를 하고 싶은 서울 청년이 "시간 있으시면 커피라도 한 잔 어떨까요?"라고 말하면서 아가씨에게 약속을 청했다. 그 아가씨는 바로 "오데예."라고 말했고 이를 "어디서 만날까요?"로 이해한 청년은 "요 앞 까페에서 기다리겠습니다."라고 다시 답을 했다. 경상도 아가씨의 "은제예."라는 또 다른 말에, 청년은 "이번 주 일요일 오후 2시오."라고 말하고 기쁜 마음으로 돌아갔지만, 그 청년은 원하는 바를 이룰 수가 없었을 것이다. 경상 방언에서의 '오데예'와 '은제예'는 성조에 따라서 '어디서, 언제'라는 의미가 아니라 상대방의 요구를 받아들일 수 없다는 뜻으로도 사용된다는 것을 청년은 몰랐던 것이다.

이는 언어와 언어 사이에서도 오해를 낳는다. 미국에서 실제로 있었던 이야기이다. 부모가 직장에 나가 있는 동안 어린 자식이 사고를 당해 죽었을 때, 돌아와 이를 본 어머니가 "내가 죽였어, 내가 죽인 거야."라고 울면서 말했다. 그 어머니는 자기 자식을 좀 더 가까이서 돌보아 주지 못한 회한 때문에 이렇게 말했지만, 이 같은 문맥의 의미를 이해하지 못하면 마치 이 어머니가 살인자라고 오해할 수 있게 되는 것이다.

이와 같은 간접 발화 행위가 우리의 언어생활에서 사용되는 이유는 다음과 같다. 첫째, 듣는 사람에 대한 말하는 사람의 배려에서 비롯된 것이다. 말하는 사람이 직접적인 의문문이나 명령문을 사용하게 되면, 듣는 사람은 그에 대한 대답이나 행위를 해야 하기 때문에 부담스럽게 된다. 둘째, 말하는 사람 자신에 대한 고려에서 비롯된 것이다. 직접적인 의문문이나 명령문을 사용하게 되면 어떤 요청을 했는데에도 그에 대한 듣는 사람의 반응이 불성실하거나 또는 거절하는 상황을 만나면 말한 사람 스스로 낭패감을 느끼게 된다. 따라서 간접 발화 행위는 듣는 사람뿐만 아니라 말하는 사람에게도 부담을 줄여 주는 장점이 있다. 즉, 간접 발화 행위는 하나의 발화가 듣는 사람에게 둘 이상의 행위를 수반하는 것으로, 일석이조의 효과를 나타내는 한결 세련된 의사소통 방식이라 하겠다.

마구도나루도와 납량특집극

음절은 하나 이상의 소리로 구성된 것으로, 더 이상 쪼갤 수 없는 최소의 발음 가능한 단위이다. 음절을 둘 이상으로 쪼개면 쪼개진 조각 중 적어도 하나는 발음할 수 없는 조각이 된다. 예를 들어 음절 '산'은 그 자체로 발음 가능한 단위인데 'ㅅ'과 '안'으로 쪼개든, '사'와 'ㄴ'으로 쪼개든 발음할 수 없는 'ㅅ, ㄴ'과 같은 조각들이 생겨난다. 또한 음절에서 모음은 필수적인 요소이다. 이러한 한국어의 음절 구조에 대해 살펴보도록 하자. 우리말의 음절 구조는 다음과 같이 네 가지 유형으로 나뉜다.

(1) 모음   (예) 이, 아
(2) 자음 + 모음   (예) 가, 보
(3) 모음 + 자음   (예) 응, 알
(4) 자음 + 모음 + 자음   (예) 밤, 산

위의 음절 구조에서 알 수 있듯이 한국어에는 음절의 처음이나 마지막에 자음이 둘 이상 놓이는 자음군(子音群)을 허용하지 않는다. 단지 모음 앞이나 뒤에서 하나의 자음만이 올 수 있을 따름이다. 표기상으로는 '닭, 없다, 밟는다'와 같이 음절말 자음군이 있는 듯하지만 실제 발음은 각각 [닥, 업다, 밤는다]처럼 되어 자음군 중 하나의 자음이 탈락하며, '닭이, 없으면, 밟아'에서는 [달기, 업스면, 발바]와 같이 되어 자음 군 중 둘째 자음이 그다음 모음 음절의 첫소리로 자리를 옮기게 된다.

음절말 자음군 중 어느 자음이 탈락하느냐는 자음군에 따라 대개 일 정하지만, 예외도 있다. 자음군이 'ㄳ, ㄵ, ㅄ'일 때에는 뒤에 있는 자음 이 탈락하여서 '넋, 앉는다, 값'의 경우에 'ㅅ, ㅈ, ㅅ'이 탈락하므로 각 각 발음이 [넉, 안는다, 갑]이 된다. 자음군이 'ㄹ'로 시작하는 경우는 두 갈래로 갈리는데 'ㄼ, ㄳ, ㄾ'일 때는 위와 같이 뒤에 있는 자음이 탈 락하고, 'ㄺ, ㄻ, ㄿ'일 때에는 앞에 있는 자음이 탈락한다. 그러므로 '여덟, 외곬, 핥는다'는 자음 'ㅂ, ㅅ, ㅌ'이 탈락하여 [여덜, 외골, 할는 다]가 되는 것이고, '닭, 젊다, 읊다'의 경우는 자음 'ㄹ'이 탈락하여 [닥, 점다, 읍다]가 되는 것이다. 그러나 예외도 있다. '밟다'의 경우는 'ㄹ'이 탈락하여 '밟는다, 밟고'가 [밥는다, 밥고]가 된다. 또한 'ㄺ'이 'ㄱ'을 만날 때에도 'ㄹ' 대신 'ㄱ'이 탈락한다. 따라서 '맑게, 맑구나'나 [말께, 말꾸나]가 된다.

우리가 외국어를 공부할 때 그 발음이 쉽지 않은 이유는 그 외국어에 모국어에 없는 소리가 있어서만은 아니다. 예를 들어 어느 언어에 'ŋombe, mtu'와 같은 단어가 있다고 가정해 보자. 이 단어들을 이루 고 있는 소리들은 모두 한국어에 있는 소리들이지만, 우리가 이들을 발 음하는 일은 그다지 쉬워 보이지는 않는다. 그 언어와 한국어의 음절 구조가 다르기 때문이다.

이처럼 언어마다 음절 구조는 다르다. 영어의 음절 구조 역시 한국어 와 다르다. 영어에서는 cream, strike, next와 같이 모음 앞이나 뒤에 자음이 두 개 이상 올 수가 있다. 위의 영어 단어를 한국어로 제대로 옮기게 되면 '크림, 스프링, 텍스트'처럼 쓰지만 한국어에서는 '크르, 스프르, 스트'라는 자음군을 허용하지 않으므로, 자음군 사이에 모음 'ㅡ'를 넣어서 '크림, 스프링, 텍스트'처럼 발음하게 된다.

외래어를 도입할 때 자국어에 불가능한 소리를 가능한 소리로 바꾸듯이, 불가능한 소리의 배열 구조를 가능한 배열로 고쳐서 옮기는 것도 이와 같은 음절 구조의 차이를 말하는 이들이 인식하고 있기 때문이다. 따라서 Christmas, hunt를 우리말로 옮기게 되면 '크릿멋, 헌트'가 아니라 '크리스마스, 헌트'가 되어 원래 발음과는 조금 다르게 되는 것이다.

또한 일본어의 음절 구조도 한국어와 다르다. 일본어의 음절은 크게 '모음' 또는 '자음+모음'의 두 가지밖에 없다. 그러므로 영어의 and를 일본어로 바꾸면 d 다음에 모음을 넣어서 ando(アンド)가 된다. 영어의 at home의 경우는 마찬가지로 '아또 호무'(アト ホム)와 같이 발음한다. 수십 년 전에 우리나라에서 판매된 적이 있는 영양제 '아도홈'은 바로 이 일본어 발음과 관련 있는 제품이다. 'McDonald'가 일본어에서 '마구도나루도'(マグドナルド)가 되는 것도 일본어의 음절 구조와 관련한 현상이다.

한글 모아쓰기를 하는 우리들은 음절과 글자의 개념을 혼동하는 경우가 있다. 예를 들어 우리나라 사람들은 '학생'을 두 글자라고 생각한다. 그러나 글자 수로 따지자면 'ㅎㅏㄱㅅㅐㅇ'의 여섯 글자가 되어야 할 것이다. 여기서 두 글자라고 생각한 것은 엄밀히 말하자면 음절의 수라는 뜻이다. 영어의 'student'의 음절의 수는 2개이지만, 글자 수는 일곱인 것에 대비된다.

음절과 글자를 혼동하는 예는 다음과 같은 우스갯소리에서도 잘 확인된다. 자신의 아이에게 존댓말을 가르치려는 어느 어머니가 다음과 같이 물었단다. "얘야, 누군가가 너에게 좋은 것을 주었다면 너는 그 사람에게 무엇이라고 말하면 좋을까? 다섯 글자로 된 말로써, 끝이 '다'로 끝난단다." 이때 어머니가 기대했던 답은 '고맙습니다' 또는 '감사합니다'였을 것이다. 그러나 이 말을 들은 어린이는 즉각 '뭘 이런 걸 다'라고 답을 했다고 한다. 여기서 실제로 '뭘 이런 걸 다'는 다섯 글자가 아니라 다섯 음절인 것이다. 이왕 말이 나온 김에 이 우스갯소리의 다음 이야기도 소개한다. 어머니는 다시 "얘, 네가 지하철에서 다른 사람의 발을 밟으면 뭐라고 말해야하지? 역시 다섯 글자로 된 말로써, 끝이 '다'로 끝난단다." 그러나 역시 '죄송합니다' 또는 '미안합니다'를 기대했던 어머니와는 다르게 이 어린이는 '이걸 어쩐다'라고 답을 했다고 한다.

소리와 관련된 현상 중에서 음절이 관여하고 있는 것들은 많다. 예를 들어 '녀자, 려행'처럼 'ㄴ, ㄹ'이 어두에 오는 것을 꺼리는 두음법칙 현상은 우리말에서 'ㄴ, ㄹ' 다음에 '야, 여, 요, 유'를 허용하지 않는 음절 구조 제약 때문이다. '배우다'에 '어'가 결합하면 '*배우어'가[1] 아니라 '배워'가 되는 것도 다음절 '우' 어간의 끝음절이 초성이 있는 음절 구조인가, 초성이 없는 음절 구조인가에 따라 달리 적용되는 현상과 관련이 있다. 초성이 있는 '가꾸다'의 경우는 '가꾸어'와 '가꿔'가 다 허용되고

---

1) 이 책에서 * 표시가 붙은 단어나 문장은 실제 쓰이지 않거나, 문법적으로나 규범적으로 바르지 않다는 것을 뜻한다.

있다. '마른버짐'을 '바른머짐'이라고 하거나 '홍길동'을 '홍동길', '알록달록'을 '알락돌락'이라고 하는 발화 실수 역시 음절에 관련된 현상이다.

덧붙여, 우리말 어휘에서 발음을 혼동하기 쉬운 몇 예를 더 살펴보기로 하자. 먼저 '담임(擔任) 선생님'의 발음이다. 흔히 [*다님 선생님]으로 하는 경우가 있는데 이는 잘못이다. [다밈]이 올바른 발음이다. '겸임'의 발음이 [*겨님]이 아니라 [겨밈]인 것을 보면 알 수 있다. 여름철에 텔레비전에서는 흔히 '납량특집극'이 방영되고는 한다. '납량'(納涼)은 서늘함[량(涼)]을 받아들이다[납(納)]라는 뜻으로, 그 발음이 [*나량]이 되어야 할 근거가 없다. [남냥]으로 읽어야 한다. 세상 모든 것에는 서로 끌어당기는 힘이 있다는 '만유인력'(萬有引力)의 발음은 [마뉴일력]이다. 이를 [*말류일력]이라고 발음하는 경우가 있는데 잘못이다. 땅 위에 높이 설치한 도로인 '고가도로'를 [*고까도로]로 발음하는 경우가 있지만, 이 말의 발음은 [고가도로]이다.

'怒'(성낼 노)는 '분노(憤怒), 격노(激怒)' 등에 쓰일 때는 '노'로 읽고 쓰지만, "기쁨과 노여움과 슬픔과 즐거움"을 의미하는 '喜怒哀樂'에서는 [*희노애락]이 아니라 '희로애락'으로 적고 그렇게 발음한다. '크게 화를 냄'이라는 의미의 '大怒' 역시 [*대노]가 아니라 '대로'이다. 결국 '怒'는 받침이 없는 말 뒤에서는 '로'로 적고, 받침이 있는 말 뒤에서는 '노'로 적는다. 이는 이른바 활음조(滑音調)에 의한 것인데, 활음조란 인접한 소리들 사이에 일어나는 변화로, 즉 '*희노애락, *대노'보다는 '희로애락, 대로'가 말하기 쉽고 듣기에도 좋아 그렇게 적도록 한 것이다. 이러한 활음조 현상은 다른 한자에서도 일어난다. '諾'(대답할 낙)도 받침이 없는 말 뒤에서는 '락'으로 적고, 받침이 있는 말 뒤에서는 '낙'으로 적는다. 따라서 '허락(許諾), 수락(受諾)' 등이 그 예이다. 그러나 '응낙(應諾), 승낙(承諾)'의 경우 이를 '*응락, *승락'으로 쓰면 잘못이다. '고난(苦難), 재난(災難)' 등에 쓰이는 '難'(어려울 난)이 '곤란'(困難)이 되는 것도 활음조에 의한 것이다.

김소월의 유명한 시 '진달래꽃'의 한 구절 '사뿐히 지르밟고2) 가시옵소서'에서 '밟고'의 발음은 [발꼬]일까, 아니면 [밥꼬]일까? 겹받침 'ㄼ'으로 끝나는 말은 어말 또는 자음 앞에서 원칙적으로 [ㄹ]로 발음한다. 그래서 '넓다, 여덟'의 발음은 [널따, 여덜]이다. 그런데 예외적으로 '밟다'의 경우는 [밥따]로 발음한다. 따라서 '밟다'의 활용형인 '밟고, 밟지, 밟소' 또한 [밥꼬, 밥찌, 밥쏘]이 올바른 발음이다.

마지막으로 '해님'을 살펴보자. '해님'은 '해+님'으로 이루어진 말로 [해님]으로 발음한다. 이를 '*햇님'으로 쓰고 [핸님]으로 발음하는 것은 잘못이다. 만약 '*햇님'이 옳다면, 이 말은 '해+ㅅ+님'으로 이루어진 말로 보아야 할 것인데, 그러나 우리말에서 사이 'ㅅ'은 독립적인 두 명사가 만나서 한 단어가 될 때 들어가는 것이다. 하지만 '해님'의 '님'은 독립적인 명사가 아니라 접미사이다. 따라서 명사끼리 합쳐진 말이 아니므로 'ㅅ'을 넣지 않은 '해님'이 맞다. '선배, 주부, 토끼'에 '님'을 붙일 때 '선배님, 주부님, 토끼님'이지 '*선뱃님, *주붓님, *토낏님'이 아닌 것과 마찬가지로 이해할 수 있다.

---

2) '지르밟다'는 위에서 내리눌러 밟다는 뜻이다. '지려밟다'의 표준어이다.

리, 리, 릿자로 끝나는 말은

어렸을 때 불렀던 노래 중에 '리, 리, 릿자로 끝나는 말은'이라는 가사를 가진 노래가 있었다. 조금 익숙해지면 '리'뿐만 아니라 '밥' 자 등 여러 다른 글자로 끝나는 말을 찾아 부르기도 했다. 그렇다면 '리'나 '밥'으로 끝나는 말을 어떻게 찾을 수 있을까? 어휘력이 풍부한 사람이라면 꽤 많은 단어를 쭉 말할 수 있겠지만, 대부분 사람들은 그저 대여섯 개의 단어를 나열할 수밖에 없을 듯하다. 혹시 국어 사전에서 이러한 단어들을 찾는다고 생각해 보자. 'ㄱ'부터 읽어가면서 '리'나 '밥'으로 끝나는 단어를 일일이 골라내야 할까? 너무 힘들 것이다. 이제 우리말 어휘의 보물창고인 사전에 대해 알아보자.

풍부한 언어생활을 실천할 수 있으려면 무엇보다 많은 어휘를 동원할 수 있어야 한다. 그러기 위해서는 사람마다 머릿속 사전에다 어휘를 많이 입력해 놓았다가 필요할 때마다 꺼내서 사용할 수 있어야 할 것이다. 그러나 사람마다 경험이나 관심이 다르고 능력도 달라서 수많은 어휘를 모조리 알고 있을 수는 없다. 어휘를 모르면 풍부한 표현을 실천하고 싶어도 실천할 수가 없다. 이런 경우에 도움을 받을 수 있는 것이 바로 사전이다.

사람들은 대개 사전 형태의 출판물을 신성시하고 거기에다 절대성을 기대하는 경향이 있다. 그래서 사전에 실려있다는 말 한마디에 모든 권위가 모이곤 한다. 그러나 한 언어의 어휘는 양적이거나, 질적이거나 간에 확정되기가 어렵다. 그러므로 사전이 출판되어 있다고 해서 거기에 기술된 내용을 오류가 없는 절대적인 것으로 신봉할 수는 없다. 언어는 유동적인 것이라 이러한 것을 사전에다 제대로 기술하기가 쉽지 않기 때문이다. 그래서 사전은 항상 역사적, 사회적 상황과 여러 가지 현실적인 변수들을 반영하여 융통성 있게 편찬되기 마련이다.

어떤 사전이든 현재 사용되고 있는 어휘를 빠뜨리지 않고 모두 등재하는 일은 원칙적으로 불가능하다. 나날이 새로운 말이 창조되거나, 기존의 단어라고 하더라도 새로운 의미와 용법이 추가되는 데다가, 사전을 만드는 데 시간이 여러 해가 걸리기 때문이다. 사전을 만드는 일은 단지 언어 연구나 사전편찬학 같은 학술적인 작업의 차원을 넘어서 한 나라의 문화적 자긍심과 결부된 문제이다. 그래서 나라마다 국력을 기울여 방대한 대사전을 편찬하는 일에 경쟁적으로 뛰어드는가 하면, 대사전의 등록된 어휘의 양을 비교하여 그것을 국가의 문화적 자긍심을 표상하는 상징 같은 것으로 여기기도 한다.

지금까지 우리나라에서 편찬된 우리말 큰사전은 대략 여덟 종류가 있다. 최초의 큰사전은 한글학회가 1957년에 완간한 《큰사전》이며, 국립국어연구원에서 펴낸 《표준국어대사전》이 가장 최근에 편찬된 큰사전이다. 이 사전을 비롯하여 최근에 나오는 사전들은 여러 문학 작품에서 용례를 찾아 싣고 있어서 단어가 실제 어떻게 사용되는지를 쉽게 파악할 수 있다는 장점이 있다. 예를 들어 '시척지근하다'라는 단어를 찾아보면, 박완서의 〈미망〉이라는 작품에서 인용된, '한양서부터 줄창 차고 온 약주술은 부글부글 거품이 나면서 시척지근한 냄새를 풍겼다'라는 문장이 실려 있다.

또한 용언의 경우 문형 정보를 수록하고 있는데, '겨루다'라는 단어를 예로 들자면, '(…과) …을, (…과) -ㄴ지를'이라는 문형 정보를 통해 이 단어가 '내가 장기로 그와 승부를 겨루면 승산이 있다'나 '나는 친구와 누가 빨리 달리는지를 겨루었다'와 같이 쓰이는 현상을 손쉽게 알아차 릴 수 있다. 심지어 '올림픽에서 세계 각국의 선수들은 기량을 겨루게 된다'와 같은 문장에서 '…과'가 빠진 이유를 "'…과'가 나타나지 않을 때는 여럿임을 뜻하는 말이 주어로 온다"와 같이 설명해 주기도 한다.

이러한 작업은 '말뭉치'를 통해서 가능하게 되었다. 말뭉치란 한 언어 로 쓰인 글과 말을 되도록 다양하게 모아서 대용량 컴퓨터로 처리한 것 이다. 여러 문학 작품과 일간 신문, 잡지, 서적 등 국내의 출판물을 중 심으로 하여, 다양한 주제와 형태의 글을 컴퓨터에 입력하여, 이 자료에 서 단어가 실제로 쓰인 용례를 찾아서 의미와 용법을 알아내어 사전에 기술하는 것이다.

그러나 단어를 설명하기 위해 동원된 단어가 표제어보다 더 어려운 경우는 아직도 우리 사전이 더 개선될 여지가 많다는 것을 보여 준다. 예를 들어 '별'의 정의를 '빛을 관측할 수 있는 천체 가운데 성운처럼 퍼지는 모양을 가진 천체를 제외한 모든 천체'라고 하였을 때, 이 정의 를 가지고 '별'의 뜻을 알아차릴 수 있을지 의문이다. '별'의 정의를 '달 을 제외한, 밤에 반짝이는 천체' 또는 '밤하늘에서 펼쳐져 있으면서 반 짝반짝 빛나는 것'이라고 하였을 때와 비교해 보기 바란다.

큰사전에 실려 있는 어휘가 40만이니 50만이니 하지만 사실 그 90

퍼센트는 실제로 사용되지 않는 단어들이다. 이러한 단어들을 흔히 유령어라고 한다. 예를 들어 큰사전에는 '벗, 친구'를 나타내는 말에 '동무, 우(友), 교우(交友), 붕우(朋友), 아우(雅友), 동붕(同朋), 친우(親友), 동료(同僚), 등제(等儕), 양우(良友), 친고(親故), 친붕(親朋), 소친(所親), 가붕(佳朋), 방배(傍輩), 고교(故交), 고구(故舊), 노우(老友), 우배(友輩), 현형(賢兄), 맹형(盟兄)' 등의 단어가 실려 있지만, 이 중에서 우리가 인식할 수 있는 말이 어느 정도인지 헤아려 보면, 과연 이런 단어들까지 한국어라고 할 수 있을지 의문이다.

이는 사전이 무작정 크다고 좋은 것만은 아니라는 점을 보여 준다. 실제 사용되는 단어를 기본으로 하여 만들어진 사전 역시 실용 면에서 의미가 더 클 수 있다. 최근에 나온 ≪연세 한국어사전≫은 1960년대 이후의 자료에서 14번 이상 등장하는 단어만을 표제어로 삼은 소사전이다. 따라서 '보색, 무공해'와 같은 단어들이 빈도수가 적다는 이유로 빠져 있기는 하지만, 오늘날 우리가 실제로 의사소통에 쓰는 생생한 단어들이 실려 있다는 특징이 있다.

지금까지 말씀드린 사전은 단어를 자모순 즉, 가나다순으로 배열하고 있다. 그러나 단어를 검색하는 필요성은 다양하여, 때로는 단어의 끝소리를 중심으로 단어를 검색해야 할 필요성도 있다. 이처럼 단어의 끝소리를 기준으로 하여 배열한 사전을 역순사전이라고 한다. 특히 한국어에서처럼 단어의 뒷부분에 파생 접미사가 붙는 언어의 경우 이러한 역순사전의 필요성은 더한다. 이렇게 단어를 정규 사전의 일반적인 순서와는 반대로 재배열하여 놓은 역순사전은 우리말 연구에 있어서는 물론, 문학 작품을 창작할 때에도 유용하다. 첫머리에서 예를 든 '리'나 '밥'으로 끝나는 말은, 역순사전을 이용하면 쉽게 찾을 수 있다.

'리'의 경우에 'ㄱ'에서 'ㄷ' 사이에서만도 '가두리, 가시리, 가오리, 갈고리, 갈무리, 개구리, 개나리, 거머리, 고사리, 공주리, 군소리, 굴다리, 길거리, 까투리, 꼬투리, 꽹과리, 꾀꼬리, 꿈자리, 날라리, 넋두리, 네거리, 눈초리, 느타리, 달무리, 닭소리, 대가리, 대머리, 덩어리, 도토리, 돗자리, 동아리' 등으로 찾아낼 수 있으며, '밥'의 경우는 '개밥, 고두밥, 눈칫밥, 눌은밥, 국밥, 귓밥, 김밥, 낚싯밥, 덮밥, 맨밥, 보리밥, 볶음밥, 비빔밥, 삼층밥, 실밥, 쌀밥, 아침밥, 약밥, 오곡밥, 이밥, 잡곡밥, 장국밥, 잿밥, 저녁밥, 주먹밥, 찬밥, 찰밥, 초밥, 콩밥, 톱밥, 팥밥, 한솥밥' 등 여러 개를 발견해 낼 수 있다. 최근 시디 형태로 판매되는 전자사전에는 이러한 역순 찾기 기능이 들어 있지만, 기본적으로는 ≪우리말 역순사전≫이나 ≪우리말 분류사전≫의 부록 등에서 역순 사전을 찾아볼 수 있다.

일반적으로 우리가 이용하는 사전은 표제어(올림말)가 주어지고 그에 해당하는 의미(뜻풀이)를 찾는 방식으로 되어 있다. 그러나 때로는 의미는 알고 있는데 그에 해당하는 단어가 무엇인지를 찾고 싶은 경우도 있다. 이처럼 사물의 명칭을 잊어버렸거나 적절한 단어가 생각나지 않을 때, 즉 의미가 먼저 생각났는데 그에 해당하는 단어를 검색해 내고 싶을 때에는 정규 사전은 거의 무용지물이다. 이런 경우에 부응하기 위해서 단어를 좀 더 쉽게 검색해 낼 수 있는 방식으로 특별히 만들어진 다른 유형의 사전이 필요하다. 현재 우리나라에는 정규 사전 외에도 다양한 종류의 특수 사전들이 나와 있다. 대부분의 특수 사전은 머릿속에 생각이나 의미는 떠올랐지만 그에 해당하는 단어를 모를 때에 도움을 받을 수 있는 사전이다.

분류 사전이란 단어들을 공통되는 의미에 해당하는 단어끼리 묶어서 한 군데에다 배열해 놓은 사전이다. 즉, 분류 사전은 어떤 단어의 뜻을 몰라서 찾아보는 사전이 아니라, 어떤 사물이나 개념을 뭐라고 부르는지 모를 경우에 찾아보는 사전이다. 전통적으로 동양에서 사전이라고 하면 이러한 분류 사전을 가리키는 말로 쓰였고 오래된 분류 사전들이 여러 가지 전해지고 있다.

예를 들어 '밥'에 관련된 어휘를 찾고자 한다고 생각해 보자. 앞에서 소개한 역순사전을 이용하면 단지 '밥'으로 끝나는 단어를 찾을 수 있지만, 분류 사전을 이용하면 '밥'으로 끝나는 단어 외에도 '낮참, 밤참, 누룽지, 메, 노구메, 물말이, 곱삶이' 등의 어휘까지도 한꺼번에 쉽게 찾을 수 있다. 또한 김치에 해당하는 단어들이 '포기김치, 총각김치, 백김치, 파김치, 열무김치, 갓김치, 나박김치, 보쌈김치' 외에도 '동치미, 오이소박이, 깍두기, 고들빼기, 무말랭이' 등과 같이 여러 단어가 한군데에 모여 있다. 정규 사전에서 이러한 어휘들을 찾을 것을 생각해 보면 분류 사전의 유용성을 이해할 수 있을 것이다. ≪우리말 분류사전≫, ≪우리말 갈래사전≫이 이러한 분류 사전에 속한다. 이 두 분류 사전은 특히 사전에 숨어 있는 고유어들을 되살려 쓰고자 하는 경우에 커다란 도움을 준다.

유의어사전이란 누구나 머릿속에서 떠올릴 수 있는 기본 어휘를 기본 등재 항목으로 삼고 이를 중심으로 관련 유의어들을 배열하는 방식으로 편찬된다. 국내에서는 ≪유의어사전≫, ≪비슷한말사전≫ 등이 있다. 예를 들어 '빨리'의 비슷한말에는 '빠르게, 속히, 쏜살같이, 곧, 살같이, 당장, 어서, 즉시, 급히, 썩, 냉큼, 얼른, 재깍, 째깍, 후딱, 신속하게, 날쌔게, 잽싸게, 신속히, 한시바삐, 조속히, 종속히, 비호같이, 빨리빨리'와 같은 단어들이 배열되어 있다.

단어들은 앞에서 살펴본 분류 관계나 유의 관계 등을 통해서도 검색될 수 있지만, 반의 관계 또는 대립 관계에 있는 단어들을 매개로 해서도 가능하기 때문에 반대말 사전도 편찬된다. 국내에서 나온 반의어 사전으로는 ≪반의어사전≫, ≪반대말 사전≫ 등이 있다.

일반적으로 이런 사전들에서는 유의어들의 의미나 용법 등을 함께 싣지 않는 것이 일반적이다. 지면상의 제약이 있기도 할 뿐 아니라, 이러한 사전을 만들려면 유의어들의 의미 차이를 정교하게 분석하는 작업이 전제되어야 하기 때문이다. 그렇기 때문에 유의어의 의미 차이를 변별 기술한 유의어 사전은 대개 별도로 편찬된다. 우리나라에서는 ≪뉘앙스풀이를 겸한 우리말 사전≫이 있다. 예를 들어 이 사전에서는 '엉덩이'와 '궁둥이'의 차이에 대하여 '엉덩이가 무겁다, 궁둥이가 무겁다'는 잘 쓰이지만, '엉덩이에 주사를 놓다, 엉덩이춤을 추다, 못된 놈 엉덩이에 뿔이 난다더니'에서는 '엉덩이'가 쓰이고, '아랫목에 앉아서 궁둥이를 지지다, 그놈은 궁둥이가 질기다'에서는 '궁둥이'가 쓰인다는 용례를 통해서, 엉덩이가 포괄적인 개념이고 궁둥이는 엉덩이 가운데서 사람이

앉을 때 바닥에 닿는 부분을 가리킨다는 차이를 잘 설명하고 있다.

또한 이 사전에서는 '없애다'와 '제거하다'의 차이에 대해, '없애다'는 있는 것을 있지 않은 상태로 만드는 것을 기본 의미로 하는 반면, '제거하다'는 존재 자체를 없어지게 하는 것보다는 일정한 영역에서 밖으로 나가게 하는 뜻을 더 강하게 가진다고 설명하고 있다. 따라서 '자동차의 소음을 없애다/제거하다'는 둘 다 가능하지만, '돈을 써 없애다'와 '그 여자를 사교계에서 제거하다'는 자연스럽고 '*돈을 써 제거하다'나 '*그 여자를 사교계에서 없애다'가 왜 어색한지를 설명한다.

우리말이나 글에 관련된 사전의 종류에는 여러 가지가 있을 수 있다. 우리말의 표준 발음을 모아 정리해 놓은 사전은 ≪표준 한국어 발음대사전≫, ≪우리말 발음사전≫, ≪한국어 표준발음사전≫ 등이 있다. 도해 사전이란 눈으로 볼 수 있는 것을 그림으로 그려 거기에다 명칭을 기록하여 놓은 사전이다. 예를 들어 거실 그림을 놓고 거실 안에 있는 여러 물건의 명칭을 한 면에 모아 놓은 것이다. 어원 사전은 단어들의 어원을 모은 사전이다. ≪우리말 어원사전≫, ≪어원사전≫, ≪우리말 유래사전≫ 등이 있지만, 아직 모든 어휘의 어원을 명쾌하게 설명할 수 있는 데까지 연구가 이루어지지 않았기 때문에 아직 보완할 점이 많다.

전국적인 방언 사전은 ≪한국방언사전≫이 있으며, 최근에는 각 지역별로 방언 사전이 편찬되기도 하였다. 그래서 ≪전남방언사전≫, ≪경북방언사전≫, ≪평북방언사전≫, ≪함북방언사전≫ 등의 지역별 방언 사전도 찾아볼 수 있다. ≪경주 속담, 말 사전≫도 이 부류에 넣을 수 있다. 이러한 지역적 언어 차이를 담은 방언 사전 외에도 계층별, 나이별 언어의 차이도 사회 방언으로 분류할 수 있다. ≪국어변말사전≫에는 '낙동강 오리알, 백골단, 속도위반, 짤짤이'와 같이 기존 사전에서는 찾아보기 힘든 속어나 은어가 수록되어 있다는 특징이 있다. 이 외에도 ≪국어 비속어사전≫, ≪우리말 상소리사전≫등이 있다. 옛 문헌에 보이는 단어만을 모은 사전도 ≪이조어사전≫, ≪고어사전≫, ≪중세어사전≫이라는 이름으로 출판되어 있다.

이 외에도 ≪속담사전≫, ≪국어용례사전≫, ≪남북한말 비교 사전≫, ≪한국어 형용사 사전≫, ≪외래어 사전≫, ≪아름다운 우리말 찾아쓰기 사전≫, ≪쉬운말 사전≫, ≪고사성어사전≫, ≪한글 이름 짓기 사전≫ 등 다양한 사전들이 우리 말과 글 사용에 도움을 주고 있다.

소리와 의미는 관계가 있을까

소리와 의미의 관계에 대해서는 아주 오래전부터 관심의 대상이 되어 왔다. 소리와 의미는 서로 관련이 있을까, 없을까? 예를 들어 영어에서 glare(눈부시게 빛나다), gleam(반짝 빛나다), glimmer(깜빡이다), glint(번득이다), glisten(반짝이다), glitter(반짝이다), glory(영광, 화려함), gloss(광택), glow(빛나다) 등에 보이는 gl과 같은 소리는 '빛 또는 시각'이라는 의미와 관련이 있는 것처럼 보인다. 또한 우리말에서도 '보글보글, 방실방실, 꿀꿀, 줄줄줄'처럼 'ㄹ' 소리를 가지고 있는 말들은 모두 '계속진행'이라는 의미가 있는 것처럼 느껴지기도 한다.

어떤 소설에 나오는 다음과 같은 대목 역시 소리와 의미에는 어떠한 관련이 있음을 전제로 하고 있다.

> (1) "승호는 중학교 시절 영어 선생의 말이 생각났다. t로 시작되는 단어에는 우울하고 죽음을 연상케 하는 단어들이 많다는. tear(눈물), Tartaros(저승), Thanatos(죽음의 신), torture(고문) ···." (송대방 1996, 〈헤르메스의 기둥〉 1, 《문학동네》. 206쪽)

그러나 소리와 의미와의 관계는 아무 관계가 없다는 것이 일반적인 학설이다. 앞서 든 예를 다시 살펴보자면, 영어의 gl이 '빛 또는 시각'이라는 의미와 관련 있는 것처럼 보이지만, 실제로는 glide(미끄러지다), glass(유리), glove(장갑), glacial(냉담한), gloomy(어두운) 등에서처럼 '빛, 시각'과는 관계없는 의미를 보여 주는 예가 더 많다는 사실에서 바로 이해할 수 있다. 몇몇 단어에서 빛과 관련 있는 것처럼 보이는 것은 우연이고, 제한적일 뿐이다.

t로 시작하는 단어에는 우울하고 죽음을 연상케 하는 단어도 있을 수 있지만, 오히려 talent(재능), thank(감사하다), together(함께), top (정상), travel(여행), tidy(단정한), thrive(번창하다), tender(부드러운), tickle(기쁘게 하다) 등과 같이 '우울함, 죽음'의 이미지와 전혀 상반된 이미지의 뜻이 있는 단어들이 더 많다. 또한 t로 발음이 시작하는 단어가 '우울함, 죽음'의 뜻을 필연적으로 나타내려면 영어뿐만이 아닌 다른 나라 언어에서도 발견되어야 하는데 그렇지 못하다는 점에서 위의 명제는 개연성이 없다.

이와 같이 언어의 소리와 의미가 아무 관련이 없다는 관점에서 이 둘의 관계를 자의적(恣意的)이라 하고 이를 언어의 자의성이라고 한다. 언어의 자의성이란 말의 소리가 그 소리가 상징하는 개념 사이의 관계가 필연적이 아니라는 뜻이다.

만약 우리말에서 [개]라고 부르는 동물이 '개'라는 의미와 관련이 있다면, 세계에 있는 수많은 언어에서도 모두 '개'를 [개]라고 불러야 할 것이다. 그러나 다음과 같이 세계 언어에서 '개'를 의미하는 말은 다 다르다. 이를 보면 '개'라는 개념이 어떤 특정한 소리로 표현되어야 함을 발견할 수 없다.

(2) a. 영어   dog   [도그]

    b. 프랑스어   chien   [시엥]

    c. 독일어   Hunt   [훈트]

    d. 일본어   いぬ   [이누]

    e. 중국어   狗   [꼬우]

소리와 의미의 관계가 자의적이라는 또 다른 증거는 한 언어의 시간에 따른 변화에서 찾아볼 수 있다. 만약, '가을'이라는 의미가 [ㄱ·ᅀᆞᆯ]이라는 소리와 필연적인 관계가 있었다면, 시간이 흘렀다고 해서 [가을]이라는 소리로 변했을 까닭이 없을 것이다. 마찬가지로, 예전에는 '어리석다'(愚)라는 의미와 관계를 맺은 [어리다]라는 소리가 '어리다'(幼)라는 의미가 있는 말로 바뀌었을 까닭이 없다. 이와 같은 점을 고려해 보건대, 소리와 의미는 아무런 관계가 없음을 알 수 있다.

때로 개념과 말소리 사이의 자의적인 관계에 예외가 되는 것으로 의성어를 들 수 있다. 동물의 울음소리를 흉내 내는 '멍멍, 꼬끼오, 뻐꾹' 등과 사물이나 자연의 소리를 흉내 내는 '출렁출렁, 땡땡, 핑핑' 등이 그 예이다. 이런 의성어를 보면 소리와 의미 사이에는 끊을 수 없는 관계가 있는 것처럼 보이기도 한다. 예를 들어, 개의 울음소리를 '졸졸', 비가 내리는 소리를 '야옹', 북소리를 '소복소복'이라고 표현할 수는 없을 것이다. 실제 소리와의 차이가 너무 크기 때문이다.

그러나 좀 더 생각해 보면 의성어도 언어의 자의성에 대한 반례가 될 수 없다. 그것은 우선 한 언어의 전체 어휘에서 의성어들이 차지하는 부분이 극히 작기 때문이며, 또한 이러한 소리들조차 자연의 소리 그대로가 아니라 그 언어의 소리의 체계에 맞게끔, 즉 어느 정도 관습적으로 그 언어에 들어온 것이기 때문이다. 예를 들어 개의 울음소리를 몇몇 언어에서 살펴보면 다음과 같이 그 상징 방법이 다른 경우가 많다. 이러한 것을 볼 때 의성어는 언어의 필연성보다는 오히려 언어의 자의성을 보여 준다고 할 수 있다.

(3) a. 한국어   멍멍   [멍멍]
     b. 영어   bow-wow   [바우와우]
     c. 러시아어   gav-gav   [가브가브]
     d. 인도네시아어   gong-gong   [공공]
     e. 프랑스어   ouah-ouah   [우아우아]

사실, 소리는 언어의 형식이고, 의미는 언어의 내용이므로 이 둘은 아주 다른 것이다. 소리는 물리적이며 구체적인 것으로 청각을 통하여 지각할 수 있는 세상의 현상인 반면, 의미는 정신적이며 추상적인 것으로 인간의 감각 기관을 통하여 지각할 수 있는 현상이 아니다. 따라서 완전하게 다른 두 가지 측면이 독립적이라는 것은 당연하다고 볼 수 있다.

셰익스피어의 작품 〈로미오와 줄리엣〉에는 다음과 같은 이야기가 나온다. 캐플릿가와 몬태규가의 오랜 싸움 때문에 사랑이 이루어지지 못함을 한탄하면서, 로미오의 이름이 로미오가 아니더라도 이름과는 상관없이 사랑스러운 완벽함을 간직할 것이라고 줄리엣이 읊조리며 하는 말이다. 이 대사에도 언어의 자의성이 잘 드러나 있다.

(4) Whats in a name? That which we call a rose by any other name would smell as sweet.
(도대체 이름이란 뭘까? 장미가 다른 이름으로 불린다 해도 그 달콤한 향기에는 변함이 없을 것을.)

독수리 오형제와 X-man

인간이 사회적 동물이고 언어가 인간 특유의 현상이라면, 언어와 사회 사이에는 밀접한 관계가 있으리라고 예측할 수 있다. 특히, 남녀가 사회에서 부담하는 기능의 차이가 언어에 반영되어 있는 경우가 있다.

우선 보편적이고 일차적인 지칭이 남성을 가리키는 경우가 있다. 이를테면 '의사'는 논리적으로 남자 의사와 여자 의사를 다 포함할 수 있는 말이지만, 실제로 '의사'하면 남자 의사만을 가리키고, '여의사'라는 말이 여성을 위해 따로 마련되어 있는 경우이다. '기자'의 경우도 마찬가지이다. '기자'는 남자 기자를 가리키고, '여기자'가 여자 기자를 가리키기 위해 마련되어 있다. 이러한 말들에는 '교수-여교수, 배우-여배우, 대학생-여대생, 주인-안주인, 사장-여사장, 변호사-여자변호사, 국회의원-여성국회의원, 군인-여군, 생도-여생도' 등이 있다. 반면에 사회 내에서 여성이 보편적인 직업에서는 그 반대의 현상이 일어나기도 한다. 일반적으로 '간호사'는 여성이며, '남자 간호사'라는 말이 남성에게 적용된다. 이를테면 '유치원 선생님, 모델' 등은 기본적으로 여성에게 먼저 적용된다.

이러한 사실은 전통적으로 이러한 직업들을 한쪽 성이 전담해 왔음을 보여 주는 것이다. 이러한 직업명에서의 성차별은 근대 사회 이전에 직업을 가진 것이 남성이었기 때문이라고 볼 수 있는데, 현대 사회와 같이 직업에 있어서 남녀 차별이 사라진 시대에도 언어는 옛 형태를 유지하고 있기 때문이다.

남성을 가리키는 말이 보편적이고 일반적인 지칭이 되는 경우도 있다. 이를테면 '자식'(子息)이라는 말은 원칙적으로 '아들'에게만 사용할 수 있는 말이고 '딸'을 위해서는 '여식'(女息)이라는 말이 마련되어 있지만, 일반적으로 '자식이 두 명이다' 할 때에는 이 말이 아들과 딸 모두에게 사용되기도 하는 경우이다. '형제'라는 말도 마찬가지이다. '형제'는 원칙적으로는 남성에게만 사용할 수 있는 말이고, 여성을 위해서는 '자매'라는 말이 있지만, '형제·자매 여러분'이라는 말 대신에 '형제 여러분'이라는 말로서 남녀를 모두 가리키기도 한다. ≪소년동아일보≫는 '소년'만이 보는 신문일 수 없으며, '청소년'은 그 시기에 있는 남녀 모두를 지칭하는 말이다.

영어에서도 man은 남성 이외에 '인간'이라는 뜻이 있지만, woman에는 여성이라는 뜻밖에 없다. 그렇기에 mankind, chairman, freshman, policeman, snowman, sportsmanship 등과 같이 남성을 가리키는 말이 양성을 대표하여 일반 명칭으로 사용되는 경우가 많다.

어린이 만화영화 〈독수리 오형제〉에는 중 셋째는 남자가 아닌 여자다. 그럼에도 독수리 오남매가 아닌 독수리 오형제가 된 것은 남성 위주의 명칭이라고 할 수 있다. 텔레비전의 오락 프로그램에서도 '엑스맨(X-man)을 찾아라'라는 코너가 있는데, 이 역시 여성을 위해 '엑스우먼'을 따로 만들지 않는 한, 남성을 중심으로 지칭한 것이라 할 수 있다.

이처럼 사회 속에 반영되어 있는 남녀의 기능 차이는 언어에 반영되어 있는 경우가 많이 있는데, 이를 알 수 있는 또 다른 것은 어순(語順)

이다. 일반적으로 언제나 남성은 여성보다 먼저 오게 된다. '소년소녀, 남녀평등, 자녀교육, 장인장모, 갑돌이와 갑순이, 신랑신부, 오누이' 등이 그 예이다. 우리말에서 '년놈, 에미애비'와 같이 부정적인 경우에는 여성이 앞에 오거나 '암수, 처녀총각, 시집장가'와 같이 예외적으로 여성이 앞에 오는 경우도 있다. 영어에서 Ladies and gentleman을 우리말로 '숙녀신사 여러분'이 아니라, '신사숙녀 여러분'이라고 번역되는 것을 보면, 한 사회 안에서 남녀의 기능 차이가 어떻게 언어에 반영되는지 잘 보여 준다고 하겠다.

다음 말들은 한쪽 성에만 사용되는 말로 우리 사회에서 남성과 여성에게 기대하고 있는 가치관이 어떤 것인지 잘 보여 주고 있다.

(1) 남성에게 쓰는 긍정적인 표현 : 멋지다, 늠름하다, 씩씩하다, 점잖다, 호탕하다, 건장하다, 잘 생기다, 장군감이다, 우람하다, 떡두꺼비 같다, 듬직하다, 수더분하다, 남자답다, 터프하다, 기골이 장대하다

(2) 여성에게 쓰는 긍정적인 표현 : 예쁘다, 가냘프다, 청순하다, 앙증맞다, 참하다, 늘씬하다, 조신하다, 곱다, 싹싹하다, 여자답다, 깜찍하다, 발랄하다, 아담하다, 정숙하다, 다소곳하다

반면 다음 말들은 각각 남성과 여성을 부정적으로 묘사하는 말로서, 역시 우리 사회에서 남성과 여성에게 기대하고 있는 가치관이 어떤 것

인지 잘 나타내 준다.

   (3) 남성에게만 쓰는 부정적인 표현 : 느끼하다, 과격하다, 늑대 같다, 음흉하다, 난폭하다, 변태 같다, 능글맞다, 껄 렁대다, 무뚝뚝하다, 꾼이다, 우락부락하다, 쪼잔하다, 건 들거리다, 까불까불하다, 제비
   (4) 여성에게만 쓰는 부정적인 표현 : 내숭떨다, 극성맞다, 앙칼지다, 요염하다, 토라지다, 여우 같다, 꼬리치다, 드 세다, 수다 떨다, 눈을 흘기다, 쌀쌀맞다, 바가지 긁다, 새침떼기, 왈가닥, 말괄량이

그렇기에 '노총각·아저씨'하면 가지게 되는 느낌과 '노처녀·아줌마'하 면 가지게 되는 느낌이 다르게 되는 것도 사회의 가치관이 언어에 반영 되기 때문이다. 또한 우리말의 '놈'과 '년'은 모두 남자 또는 여자를 낮 잡아 이르는 말이지만, 여자를 가리키는 '년'이 좀 더 상스럽게 들린다. 그렇기에 〈그놈은 멋있었다〉라는 소설이나 영화 제목은 자연스럽지만, 〈그년은 멋있었다〉라는 제목은 왠지 거부감이 들게 된다.

이상과 같은 차별적인 언어를 개선하려는 노력이 최근 영어권에서는 이루어지고 있다고 한다, 예를 들면 미혼여성을 부르던 Miss와 기혼여 성을 부르던 Mrs. 대신 Ms.가 많이 통용되고 있다거나, chairperson, freshperson, mailperson, policeperson 등으로 쓰려는 노력도 나 타나고 있다.

(5) Every student must bring *his* own lunch.

라고 사용하던 문장도 요즈음에는 다음과 같이 쓰는 경향도 나타나고 있다고 한다.

(6) Every student must bring *his or her* own lunch.
(7) Every student must bring *their* own lunch.

또한 기독교의 어느 교파에서는 신(神)이 반드시 남성일 이유가 없다고 하면서, 성경에 나오는 God를 중성으로 번역하기도 하는데, 이를테면 Our father who is in heaven을 Our parent 또는 Our creator 등으로 옮기고 있다는 것이다. 보는 이의 입장에 따라 이러한 노력은 논쟁의 여지가 있겠지만, 어쨌든 언어에는 그 사회가 가지고 있는 가치관이 반영된 경우가 있고, 특히 남녀 기능의 차이가 언어에 반영되어 있다는 점을 알 수가 있다.

이러한 차이는 동기간을 나타내는 단어들에서도 잘 드러난다. 우리말에서 남녀 형제를 나타내는 말은 자신보다 나이가 많은 사람의 경우에는 자신의 성(性)이 무엇인가, 상대방의 성(性)이 무엇인가에 따라 세분되어 있다. 그래서 자신이 남성일 경우, 상대방이 남성이면 '형', 상대방이 여성이면 '누나'라고 부르며, 자신이 여성일 경우, 상대방이 남성이면 '오빠', 상대방이 여성이면 '언니'라고 부른다. 우리말에서 이처럼 자신보다 나이가 많은 사람을 네 단계로 나누어 구분하는 반면에 자신보다 나이가 적은 사람의 경우는 '동생' 단 하나의 구분밖에는 없다. 물론 남녀를 구분하기 위해서 '남동생, 여동생'이라고 말하기는 하지만, '내 동생은 올해 고등학교를 졸업했다'와 같이 성(性) 구분을 하지 않는 것이 일반적이다.

이러한 동기간에 대한 단어를 영어와 비교해 보면, 한국어의 특성이 더 잘 드러난다. 영어에서는 자신의 성이나, 나이와 관계없이, 상대방이 남성이면 brother, 여성이면 sister로만 구분한다. 영어에서도 나이를 구분하기 위해서 때로는 elder brother, younger brother라고 말하기는 하지만, 이러한 구분은 일상적이지 않다. 일본어도 한국어와는 다른 구분한다. 일본어는 자신보다 나이가 많은 사람을 그 성에 따라 'あに(ani), あね(ane)'와 둘로만 구분한다. 또한 자신보다 나이가 어린 사람을 그 성에 따라 'おとうと(ototo), いもうと(imoto)'로 나눈다.

이처럼 언어에 따라 세상을 바라보는 눈이 다르며 사람들은 자신이 쓰는 언어가 쪼개주는 대로 세상을 분할하고 있음을 알 수 있다. 우리가 아주 세밀한 기준을 가지고 친족어를 나누고 있는 것처럼, 몽골어에서는 말(馬)에 대한 구분이, 호주어에서는 모래에 대한 구분이, 그리고 북극지방의 이누이트어에서는 눈에 대한 구분이 다른 언어보다 세밀하다고 한다.

우리는 흔히 영어에는 경어법이 없다고 생각한다. 그러나 어느 언어에든지 공손하고 존대하는 표현이 없는 언어는 없을 것이다. 영어에서도 Open the door라고 말할 때보다는 Open the door, please라고 말할 때가 더 공손하며, Would you mind opening the door?가 더 공손하다는 사실은 우리말과 다를 바 없다. 그럼에도 영어를 쓰는 사람이 자신보다 나이가 많건 적건 누구에게나 you라고 호칭하는 것은 그들이 공손하지 않고 상대방을 무시해서가 아니라 그들의 언어에서 상대방을 가리키는 말이 you 하나이기 때문이다.

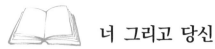

너 그리고 당신

예전에는 한 마을에 동일한 성씨의 여러 친척들이 모여 살거나, 한 집안에서도 3대 또는 그 이상이 함께 살았다. 그래서 성장하는 과정에서 이들과 자연스레 어울리면서 합당한 호칭어와 지칭어를 배우고 익혔다. 그러나 핵가족으로 바뀐 요즈음에는, 1년에 한두 번 큰 행사나 있어야 여러 친척들을 만나게 되어 이들을 어떻게 불러야 할지 때로 헷갈리는 경우가 많이 있다. 또한 예전 같으면 평생 거의 만나기도 어렵거나 혹시 만나더라도 거의 부를 일이 없었던 처가 쪽 식구들과의 관계도 최근에는 아주 빈번하게 이루어지고 있다.

이처럼 요즈음의 언어생활에서 가장 많은 혼란을 일으키고 있는 것이 바로 호칭어와 지칭어이다. 호칭어란 대화의 상대자를 부를 때 사용하는 말이고, 지칭어란 대화에 등장하는 제3자를 가리키는 말이다. 예를 들어, 손자가 할아버지께 '할아버지, 아버지 오셨어요.'라고 말한다면, 여기서 '할아버지'는 대화의 상대자를 부르는 말이므로 호칭어이고, '아버지'는 대화에 등장하는 제3의 인물이므로 지칭어가 이다. 이제 이러한 호칭어와 지칭어에 대하여 살펴보기로 하자.

다 자란 성인이 자신의 부모를 '아빠, 엄마'라고 호칭하거나 지칭하는 일은 잘못이다. 장성해서는 당연히 부모를 '아버지, 어머니'라고 불러야 할 것이다. 간혹 자기 아버지를 가리켜 '저희 아버님이 학교로 찾아오시겠답니다'처럼 '아버님'이라고 높여 말하는 경우도 있지만, 이것은 언어

예절이 지나쳐 잘못된 예로 볼 수 있다. 살아 계신 자기 아버지는 '아버지'라고 해야지 '아버님'처럼 높여 말할 수 없기 때문이다. '아버님'은 다른 사람의 아버지나 자신의 돌아가신 아버지를 가리키는 말이다.

부부간에 부르는 말에도 '철수 씨, 영희야, 자기야, 이봐요, 오빠, 형, 아빠, 야, 어이, 마누라, 하니, 달링' 등 일일이 헤아리기 어려울 정도로 여러 가지가 있다. 특히 아내가 남편을 부를 때에 '아빠'라고 부르거나 결혼 전의 습관에 따라 '오빠'나 '형'이라고 하는 경우가 있는데, 이렇게 되면 자신의 친정 식구와의 호칭과 구별되지 않으므로 잘못이다. 부부간에 서로 부르는 말로는 역시 '여보'가 가장 무난하다고 할 수 있다.

부부간에 지칭어는 더욱 조심해서 써야 한다. 부부 상호 간에는 흔히 쓰듯 '당신'이 가장 무난하다. 또한 시부모에게는 남편을 '아비'나 '아범'이라고 하는 것이 일반적이다. 혹시 남편이 대화의 자리에 없으면 '그이'라고 하며, 바로 가까이 있다면 '이이'라고 하고 조금 떨어져 있으면 '저이'라고 하면 될 것이다. 자신의 친구들한테는 '그이'나 '우리 남편'이라고 할 수 있겠고, 아이가 있다면 '애 아빠(아버지)'라고 하는 것도 무난하다. 이 외에도 다른 사람에게 자신의 남편을 지칭할 때에는 '바깥양반, 애 아빠, 철수 아빠'와 같은 표현이 바람직하다. 또한 자신의 남편을 다른 사람에게 말할 때는 겸손하게 낮추어 말해야 한다. 그러므로 남편의 직함을 붙여 '우리 사장'이니 '우리 부장' 따위와 같이 말하기도 하는데, 남 앞에 자신의 남편을 높인 것이 되기 때문에 이는 실례가 된다. 이는 남편을 찾는 전화가 걸려왔을 때 상대방의 신분이 확인되기 전에는 '아직 안 들어오셨는데요'처럼 남편을 높이지만 남편의 상사라든가 동료, 친구라는 것이 확인되면 '아직 안 들어왔는데요'하고 낮추어 말하는 것과 통하는 것이다.

아내를 자신의 부모에게 가리킬 때는 '어미' 또는 '어멈'이라고 한다. 또는 '그 사람'이라고 할 수도 있다. 남에게 아내를 가리킬 때 특히 주의할 것은 '와이프'라는 외국어로 부르거나 '마누라'라는 비하하는 느낌을 주는 말로 부르는 것이다. 물론 나이가 지긋해서 '마누라'라고 부르는 것도 다소 정감 있게 느껴지기도 하지만, 아무래도 이러한 말들은 말하는 사람의 교양이 높지 않음을 드러내는 것이 되므로 삼갈 일이다. 또 '우리 부인'과 같은 지칭어도 자신의 아내를 높이는 것이 되어 잘못이다. 일반적으로 다른 사람에게 자신의 아내를 지칭할 때에는 '집사람, 안사람, 제 아내, 제 처, 애 엄마, 철수 엄마'와 같은 표현이 바람직하다고 하겠다.

동기와 그 배우자를 부르는 말도 주의해서 사용해야 한다. 남성의 경우, 형의 아내에게는 '형수님'으로, 남동생의 아내에게는 '제수씨, 계수씨'라고 부르는 것이 일반적이다. 누나의 남편에게는 '매형, 매부'로, 여동생의 남편인 경우에는 '~서방, 매부' 등으로 부른다. 여성의 경우, 오빠의 아내에게는 '(새)언니, 올케'로 부를 수 있고, 남동생의 아내에게는 '올케'가 적당하다. 언니의 남편에게는 '형부', 여동생의 남편에게는 '~서방'으로 부를 수 있겠다.

남편의 동기와 그 배우자를 부르는 말은 다음과 같다. 남편의 형에게는 '아주버니', 그 아내에게는 '형님'이라고 부른다. 또한 남편의 아우에게는 아직 미혼이라면 '도련님'으로, 결혼하였다면 '서방님'으로 부른다. 그 배우자는 '동서'라고 호칭할 수 있다. 또한 남편의 누나에게는 '형님', 그 남편에게는 '아주버님, 서방님'이라고 부를 수 있다. 남편의 여동생에게는 '아가씨'로, 그 남편에게는 '서방님'이라고 부른다.

아내의 부모를 부를 때는 '장인(어른), 장모'가 일반적이지만, 지방에 따라서는 '아버님, 어머님'으로 호칭하는 경우도 있다. 장인이 사위를 부를 때는 '아무개 애비'로, 장모가 사위를 부를 때는 '~서방'으로 한다. 또한 매부와 처남 간에는 서로 간의 연령에 따라 평교(平交)하는 것이 올바르다. 이 외에 아내 동기와 그 배우자를 부르는 말은 다음과 같다. 아내의 오빠는 그 나이에 따라 손위라면 '형님'으로, 손아래라면 '처남'이라고 부를 수 있다. 그 아내에게는 '아주머님'이라고 하면 되겠다. 아내의 남동생은 '처남'이라고 부르고 그 아내에게는 '처남댁'이라고 한다. 아내의 언니에게는 '처형'이라고 부르면 되고, 그 남편에게는 '형님'이나 '동서'라는 호칭이 적당하다. 아내의 여동생은 '처제'라고 부르고 그 남편에게는 나이에 따라 '동서'나 '~서방'으로 부른다.

이와 같은 호칭어, 경어법 등 언어 예절의 문제는 특히 세대에 따라 다르고, 지역이나 집안마다 달라 더욱 어려움이 크다. 그래서 이런 어려움을 풀어 주고 잘못을 바로잡기 위해 국가에서는 '표준 화법'을 만들었는데, 위에서 제시한 것은 이 가운데 일부를 소개한 것이다. 그러나 최근에는 남녀 간의 평등한 호칭을 사용해야 한다는 움직임이 있어 위에서 제시한 여러 호칭어, 지칭어를 의식적으로 쓰지 않으려는 경향도 있으니, 이러한 호칭어와 지칭어를 참고로 알아 두면 좋겠다.

인간관계에 가장 중요한 것은 서로 존중하는 마음이며 상대방을 존중

하는 마음은 다름 아닌 호칭어에서부터 비롯된다. 올바른 인간관계를 유지하기 위해 그리고 자신의 바른 인격을 드러내기 위해서는 그 호칭어를 잘 가려 쓰는 일부터 소중히 여겨야 할 것이다.

어느 언어에나 상대방의 신분에 따라 사용되는 언어 표현이 달라지는 것은 있지만, 우리말에서는 그 정도가 복잡하게 마련되어 있다. 그런 의미에서 한국어는 높임법이 엄격하게 구분된 언어라고 말할 수 있다.

우리말의 1인칭에는 평칭의 '나, 우리(들)'과 겸양하는 말인 '저, 저희(들)'이 있다. 또한, "본인은 오늘부터 이 자리에서 물러나겠습니다."와 같이 공식적인 자리에서는 약간 문어적으로 '본인'이 사용되기도 한다.

우리말에서 3인칭 대명사는 그 쓰임이 제약되어 있다. 평칭인 '그'를 기준으로 해서 '그이, 그분' 정도가 있을 수 있지만, '그이'는 요즈음 여자가 다른 사람을 상대하여 그 자리에 없는 자기 남편이나 남자친구(애인)를 가리키는 경우에만 사용되며, 그 이외에는 별로 사용되지 않는다. 차라리 '그 사람'이라는 표현을 사용해서 지칭하는 것이 더 일반적이다. 반면 '그, 그이'보다 높임말인 '그분'의 사용도 활발하다.

2인칭의 경우에는 다른 어느 것보다 복잡한 양상을 보여 준다. 높임법이 발달하지 않는 언어라도 많은 언어에서 2인칭 대명사의 경우는 평칭과 경칭으로 나뉘어 있다. 프랑스어에서 tu와 vous, 독일어에서 du와 Sie와 같은 것이 그 예이다. 우리말에는 '너, 자네, 당신'과 같이 세분되어 있지만 그 사용법은 다른 언어의 그것과는 좀 다르다.

'너'는 가장 낮은 등급의 2인칭 대명사로서 듣는 이가 친구이거나 아래 사람일 경우에 사용되고, '자네'는 '너'보다는 더 높은 대우를 해주는 말이다. 그렇다고 해도 요즘은 '자네'를 초등학생이나 중고등학생에게 쓰기에는 왠지 어색하다. 즉, '자네'는 말을 하는 사람이나 듣는 사람이 나이가 들어야 쓸 수 있는 말이며, 말을 쓰는 사람이 권위를 가지고 말하는 분위기가 수반되는 특징이 있어서 잘못하면 상대방의 비위를 거스를 수도 있는 말이다.

'당신'이라는 대명사도 그 사용법이 복잡하게 나뉜다. '당신'은 "당신은 누구십니까?"와 같이 기본적으로는 듣는 이를 가리키는 2인칭 대명사이다. 또한 책 제목이나 광고문 같은 글에서 불특정 독자를 자유롭게 '당신'이라고 부를 수 있다. "당신의 우리말 실력은?"이나 "당신의 고민을 덜어드립니다."와 같이 사용되는 것이다. 또한 부부 사이에서는 "당신, 요즘 직장에서 피곤하시죠?"라든가 "당신에게 좋은 남편이 되도록 노력하겠소."와 같은 대화에서와 같이 '당신'이 상대편을 높여 부르는 데 사용된다.

그런데 '당신'이 '너'나 '자네'보다는 상위 등급의 대명사이지만, 그 높임의 정도가 그리 큰 것이 아니어서 그 호칭을 듣는 사람으로서는 충분히 대우를 받았다는 느낌을 받지 못하는 것이 일반적이다. 그래서 이 단어를 직접 대면하는 자리에서 사용하면, 오히려 불쾌감을 불러일으킬 수가 있다. 즉 "뭐? 당신? 누구더러 '당신'이라고 하는 거야?"라든지, "당신이 뭔데 이래라저래라 하는 거야?"와 같은 대화에서는 오히려 공손하지 못한 느낌이 들기 때문에 실제 대화에서는 사용하기 쉽지 않다. 경찰관이 취조할 때와 같은 장면이 아니라면, 다른 사람에게는 사용을 조심해야 하는 대명사이다. "할아버지께서는 생전에 당신의 장서를 소중히 다루셨다."와 같은 문장에서 '당신'이 '자기'를 높여 이르는 말에도 쓰이는 것은, '당신'이 3인칭 대명사로 사용되는 것으로 2인칭 대명사와는 다른 용법이다.

이 외에도 2인칭 대명사로서 '댁'이나 '어르신'이 있지만, 좀 옛말스러운 분위기가 풍기는 말로서, 그 용도가 상당히 제약되어 있다. '댁'은 듣는 이가 대등한 관계에 있는 사람이나 아랫사람인 경우에 그 사람을 높여 부르는 말이다. 그러나 '댁'은 주로 안면이 없는 사람에게 사용한다. "내가 댁한테 돈이라도 꾸었단 말이오? 그것은 댁의 사정이오."와 같이 쓰인다. '어르신'은 친면이 있거나 없거나 사용되는 극존칭의 대명사지만, 공적인 인간관계에서는 잘 쓰이지 않는다. 버스 안에서 할아버지뻘 되는 어른들께 "어르신, 여기 앉으십시오."라든가, 동네에서 아는 분을 만났을 때 "어르신, 어디 가십니까?"처럼 사용할 수 있지만, 그 연배쯤 되는 사람이라 하더라도 다른 직책이 있는 분이라면 그 직책 이름을 사용하여 부르는 것이 일반적이다.

사회생활에서 흔히 만나는 선배나 상사나 선생님에게 쓸 수 있는 2인칭 대명사는 우리말에는 따로 없다고 말할 수 있다. 위에서 언급한 어떠한 말도 적합하지 않기 때문이다. 이처럼 대명사의 쓰임이 활발하지 못한 것이 한국어의 한 특징이라고 하겠다. 그렇기 때문에 일상적인 대화에서 대명사보다는 '선생님'이나 '부장님, 사장님' 또는 '손님'과 같이 명사로 된 호칭을 사용하는 것이 더 일반적이다. 그렇기 때문에 사회생활을 하면서 어느 정도 나이가 든 두 사람이 처음 만났을 때, 상대방의 직책을 알 수 없을 경우에 상대방을 호칭하기란 여러 가지로 쉽지 않다. 직책을 알고 있다면 그 직책을 사용해서 말하면 무난하지만, 그렇지 못할 경우에는 참으로 곤란하다. 예전 같으면 '노형'(老兄)이 적절하게 사용되었겠지만, 지금은 이 말이 거의 사라져 버렸다.

이러한 우리말의 특징은 다른 언어와 비교해 보면 더욱 확연하게 드러난다. 영어나 다른 외국어와 같이 자신보다 나이 많은 이에게 you에 해당하는 표현을 사용하는 일은 우리말에서는 전혀 허락되지 않는다. 영어에서는 두 사람의 사회적인 지위와 관계없이 아무에게나 you라고 부르는 것을 볼 수 있다. 심지어는 학생들이 선생님의 이름(first name)을 불러도 무례한 것으로 생각하지 않는 것은 우리에게는 낯설다 못해 이상하게까지 느껴지는 풍습이다. 그러나 이름을 부르는 것이 그들에게는 다른 사람들과 친밀하고 허물없는 관계를 맺을 수 있는 한 방법이라고 생각한다. 우리나라에서는 자신의 학교 선생님을 부르는 방법은 오로지 '선생님' 밖에 없다는 것과 비교된다. 다른 사람에게 지칭할 때를 제외하고는, 성(姓)을 덧붙여서 '김 선생님'이라고 부르는 것도 허용되지 않으며, 어떠한 대명사도 사용할 수 없다. 직장생활에서도 '김 과장님'보다는 '과장님'이라고 부르는 것이 더 예의를 갖추는 것이다. '김 과장님'은 여럿 중의 하나라는 느낌을 주지만 '과장님'은 오로지 당신뿐이라는 느낌을 풍기기 때문에 그런 듯하다.

대학교수가 남자 제자들을 부를 때에는 '군'(君)을 덧붙이는 것이 가장 일반적이다. 예를 들어 "이승호 군, 이 군, 승호 군"과 같이 사용할 수 있다. 여자 제자에게도 '군'을 사용할 수 있지만, 이 중에서 "조은숙

군, 은숙 군"보다는 "조 군" 정도가 무난한데, 오히려 '군'에 대응되는 '양'(孃)이 더 자주 쓰인다.

같은 직장 안에서 나이나 직위가 비슷하거나, 얼마간 아래인 사람에게는 "이승호 씨, 조은숙 씨"와 같이 '씨'를 붙여서 말할 수 있다. 또한 아직 서로 허물없이 지낼 정도로 친해지지 않은 사람을 높이거나 대접하여 부를 때도 사용한다. '씨'는 공식적이고 사무적인 자리나 다수의 독자를 대상으로 하는 글에서가 아닌 한, 윗사람에게는 쓰기 어려운 말이다. 예전에는 직장에서 여성에게 '양'을 붙여 사용했지만, 최근 '씨'로 바뀌어 나가는 추세이다.

비슷한 나이의 동료 사이에서는 '박 형'과 같은 표현도 사용한다. 때로는 나이 차이가 크지 않은 후배에게도 사용할 수 있다. 다만 여자에게는 사용할 수 없으며, 여자에게 쓸 이에 대응하는 마땅한 호칭은 없다.

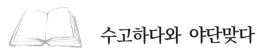# 수고하다와 야단맞다

우리말에는 다른 언어와는 다르게 경어법이 발달되어 있다. 경어법이란 다른 이를 높이기 위해 사용되는 것이지만, 잘못 쓰면 원래 의도와 달라질 수 있으므로 주의해야 한다.

일을 마치고 먼저 나갈 일이 있을 때, 우리는 흔히 '수고하십시오'라고 말한다. 그러나 '수고'(受苦)라는 말은 고생을 받으라는 뜻으로 일을 하라는 말이 되어 실례가 된다. '먼저 나가겠습니다', '내일 뵙겠습니다', '안녕히 계십시오' 등이 좋을 것이다. 다만, 일이 끝난 뒤에 '수고하셨습니다'라고 인사하는 것은 상대방의 수고를 위로하는 인사이므로 무방하다.

요즘 '아버지한테 야단을 맞았다'와 같은 말이 흔히 사용되는 것을 들을 수 있지만, '야단'은 어른에 대해서는 쓸 수 없는 말이다. 그러므로 '꾸중, 꾸지람, 걱정' 등을 사용해서 '아버지께 꾸중 들었다' 또는 '아버지께 걱정 들었다'와 같이 사용해야 한다.

'말씀이 계시겠습니다'도 잘못 사용된 표현이다. 생물이나 무생물에 두루 쓰는 '있다'와는 달리, '계시다'는 반드시 나보다 상위자인 '사람'에게 사용되는 말이다. 그러므로 '말씀이 있으시겠습니다'나 '말씀하시겠습니다'로 써야 바른말이다.

자신을 소개할 때에 '~대학교 아무개 교수입니다'와 같이 소개하는 것도 듣는 사람에게는 대단한 실례가 되는 말이다. 직함을 뒤에 넣어 말하는 것은 자신을 높이는 것이 되기 때문이다. 그러므로 '~대학교 교수 아무개입니다'와 같이 순서를 바꿈으로써 좀 더 교양 있는 언어생활을 할 수 있을 것이다. 또한 '가'(哥)는 성 밑에 붙여 낮게 일컫는 말이므로, 어른에게 대답할 때는 '파평 윤씨입니다'라고 말하기보다는 '파평 윤가입니다'와 같이 예법에 맞는 말이 된다.

자신만이 아는 두 사람을 서로에게 소개할 때에도 지켜야 할 예절이 있다. 우선 친소관계를 따져 자기와 가까운 사람을 먼저 소개한다. 또한 아래 사람을 손윗사람에게 먼저 소개하며, 남성을 여성에게 먼저 소개한다.

'선생님께서 오라십니다'와 '선생님께서 오시랍니다'를 혼동하는 경우도 흔히 있다. 그러나 전자는 '선생님께서 오라고 하십니다'가 줄어든 말이고 후자는 '선생님께서 오시라고 합니다'가 줄어든 말이니, 잘 구별하여 사용해야 한다. 이처럼 '-시-'를 넣어 높여 말해야 할지 아닌지에 대하여 생각이 엇갈리는 경우를 볼 수 있다. 학생들이 선배에 대하여 말하는 경우도 잘 가려 써야 한다. 아무리 평소에 선배에게 존댓말을 사용한다고 하더라도 선생님께 그 선배에 대하여 말씀드릴 때까지도 높여 말하는 것은 잘못이다. 따라서 당연히 '김 선배가 오늘 학교에 못 나왔습니다'처럼 낮추어 말해야 한다.

또한 직장 생활에서는 거래처인 다른 회사 사람들에게 우리 직장의 사람을 어떻게 말하고 또 거래처의 사람을 어떻게 말하는가도 중요한 문제가 될 수 있다. 일반적으로 우리 직장의 평사원에 관해 말할 때는 듣고 있는 다른 회사 사람의 직급과 관계없이 '-시-'를 넣지 않는다. 그러나 직급이 있는 사람을 그 사람과 같은 직급의 사람이나 그 아래의 사람에게 말할 때는 자기보다 직급이 낮더라도 '-시-'를 넣지만, 그 사람 직급 이상의 사람에게 말할 때는 넣지 않는다. 자기보다 직급이 높은 사람을 다른 회사 사람에게 말할 때는 상대방의 직급과 관계없이 '-시-'를 넣는다. 그러나 전화로 대화할 때는 누가 누구에게 말하든지 '-시-'를 넣어 말하는 것이 바람직하다. 거래처의 사람을 거래처의 사람에게 말할 때는 대상과 관계없이 '-시-'를 넣어 말해야 한다.

우리말에서 자신이나 자신이 속한 쪽을 낮추는 겸양의 말 중에서 '저희'라는 표현이 있다. 동료들끼리 얘기를 하거나 같은 학교의 선생님이나 상급자와 얘기를 할 때는 '우리 학교 / 우리 회사'가 맞는 표현이지만, 다른 학교의 윗분이나 회사의 고객을 대상으로 할 때는 '저희 학교 / 저희 회사'라고 해야 한다.

축하나 위로할 자리에 부조를 할 경우에도, 봉투에 인사말을 어떻게 써야 할지 몰라 곤혹스럽게 생각하는 이들이 적지 않다. 요즘에는 아예 인사말이 인쇄된 봉투가 쓰이기도 하는데 아무래도 보내는 이의 정성이 느껴지지 않는다고 하겠다. 환갑 축하 자리라면 보통 봉투 앞면에 '祝 壽宴' 또는 '祝 壽筵'이라고 쓰며 '축 수연'이나 '수연을 진심으로 축하합니다'와 같이 한글로 써도 좋다. 다만 '(생신) 축하드립니다'와 같은 표현은 옳지 않다. '말씀'은 드릴 수 있지만 '감사'나 '축하'는 '드린다'는 말이 어법상 맞지 않는 불필요한 공대이기 때문이다. 이 외에도 '축 환갑(祝 還甲), 축 회갑(祝 回甲), 축 화갑(祝 華甲)' 등도 사용할 수 있다. 또한 보내는 이의 이름은 봉투 뒷면에 쓴다.

환갑 이상의 나이를 위한 잔치에도 따로 마련된 인사말이 있다. 환갑 다음 해인 62세는 '축 진갑'(祝 進甲), 70세에는 '축 고희연'(祝 古稀宴)이나 '축 희연'(祝 稀宴), 77세이면 '축 희수연'(祝 喜壽宴), 88세이면 '축 미수연'(祝 米壽宴), 99세이면 '축 백수연'(祝 白壽宴)과 같이 쓸 수 있다. 아울러 환갑 이상의 생일 자리이면 어디서나 '수연'을 그대로 쓸 수 있다는 사실은 기억해 둘 만하다.

결혼식의 경우에 일반적으로 '축 화혼(祝 華婚), '축 결혼'(祝 結婚)이 많이 쓰이며 '축 혼인'(祝 婚姻), '축의'(祝儀), '하의'(賀儀) 등도 쓸 수 있다. 정년 퇴임의 경우에는 삼가 축하한다는 뜻의 '근축'(謹祝)이나 그동안의 공을 기린다는 뜻의 '송공'(頌功) 또는 '(그동안의) 공적을 기립니다'로 쓸 수 있다. 문상의 경우 조의금 봉투에 가장 많이 쓰이는 것은 '부의'(賻儀) 또는 '근조'(謹弔)이다.

우리말 경어법은 '주체경어법, 객체경어법, 상대경어법(청자경어법)'으로 크게 셋으로 나누어 볼 수가 있는데, 동사의 활용어미에서 가장 체계적으로 나타나며 다른 어떤 언어보다 더 세분되어 있다는 특징이 있다. 이제 이를 구체적으로 살펴보자.

주체경어법은 한 문장의 주어 또는 주체를 높이는 방법이다. 우리말에서 쓰이는 모든 명사는 말하는 사람에 의해서 일단 그것이 존대를 받아야 할 대상인가 아닌가로 양분된다. 일단 어떤 명사가 존대를 받아야 할 대상이라고 말하는 사람이 판단하게 되면 거기에 적합한 어떤 형식을 갖추어야 한다. 존대를 받아야 할 명사가 주어의 자리에 나타나는 경우, 그 서술어에 '-(으)시-'를 덧붙인다. 예를 들어 '동생이 간다'라고 말하지만, 그 주어가 '아버지'로서 존대를 받아야 할 대상이 되면 '아버지가 가신다'가 되는 것이다. 주체경어법은 '-(으)시-'의 첨가 외에도 주어에 결합하는 주격조사를 '-께서'로 바꾸기도 한다. 그래서 '아버지께서 가신다'가 되면 더욱더 존대하는 표현이다.

주체경어법이 어떤 행위나 상태의 주체에 대한 존대 여부를 표현하는 경어법이라면, 객체경어법은 그 행위가 미치는 대상에 대한 존대 여부를 표현하는 경어법이다. 따라서 객체경어법은 문장의 주어가 아닌 위치에 나타나는 명사를 높이는 방법이다. 예를 들어 '책을 동생에게 주었다'라고 말하지만, 책을 주는 대상이 '아버지'로서 존대를 받아야 할 대상이 되면 '책을 아버지께 드렸다'와 같이 '-에게'가 '-께'로, '주다'가 '드리다'가 된다. 객체경어법에 관여하는 동사에는 '주다/드리다' 외에도 '묻다/여쭙다', '보다/뵙다', '데리다/모시다' 등이 있다.

주체경어법이나 객체경어법은 문장 안에 나타나는 대상에 대한 경어법인데, 상대경어법, 또는 청자경어법은 문장 바깥에 등장하는 사람, 즉 말을 듣는 사람을 높이는 방법이다. 주체경어법이나 객체경어법이 누구를 존대하느냐 존대하지 않느냐의 두 단계로 구분되는 것과는 달리 상대경어법은 존대하되 조금 하느냐 좀 많이 하느냐 아주 많이 하느냐 등으로 세분되는 것도 그 경어법의 대상이 현장에서 얼굴을 맞대고 바로 그 말을 듣는 사람이기 때문이다.

상대경어법은 종결어미에 의해서 표현된다. 현대 한국어에서 쓰이는 상대경어법의 등급은 최대 6개까지 설정될 수 있다. 이 6개 등급의 어미가 평서문, 의문문, 명령문, 청유문에 따라 구분되어 있으므로, 상대 경어법을 표현하는 어미는 무척 많다. 평서문에서는 '비가 온다/비가 와/비가 오네/비가 오오/비가 와요/비가 옵니다'와 같이 나누어지며, 의문문에서는 '비가 오니/비가 와/비가 오나/비가 오오/비가 와요/비가 옵니까'로 구분되어 있어서, 오른쪽으로 갈수록 조금씩 존대의 등급이 높아진다. 명령문과 청유문에서도 마찬가지로 각각 '저리 가거라/저리 가/저리 가게/저리 가오/저리 가세요/저리 가십시오'와 '저리 가자/저리 가/저리 가요/자리 가십시다'로 나뉜다.

상대경어법의 6 등급에는 각각 '해라체/해체/하게체/하오체/해요체/합쇼체'라는 명칭이 붙어 있다. 이들 명칭은 명령문의 형태에서 유래한 것이다. 이들 여섯 등급을 하나씩 살펴보기로 하자.

'해라체'는 허물이 없이 가까이 지내는 친구에게, 또는 부모가 자식에게, 나이 많은 화자가 초등학생이나 중고등학생 정도로 어린 사람에게 쓰는 등급이다. 워낙 최하위의 등급이기 때문에 친구 사이라도 중년이나 노년이 되면 쓰기 거북스러워지는 등급이다.

'해체'는 해라체보다는 조금 더 상대방을 대우해 주는 느낌이 드는 등급이다. 예를 들어 대학교 입학 후에 처음 만난 같은 과 친구에게 해체인 '고향이 어디야?'라고는 물을 수 있지만, 해라체인 '고향이 어디니?'라고 물으면 좀 상대방을 낮추어 보는 듯한 느낌이 든다.

'하게체'는 듣는 사람이 말하는 사람보다 나이에서나 사회적 지위에서는 아래일 경우에 쓰이지만, 그 아랫사람을 해라체나 해체보다는 만만하게 생각하지 않고 나름대로 대우를 해주겠다는 뜻을 담은 말투이다. 여러 면에서 '자네'라는 호칭과 짝이 맞는 말투로서, '이 일은 자네가 맡게'와 같이 사용된다. 그러나 이 말투는 상대방이 아랫사람이라 하더라도 대학생 정도는 되어야 쓸 수 있는 등급이어서, 초등학생이나 중고등학생에게 사용하기에는 어색하다. 또한 하게체는 말하는 이의 권위를 과시하는 느낌을 풍기는 특징이 있어서, 말하는 사람도 그만큼 나이를 충분히 먹지 않으면 사용하기 쑥스럽게 느껴진다. 그런 까닭에 하게체는 여성들은 잘 쓰지 않는 편이기도 하다.

'하오체'는 하게체와 마찬가지로 자기보다 아랫사람에게 쓰되 그 아랫사람을 정중하게 대하는 말투로서 그 정중함의 정도가 하게체보다 한 등급 위인 말투이다. 하오체는 하게체와 마찬가지로 격식성이 두드러진다.

'해요체'는 자기보다 상위의 사람이거나, 상위에 있지는 않더라도 정중히 대우해 주어야 할 사람에게 쓰는 말투로서 오늘날 가장 폭넓게 쓰이는 등급이다. '합쇼체'는 한국어의 상대경어법의 6개 등급 가운데 듣는 이를 가장 정중하고 공손하게 대우하는 최상급의 말투이다. 이것은 그 정중의 정도가 워낙 커서 하위 또는 동위의 사람에게 쓰기는 적합하지 않을 정도이다. 합쇼체는 같은 윗사람에게 쓸지라도 해요체를 쓸 때보다 정중의 도가 다르고 격식성을 띤다는 점에서 해요체와 구분된다.

이상에서 상대경어법의 6개 등급을 모두 보았는데, 요즘 젊은이들이 이 6개 등급을 다 지켜서 대화하는 경우는 찾아보기 힘든다. 젊은이들에게 '비가 오오, 이리로 오오'와 같은 하오체는 이제 더 이상 자연스럽지 않다. 말할 기회는 물론이고 직접 들어볼 기회도 그리 흔하지 않다. 많은 경우에 하오체를 쓸 자리이면 아예 해요체를 쓰는 것이 요즘의 일반적인 추세이다. 아울러 '비가 오네, 이리로 오게'와 같은 하게체 역시 그 사용이 제한되어 있다. 학교의 교수님이나 나이 많은 어른들에게 들을 기회는 있지만, 젊은이들이 이 말을 사용하는 경우는 거의 찾아보기 힘든다. 이런 젊은이들에게는 우리말의 상대경어법이 4개 등급으로 줄어들었다고 말할 수 있다.

그런데, 해라체와 해체도 젊은이들에게는 거의 구분되어 사용되지 않는다. 그래서 '비가 온다, 이리로 와라'와 '비가 와, 이리로 와'가 크게 구별되지 않는다. 이렇게 되면 일부 젊은 사람들에게는 상대경어법은 '해라체(해체), 해요, 합쇼체'의 3개 등급만 남아 있다고 볼 수 있겠다.

문제는 최근 점점 나이가 어릴수록 '합쇼체'의 사용도 제한을 받는다는 데에 있다. '비가 옵니다, 이리로 오십시오'라고 써야 할 문맥에서 '비가 오네요, 이리로 오세요'를 쓰는 사람들이 점차로 늘어가고 있다. 그래서 군대에서 상관에게 보고하는 자리에서 해요체를 쓰다가 질책을 받았다는 이야기는 흔히 들어볼 수가 있고, 학교에서도 자신의 지도교수에게도 흔히 해요체를 사용하는 학생들을 쉽게 볼 수 있다. 이런 이들에게는 '해라체(해체), 해요체'의 2개 등급만 남아 있다고 말할 수 있다. 주체경어법이나 객체경어법과 같이 상대방을 높이느냐 높이지 않느냐의 두 단계만 남은 셈이다.

이처럼 점차로 상대경어법이 단순해지는 것을 어떻게 바라보아야 할지는 여러 의견이 있을 수 있다. 언어가 사회의 구조를 반영하는 이상, 경어법이 단순해지는 것은 계급의식이 철두철미했던 봉건사회의 유물을 극복해가는 과정이라고 보아야 할지, 아니면 존대를 하여야 할 사이에 버릇없이 반말을 쓰거나 제대로 존댓말을 사용하지 못하는 것은 잘못된 국어 교육의 탓이므로 더욱 철저히 교육해서 보존해야 할지 생각해 볼 문제이다.

그러면 우리가 경어법을 쓰는 데 어떤 기준들이 영향을 미치고 있는 것일까? 이제 그 기준에 대하여 살펴보도록 하자.

우선 가장 쉽게 떠오르는 것은 나이이다. 한국 사회에서는 나이 차이는 언어뿐만 아니라 모든 생활에서 아주 큰 영향력을 발휘한다. 어른 앞에서 담배를 못 피운다든가 식사를 할 때에도 어른이 먼저 수저를 들 때까지 젊은 사람이 기다려야 한다거나, 연장자에게 무엇을 줄 때에도 한 손이 아닌 두 손으로 주어야 한다거나 등등 상당히 많은 일에 장유유서(長幼有序)의 질서가 철저하게 지켜진다. 서로 나이가 많다는 것을 밝혀 연장자임을 과시하려 하고, 무슨 시비가 붙으면 몇 살인데 건방지게 구느냐고 말한다거나, 학교에서는 학번을 따지는 일 등등이 모두 나이에 민감한 우리의 모습을 보여 준다. 그러므로 언어에 있어서도 나이가 경어법을 결정하는 중요한 요인이 된다는 것은 당연한 일일 듯하다.

우리말에서 호칭과 같은 경어법 사용에 영향을 미친다는 나이 차이는 보통 3~4세로 잡을 수 있을 듯하다. 예들 들어 자기보다 나이가 많은 사람에게 반말하는 경우가 있다. 어릴 때부터 동네에서 친하게 어울렸다든가 직위가 문제 되지 않는 모임에서 아주 절친하게 된 사이라면 서로 반말을 하며 지내게 된다. 이럴 경우 '형, 어디가'라든가 '김 형, 오늘은 내가 한 잔 살게'와 같이 호칭은 높임을 하지만 문장은 반말투로

한다. 그렇지만 이런 경우라도 3~4세 정도가 기준이 되어서 그 이상의 나이를 먹은 이에게는 반말하는 경우는 찾아보기 힘들다.

또한 나이와 지위가 달라서 갈등을 일으킬 경우에 2~3세까지는 나이가 많더라도 직위에 따른 반말이 허용되지만, 그 이상이면 함부로 대하기가 쉽지 않다. 이는 군대나 직장 생활에서 가끔 일어나는 일이다. 상관이 자기보다 나이 많은 부하를 대할 때에도 지위에 따라 반말을 할 수 있지만, 그 부하의 나이가 대체로 4세 차이가 나면 어느 정도 존대를 곁들이게 된다. 이처럼 계급이 중요한 군대에서조차도 나이 차이를 고려한다는 것은 한국에서 나이가 위계질서에 큰 몫을 한다는 중요한 증거이다. 중고등학교 선후배 관계에서도 나이 차이는 아주 엄격하다. 여기서는 1년 선배에게조차 반말을 하는 것이 허용되지 않기 때문이다.

그런데 한국어에서는 나이 차이뿐 아니라, 말하는 이와 듣는 이의 절대적 나이도 중요한 영향력을 미친다. 가족 내에서 자기보다 나이가 많은 형제에게 어렸을 때에는 반말을 쓰다가도 서로 어느 정도 나이를 먹으면 호칭이 달라지고 존댓말을 쓰기도 한다. 즉, 동기간이라도 서로 점잖음을 보여야 할 지긋한 나이가 되면, '형, 누나'라고 부르지 못하고 '형님, 누님'과 같이 경칭을 쓰게 된다. 또한 하게체나 하오체는 말하는 이나 듣는 이가 나이가 든 이후에야 구사할 수 있다. 해요체의 경우도 마찬가지다. 20대나 30대의 화자가 길에서 낯모르는 사람에게 길을 묻는다고 할 때 해요체를 쓰려면 듣는 사람이 고등학교 학생 이상은 되어야 할 것이다. 해요체는 말하는 이의 나이에는 어떤 제약을 가하지는 않지만 듣는 이의 나이에는 하한선을 요구하는 것이다. 아울러 초등학교나 중고등학교의 선생님들이 3, 40세쯤 된 옛 제자들을 만나면 '너'보다는 '자네'를 쓰게 되는 것도 듣는 이의 절대적 나이에 관련된 것이다.

　성별도 얼마간의 영향력을 행사한다. '엄마, 밥 줘'와 같이, 대개 아버지보다 어머니에게, 할아버지보다 할머니에게 덜 정중한 말투를 쓴다. 어떤 방언에서는 어머니와 할머니에게 아예 반말을 쓰는 지역이 있다. 이는 우리의 삶을 오랫동안 지배해 온 남존여비(男尊女卑)의 사상이 반영된 까닭이다. 남녀 차이는 부부 사이에서도 마찬가지다. 남편이 아내에게는 하오체에서 반말체까지 쓸 수는 있으나, 아내는 남편에게 그러지 못하고 그보다 한 등급 높은 해요체를 쓴다. 호칭과 대명사에서는 서로 '여보'와 '당신'을 쓰지만 종결어미의 사용에서는 여성이 역시 한 등급 낮은 말투를 받는 것이다.

　때로는 여성을 더 정중히 대하는 경우도 있다. 전통적으로 처남에게는 반말을 허용하는 것과 달리 처제에게는 반말을 못 쓰게 되어 있다. 또 남의 딸에게도 남의 아들에게보다는 조심하는 편이며 교수가 여학생에게는 남학생에게보다 말을 함부로 하지 않는 경향이 있다.

　또한 말하는 사람의 성별도 경어법에 관여한다. 선후배 관계는 다른 관계보다 좀 엄격하게 위계질서를 갖추는 관계이지만, 남자 선배에게 있어 여자 후배의 경우는 남자 후배보다는 덜 엄격하게 경어법이 이루어진다. 남자 선배에게 남자 후배가 반말을 쓰는 것은 질서를 거스르는 일이지만, 여자 후배가 반말을 쓰는 것은 친밀한 관계를 표시하는 것처럼 느껴지기 때문이다. 마찬가지로 여자 선배에게 남자 후배가 반말을 하는 것과 여자 후배가 반말을 하는 것도 다른 느낌으로 와 닿는다.

이처럼 친밀한 관계를 나타내는 것도 경어법 사용에 영향을 미친다. 앞서 언급한 아버지나 할아버지에게보다 어머니나 할머니에게 덜 정중한 말투나 반말을 쓰는 것 역시 친밀도에 따른 차이라고 볼 수도 있다. 어머니, 할머니와의 관계가 아버지, 할아버지와의 관계보다 더 친근하기 때문에 덜 정중한 말투를 쓰는 것이다. 동년배끼리 처음 만났을 때 존댓말을 하다가 친해지면 반말하는 사이로 바뀌는 것도 마찬가지로 친밀도에 따른 차이다. 우리는 이를 '말을 놓는다'고 한다.

이 외에도 배경이 공적이냐 사적이냐도 한 요인이 될 수 있다. 사적인 자리에서는 반말하는 사이라도, 회의 석상 같은 공적인 자리에서는 경어법을 써야 하기 때문이다.

우리말의 경어법은 상당히 복잡하게 세분되어 있다. 우리말의 복잡한 경어법은 우리 사회가 그만큼 복잡한 위계질서를 가지고 있는 사회라는 것을 반영하고 있다. 그러나 현대에 있어서 경어법을 사용하는 빈도나 요인이 조금씩 바뀌어 가고 있다. 앞서 말했듯이 상대경어법이 단순해져 가고 있으며, 예전 같으면 존대해야 하는 사이라도 서로 반말을 하는 경우가 생겨난다. 이는 우리 사회의 위계질서에 변화가 오고 있다는 표시로 볼 수 있다. 우리말 경어법에 대한 구체적인 예는 ≪한국의 언어≫(이익섭·이상억·채완)가 많이 참고된다.

슈퍼마켓과 수퍼마켓

우리말 어휘 속에는 서양 외래어가 알게 모르게 스며들어 있다. 이에 대해서 몇몇 사례를 살펴보기로 하자.

양 끝을 공처럼 만들어서, 양손에 하나씩 들고 팔운동을 하는 운동기구를 '아령'이라고 한다. '아령'의 한자어 '啞鈴'으로 '벙어리 방울, 소리 나지 않는 방울'이라는 뜻이다. 이 말은 영어 dumb-bell을 번역한 것으로, 아마 이 기구를 처음 만들어 이름 붙인 사람은 방울처럼 생긴 것이 소리가 나지 않는다고 생각했던 모양이다.

일상생활에서 흔히 사용하는 '가방'도 외래어이다. 이 말의 어원에 대해서는 두 가지가 설이 있다. 첫째는 중국어 기원설로 挾板, 夾板. 둘째는 일본어 기원설. 가방이라는 말의 원형은 서양의 문물이 중국으로 소개될 때 끈으로 걸어 어깨에 걸치는, 네덜란드의, 주머니(kabas)가 중국으로 전래되고 다시 한국, 일본으로 전파된 것이다. 사전에서 가방의 정의는 다음과 같다. '(가죽·비닐·천 따위로 만들어) 물건을 넣고 다니게 만든 용구, 중국어의 夾板(발음 : gaban)에서 유래된 것임'.

夾(낄 협)자는 중국어에서 ga 혹은 jia로 발음되며, ga로 발음될 경우는 옆구리라는 의미와 관련되었을 때이다. 중국어에서 夾板(발음 : gaban)은 문자 그대로 줄로 어깨에 걸쳐 소지하는 나무 상자를 말한다. 일본어에서는 중국어 夾板의 일본 발음인 갸방(きゃばん)이 바뀌어 가방이라고 발음한다.

살 사람이 직접 물건을 골라 가지고 출구의 계산대에서 값을 치르게 되어 있는 규모가 큰 먹거리 및 잡화 상점을 '슈퍼마켓'(supermarket) 이라고 한다. 영어 super의 발음이 [sjúːpər]이므로 이를 '슈퍼마켓'으로 적어야 한다. 한편, 미국영어에서는 super의 발음을 [súːpər]로 하므로 이를 따라 요즘에는 '수퍼마켓, 수퍼맨'이라는 표기가 가끔 보이지만, 현재로서는 '슈퍼마켓, 슈퍼맨'만이 사전에 등재되어 있다.

긴 천에 표어 따위를 적어 양쪽을 장대에 매어 높이 들거나 길 위에 달아 놓은 표지물을 흔히 '플랑카드, 플랭카드, 플카드, 프래카드'처럼 참 여러 가지로 말하고 있다. 그러나 이 말은 영어 placard'에서 온 말로 '플래카드'가 바른 표기이며, '현수막'으로 순화되었다. '여름 강좌를 알리는 플래카드가 나무와 나무 사이에 걸려 있다'와 같이 쓰인다.

상처의 치료나 화장에 쓰는 얇고 부드러운 무명천을 '거즈'라고 하는데, 이 말은 영어 gauze에서 온 말이다. 한편 같은 뜻으로 쓰이는 '가제'라는 말도 있다. 이 말은 독일어 Gaze에서 온 말이다. 둘 다 사전에 실려 있다. 혈액 대용으로 주사하는 생리적 식염수를 개량해서 만든 액체를 '링거'라 한다. 이 말은 이것을 만든 사람인 영국의 의학자 링거 (Ringer)의 이름을 따서 붙인 말이다. '*링게르'나 '*링겔'이라고 하는 사람들이 많은데, 이는 독일식 발음을 딴 것으로 현재는 '링거'가 표준어로 되어 있다. 그러나 Ringer의 영어 발음은 [ríŋəːr]로 '링거'가 될 근거는 미약하다.

사람들의 의견을 조사하기 위하여 같은 질문을 여러 사람에게 물어 회답을 구하는 조사 방법을 '앙케트'라고 한다. 이 말은 프랑스어

enquête에서 온 말로, '설문 조사'로 바꾸어 쓸 수 있다. '앙케이트, 앙케이드, 앙케드' 등은 모두 잘못된 표기이다. 한 사람 또는 여러 사람이 연설을 한 다음, 그에 대하여 청중이 질문하면서 토론을 진행하는 방식의 모임을 '포럼'이라고 한다. 이 말은 원래 라틴어 forum에서 온 말인데, 영어에서도 사용되어 [fɔ́ːrəm]으로 발음한다. 우리가 '*포름, *포룸'이라고 하지 않고 '포럼'이라고 하는 것은 영어 발음을 따른 것이다. 청혼이나 제안을 나타내는 말로, '프러포즈'가 흔히 쓰인다. 이 말은 영어 propose [prəpóuz]에서 온 말로, '*프로포즈'로 쓰는 것은 잘못이다. 여러 가지 음식을 큰 식탁에 차려 놓고 손님이 스스로 선택하여 덜어 먹도록 한 식당을 '뷔페'라고 한다. 이 말은 프랑스어 buffet에서 온 말인데, 흔히 '*부페'라고 말하는 경우가 많지만, '뷔페'가 바른 표기이다.

썩지 않고 건조돼 오랫동안 원래 상태에 가까운 모습으로 남아 있는 인간의 주검이나 동물의 사체를 '미라'라고 한다. 이 말은 포르투갈어 mirra에서 온 말로, 원래는 방부제의 이름이었다고 한다. '미라'를 '*미이라'로 적는 경우가 흔히 있는데, 이는 일본어 ミイラ에서 온 표기이다. 참고로 '미라'를 영어로는 mummy라고 한다.

몇몇 예를 더 들고 줄이겠다. 입으로 불어 신호 등을 하는 데 쓰이는 물건을 '호루라기'라고 한다. 이를 '*호루루기, *호르라기' 등으로 쓰는 것은 잘못이다. 한자어와 영어로는 각각 '호각(號角), 휘슬(whistle)'이라고도 한다. 창이나 문에 치는 휘장을 '커튼'(curtain)이라고 하는데, 이를 '*커텐'이라고 하는 것은 잘못이다. 영어 portal, total을 외래어 표기법대로 적으면 '포털, 토털'이다. 외래어 표기법은 현지음을 가지고 적는 것이 원칙으로, '포털, 토털'의 'ㅓ'는 원어 발음을 적은 것이다. 원어 표기의 a 때문에 많은 사람들이 '포탈, 토탈'로 쓰기도 하는데, 이는 잘못이다. 길목 등에 임시로 설치해 놓은 장애물을 '바리케이드'라고 하는데, 이 말은 영어 barricade에서 온 말로, 흔히 '*바리케이트'라고 하는 것은 잘못이다. 성탄절에 부르는 노래를 흔히 '*캐롤'이라고 하지만, 외래어 표기법에 따르면 '캐럴'이 맞는 표기이다.

소보로빵과 십팔번

　서양 외래어뿐만 아니라 일본어나 일본식 어휘도 알게 모르게 우리말 어휘 속에 많이 스며들어 있다. 이에 대해서 몇몇 사례를 살펴보기로 하자.

　'낑깡'이라는 과일이 있는데 참새 알 크기의 둥근 열매로 겨울에 황금색으로 익어 새콤달콤한 맛과 향기가 있는 과일이다. 이를 일본에서는 '금감'(金柑)이라고 표기하며, 그 일본식 발음이 '낑깡'[きんかん]이다. 우리말에서 '금귤'(金橘), '동귤'(童橘)이라는 한자어로 순화하였다.

　흔히 떼를 쓰는 아이에게 '땡깡 부린다'라고 사용되는 '땡깡'이라는 말은 그 뜻을 알면 쉽게 사용하기 어려운 말이다. 이 말은 갑자기 발작을 일으켜 전신이 경련하며 입에서 거품을 내면서 의식 불명이 되는 병인, '간질(癎疾, 지랄병'의 다른 한자어 '전간'(癲癇)의 일본식 발음인 '땡깡'[てんかん]에서 온 말이다. '물건을 야매로 샀다'와 같이 사용되는 '야매'는 원래 일본어 '야미'(やみ, 闇)에서 온 말로서, '어둠, 암거래'를 의미하는 단어이다. 우리말에서는 '뒷거래'로 순화하였다.

　회식 장소나 노래연습장 등에서 자주 쓰이는 말로 '십팔번'(十八番)은 일본의 대중 연극인 가부키에서 유래한 말이다. 여러 장(場)으로 구성된 가부키에서 장(場)이 바뀔 때마다 막간극을 공연했는데, 17세기 무렵 '이치가와 단주로'라는 가부키 배우가 자신의 가문에서 내려온 기예 중에서 크게 성공한 18가지 기예를 정리했는데, 사람들은 그것을 가리켜

가부키 광언(狂言 : 재미있는 말) 십팔번이라고 불렀다고 한다. 여기에서 십팔번이라는 말이 우리나라에 들어와 '장기(長技), 애창곡'의 뜻으로 쓰이게 되었다. '단골 장기, 단골 노래'란 말 등으로 바꾸어 쓸 수 있으며, 이 말이 주로 노래를 부를 때 많이 사용된다는 점을 감안한다면, '애창곡'이라는 말도 함께 쓸 수 있을 것이다. 애창곡을 자주 부르게 되는 '송년회'에 대해 '망년회'는 표현 역시 일본에서 온 말이다.

송편·만두 등을 만들 때 속에 넣는 여러 가지 재료를 '소'라고 한다. 그러므로 만두 속에 소를 넣는다고 말할 수 있다. 흔히 '앙꼬빵'라고 불리는 빵 속에는 붉은 팥을 삶아 으깨어 만든 소가 들어 있어, 이를 '팥소빵, 팥빵'으로 순화하였다. '앙꼬'는 일본어 あんこ(anko)에서 온 말이다. '소보루빵' 또는 '소보로빵'은 어떨까? 이 빵은 거죽이 올록볼록하게 되어 있다. '소보루'는 일본어의 そぼろ(soboro)에서 온 말로, 이 말은 '실 모양의 물건이 흩어져 엉클어지는 모양'을 가리키는 말이다. '소보루빵, 소보로빵'을 '곰보빵'으로 순화하였는데, 이 빵의 거죽이 올록볼록하게 되어 있는 모양을 얼굴이 얽은 사람을 뜻하는 곰보에 기대어 만들어 낸 말이다. 그러나 곰보빵이라는 말 역시 어감이 좋지 않고 인권 침해의 요소가 있는 말이므로, 더 좋은 다른 말을 만들어 낼 필요가 있다고 생각한다.

청주(淸酒)는 우리의 전통주로, 이미 삼국 시대부터 마셨다고 한다. 그런데 일제 강점기 때 일본 청주 상표의 하나인 '마사무네'(正宗)가 국내에 유입되어 '청주' 대신 '정종'이 청주의 대명사처럼 쓰이기 시작했다. 즉, 청주를 소주로 비유한다면, 정종은 '참이슬, 처음처럼'과 같은 상표에 비유할 수 있겠다.

가루를 내어 국수나 묵을 만들어 먹는 '메밀'을 '*모밀'로 잘못 쓰는 경우가 있다. '*모밀'은 '메밀'의 옛말로서, 지금도 함경 방언 등에서 사용되고 있다. '메밀'이 '*모밀'로 잘못 사용되는 예는 '*모밀국수'의 경우가 가장 흔히 발견되며, '메밀묵'이나 '메밀꽃'의 경우는 '*모밀묵'이나 '*모밀꽃'으로 사용되는 예는 좀 드문 편이다.3) '메밀'의 일본어 표기가 '소바'(そば)인데, '메밀국수'를 '*메밀소바, *모밀소바'라고 쓰는 경우도 있으니 이는 '역전앞, 고목나무'와 같은 잘못을 저지르고 있는 셈이다.

시중에 있는 일본 음식점 간판을 보면 대부분 '일식'(日式)이라고 쓰여 있으며, '일식'(日食)으로 되어 있는 곳은 찾기 쉽지 않다. '일식'(日式)은 일본식이라는 뜻이므로 뜻이 통하지 않는 것은 아니지만, 한국 음식점과 중국 음식점의 경우에 '한식'(韓食), '중식'(中食)이라는 말만 쓰이고 '*한식'(韓式), '*'중식'(中式)이 사용되지 않은 것을 미루어 본다면 좀 특이한 현상이라 할 수 있다.

일본 음식 등을 먹을 때 간장에 풀어서 찍어 먹는 향신료를 흔히 '와사비'라고 한다. 이 말은 일본어 wasabi(わさび)에서 온 말로서, 우리말로는 '고추냉이'로 바꾸어 쓸 수 있다. 때로 고추냉이(와사비)는 겨자와 혼동되는 경우도 있다. 고추냉이는 연두색인데, 일종의 총각무 비슷한 뿌리가 달린 다년생풀로서 전체를 김치로 담그거나 뿌리를 갈아 매

---

3) 이효석의 단편 〈메밀꽃 필 무렵〉 역시 발표 당시에는 〈모밀꽃 필 무렵〉이라는 제목이었다.

운 양념을 만든다. 겨자는 노란색으로, 겨자의 씨를 갈아서 매운 양념을 만드는 다년생풀이다.

흔히 '대구지리, 복지리'와 같이 사용되는 '지리'는, 고춧가루를 넣어 얼큰하게 끓인 생선국을 '매운탕'이라 하는 데 비하여, 고춧가루를 쓰지 않은 생선국을 그렇게 일컫는 말이다. 이 말은 일본어 chiri(ちり)에서 온 말로서, 일본에서는 물고기를 두부, 채소를 같이 냄비에다가 끓여서 초간장에 찍어 먹는 요리를 가리키고 있다.

여러 사람이 함께 음식을 먹을 때에, 개개인이 사용하는 작은 접시를 흔히 '식사라'라고 한다. 이 말은 그것은 '食(식)+さら(사라)'로 나누어 지는데, 여기서 '사라'(さら)는 접시를 가리키는 일본어이다. 요즘에는 '식사라' 대신에 '앞접시'라는 좋은 말이 많이 사용되고 있다.

보통 '뼈째 썰어 먹는 회'를 '세꼬시'라고 한다. 이 말은 일본어 せご し(背越 : segosi)에서 온 말이다. 일본어 사전에서 せごし는 '붕어, 은 어 등의 머리, 내장, 지느러미를 떼어 낸 다음 뼈째로 썬 것'이라고 풀 이하고 있다.

'돈가스'는 일본어 とんカツ(tonkatsu)에서 온 말로, '*돈까스'가 아 니라 '돈가스'로 표기되어야 한다. 일본어 とんカツ는 이 말의 영어인 포크커틀릿(pork cutlet)을 옮긴 말로서, 포크를 とん(豚, 돈)으로, 커 틀릿을 일본식 발음 カツ(가츠)로 줄여 옮기면서 생긴 이름이다. '돼지 고기 튀김'으로 바꾸어 부를 수 있다. '*비프까스' 역시 '비프가스'로 써 야 하며, 이 말도 '소고기 튀김'으로 바꾸어 부를 수 있다.

그밖에 몇 예를 더 들어보자. '*왔다리 갔다리'는 우리말의 '왔다 갔

다 하다'와 일본어 行ったり 來たり(ittari kitari)를 교묘하게 합친 국적 불명의 말이다. 즉, 우리말이 '-다'로 끝나고 일본어가 たり(tari)로 끝나는 것을 이용하여 만들어진 말이다.

추운 겨울이면 입게 되는 두꺼운 바지로, 누빈 것처럼 골이 지게 짠 옷감으로 만들어진 바지를 흔히 '골덴 바지'라고 한다. 여기서 사용된 '*골덴'은 '코르덴' 또는 '코듀로이'가 바른 표현으로서, '골덴'은 영어 corded velveteen을 일본식으로 줄인 koruten(コールテン)에서 온 말이다. 한편 북한에서는 '골덴'을 바른말로 사용하고 있다. 거죽에 곱고 짧은 털이 촘촘히 돋게 짠 비단을 흔히 '비로도, 비로드'라고 하는데, 이 말은 포르투갈어 veludo가 일본어 ビロード(birodo)를 거쳐 들어 온 말이다. '우단'(羽緞)이라고도 하며, 요즘에는 '벨벳'(velvet)으로 고쳐 쓰고 있다.

물방울무늬를 흔히 '땡땡이' 또는 '뗑뗑이'라고 한다. 이 말은 '點點'(점점)에 해당하는 일본어 てんてん(tenten)에서 온 말이므로, '물방울' 또는 '물방울무늬'로 바꾸어 쓸 수 있다.

일반적 많이 입는 양복은 두 가지 종류가 있다. 단추가 외줄로 달린 싱글(홑깃 양복 single suit)과 단추가 양쪽으로 달린 더블(겹깃 양복 double suit)이 바로 그것이다. 일본에서 싱글 양복은 가타마에(かたまえ, 片前)라고 하고, 더블 양복은 료마에(りょうまえ, 兩前)이라고 한다. 이 가타마에가 변해서 우리나라에서는 '가다마이'라고 하는데, 이 말을 더 줄여서 '마이'라고 불렀다. 그러니 엄밀한 의미에서 '마이'란 말은 양복의 깃을 말하므로 양복 상의를 '마이'라고 부르는 것은 잘못된 말이다.

'내 마음에 주단을 깔고'라는 노래가 있다. 여기의 '주단'은 일본말로 しゅうたん(絨緞, jutan)에서 온 말로, 우리말로는 '융단'이라고 해야 맞다. 이를 '양탄자'라고 하기도 하며 요즘에는 '카펫'이라는 외래어가 더 많이 사용되기도 한다. '양탄자'는 '서양에서 들어온 탄자'라는 뜻인데, '탄자'는 '毯子'의 중국어 발음에서 비롯된 말이다. '毯子'는 '담요'를 가리키는 중국어이다.

흔히 "애써 장사했지만 결국 똔똔이다."와 같이 쓰이는 '똔똔'은 두 가지가 서로 엇비슷하다는 의미의 일본어 とんとん(tonton)에서 온 말이다. '득실 없음' 또는 '본전'으로 바꾸어 쓸 수 있다.

장사진을 이룰 정도로 사람들이 많이 늘어선 모습을 가리키는 뜻으로 '나라비' 또는 '나래비'가 사용되는 경우가 있다. 그러나 이 말은 '늘어서 있는 모양이나 늘어선 것'을 가리키는 일본어 ならび(並び : narabi)에서 온 말이다.

'막일꾼, 인부, 공사판 노동자' 등을 의미하는 '노가다'는 원래 일본어 どかた(dokata : 土方)에서 온 말이다. '사대주의 근성, 아부 근성'과 같이 좋지 않은 뜻으로 주로 쓰이는 '근성'(根性)은 요즘에는 '프로 근성, 승부 근성'과 같이 긍정적인 의미로도 사용되고 있다. 원래 이 말은 '곤조'라고 해서 '저 친구는 술만 마시면 행패를 부리는 곤조가 있다'와 같이, 예전에는 아주 흔히 사용되던 말이었다. '곤조'는 일본어 こんじょう(konjo : 根性)에서 온 말이다.

계획이나 어떤 일 등이 없던 것으로 돼 버린다거나 중단될 때, 또는

무효가 되었을 때, '나가리'라는 말이 사용된다. 이 말 역시 '회합, 계획 등이 깨지거나 취소됨'의 의미가 있는 일본어 ながれ(流れ : nagare)에서 유래된 말이다.

주유할 때 주로 쓰이는 '만땅'이라는 말은 일본어 まんタン(mantan)에서 온 말이다. 이 일본어는 가득 채운다는 뜻의 한자 滿과 영어 tank가 결합하여 만들어진 말로서, '가득, 가득 채움, 가득 참' 등으로 바꾸어 쓸 수 있다.

손에 쥐고 철사를 끊거나 구부리거나 하는 데에 쓰는 공작 도구를 가리키는 말인 '뻰찌'는 영어 pincers 또는 pincher가 일본어 ペンチ(penchi)를 거쳐 들어온 말이다. '펜치'로 순화하였다. 신분이나 직무, 명예 따위를 나타내기 위하여 옷이나 모자 따위에 붙이는 표를 흔히 '빼찌, 뱃지'라고 한다. 이 말은 영어 badge가 일본어 バッジ(bajji)를 거쳐 들어온 말이다. '배지' 또는 '휘장'(徽章)으로 고쳐 쓴다. 선전이나 광고 또는 선동하는 글이 담긴 종이쪽을 흔히 '삐라'라고 한다. 이 말은 '광고 쪽지'를 의미하는 영어 bill이 일본어 びら(bira)를 거쳐 들어온 말이다. '전단, 알림 쪽지' 등으로 순화하였다.

 윤슬과 물비늘

두 단어가 비슷하지만 뜻이 다른 경우가 있어 혼동하는 경우가 많다. 이러한 실례를 몇몇 가지 들어보도록 하자.

주로 여름밤에 꽁무니에 반짝이는 불빛을 내며 날아다니는 곤충으로, 한자 성어 '형설지공'(螢雪之功)의 주인공을 '반딧불이'라고 한다. '반딧불이'는 '개똥벌레'라고도 부르며, '반딧불'을 내는 곤충이라는 뜻이다. 또한 '반딧불'은 원래 '반디'에서 만들어진 말로, 반디에서 나오는 불빛을 가리키는 말이다. 따라서 '반디 → 반딧불(반디+불) → 반딧불이(반디+불+이)'와 같이 만들어진 말이고, 그러므로 '반디'와 '반딧불이'는 같은 대상을 가리키는 말이다. 최근 사전에서는 '반딧불' 역시 '반딧불이'와 같은 뜻으로 쓸 수 있다고 되어 있는데, 그렇다면 결국 '반디, 반딧불, 반딧불이'는 모두 같은 뜻이라고 할 수 있다. 그러나 이는 좀 지나친 풀이가 아닌가 생각한다. '반디'와 '반딧불이'는 곤충을 가리키고, '반딧불'은 그 곤충에서 나오는 불로 구분해야 할 것이다.

'제비추리'는 소의 안심에 붙은 고기를 가리키는 말이고, '제비초리'는 뒤통수나 앞이마의 한가운데에 골을 따라 아래로 뾰족하게 내민 머리털을 가리키는 말로 그 부분이 마치 제비의 꼬리와 같이 생겼다 해서 붙인 이름이다. '제비추리'와 '제비초리'를 혼동해서는 안 될 것이다.

'영부인'(令夫人)은 남의 부인을 높여 부르는 말이다. 흔히 '어부인'(御夫人)이라고 하지만 이는 일본에서 쓰는 말이다. 그러나 어부인이라는 표현은 쓰지 않은 것이 좋겠다. 그런데 '영부인'을 대통령의 부인이라는 뜻으로 알고 있는 이들이 꽤 많이 있지만, 그런 뜻은 잘못된 것이다. 언론 등에서 '대통령 영부인'과 같이 사용되는 경우가 많아지자, 그 의미가 잘못 알려진 까닭이다. 따라서 옆집 아주머니나 회사 상사 부인이나 기혼여성이면 누구나 영부인이란 호칭을 받을 수 있다. '영'(令)은 예의를 갖춰 남의 가족을 부를 때 붙이는 접두사이다. 그래서 윗사람의 아들을 높여 부를 때에는 '영식'(令息), 딸을 높여 부를 때에는 '영애'(令愛)라고 하는 것이다.

또, 남의 부인을 높여 부르거나 직장 상사의 아내를 호칭할 때 '사모님'이라 하는 게 일반화되어 있는데, 이 역시 군이 쓴다면 '영부인'이 옳은 호칭이다. '사모님'은 자기를 가르친 스승의 부인을 가리키는 말이다. '영부인'은, "영부인께서도 잘 계신가? 이 분은 ○○○ 선생님의 영부인입니다, ○○○ 사장의 영부인인 ○○○ 여사를 소개합니다, 대통령 영부인 ○○○ 여사" 등과 같이 사용될 수 있다. 어떤 이는 대통령의 부인은 따로 '영부인'(領夫人)이라고 한다고 우기기도 하지만, 이는 억지일 뿐이다. 대통령 부인이 '영부인'이면 장관 부인은 '관부인', 장군 부인은 '군부인'이 되어야 할 텐데 이런 말은 없다.

팥죽 속에 넣어 먹는 새알 크기의 덩이를 흔히 '새알심'이라고 한다. 보통 찹쌀가루나 수숫가루로 동글동글하게 만들게 되는데, 이를 '*옹심이, *옹시미, *옹생이'라고 하는 것은 모두 방언이다. 흔히 '팥이나 콩 등의 소를 넣어 반달 모양으로 빚은 떡'을 '계피떡'이라 하는 경우가 있지만, 이 말은 '개피떡'이 바른말이다. '바람떡'이라고도 한다. '계피'(桂

皮)는 땀이 나게 하는 데 쓰이는 한약재인 계수나무의 껍질을 이르는 말이다.

'빠가사리'는 민물고기 '동자개'의 방언이다. '빠가사리'라는 말은 동자개가 '빠각빠각'하는 소리를 내는 것에서 생긴 이름이라고 한다. 동자개는 위험을 느낄 때나 사람에게 잡혔을 때 가슴지느러미를 마찰시켜 소리를 내는 특이한 습관을 지니고 있기 때문이다. 이 소리가 일본어에서 '바보'를 의미하는 단어와 비슷해서 일본인이 가장 싫어하는 물고기가 바로 동자개라는 일화가 있다. 포장마차 등에서 술안주로 많이 사용되는 '꼼장어'는 장어의 일종으로 바닷물에서 서식하고 있다. '꼼장어'는 사전에 따라 '곰장어' 또는 '먹장어'로 바꾸어 쓰게 되어 있지만, 실제 언어생활에서는 '꼼장어'의 사용빈도가 훨씬 높다. 언젠가는 표준어로 등재되어도 좋을 단어로 생각한다.

명태는 겨울철 동해에서 많이 잡히는 물고기이다. 갈무리하는 방법이나 크기에 따라 여러 가지 이름이 있다. 잡은 지 얼마 안 되어 싱싱한 것은 생태, 얼린 명태는 동태, 말린 명태는 북어, 어린 명태는 노가리라고 한다. 또한 내장을 빼낸 명태를 건조대에 걸어놔 얼었다 녹았다 하면서 살이 황금빛으로 연하게 부풀도록 만든 것은 황태이다. 코다리는 명태를 반 정도만 말린 것으로, 코다리를 말릴 때 여러 마리씩 코를 줄로 꿰어 긴 막대에 건다고 한다.

'고둥, 골뱅이, 다슬기, 우렁이, 소라, 올갱이' 등 나선 모양의 껍데기를 가지고 있는 연체동물들의 이름이 서로 엇비슷하여 쉽게 구별하기 힘든 경우가 있다. 이 중 '고둥'은 이들 연체동물을 통틀어 일컫는 말이다. 따라서 '우렁이'는 무논 등에 사는 고둥을 가리키고, '다슬기'는 민물에 사는 고둥, '소라'는 바다에 사는 고둥을 가리키는 말이다. 한편, '다슬기'는 지역에 따라 여러 가지 이름으로 불린다. 강원도, 충청도에선 올갱이, 올뱅이, 전라도에서는 데사리, 경상도에서는 고디 등이 그것이다. '골뱅이'는 표준어에서는 '고둥'과 같은 뜻이지만, 지역에 따라 '고둥'의 방언, '다슬기'의 방언, '우렁이'의 방언, '달팽이'의 방언 등으로 널리 쓰인다.

소나 돼지의 뼈 중에 물렁물렁해서 씹어 먹을 수 있는 뼈를 흔히 '오돌뼈'라고 하는데, 이 말은 원래 '오도독뼈'가 바른말이다. '오도독뼈'의 '오도독'은 단단한 물건을 야무지게 깨무는 소리를 나타내는 의성어인데, 작고 여린뼈처럼 깨물기에 좀 단단한 모양을 나타내는 의태어인 '오돌오돌'과 혼동되어 '오돌뼈'가 만들어진 것으로 보인다. 언젠가 복수 표준어로 설정되어야 할 단어라고 생각한다.

'부나비, 부나방'은 각각 '불나비, 불나방'에서 'ㄹ'이 탈락한 형태이다. 이처럼 'ㄹ'은 'ㄴ, ㄷ, ㅅ, ㅈ' 소리 앞에서 탈락하는 경우가 있다. 그래서 '따님(딸님), 하느님(하늘님), 아드님(아들님), 마소(말소), 바느질(바늘질), 소나무(솔나무), 싸전(쌀전), 여닫이(열닫이), 우짖다(울짖다), 화살(활살)' 등과 같은 단어가 생겨났다. 이 같은 단어들은 모두 'ㄹ'이 탈락한 형태만을 써야 하는데, '부나비, 부나방, 불나비, 불나방' 들은 모두 'ㄹ'이 붙어 있는 것이나 탈락한 것이나 다 표준어로 등재되어 있어 특이하다. 원래 'ㄹ'이 탈락하는 현상은 역사적인 것으로 '물난리, 물동이, 발소리, 별자리, 저울질, 그물질, 철새, 별님' 등과 같은 말은 이러한 규칙을 따르지 않고 있다. 한편, '달님'의 경우에는 '달님'과 함께 '다님'이라는 말도 쓰인다고 한다.

'나발'은 놋쇠로 긴 대롱 같은 모양으로, 위는 가늘고 끝이 퍼져있는 형태로 만들어진 옛날 관악기의 하나이고, '나팔'은 행군이나 신호에 쓰이는 금속 관악기를 가리키는 말이다. '나발'과 '나팔' 모두 한자어 '나팔'(喇叭)에서 온 말이다.

'햇빛'은 '해의 빛'을 가리키는 말이고, '햇볕'은 '해가 내리쬐는 뜨거운 기운'을 가리키는 말이므로 서로 구분하여 사용되어야 하는 말이다. 그러므로 '햇빛'은 '풀잎마다 맺힌 이슬방울이 햇빛에 반사되어 반짝이고 있었다. 햇빛이 잘 드는 집'과 같이 사용하며, '햇볕'은 '따사로운 햇볕, 햇볕이 들다, 햇볕에 그을리다'와 같이 사용한다.

'곤욕'은 '심한 모욕. 또는 참기 힘든 일'라는 의미의 단어이고, '곤혹'은 '곤란한 일을 당하여 어찌할 바를 모름'이라는 의미이다. 따라서 '곤욕'은 '곤욕을 치르다, 곤욕을 당하다'와 같이 사용하며, '곤혹'은 '예기치 못한 질문에 곤혹을 느끼다, 나도 이 일을 어떻게 처리해야 할지 판단하기가 곤혹스럽다'와 같이 사용한다.

'외골수'는 '단 한 곳으로만 파고드는 사람'을 가리키는 말이고, '외곬'은 주로 '외곬으로'의 꼴로 쓰여 '단 하나의 방법이나 방향'을 나타내는 말이다. 따라서 사람을 가리킬 때에는 '외골수'를 사용하여야 하고, 그 외의 경우는 '외곬'을 써야 한다. '그는 외골수 학자이다. 그는 너무 외곬으로 고지식하기만 하다'와 같이 사용한다.

'배상'(賠償)과 '보상'(補償)은 남에게 물어주는 행위는 동일하지만, 배상이 불법행위로 인해 발생한 손해를 물어주는 것임에 반해, 보상은 적법 행위로 인한 손실을 물어준다는 차이가 있다. 따라서 손해 배상과 손실 보상으로 구분해 사용하여야 한다. '부실 공사에 대해서는 주인에게 배상해야 한다, 그동안 제가 진 신세를 어르신께 보상하고 싶습니다'와 같이 사용한다.

'갯벌'은 바닷가 주변의 넓은 땅을 가리키는 말로서, 주로 강가나 바닷가에 있는 모래밭을 지칭하는 말이다. 반면 '개펄'은 개흙 이른바 '머드'가 깔린 벌판을 가리키는 말인데, 뭍에서 갯벌보다 더 먼 곳을 일컫는 말이다. 햇빛이나 달빛에 비치어 반짝이는 잔물결을 '윤슬'이라고 하며, 잔잔한 물결이 햇살 따위에 비치는 모양을 '물비늘'이라고 한다.

'매무새'는 옷을 입은 맵시를 나타내는 말이고, '매무시'는 옷을 입을 때 매만지는 뒷단속을 가리키는 말이다. 그러므로 '고운 옷매무새를 위해서는 마지막까지 옷매무시를 잘 해야 한다'와 같이 구별하여 써야 한다.

흔히 '가락지'와 '반지'는 같은 뜻으로 사용되는 경우가 있지만, '가락지'는 두 쌍의 반지를 가리키는 말이다. 따라서 '가락지'와 '반지'는 구별하여 사용되어야 하며, '쌍가락지'라는 말에서의 '쌍'(雙)은 군더더기라고 할 수 있다. 두 쌍으로 된 가락지라면 '쌍가락지'가 아니라 그냥 '가락지'라고 해야 한다.

'목말'은 목 뒤로 말을 태우듯이 남의 어깨 위에 두 다리를 벌리고 올라타는 일을 가리키는 말로서 '목말 타다, 목말을 태우다'와 같이 사용한다. '무동'(舞童)은 농악대, 걸립패의 놀이 중에, 어른의 어깨 위에 올라서서 춤을 추고 재주 부리던 아이를 가리키는 말로서, 여기에서 '무동을 태우다'라는 말이 나왔다. 그러므로 '목말을 태우다'와 '무동을 태우다'는 같은 의미로 사용될 수 있다. 반면, '*무등을 태우다'라는 말은 강원, 경기, 충북 일대에서 사용되는 말로서, 표준어가 아니다. '목물'은 팔다리를 뻗고 엎드린 사람의 허리 위에서부터 목까지를 물로 씻어 주는 일을 일컫는 말로서 '등목'이라고도 한다. '아버지가 아들의 목물을 해 주다, 윗옷을 훌떡 벗고 목물을 하였다'와 같이 사용한다.

'경신'과 '갱신'은 모두 한자어 '更新'에서 온 말로 그 뜻에 따라 읽기가 달라지는 말이다. 한자 '更'은 '고칠 경'과 '다시 갱'의 두 가지 뜻과 발음이 있다. 그러므로 '고쳐서 다시 새롭게 함'이라는 의미일 때는 '경신'과 '갱신'이 둘 다 사용될 수 있지만, '경신'에는 '종전의 기록을 깨뜨림'이라는 의미가, '갱신'에는 '계약 기간이 만료되었을 때 그 기간을 연장하는 일'이라는 의미가 각각 들어 있다. 따라서 '세계 신기록 경신, 기록 경신', '계약 갱신, 비자 갱신' 등으로 구분되어 쓴다.

거문고와 비파를 이르는 말인 '琴瑟'(금슬)은 부부간의 사랑을 가리킬 때는 '금실'로 적는다. 따라서 비슷한 뜻인 '琴瑟之樂'도 '금실지락'으로 읽어야 한다. '금슬'이 '금실'로 적히는 것 역시 [ㅅ] 뒤에서 'ㅡ'가 'ㅣ'로 바뀐 것인데, 이 경우는 예외적으로 표준어로 인정된다.

'방의 위쪽면. 방의 위쪽을 가려 막는 곳'이라는 의미를 갖는 '천장'은 '창고 안에는 포장된 물건들이 천장까지 닿도록 드높게 쌓여 있었다'와 같이 사용한다. 이 말은 원래 '천정'(天井)으로 사용되다가 '천장'(天障)으로 바뀌었으며, 국어 사전에서도 '천정'은 '천장'으로 쓰도록 되어 있다. 그러나 '물가가 천정을 모르고 치솟는다'에서 쓰이는 '천정을 모르다'를 '천장을 모르다'로 바꾸어 쓸 수 없다는 점을 고려하고, '천정부지'(天井不知) 역시 그대로 표준어로 삼고 있다는 점을 보면, '천정' 역시 표준어로 인정되어야 할 말로 생각한다.

작열하다와 작렬하다

역시 두 단어가 비슷하지만 뜻이 다른 경우가 있어 혼동하는 경우가 많다. 바로 앞에서는 명사류를 살펴보았는데, 이번에는 용언류나 부사류에서 몇몇 예를 들어보도록 하자.

'얼굴에 핏기가 없고 파리하다'는 뜻으로 '해쓱하다, 핼쑥하다'는 말을 쓴다. 그런데 이를 '*핼쓱하다'와 같이 쓰는 것은 잘못된 쓰임이다. 속이 메스꺼워 토할 것 같은 느낌이나 태도나 행동이 비위에 거슬릴 때에 사용되는 '느글거리다, 느글느글하다'는 가끔 '니글거리다, 니글니글하다'와 같이 사용되는 경우가 있지만 이는 잘못이다.

'열적다'는 때로 '열쩍다'와 같이 사용되기도 하는데, 현재 사전에서 모두 '열없다'의 잘못으로 처리되어 있다. 그러나 실제 사용빈도를 보면, '열없다' 못지않게 '열적다, 열쩍다'도 사용되고 있다. 또한 '열없다, 열적다'의 뜻이 '열이 없다, 열이 적다'와는 멀어져서 '멋쩍고 어색하다' 정도의 의미로 바뀌었으므로 '열쩍다'로 적는 것도 고려해 볼 만하다. 어쨌든 현재로서는 '열적다, 열쩍다' 대신에 '열없다'로 사용하여야 한다.

'그의 오른손을 강제로 나꿔채다시피 하며 끌어당겨 갔다' 등과 같이 사용되는 '나꿔채다'는 '낚아채다'의 잘못이다. 북한에서는 '나꿔채다'가 바른 표현으로 쓰이고 있다. '눕히다'와 '누이다'는 모두 '눕다'의 사동사로서 "잠든 아기를 자리에 눕히다/누이다"와 같이 서로 바꾸어 쓸 수 있다. 한편 '누이다'의 준말로 '뉘다'가 있다. '누이다'가 활용하면 '누이+

어 → 누여'가 되고, '뉘다'가 활용하면 '뉘+어 → 뉘어'가 된다. 따라서 '이 몸 누여/뉘어 주소서'와 같이 쓰인다. '뉘어'의 발음은 [뉘여]이다.

'덥다'는 '기온이 높아 몸에 느끼는 기운이 뜨겁다'는 의미와 '온도가 높다'는 두 가지 의미를 가지고 있다. 따라서 기온을 높게 하거나 온도를 높게 할 때에 '덥히다'라는 사동사를 사용하며, '모닥불을 쬐며 손을 덥히다, 보일러를 틀어 방을 덥혔다'처럼 쓰인다. 반면, '데우다'는 '식었거나 찬 것을 덥게 하다'라는 의미로, 주로 온도를 높게 할 때에 사용된다. '물을 데우다. 찌개를 데우다'와 같이 쓰인다.

흔히 '토라지다'라는 말과 같은 뜻으로 '삐지다'를 쓰고 있지만, 아직 이 말은 표준어가 아니다. 이 경우 '삐치다'를 써야 하는데, 실제 언어 현실에서는 '삐지다'의 사용이 훨씬 더 많다. 언젠가는 표준어가 되어야 할 것이다.

과일이나 곡식 따위가 잘 익은 것을 '여물다' 또는 '영글다'라고 한다. 이 두 말은 복수 표준어로서, 같은 뜻으로 사용할 수 있는 말이다. 사전에서 '허수룩하다'는 '허룩하다' 또는 '헙수룩하다'의 잘못으로 처리되고 있다. '허룩하다'는 '쌀자루가 허룩하다'와 같이 무엇인가가 줄어져 적을 때에 사용하는 말이고, '헙수룩하다'는 옷차림이나 겉모습이 허름하고 단정하지 못하거나 머리털이나 수염이 자라서 텁수룩할 때 쓰는 말이다. 그러나 최근에 '허수룩하다'는 '그 회사는 여행객을 존중하지 않고 허수룩하게 대한다, 지금까지의 국정운영은 허수룩했다, 그녀는 아무에게나 돈을 빌려줄 만큼 허수룩하지 않아'와 같이 의미가 확장되어 쓰이고 있다. 따라서 '허수룩하다'도 표준어로 새롭게 인정되어야 할 단어로 보인다.

'작열하다'와 '작렬하다'는 혼동되는 경우가 많이 있다. '작열(灼熱 : 불태울 灼, 더울 熱)'은 불이 이글이글 뜨겁게 타오르는 모습을 나타내는 말이고, '작렬(炸裂 : 터질 炸, 찢어질 裂)'은 포탄이 터져서 퍼지는 모습을 나타내는 말로 구분되어야 한다. 따라서 작열은 몹시 열이 날 정도로 흥분한 상태를, 작렬은 박수 소리나 운동 경기에서의 공격 따위가 극렬하게 터져 나오는 상태를 각각 비유적으로 이르는 데에도 쓰고 있다. '작열하는 사막, 끊임없이 작열하는 불길, 폭죽 같은 홈런의 작렬, 작렬하는 포성'과 같이 구분한다.

라디오 방송의 어느 퀴즈 프로그램 이름인 '맞추면 쏩니다'는 '맞히면 쏩니다'의 잘못이어서 많은 이들의 눈살을 찌푸리게 한 적이 있었다. '맞추다'는 '대상끼리 서로 비교하다'의 의미를 가진 말이고, '맞히다'는 '적중하다'의 의미를 가지고 있는 말이다. 그러므로 '*퀴즈의 답을 맞추다'는 옳지 않고 '퀴즈의 답을 맞히다'가 옳은 표현이다. '답안지를 정답과 맞추어 보다, 입을 맞추다, 과녁을 정확히 맞혔다, 열 문제 중 다섯 문제를 맞혔다'와 같이 구분한다.

'꼼짝달싹, 옴짝달싹'은 '몸이 아주 조금 움직이는 모양'을 나타낸 부사다. '한참 동안을 꼼짝달싹 못 하고 누워 있었다, 빗속에 갇혀 옴짝달싹 못 하게 되다'와 같이 주로 '않다, 못하다, 말다'와 같은 부정어를 동반해서 쓴다. 한편, '옴쭉옴쭉'은 '몸의 한 부분을 옴츠리거나 펴거나 하며 자꾸 움직이는 모양'을 나타내는 부사로서 '우리는 선 채로 발을 조금씩 옴쭉옴쭉 움직이면서 옆으로 이동해 갔다'와 같이 쓴다. '옴쭉옴쭉'의 '옴쭉'과 '꼼짝달싹, 옴짝달싹'의 '달싹'을 결합한 '*옴쭉달싹'은 잘못된 말이다.

뜻밖의 일에 너무 놀랄 때 사용하는 표현으로는 '아연실색(啞然失色)하다'가 바른 표현이다. 이 말은 원래 '아연'(啞然)과 '실색'(失色)으로 나눌 수 있는 말인데, '아연'이란 말은 놀라서 입을 벌리고 있는 모양을 가리키는 말이고, '실색'은 놀라서 얼굴빛이 변한다는 뜻의 말이다. 그런데 이 말을 '아연질색하다'로 쓰는 경우가 있다. 이 말은 아마도 어떤 사람이나 일을 몹시 싫어할 때 '질색'(窒塞)이라고 말하는 경우가 있는데, 이것에 유추되어서 '*아연질색'이라는 말이 만들어진 것 같다. 그러나 이것은 정확한 표현이 아니다.

신문 기사에서 '한국 경제는 절대절명의 위기에 빠진 것인가'하는 제목을 보았다. 흔히 절박하다거나 절대적이라는 생각에서 '*절대절명'(絕對絕命)이라고 표현하는 경우가 많지만, 이는 잘못된 표현이다. '몹시 위태롭거나 급박한 상황', 또는 '도저히 피할 수 없는 위기의 상태'인 것이 마치 '몸이 잘리고[절체(絕體)] 목숨이 끊어질[절명(絕命)] 정도'라는 뜻에서 '절체절명'(絕體絕命)이 바른 표현이다.

'시험이 코앞인데 맨날 놀기만 하고 있다, 모임에 나가도 맨날 그 얼굴이 그 얼굴이다'와 같이 사용되는 '맨날'은 전에는 표준어로 인정되고 있지 않았지만 지금은 '만(萬)날'과 함께 쓰도록 하였다. '만날'보다 '맨날'이 더 널리 사용되고 있어 둘을 다 인정하게 된 것이다. 우리말에서 '맨'은 여러 가지 뜻이 있다. 첫째, 부사로서 '다른 것은 섞이지 않고 온통'이라는 뜻으로 사용된다. '이 산에는 맨 소나무뿐이다, 그들은 맨 놀기만 하고 일은 하지 않는다'와 같은 예에서 볼 수 있다. 둘째, 관형사로서 '그보다 더할 수 없을 정도로 가장'이라는 뜻으로 '맨 나중, 맨 처음, 맨 앞, 맨 꼭대기'와 같이 쓰인다. 셋째, 접두사로서는 '다른 것이 섞이지 않고 오직 그것뿐'이라는 의미로, '맨살, 맨발, 맨주먹, 맨땅'과 같이 사용된다.

'일절'과 '일체'는 모두 한자어 一切로 쓰고 그 뜻에 따라 읽기가 달라지는 말이다. 한자 '切'은 '끊을 절'과 '모두 체'의 두 가지 뜻과 발음이 있다. '일절'은 '아주, 도무지'의 뜻으로 사물을 부인하거나 금지할 때에 사용되는 말로, '외상 일절 사절, 담배를 일절 금하다, 운전 중인 운전사와는 일절 대화를 나누어서는 안 된다'와 같이 쓰인다. 반면 '일체'은 '모든 (것), 온갖 (사물), 모두'와 같은 의미로, '안주 일체, 회사 운영을 일체 너에게 맡긴다, 그 사건 일체를 책임지겠습니다'와 같이 쓰인다.

제2부

우리말 어휘와 어문규범 이야기

소리대로 원형을 밝히어

흔히들 한글 맞춤법은 어렵다고 한다. 그러나 다른 어떤 언어의 표기법보다 더 쉬운 것이 한글 맞춤법이라고 할 수 있다. 예를 들어 영어의 표기법을 생각해 보자. 영어를 올바르게 적기 위해서는 단어 하나하나에 대해 그 철자법을 외우지 않으면 안 된다. 중학교 때 영어를 처음 배울 때 Wednesday의 철자가 잘 외워지지 않아서 고생한 적이 있는데, 이러한 경험은 누구나 한두 개쯤은 가지고 있을 것이다. 몇 년 전 미국의 퀘일 부통령도 potato의 철자를 몰라 망신을 당했다지 않는가. 영어는 이처럼 모든 단어마다 올바른 철자가 정해져 있어 그것을 개별적으로 외워야 한다. 그러나 한글 맞춤법은 그렇지 않다.

초등학교에 들어가서 제일 먼저 배우는 것이 우리말 받아쓰기이다. 이러한 받아쓰기도 얼핏 보면 철자를 외우는 과정이라고 생각될 수 있겠지만, 이 받아쓰기는 영어의 철자 암기와는 다른 과정을 거친다. 우선 현행 〈한글 맞춤법〉의 제1항을 보기로 하겠다.

(1) 한글 맞춤법은 표준어를 소리대로 적되, 어법에 맞도록
　　함을 원칙으로 한다.

여기에는 두 가지 원리가 표명되어 있다. 첫 번째 '소리대로'의 원리이다. 한국어를 적는 문자인 한글은 표음문자(表音文字)이므로 소리나는

대로 적으면 그것이 올바른 우리말 적기가 된다. 예를 들어 보자.

(2) 아버지께서 기타를 치시고, 어머니께서는 노래를 부르신다.

이와 같이 소리를 그대로 표기에 반영한다는 원리이다. 이것이 한글 맞춤법의 가장 근본이 되는 원리이기에 우리말 표기가 쉬운 것이다. 즉, 그 철자를 암기하지 않더라도 바로 소리에 따라 표기가 가능하기 때문이다.

두 번째 '어법에 맞도록'의 원리이다. 이 원리는 '소리대로'의 원리와 더불어 한글 맞춤법의 또 다른 기둥을 이루고 있는 원리인데, '어법에 맞도록'이라는 표현이 조금 모호한 것 같아서 '원형을 밝히어'로 바꾸어서 설명하겠다. '원형을 밝히어'란 한 번 정해진 철자는 환경에 따라 다르게 소리나는 경우가 있더라도 언제나 일정하게 적는다는 원리이다. 예를 들어 '흙글, 흑도, 흥만'이라고 적게 되면 하나의 뜻을 가지고 있는 단어 '흙'이 '흘ㄱ, 흑, 흥'과 같이 너무 많은 표기들이 나타나게 되므로 그 뜻이 쉽게 파악되지 않고 독서 능률이 떨어지게 된다. 따라서 이를 '흙'이란 표기로 고정시켜 표기하자는 것이다.

이제 흔히 실수를 저지르는 몇 가지 어휘를 바로 이 '원형을 밝히어'의 원리로 설명해 보겠다. 우선 다음의 표현을 보자. 괄호 안에 맞는 표기가 하나 있다.

(3) a. 그런 사람 여기 (없슴/없음).

b. 그런 사람 여기 (없습니다/없읍니다).

c. 이번에 출판 기념회가 (있아오니/있사오니) 참석해 주
시기 바랍니다.

d. 어서 (오십시오/오십시요).

e. 이리로 (오시오/오세요).

'원형을 밝히어'란 앞서 말한 바와 같이 한 번 정해진 철자를 언제나 일정하게 적는다는 원리이다. (3a)와 관련하여 한 예를 더 들어보자. '나는 밥을 안 먹음'이 옳은가, 아니면 '나는 밥을 안 먹슴'이 옳은가? 당연히 '먹슴'이 아니라 '먹음'이 옳다. 따라서 '먹-'과 '-음'의 결합이 '먹음'이 되는 것이고 여기서 정해진 '-음'을 언제나 일정하게 적어야 하므로, '없슴'이 아니라 '없음'이 올바른 표기이다. '있슴'이 아니라 '있음'인 것도 마찬가지 이유이다. '얼음, 볶음, 웃음' 등에서와 같이 언제나 원형 '-음'이 고정되어 있다.

(3b)와 관련하여 또 한 예를 더 들어보자. '나는 지금 밥을 먹습니다'가 옳은가, 아니면 '나는 지금 밥을 먹읍니다'가 옳은가? '먹습니다'가 옳다. '먹습니다'는 '먹-'과 '-습니다'로 이루어진 말이다. 그런데 '-습니다'의 원형을 밝혀 적어야 하므로, '없습니다'가 바른 표기이다. '있습니다, 갔습니다' 역시 마찬가지다.

(3c)도 마찬가지로 이해할 수 있다. '*제가 지금 밥을 먹아오니'가 아니라 '제가 지금 밥을 먹사오니'이므로 '*-아오-'가 아니라 '-사오-'가 원형이다. 따라서 '있사오니'가 옳다.

소설 등에서 보일 뿐이고 요즈음에는 별로 들을 수 없는 말 가운데 우리말 높임법에는 이른바 '하오'체가 있다. 이를테면 '이리로 오오, 이 책은 참 낡았오, 십삼 인의 아해가 골목길로 달려가오'와 같은 말투이다. 즉, 이 말을 '이리로 오요, 이 책은 참 낡았요' 등과 같이 할 수는 없다. 따라서 이때 원형은 '-오'가 되고 (3d)는 '오십시오'가 맞다. 한 번 정해진 원형 '-오'는 발음이 [요]로 나더라도 일정하게 '-오'로 적는다. 그런 의미에서 (3e)도 '오시오'가 맞다.

그런데 사실 (3e)는 하나 더 맞다. 우리말에서 '하오'체의 '-오'와는 또 다른 '-요'가 있다. 이 '-요'는 높임의 조사이다.

(4) a. 여기서 와이파이가 되나요?

b. 왜 그런지 가슴이 두근거려요.

c. 나는요, 비가 오면요, 솔밭 길을 걸어요.

(4)에서 '요'를 떼어 내 보자. '와이파이가 되나, 가슴이 두근거려'와 같이 높임의 정도가 달라졌을 뿐 충분히 훌륭한 우리말이다. 그러므로 이 '-요'와 위에서 언급한 '하오'체의 '-오'와는 구분된다. 다시 말해서 높임의 조사 '-요'는 떼어 버려도 말이 되지만 '하오'체의 '-오'는 떼어 내면 말이 되지 않는다는 점에서 서로 다르다. '*어서 오십시, *이리로 오시' 등을 보면 구별될 것이다.

그런데 '이리로 오세요. 수고하세요'의 '-세요'는 '-셔요'에서 변한 말이다. 우리말에서 'ㅔ'와 'ㅕ'는 서로 잘 변한다. 예를 들면, 며느리~메

느리, 벼개~베개 등. 따라서 '이리로 오셔. 수고하셔'와 같이 '-요'를 떼어 내도 말이 되므로 '이리로 오세요'도 맞다. 따라서 '-시오'와 '-세요'는 다음과 같이 구분하여 써야 한다.

(5) a. 이제부터 '-시오'를 '*-시요'로 잘못 적지 마십시오.
새해 복 많이 받으십시오.
b. 이제부터 '-시오'를 '*-시요'로 잘못 적지 마세요. 새해 복 많이 받으세요.

한글 맞춤법은, 앞에서 말한 바와 같이, '소리대로'와 '원형을 밝히어'의 두 가지 원리로 이루어져 있다. '원형을 밝히어'의 원리를 따르자면, 동사나 형용사가 활용을 할 때, '먹는다[멍는다], 먹고[먹꼬]'와 같이 실제 소리는 달라지더라도 원형 '먹-'을 밝혀 적는 것이다. 그런데 '원형을 밝히어'에 예외가 있다. 이른바 불규칙 활용을 하는 동사나 형용사들의 경우는 원형을 밝혀 적지 아니하고 소리나는 대로 적는다.

(6) 놀-다 : 노-니, 노-ㄹ, 노-ㅂ니다, 노-시다
[참고] 놀-고, 놀-며

즉, '놀-'이 '노-'로 바뀌는 경우 이를 원형을 밝혀 '*놀니, *놀읍니다'와 같이 적지 않는다. 이처럼 활용할 때 'ㄹ'이 떨어지는 경우를 'ㄹ' 불규칙 활용이라고 하며, 'ㄹ'로 끝나는 동사, 형용사들은 모두 불규칙 활

용을 한다. 따라서 '*하늘을 날으는 비행기, *우리를 위해서 빌으소서'
와 같은 표현은 각각 '하늘을 나는 비행기, 우리를 위해 비소서(또는 빌
어 주소서)'로 바꾸어야 옳은 표기이다.

(7) 낫-다 : 나-아, 나-으니, 나-을, 나-았다
[참고] 낫-고, 낫-지

(7)은 이른바 'ㅅ' 불규칙 활용의 예로서, 모음 앞에서 어간의 끝받침
'ㅅ'이 줄어지는 것이다. 그러므로 '*병이 빨리 낫아야지'와 같은 표현
은 '병이 빨리 나아야지'가 된다. 반면, '웃다'는 '아이들이 웃었다'와 같
이 어간의 끝 받침이 'ㅅ'이지만, 'ㅅ' 불규칙 활용을 하지 않는다.

(8) 노랗-다 : 노라-니, 노라-ㄴ
[참고] 노랗-고, 노랗-습니다.

'ㅎ' 불규칙 활용이란, 모음 앞에서 어간의 끝받침 'ㅎ'이 줄어지는
것이다. '좋다'를 제외한, 'ㅎ' 받침을 가진 모든 형용사는 'ㅎ' 불규칙
활용을 한다. 여기서 주의할 것은 동사는 'ㅎ' 불규칙 활용을 하지 않는
다는 사실이고, 따라서 동사인 '낳다'를 'ㅎ' 불규칙 활용을 시킨 '*내가
난 아들, *이번에는 딸을 나면 좋겠다'와 같은 표현은 '내가 낳은 아들,
이번에는 딸을 낳으면 좋겠다'로 써야 한다.

(9) 푸-다 : ㅍㅜ-어, ㅍㅜ-어서, ㅍㅜ-었다

　　[참고] 푸-고, 푸-니

(10) 잠그-다 : 잠ㄱ-아, 잠ㄱ-아서, 잠ㄱ-았다

　　[참고] 잠그-고, 잠그-니

　어간 모음이 'ㅜ'나 'ㅡ'로 끝나는 용언들이 '-아'나 '-어'로 시작하는 어미 앞에서 'ㅜ' 또는 'ㅡ'가 줄어드는 것을 각각 'ㅜ' 불규칙 활용, 'ㅡ' 불규칙 활용이라고 하며 위의 (9), (10)이 그 예이다. 'ㅜ' 불규칙 활용은 '푸다'라는 동사 하나뿐이고, 'ㅡ' 불규칙 활용을 하는 동사들은 'ㅡ'로 끝나는 대부분의 용언이 여기에 해당한다. '*물을 잘 잠궈야지, *김치를 담구었다'와 같은 표현은 각각 '물을 잘 잠가야지, 김치를 담갔다'가 되어야 옳은 표기이다.

(11) 묻-다[問] : 물-어, 물-으니, 물-었다

　　[참고] 묻-고, 묻-지만

　'ㄷ' 불규칙 용언은 'ㄷ'으로 끝나는 일부 동사에서 일어나는 불규칙 현상이다. 이는 어간 끝 받침 'ㄷ'이 모음 앞에서 'ㄹ'로 바뀌는 현상이다. 따라서 '*자동차에 짐을 실고(또는 실코) 왔다'에서와 같이 자음으로 시작하는 '-고' 앞에서도 'ㄷ'을 'ㄹ'로 바꾼 예는 잘못이며, '자동차에 짐을 싣고 왔다'가 올바르다. 'ㄷ'으로 끝나는 동사이더라도 '묻-다[埋]'의 경우는 '땅에 보물을 묻었다'와 같이 불규칙 활용을 하지 않는

것도 있다.

(12) 굽-다[炙] : 구ㅜ-어, 구ㅜ-니, 구ㅜ-ㄹ, 구ㅜ-었다
　　　[참고] 굽-고, 굽-지만

'ㅂ'으로 끝나는 대부분의 동사나 형용사들은 모음 앞에서 'ㅂ'을 'ㅜ'로 바꾸는데, 이를 'ㅂ' 불규칙 활용이라고 한다. '굽-다[曲]'의 경우는 '굽은 철사를 바로 폈다'와 같이 불규칙 활용을 하지 않는다. 이 'ㅂ' 불규칙 활용에서 주의하여야 할 것은 '-아/어'계 어미와 결합할 때에는 언제나 '-어'로 시작하는 어미와 결합한다는 사실이다. 즉, '*오! 놀라와라, 그녀의 얼굴은 참 아름다왔다'가 아니라, '오! 놀라워라, 그녀의 얼굴은 참 아름다웠다'와 같이 어느 경우에나 '와'가 아니라 '워'를 쓴다는 사실이다. '잡아', '먹어'와 비교해 보면 금방 알 것이다. 다만 '도와, 고와'의 두 단어의 경우에만 '와'를 사용한다. 또한 '*낙엽을 주서 와라'와 같이 '주워'가 쓰일 위치에 '*주서'가 쓰이는 것은 방언의 영향이다.

(13) 이르-다[到] : 이르-러, 이르-러서, 이르-렀다
　　　[참고] 이르-고
(14) 이르-다[曰] : 일-러, 일-러서, 일-렀다
　　　[참고] 이르-고

(13), (14)는 모두 '-어'계 어미가 '-러'로 바뀌는 경우를 보여 준다.

다만 (13)의 경우에 어간은 그대로 있지만, (14)의 경우는 어간까지도 바뀐다는 점에서 차이를 보인다. 즉, (13)은 '-어'가 '-러'로 되고 '이르-'는 그대로 있지만, (14)는 어간 '이르-'가 '일-'이 되고, 어미 '-어'가 '-러'가 된다는 점에서 구별된다.

　이상에서 우리말 어휘의 여러 불규칙 활용의 표기에 대하여 간단히 살펴보았다. 이러한 불규칙은 어느 언어에든 다 있다. 이들은 글자 그대로 '불규칙'한 것들이어서 한글 맞춤법에서는 이러한 불규칙을 표기에 그대로 반영하고 있다. 즉 '*멍는'이라고 적지 않고 '먹는'이라고 적어도 발음 [멍는]을 예측할 수 있지만, '*굽어[炙]'를 '구워'라고 적지 않으면, 발음 [구워]를 예측할 수 없게 된다.

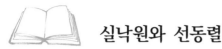

실낙원와 선동렬

한글 맞춤법과 관련하여 어휘의 두음법칙에 대한 문제들을 살펴보기로 하자. 두음법칙(頭音法則)이란 우리말에서 'ㄴ'과 'ㄹ'이 단어의 처음에 오는 것을 꺼리는 현상을 말한다. 다시 말하자면, 'ㄴ'은 제1음절에서 'ㅑ, ㅕ, ㅛ, ㅠ, ㅣ' 등의 앞에 올 수 없고, 'ㄹ'은 어두에 올 수 없다는 내용이다. 두음법칙은 한자어에만 적용되는 것으로 '녀석, 님'과 같은 순우리말이나, '뉴스, 라디오'와 같은 외래어에서는 별다른 제약 없이 'ㄴ, ㄹ'이 어두에 올 수 있다. 물론 연세 높으신 어른들이 '유스, 나지오'라고 발음하는 것을 들을 수도 있다.

다시 간단하게 정리하자면, 한자어의 제1음절에 '냐, 녀, 뇨, 뉴, 니, 녜'를 포함하는 음절이나, 'ㄹ'로 시작하는 말이 오게 되면, 각각 다음과 같이 바뀐다.

(1) a. 냐, 녀, 뇨, 뉴, 니, 녜 → 야, 여, 요, 유, 이, 예

　　 b. 랴, 려, 료, 류, 리, 례 → 야, 여, 요, 유, 이, 예

　　 c. 라, 러, 로, 루 → 나, 너, 노, 누

'녀(女), 량(良), 로(老)' 세 글자로 예를 들어보자. 이들은 '남녀(男女), 개량(改良), 경로(敬老)'와 같이 제1음절이 아닌 경우에는 어디서나 원래 한자음대로 '녀, 량, 로'로 발음되고 그렇게 표기된다. 그런데 이들이

'여자(女子), 양심(良心), 노인(老人)'에서처럼 제1음절에 사용될 때에는 '녀'가 '여'로, '량'이 '양'으로, '로'가 '노'로 바뀌는 것이다.

또한 둘 이상의 단어가 결합하여서 된 말의 경우에는 비록 어두 즉 제1음절이 아니더라도 원래 단어의 두음법칙을 인정한다. '新女性, 梨花女大'의 '女'가 어두에 있지는 않지만, 이 단어들이 '新+女性, 梨花+女大'의 결합이므로 '女性, 女大'가 두음법칙을 적용받아 '여성, 여대'가 되고, 따라서 '新女性, 梨花女大' 역시 '신녀성, 이화녀대'가 아니라 '신여성, 이화여대'가 된다. '死六臣, 海外旅行, 重勞動' 등이 '사륙신, 해외려행, 중로동'이 아니라 '사육신, 해외여행, 중노동'이 되는 것도 마찬가지 원리이다.

그런데 두음법칙에서 주의할 점이 두 가지 있다. 첫 번째는 모음이나 'ㄴ' 받침 뒤에 '렬, 률'이 오는 경우에는 '열', '율'로 적는다는 사실이다. 따라서 '할인율/할인률'(割引率), '합격율/합격률'(合格率)에서 전자는 '할인율'이, 후자는 '합격률'이 바른 표기이다. 마찬가지로 '강열/강렬'(强烈), '선열/선렬'(先烈)에서 '강렬'과 '선열'이 바른 표기이다. 이외에도 '나열(羅列), 일렬(一列)', '우열(優劣), 졸렬(拙劣)', '선열(先烈), 격렬(激烈)', '분열(分裂), 결렬(決裂)', '규율(規律), 법률(法律)' 등의 단어를 잘 살펴보기 바란다.

두음법칙에서 두 번째 주의할 것은 접미사처럼 사용되는 단어들의 경우이다. 예를 들어 다음과 같은 문장에서 '經濟欄'과 '스포츠欄'은 어떻게 적어야 할까?

(2) 오늘은 바빠서 신문의 經濟欄과 스포츠欄에 실린 기사만
　　읽어 보았다.

　정답은 '경제란'과 '스포츠난'이다. 같은 글자인 '欄'이 사용된 단어이
고, 모두 어두 위치가 아닌 데에도 표기에 차이가 난다. '경제란'은 한
자어로 이루어진 말이어서 하나의 단어로 보는 것이고, '스포츠난'은 외
래어와 한자가 결합한 말이므로 독립성이 있다고 보아 '欄'이 두음법칙
을 적용받는 것이다.
　지금까지의 설명을 정리하는 의미에서 두음법칙과 관련해서 흔히 많
이 잘못 표기되거나 주의하여야 할 예들을 몇 가지 살펴보겠다. 답을
보기 전에 직접 풀어보자.

(3) 장롱/장농(欌籠), 농구/롱구(籠球)
(4) 실낙원/실락원(失樂園), 적나라/적라라/적나나(赤裸裸)
(5) 서오릉/서오능(西五陵), 동구릉/동구능(東九陵), 태릉/태능
　　(泰陵), 정릉/정능(貞陵)
(6) 고랭지/고냉지(高冷地)
(7) 선동렬/선동열(宣東烈), 쌍룡/쌍용(雙龍)
(8) 유유상종/유류상종(類類相從), 누누히/누루히(屢屢-)

　(3)에서 우선 '장농'이 아니라 '장롱'이 되는 것은 두음법칙의 기본 원
칙에 의해서 쉽게 이해할 수 있을 것이다. 같은 글자 '籠'이 어두에 오

면 '농'이 된다. (4)에서는 '실낙원, 적나라'가 바른 표기이다. 이 단어들은 각각 '失+樂園, 赤+裸裸'로 이루어진 말이므로 '樂園, 裸裸'가 두음법칙을 적용받아 '낙원, 나라'가 되어 '실낙원, 적나라'가 된다. 최근 책이나 영화 등의 제목에서 잘못 사용된 '*실락원'이 눈에 익어서, '실낙원'이 어색하게 느껴지면 '신여성'인지 '신녀성'인지를 다시 생각해 보자.

(5)에서는 주로 대중들의 발음이 잘못된 것을 모아 본 것이다. 이들은 모두 두음법칙이 적용될 환경이 아니므로 '~능'이 아니라 '~릉'으로 발음하고 그렇게 표기해야 한다. (6)의 '고랭지' 역시 '*고냉지'로 발음되는 경우가 흔히 있는데 이는 잘못이다. (7)은 '선동렬, 쌍룡'이 바른 표기이다. 이 단어들 역시 '선동열, 쌍용'이란 표기가 눈에 익었겠지만, '烈', '龍'이 어두에 있는 것이 아니므로 원칙적으로 '렬', '룡'으로 적혀야 한다. '최병렬, 배삼룡'을 생각해 보면 더 쉬울 것이다.

(8)에 제시한 단어들은 두음법칙에 예외가 되는 것으로 생각할 수 있다. 이들은 '類類相從, 屢屢'에서 온 말이므로 '유류상종, 누루히'로 발음되어야 하지만, '유유상종, 누누히'로 발음되는 현실을 인정하여 예외로 처리한 것이다.

참고로. 북한에서는 어떠한 경우에도 두음법칙을 표기에 반영하고 있지 않아서, 이미 알고 있듯이 '로동신문, 력사, 녀성' 등과 같이 쓴다. 남북이 통일되어 하나의 맞춤법을 사용하게 될 때 이 두음법칙 문제를 어떻게 처리하여야 할지 좀 더 연구를 해 보아야 할 것이다.

결론적으로 말해서 두음법칙이 헷갈리는 경우, 발음을 어떻게 하는지를 생각해 보고 그대로 표기하면 큰 잘못은 없으리라고 생각한다. 그러나 '한글 맞춤법은 너무 어려워' 심지어는 '우리말은 영어보다 어렵다' 라고 생각하는 분들에게, 다소 진부하기는 하지만, 다음과 같은 한 마디 말씀드린다. 영어 철자와 문법을 외우기 위해 쏟아부은 그 많은 시간과 노력의 10분의 1만 투자해서 생각해 본다면, 그렇게 어려울 것은 아니라고 생각한다.

넓적하다와 널찍하다

우리말 어휘 가운데는 겹받침이 쓰인 것이 많다. 어문규범과 관련하여 이러한 겹받침 어휘의 발음과 그 표기 문제를 살펴보도록 하자.

(1) a. 이번 역은 역과 승강장 사이가 넓습니다.

　　 b. 넓은 바닷가에 고기 잡는 아버지.

(2) 나 보기가 역겨워 가실 때에는 사뿐히 지르밟고 가시옵
　　소서.

여기서 관심을 가지는 부분은 '넓습니다, 넓고, 넓은, 밟고'의 발음이다. 여기에는 모두 겹받침이 쓰였다. 그러나 이들 겹받침은 언제나 모두 다 발음되는 것은 아니다. 즉, 이들은 뒤에 모음으로 시작하는 말이 올 때만 다 발음되고, 자음으로 시작하는 말 앞이나 어말에서는 두 개의 소리 중 하나만 발음된다. 즉, 겹받침을 이루는 두 개의 자음을 각각 C_1, C_2라고 했을 때, 뒤에 모음으로 시작하는 경우가 아니라면, C_1이나 C_2 중 하나의 소리만이 발음되는 것이다.

따라서 '닭이 운다'에서는 '닭' 다음에 모음으로 시작하는 '이'가 오고 있으므로, [달기]에서처럼 겹받침의 'ㄹㄱ'이 다 발음된다. 흔히 젊은 사람들 중에서 [다기]라고 발음하는 경우가 있는데, 이러한 발음은 방언이지 표준 발음은 아니다. 반면에 '닭집'과 같이 '닭' 다음에 자음으로 시작하

는 '집'이 오거나, '통닭'과 같이 '닭'으로 단어가 끝나는 경우에는, 겹받침 'ㄺ' 중에서 C_2인 'ㄱ'만이 발음되어 [닥]이 된다.

이처럼 두 받침 중 하나만 선택되는 경우는 어느 정도 규칙으로 정해져 있다. 즉, 두 개의 자음이 받침으로 올 경우에 앞 자음 C_1을 발음하는 경우와 뒤의 자음 C_2를 발음하는 경우가 다르다. 다음 단어들을 살펴보자.

(3) 넋, 앉다, 핥다, 값, 없다

(4) 흙, 삶, 젊다

(3)에 제시한 단어들은 [넉, 안따, 할따, 갑, 업:다]와 같이 발음하고, 또한 (4)에 제시한 단어들은 [흑, 삼: , 점:따]로 발음한다. 다시 말하자면 (3)의 단어들은 겹받침 중에서 앞 자음이 발음되는 것들이어서, 'ㄳ, ㄵ, ㄾ, ㅄ' 중에서 각각 C_1인 'ㄱ, ㄴ, ㄹ, ㅂ'이 발음된다. 반면 (4)의 단어들은 겹받침 중에서 뒤의 자음이 발음되는 것들이어서 'ㄺ, ㄻ'에서 각각 C_2인 'ㄱ, ㅁ'이 발음된다. 그런데 문제가 되는 것은 다음 단어들이다.

(5) 넓다[널따/넙따], 밟다[발:따/밥:따], 밟고[발:꼬/밥:꼬]

(6) 맑다[말따/막따], 맑게[말게/막께]

(5)의 경우 'ㄼ'을 가진 '넓-'과 '밟-'의 발음이 다르다. '여덟[여덜], 넓다[널따], 짧다[짤따]'에서와 같이 겹받침 'ㄼ'은 C_1인 'ㄹ'을 발음하는

것이 옳지만, '밟다[밥:따]'의 경우에만 예외적으로 C_2인 'ㅂ'으로 발음한다. 따라서 '넓-'은 [널]로, '밟-'은 [밥:]으로 발음하여야 한다.

(6)의 경우는 'ㄺ'을 가진 동사나 형용사가, 뒤에 오는 어미에 따라 발음이 달라진다. '닭[닥], 맑다[막따], 묽다[묵따], 늙다[늑따]'에서와 같이 겹받침 'ㄺ'은 C_2 'ㄱ'을 발음하는 것이 표준이지만, 다음에 'ㄱ'으로 시작하는 어미가 오는 경우에만 C_1인 'ㄹ'로 발음하게 된다. 따라서 '맑-게, 묽-고, 늙-거나' 등은 'ㄱ'으로 시작하는 어미 '-게, -고, -거나'가 올 경우, 'ㄺ' 중에서 'ㄹ'을 발음한다. 즉 (6)에서는 [막따], [말께]처럼 발음이 구분된다.

그런데 주의하여야 할 것은 겹받침을 가진 단어에 접미사가 붙는 경우를 어떻게 표기할 것인가이다. 다음에 제시되는 단어 쌍에서 어느 쪽이 올바른 표기일까?

    (7) 굵직하다/굴찍하다, 굵다랗다/굴따랗다, 넓적하다/널쩍하다

    (8) 널따랗다/넓따랗다, 널찍하다/넓찍하다, 짤따랗다/짧따랗다

(7)의 단어들은 모두 앞의 표기가, (8)의 단어들은 모두 뒤의 표기가 바르다. 다시 말해서 (7)에서는 '굵직하다, 굵다랗다, 넓적하다'가, (8)에서는 '널따랗다, 널찍하다, 짤따랗다'가 맞춤법에 맞는 표기이다. 대부분 (7)에 대해서는 수긍하면서 (8)에 대해서는 의아해한다. '넓적하다'가 옳다면, '*넓다랗다, *넓직하다' 역시 바른 표기로 생각되기 때문이다. 둘 다 '넓다'라는 형용사와 관련이 있는 단어이기 때문에, 이른바

'원형을 밝히어'라는 원리에 비추어 보아도 '*넓다랗다, *넓직하다'처럼 표기하고 싶어진다. 그러나 현행 한글 맞춤법에서 (7), (8)의 단어들은 위에서 말한 바와 같이 겹받침의 발음 문제와 결부하여 규정한다. 즉, 겹받침에서 C_2가 발음되면 그 어간의 원형을 밝혀 적고, C_2가 발음되지 않으면 소리나는 대로 적는다는 것이다. (7)의 '굵직하다, 굵다랗다 : 넓적하다' 등의 제1음절의 발음은 각각 [국, 넙]이 되어 겹받침 'ㄺ, ㄼ' 중에서 겹받침의 두 번째인 C_2 'ㄱ, ㅂ'이 발음되고 있으므로, 그 원형을 밝히어 적게 되는 것이다. 반면에 (8)의 '널따랗다, 널찍하다 : 짤따랗다' 등은 이들이 모두 '넓다 : 짧다'와 관련이 있는 단어이기는 하지만, 제1음절의 발음이 각각 [널, 짤]이 되어 겹받침 'ㄼ' 중에서 'ㄹ'이 발음되어, 겹받침의 두 번째인 C_2가 발음되지 않으므로 원형을 밝히지 않고 소리대로 적게 된다는 것이다. 다음과 같이 정리할 수 있다.

(9) a. 겹받침(C_1C_2)의 C_2가 발음된다
      → 원형을 밝혀   (예) 넓적하다.   [넙]
    b. 겹받침(C_1C_2)의 C_2가 발음되지 않는다
      → 소리대로   (예) 널찍하다.   [널]

결국, '넓적하다, 널따랗다, 널찍하다'는 이 단어들이 모두 '넓-+-적, 넓-+-다랗, 넓-+-직'으로 이루어진 단어들이기는 하지만 'ㄼ' 중에서 'ㅂ'이 발음되느냐 되지 않느냐에 따라 각각 표기가 달라진다. '말끔하다, 얄따랗다, 얄팍하다, 짤막하다' 등의 표기가 '*맑금하다, *얇다랗다,

*얄팍하다, *짧막하다'가 되지 않은 것도 모두 마찬가지 이유이다.

이울러 우리말 어휘 가운데 어원 의식에 관련된 표기에 대해서도 살펴보자. '들어가다'와 '드러나다'는 각각 발음이 [드러가다], [드러나다]이어서, 둘 모두 발음에는 [드러]가 들어 있다. 그럼에도 표기는 각각 '들어'와 '드러'로 나뉘고 있는데, 이 같은 차이는 어디에서 온 것일까? 우선 다음에서 어느 쪽이 올바른 표기일까?

    (10) a. 살아지다/사라지다, 늘어나다/느러나다
            b. 목돌이/목도리, 몇일/며칠

이들 각각의 표기의 차이는, 모두 둘 이상의 말이 결합하는 경우 '본뜻이 유지되고 있는 경우에는 그 원형을 밝히어 적고, 어원을 알 수 없거나 그 본뜻에서 멀어진 것은 원형을 밝혀 적지 않는다'는 원리로 설명된다.

'들어가다'에는 '들다[入]'의 의미가 그대로 유지되고 있으므로 '들-'의 원형을 밝혀 적지만, '드러나다'에는 '들다'의 의미가 들어 있지 않으므로 그저 소리나는 대로 적는 것이다. '사라지다, 쓰러지다'도 마찬가지이다. 이 단어들에 각각 '살다', '쓸다'라는 의미는 들어 있지 않기 때문에 소리대로 적는다. 반면 '늘어지다, 엎어지다, 흩어지다' 등의 단어들에는 각각 '늘다', '엎다', '흩다'의 의미가 유지되고 있으므로 '*느러지다, *어퍼지다, *흐터지다'로 적지 않고 원형을 밝히어 '늘어지다, 엎어지다, 흩어지다'로 적는 것이다.

'목걸이'와 '목거리'의 표기 차이도 같은 원리로 설명된다. '목에 거는 장신구'인 '목걸이'에는 '걸다'의 의미가 살아 있으므로 그 원형을 밝혀 '목걸이'로 적지만, '목에 생긴 병'을 의미하는 '목거리'에는 '걸다'의 의미가 들어 있지 않으므로 '목거리'라고 적는다. '철봉을 잡고 턱을 걸듯이 하는 운동'의 의미를 가진 '턱걸이'와 '턱에 생긴 병'인 '턱거리'도 마찬가지이다. 아울러 '목도리, 빈털터리'를 '*목돌이, *빈털털이'로 적지 않는 까닭도 쉽게 유추할 수 있을 것이다.

많은 사람이 헷갈리는 단어 가운데 '며칠'이 있다. 이를 '몇 일'로 잘못 적는 사람이 아주 흔하다. 그러나 '며칠'은 '몇 일'로 분석하기 어렵다. 왜냐하면 '몇'과 '일'이 결합한 것이라면 [(면닐→)면닐]로 발음되어야 하는데, 실제로 '며칠'은 [며칠]로 발음되기 때문이다. 이와는 달리 '몇 월'은 [*며춸]이 아니라 [(면월→)며뒬]로 발음되고 있으므로 '몇 월'로 적는다. 따라서 '몇 월 며칠'과 같이 적는 것이 바른 표기이다.

> (11) a. 곯병/골병, 끓탕/끌탕
>
> b. 불이낳게/불이나케/부리나케
>
> c. 넓치/넙치, 믿브다/미쁘다

'골병'도 얼핏 생각하면 '곯다'에서 나온 말처럼 느껴지기도 하지만, 그렇다고 '골병'을 '곯은 병'이라고 하면 그 의미가 무슨 뜻인지 알 수 없고 '골평'으로도 발음되지 않는다. 그래서 어원이 어떻든 본뜻에서 멀어졌다고 보아 '*곯병'이 아니라 소리대로 '골병'으로 적는다. '끌탕'도 마찬가지이다. '끌탕'의 앞부분을 '끓다'와 관련짓는다면, 뒷부분이 '탕'인지 '당'인지 단정하기 어려울 뿐 아니라, '?끓은 탕, ?끓는 당'과 같이 어느 쪽도 그 의미를 분석해 낼 수 없다. 따라서 '*끓당, *끓탕'이 아니라 '끌탕'으로 적는다. '아재비' 역시 '*앚애비'로 적지 않는 것은 '아재비'의 '앚'은 현대어에서 사용되지 않기 때문이며, '오라비'를 '*올아비'로 적지 않는 것도 '올'과 '아비'의 결합으로 해서 '오라비'의 의미가 나올 수 없기 때문이다.

'업신여기다'는 '없이 여기다'에서 온 것으로 생각되어 '*없인여기다'처럼 적혀야 할 것 같기도 하다. 그러나 '없다'와 '여기다'가 결합할 때 'ㄴ'이 첨가될 이유가 없으므로 소리대로 적는다. '부리나케' 역시 '불이 나게'와 관련이 있는 말처럼 생각지만, '나게'가 아니라 '나케'로 발음나므로 어원이 불분명한 단어로 판단하여 소리대로 적는다.

'넙치'는 한자말 '광어'(廣魚)와 대응시켜 볼 때 '넓다'와 결부되는 것으로 생각되지만, 이미 그 어원적 형태가 인식되지 않는 것이므로, 소리나는 대로 '넙치'로 적는다. 또한 '납작하다'는 '넓적하다'의 작은말로 설명되지만, '*납다, *낣다' 같은 단어가 없으므로, 어원이 불분명한 것으로 다루어 소리나는 대로 적는다.

'도리다(칼로 ~), 드리다(용돈을 ~), 고치다, 바치다(세금을 ~), 부치다(편지를 ~), 거두다, 미루다, 이루다' 등도 어원적으로는 각각 '돌[廻]이다, 들[入]이다, 곧[直]히다, 받[受]히다, 붙[附]이다, 걷[撤]우다, 밀[推]우다, 일[起]우다'와 같이 해석되지만, 본뜻에서 멀어졌기 때문에 마찬가지 원리에 의해서 소리대로 적는다.

'미쁘다' 역시 어원적으로 '믿다'와 관련이 있는 단어이지만 이 단어를 '믿브다'로 적게 되면, '고프다, 기쁘다, 나쁘다, 바쁘다, 슬프다' 등도 모두 '*곯프다, *깃브다, *낮브다, *밫브다, *슳브다'로 적어야 한다. 그러나 이런 것들은 어원적으로는 이해되지만, 현대어에서는 받아들일 수 없는 표기이다.

> (12) a. 나무꾼/나무군, 낚시꾼/낚시군
>   b. 뒷꿈치/뒤꿈치, 코빼기/코배기
>   c. 객쩍다/객적다, 겸연쩍다/겸연적다

'나무꾼, 낚시꾼'도 '*나뭇군, *낚싯군'으로 적기 쉬운 단어이다. 그러나 이 단어들에 들어 있는 '꾼/군'을 '군'(君)과 연관 짓기에는 의미 차이가 너무 크다. 따라서 소리나는 대로 '나무꾼, 낚시꾼'으로 적는다. 이 같은 단어에는 '사기꾼, 소리꾼, 지게꾼, 사냥꾼, 일꾼, 짐꾼' 등이 있다. 아울러 '뒤꿈치, 코빼기' 등도 '*꿈치/굼치, *빼기/배기'의 의미를 알 수 없기 때문에 '*뒷굼치, *콧배기'로 적지 않는다.

'객쩍다, 겸연쩍다'도 '*객적다, *겸연적다'로 적지 않는 이유도 마찬가지이다. 즉, 이 단어들에 들어 있는 '객, 겸연'의 의미가 불확실하므로, 이들을 '객이 적다. 겸연이 적다'로 파악할 수 없다. 따라서 소리나는 대로 '객쩍다, 겸연쩍다'로 적는다. 반면에 '맛적다, 딴기적다'에는 '맛이 적다, 딴기(기운)가 적다'와 같이 각각 '맛, 딴기(-氣)'와 '적다'의 의미가 살아 있으므로 각각 원형을 밝혀 적는다.

여기서 주의해야 할 것은 '거름[肥料], 노름[賭博]'이다. 이 단어들은 명백히 '(땅이) 걸다[肥沃], 놀다[遊]'와 관련 있는 말이므로, 모두 원형을 밝히어 '걸음', '놀음'으로 적어야 마땅한 것들이다. 그러나 발음은 같지만 다른 단어인 '걸음[步], 놀음[遊]'과 구별하여 적기 위하여 의도적으로 다른 표기를 사용하는 것이다.

뭐예요? 사랑이에요?

어느 말이든지 간에 긴말은 짧게 줄이려는 습관이 있다. 가급적 적은 노력을 들이고서도 자신의 뜻을 올바르게 펼 수 있기를 바라는 것이 준말이 나타나게 된 배경이다. 영어에서 I am going to를 I'm gonna라고 하는 것이 바로 그것이다. 우리말도 마찬가지이다. 예를 들어 '공부하였다'가 '공부했다'로 줄거나, '여기를 보아라'가 '여기를 봐라'로, '놓아라'가 '놔라'로 주는 일은 흔히 있는 일이다. 이러한 준말이나 본딧말들은 모두 맞춤법에 맞는 표기이다.

그런데 준말에는 헷갈리기 쉬운 것이 있다. 다음 예문을 살펴보자. 어느 것이 바를까?

   (1) a. 울면 안 (되요/돼요).
        b. 울면 안 (되니까/돼니까) 곧 울음을 그칠 것.
        c. 새로운 기계, 내년 초 선 (뵈/봬). 내일 봬요.

그런데 최근 우리말의 [e]와 [æ]가 혼동되기 시작하여 'ㅔ'와 'ㅐ'를 구별할 수 있는 연령층이 점차로 줄어들고 있다. 요즈음 초등학생들이 받아쓰기할 때 가장 많이 틀리고 어려워하는 것이 바로 이 'ㅔ'와 'ㅐ'의 구별이라 한다. 발음으로 구별하지 못하는 어린이들은 이 두 철자를 일일이 암기할 수밖에 없다. '세 사람'과 '새 사람'이 문맥이 주어지지 않으면 의미를 올바르게 알아차리지 못하는 것이나, '이게 (왠/웬) 떡이냐'와 '오늘같이 눈이 내리는 날이면 (왠지/웬지) ~'에서의 '웬'과 '왠'이 자주 혼동되는 것도 마찬가지 이유에서이다. '웬'은 '뜻하지 않은'의 의미를 가진 관형사이고, '왠지'는 '왜인지'의 준말로 '어떠한 까닭에서인지'의 의미를 가진 부사이다.

이처럼 'ㅔ'와 'ㅐ'가 혼동되는 까닭에, 'ㅚ'[we]와 'ㅙ'[wæ]도 따라서 혼동되고, 아울러 '되-'[twe]와 '돼'[twæ]를 구별하지 못하는 경우가 아주 흔하다. 그러나 기본적으로 '되어'의 준말이 '돼'이고 '돼'는 어절의 끝에서만 사용될 수 있음을 염두에 두면 그다지 어렵지 않게 구별할 수 있을 것이다. '되ㅓ → 돼'라고 이해하면 될 것이다. 그러므로 (1a)는 '울면 안 되어요'의 준말이고, '-요'를 떼어 내고 나면 '울면 안 돼'가 되어 어절의 끝이 되므로 '돼'가 사용될 수 있는 자리이다. 반면에 (1b)는 '*되어니까'가 불가능하고 '되'가 어절의 끝도 아니므로(이 문장에서 어절 끝은 '-니까') '되니까'가 맞다. (1c)도 마찬가지로 이해할 수 있다. 다만 '보이어'의 준말은 '뵈어'와 '보여' 둘 다 되므로 '뵈어'의 준말인 '봬'와 '보여'가 이 자리에서 사용될 수 있다. '새로운 기계 내년 초 선봬/새로운 기계 내년 초 선보여'. 신문 기사 등에서는 앞 문장이 주로 보이지만, 실제 언어생활에서는 뒤 문장이 더 일반적이기는 하다.

(2) a. 모두가 사랑(이에요/이예요). 무늬만 나무 (아니에요/아니예요).

b. 이 새 이름이 (뭐에요/뭐예요)?

c. 제 이름은 (복길이에요/복길이예요).

   (2a)는 '사랑이에요, 아니에요', (2b)는 '뭐예요'가 바르다. 여기서는 '이에요'의 준말이 '예요'라는 사실만 기억하면 된다. 그 외는 모두 잘못이다. '사랑이에요, 아니에요'는 '사랑+이에요, 안+이에요'로, '뭐예요'는 '뭐+예요'로 보면 실제 표면에 등장하는 표기는 '이에요'와 '예요'뿐이다. 그러므로 '*이예요'는 잘못된 표기이다. 다만, '이 동물은 호랑이예요'는 잘못된 표기처럼 보이는 '이예요'가 표면에 등장하기는 하지만, 이 말이 '*호랑+이예요'가 아니라, '호랑이+예요'로 이루어진 말이므로 여기에서 '이예요'는 잘못된 것이 아니다.

   그렇다면 (2c)는 어떻게 보아야 할까? 이 말이 '복길+이에요'로 이루어진 말인지, 아니면 '복길이+예요'로 이루어진 말인지에 따라 정답이 달라질 수 있겠다. 정리하자면, '복길이(에/예)요'의 '이'가 '복길'에 붙은 말인지 '(에/예)요'에 붙은 말인지에 따라 표기가 달라질 것이다.

   자음으로 끝나는 우리말 인명에 조사가 붙는 경우, 그 인명의 끝에 '이'를 붙이는 특이한 규칙이 우리말에는 있다. 그래서 '영희는, 영희가, 영희를, 영희의'처럼 모음으로 끝나는 인명의 경우와는 달리, '복길은, 복길이, 복길을, 복길의'보다는 '복길이는, 복길이가, 복길이를, 복길이의' 등이 더 자연스러운 우리말이다. 물론 서양인 이름에는 그런 규칙을 적용하지 않는다. '클린턴은, 클린턴이, 클린턴을, 클린턴의' 등이 '클린턴이는, 클린턴이가' 등 보다 더 일반적이다. 따라서 앞서 보았던 '복길이(에/예)요'의 '이'는 바로 '복길'에 붙는 말이고 따라서 '복길이+예요'

가 올바른 표기이다.

구어에서는 잘 사용되지 않지만 '이어요'의 준말인 '여요'도 '이에요~예요'의 관계와 똑같다. 즉 '*이여요'는 잘못된 표기이다.

    (3) a. 이제 더 이상 (안/않) 울겠습니다.
          b. 착한 아이는 쉽게 울지 (안습니다/않습니다).

'안'과 '않'도 많이 혼동되고 있는 표기이다. 그러나 '안'은 '아니'의 준말이고, '않-'은 '아니하-'의 준말이라는 사실을 기억하면, (3a)는 '더 이상 아니 울겠습니다'의 준말이고, (3b)는 '쉽게 울지 아니합니다'의 준말이므로 당연히 '안'과 '않습니다'가 바른 표기이다.

또한 '이렇든, 저렇든, 어떻든'과 '아무튼, 하여튼'은 표기상 구별된다. 특히 후자의 단어들을 '*아뭏든, *하엿든'으로 적는 경우가 있지만, 전자의 단어들이 '이러하든, 저러하든, 어떠하든'의 준말인 데 비해서 후자의 단어들은 '*아무하든, *하여하든'의 준말이라고 볼 수 없으므로 원래부터 본딧말이라고 보아서 소리나는 대로 '아무튼', '하여튼'으로 적는다.

아울러 'ㄱ, ㄷ, ㅂ' 받침을 가진 말 뒤에 '하다'가 붙은 말인 '넉넉하지, 못[몯]하지, 섭섭하지' 등은 '하'가 줄어서 '넉넉지, 못지, 섭섭지'가 될 수 있지만, 그 외의 받침을 가진 말들에 '하다'가 붙은 말인 '다정하지, 흔하지, 정결하지' 등은 'ㅏ'만이 줄어서 '다정치, 흔치, 정결치'가 된다. 그리고 '서슴치 (않고 대답하였다)'라는 표기를 흔히 보는데, '서습다'가 동사의 원형이기 때문에 '서슴치'가 아니라, '서슴지'라고 표기해야 바르다.

  우리말 어휘의 흔히 틀리기 쉬운 표기를 좀더 살펴보도록 하자. 우선 다음 보기에서 어느 표기가 맞을까?

  (4) a. 솔직히/솔직이, 깨끗히/깨끗이, 깊숙히/깊숙이
      b. 내가 할께/내가 할게, 나도 갈껄/나도 갈걸
      c. 얼마나 놀랐든지/얼마나 놀랐던지, 배던지 사과던지/
         배든지 사과든지
      d. 학생으로서 할 일/학생으로써 할 일
      e. 나뭇군/나무꾼, 곱빼기/곱배기

  (4a)는 부사를 만드는 접미사 '-히'와 '-이'의 구별 문제이다. 솔직히 말하자면, '솔직이'인지 '솔직히'인지 발음만으로 구별하기란 쉽지 않다. 대략적으로는 다음과 같이 구분되지만, 이는 완전한 것이 아니라 하나의 경향이므로 헷갈리면 사전을 참조하는 수밖에 없다. 우선 '-하다'가 붙을 수 있는 말은 '-히'로 적는다. '솔직' 다음에는 '-하다'가 올 수 있으므로 '솔직히'라고 적는다. 이런 단어들에는 '간편히, 무단히, 각별히, 소홀히, 쓸쓸히, 과감히, 열심히, 당당히, 분명히, 상당히, 조용히, 고요히' 등과 같은 단어들이 포함된다.
  또한 '-하다'가 붙을 수 있는 말이더라도 'ㅅ'으로 끝나는 말은 '-이'

로 적는다. '깨끗'은 '깨끗하다'는 말이 있지만, 'ㅅ'으로 끝나므로 '깨끗이'라고 적는 것이다. 여기에는 '버젓이, 나붓이, 따뜻이, 반듯이, 의젓이, 지긋이, 빠듯이, 뜨뜻이, 남짓이, 번듯이, 나긋나긋이, 기웃이' 등등의 단어들이 있다.

그런데 여기에는 다음과 같은 예외가 있다. 다음 단어들은 '-하다'가 붙을 수 있는 단어들인 데에도, '-이'로 적는다. '그윽이, 깊숙이, 끔찍이, 나직이, 납작이, 삐죽이, 수북이, 축축이, 큼직이' 등인데 이들은 일일이 외우거나 사전을 찾는 수밖에 없다.

(4b)는 'ㄹ' 뒤에 나오는 어미의 표기 문제이다. '내가 할게'와 '내가 할까'를 보면, '-(으)ㄹ게'와 '-(으)ㄹ까'는 둘 다 된소리로 발음되지만, 표기는 다르다. 특히 '-(으)ㄹ게'는 많은 이들이 '내가 할께'와 같이 적고 있으며, 텔레비전 자막에서도 자주 틀리는 부분이다. 마찬가지로 다음 문장에서 사용되는 어미들도 발음은 된소리로 나더라도 반드시 예사소리로 적는다.

(5) 아니올시다, 어딜 갈거나, 나도 갈걸

이는 '원형을 밝히어'와 관련된 사항이다. 예를 들어 '나도 갈걸'의 '-걸'이 [껄]로 소리나고는 있지만, '그도 가는걸'에서는 [걸]로 소리나므로 한 번 정해진 철자를 언제나 일정하게 적는다는 원칙에 따라 '걸'로 통일하여 적는다. 다만 '내가 할까? 내가 질쏘냐?'와 같이 의문을 나타내는 어미들만은 된소리로 적는다. 이들은 '무엇 하십니까?'와 같이

'ㄹ'이 들어 있지 않는 경우에도 [까]로 소리나기 때문에 된소리로 적는 것이다.

(4c)에서 다루는 '-던'과 '-든'의 구별 역시 주의하여야 한다. '-더라, -던'은 과거의 일을 말할 때 쓰이는 형태이고, '-든지'는 선택을 나타내는 형태이다. 그러므로 '지난겨울은 몹시 춥더라, 얼마나 놀랐던지 몰라'로 표기하고, '오든지 말든지 네 마음대로 해라'처럼 표기해야 한다. 실제 '*얼마나 놀랐든지, *오던지 말던지'처럼 잘못 표기되는 경우가 아주 흔하다.

(4d)의 '-(으)로서'와 '-(으)로써'도 혼동되기 쉬운 경우이다. 원칙적으로 '-(으)로서'는 신분이나 자격을 의미하고, '-(으)로써'는 수단이나 방법을 의미한다. 그러나 때때로 이 둘의 구별은 쉽지 않아서, 실제로 글을 쓰다 보면 의미로 구별하기 어려운 경우가 종종 나타난다. 이 둘을 쉽게 구별하는 방법은 '-(으)로서'나 '-(으)로써' 앞의 구절을 'A는 B이다' 식으로 만들어 보는 것이다. 그래서 문맥상의 뜻에서 벗어나지 않으면 '-(으)로서'를 쓰고, 말이 되지 않으면 '-(으)로써'를 쓰는 것이다.

(6) a. 그는 영웅으로서 우리의 기억에 남아 있다.

　　 b. 그는 대패로써 나무를 깎았다.

위 두 문장에서 앞 문장은 '그는 영웅이다'가 가능하므로 '-(으)로서'가 사용되었고, 뒤 문장은 '*그는 대패이다'가 의미상 허용되지 않으므로 '-(으)로써'가 사용된다고 설명할 수 있다.

마지막으로, 된소리로 적는 몇 개의 접미사들 역시 헷갈리기 쉬운 것들이다. '-꾼, -빼기, -쩍다' 등이 그것으로, 이들 접미사들은 어느 경우나 [꾼, 빼기, 쩍다]로만 발음이 나므로 일정하게 '꾼, 빼기, 쩍다'로만 적는다. 따라서 언제나 다음 (7)과 같이 표기한다. 특히 '*나뭇군, *낚싯군, *사깃군, *지겟군/*이맛배기, *콧배기, *곱배기/ *멋적다'로 적지 않아야 할 것이다.

(7)　a. 구경꾼, 일꾼, 나무꾼, 낚시꾼, 노름꾼, 사기꾼, 짐꾼,
　　　　씨름꾼, 지게꾼, 심부름꾼, 익살꾼
　　　b. 이마빼기, 코빼기, 곱빼기
　　　c. 객쩍다, 겸연쩍다, 멋쩍다

　그런데 '뚝배기'의 경우는 '*뚝빼기'로 적지 않는다. 이와 같은 표기의 차이는 '이마빼기, 코빼기, 곱빼기' 등의 단어는 '이마+빼기, 코+빼기, 곱+빼기'의 짜임새를 갖는 단어인 반면에, '뚝배기'는 '*뚝+배기'의 짜임새가 아니라 '뚝배기' 전체가 하나의 단어이기 때문에 오는 차이이다. '국수, 몹시'와 같이 한 단어 내에서는 'ㄱ, ㅂ' 다음에서 된소리도 나더라도 된소리로 적지 않는 것과 같다.

셋방과 전세방

한글 맞춤법이 처음 만들어진 것은 일제 강점기인 1933년이다. 우리가 지금 사용하고 있는 맞춤법은 이 맞춤법을 몇 번의 작은 수정을 가하고 1988년 본격적으로 개정한 것이다. 그런데 현행 맞춤법이 공표될 때 가장 많은 논란을 불러일으킨 부분이 바로 사이시옷 문제였다.

앞서 살펴본 두음법칙이 한자어와 관련된 규정이었다면, 사이시옷은 주로 순우리말과 관련된 규정이라고 하겠다. 사이시옷 규정이란 한쪽이 순우리말인 두 단어가 결합하여 하나의 단어가 될 때, 뒤 단어의 첫소리가 된소리로 바뀌거나, 'ㄴ' 소리가 덧나는 경우에 'ㅅ'을 첨가하여 표기하는 것이다. 이를 다음 단어들의 사이시옷 표기를 통해 살펴보기로 하자. 이 단어들은 모두 두 개의 단어들이 결합하여 이룬 단어이다.

사이시옷 표기에서 제일 먼저 주의해야 할 것은 소리의 변화가 일어나는 경우에만 'ㅅ'을 첨가한다는 점이다.

(1) 이삿짐, 방앗간, 횟집, 냇가, 수돗물
(2) 노래방, 참새구이
(3) 뒤풀이, 갈비뼈, 허리띠, 아래층, 위층

먼저 (1)을 보면, 이들의 발음은 각각 [이사찜, 방아깐, 회찝, 내까] 또는 [수돈물]이 되어 두 말이 결합할 때, 된소리가 되거나 원래 없던

'ㄴ' 소리가 덧난다. 그러므로 그 첨가되는 소리를 사이시옷 'ㅅ'으로 표기하는 것이다. 그러나 (2)에는 사이시옷이 사용되지 않았다. 이들의 발음이 [*노래빵, *참새꾸이]가 아니라, [노래방, 참새구이]이기 때문이다. 즉, 두 단어가 결합할 때 아무런 발음의 변화가 일어나지 않았으므로 사이시옷이 들어갈 필요가 없다. 또한 (3)에도 사이시옷을 적을 필요가 없는데, 그 이유 역시 뒤 단어의 첫소리가 원래부터 된소리이거나 거센소리이어서 아무런 소리의 변화가 없기 때문이다.

뒤 단어의 첫소리가 된소리가 되거나 'ㄴ'이 첨가되는데 그것을 왜 사이시옷으로 적는가 하는 점이 문제일 수는 있다. 이는 15세기 세종대왕 시대부터 적어온 관습이다. 변하는 발음을 어떻게 해서든지 표기에 반영하고자 하면, 사이시옷으로 적는 방법 이외에는 달리 적을 방법이 아직은 없다.

물론 이러한 소리의 변화를 굳이 표기에 반영하지 않을 수도 있다. 현재 북한의 맞춤법이 그러하다. '이사짐, 방아간, 회집, 내가, 수도물'과 같이 적게 되는데 이렇게 되면 실제 발음과 너무 동떨어지게 되고, 심지어는 철자의 영향을 받아 잘못된 발음을 낳게 될 수도 있다. 이러한 현상을 철자 발음이라는 것인데, 요즈음 어린이들이 '한라산'을 [할라산]이 아니라 [*한나산]으로 발음하는 것이 바로 철자 발음의 보기이다.

그런데 두 단어가 결합할 때 소리가 바뀌더라도 앞 단어가 자음으로 끝나는 경우에는 사이시옷을 적지 않는다. '봄비, 물고기, 총소리' 등은 각각 [봄삐, 물꼬기, 총쏘리]로 소리가 나지만, 이들에 사이시옷을 받쳐 적으면 '봀비, 묽고기, 총ㅅ소리'처럼 되어서 원형이 깨지거나, 이상한 겹받침이 만들어지기 때문이다. 이런 단어들은 수없이 많다.

사이시옷 표기에서 가장 문제가 되고 그래서 두 번째로 주의해야 할 점은 바로 결합하는 단어의 종류에 따라 사이시옷이 사용 여부가 결정된다는 점이다. 앞에서 말했던 것처럼 순우리말이 하나라도 들어가야만 사이시옷 표기가 적용되고 그 이외의 경우에는 사이시옷 표기가 적용되지 않는다. 다시 말해서 '순우리말+순우리말, 순우리말+한자어, 한자어 +순우리말'의 경우에만 사이시옷 표기가 적용된다. '피자집, 핑크빛'의 발음이 [피자찝, 핑크삗]이지만 '*피잣집, *핑큿빛'으로 적지 않는 이유는 이들 단어가 '외래어+순우리말'이기 때문이고, '수도세, 마구간, 치과, 개수' 등의 단어가 그 발음이 [수도쎄, 마구깐, 치꽈, 개쑤]이지만, '*수돗세, *마굿간, *칫과, *갯수'가 되지 않은 이유는 이들이 모두 '한자어+한자어'이기 때문이다(水道稅, 馬廐間, 齒科, 個數). 그러나 여기에 예외가 있다.

(4) 곳간(庫間) 셋방(貰房) 숫자(數字) 찻간(車間) 툇간(退間) 횟수(回數)

이 여섯 개의 한자어들은 이들이 한자어끼리의 결합이기는 하지만, 사이시옷을 넣어 표기하도록 되었다. 왜 이 여섯 개의 한자어들에 대해서만 다른 한자어와 다른 대접을 하는지 쉽게 이해가 가지 않는다. 그러므로 이들은 따로 외우는 수밖에 없다. 이 점은 현행 한글 맞춤법이 가지고 있는 약점이라고 할 수 있다. 한자어 중에서 위의 6개의 한자어에만 'ㅅ'을 넣도록 한 것의 문제점은 이들 단어가 어떤 기준으로 선택되었는지가 불분명하다는 것이다. 예를 들어 '수'(數)와 결합하는 한자어 중에서 '개수(個數), 도수(度數), 매수(枚數), 부수(部數)'와 같은 단어들은 사이시옷을 표기하지 않으면서, '횟수'(回數)의 경우에만 사이시옷을 받치어 적는다는 것은 모호한 일이다. 더 나아가 사이시옷에 관련된 단어를 적을 때마다 그 단어들이 순우리말인지, 아니면 한자어인지를 따지는 일은 많은 사람들에게 지나친 부담을 주는 일이다. 우리말을 적기 위해서 그 말의 어원까지 따져보도록 한다는 것은, 한자를 배우는 것이나 한자를 병용하는 것과는 또 다른 문제일 것이다.

이 글의 제목을 다시 살펴보자. '전세방'은 그 발음이 [전세빵]이어서 발음의 변화가 있으므로 'ㅅ'을 넣어 표기해야 하지만, '한자어+한자어'의 구성이므로 '*전셋방'으로 적지 않는다. 반면 '셋방'은 발음이 [세빵]이고 '한자어+한자어'의 구성이지만 예외적으로 사이시옷을 적는 6개 단어에 포함되므로 사이시옷을 넣어 표기한다.

이 글을 읽을수록 맞춤법이 어려워진다고 생각하고 더 이상 이 글을 읽지 않으실까 걱정된다. 그러나 조금만 시간을 투자해서 읽어 봐 주기를 바라며 설명을 계속하겠다.

우리말 어휘의 구조, 즉 짜임새를 살펴보면, 단일한 경우도 있지만, 복합적인 경우도 있다. 예를 들어 '하늘, 산, 먹-(다)'와 같은 것들은 짜임새가 단일한 단어들이지만, '지붕, 졸음, 엿듣-(다), 꽃잎, 밤낮, 굶주리-(다)' 등은 각각 '집+웅, 졸-(다)+음, 엿+듣-(다), 꽃+잎, 밤+낮, 굶

-(다)+주리-(다)'와 같이 둘 이상의 단어가 결합하여 있어 복합적인 짜임새를 갖는 단어들이다.

한글 맞춤법의 기본 원리인, '소리대로'의 원리와 '원형을 밝히어'의 두 원리를 여기서 다시 한번 살펴보자. 짜임새가 단일한 단어들은 반드시 '소리대로'의 적용을 받는다. 위에 언급한 단어들 외에도 '아버지, 오빠, 노래, 가-(다)' 등을 보면 쉽게 이해할 수 있다. 그런데 짜임새가 복합적인 단어들은 ― 전문 용어로는 복합어라 하는데, 파생어와 합성어를 포함한다 ― '원형을 밝히어' 적는 것이 원칙이다. 다음 단어들을 보자.

(5) 길이, 깊이, 달맞이, 웃음, 죽음

이 단어들은 각각 [기리, 기피, 달마지, 우슴, 주금] 등으로 발음되지만, '길+이, 깊+이, 달 맞+이, 웃+음, 죽+음'으로 이루어진 단어로, '원형을 밝히어' 적는다. 다음 단어들도 모두 마찬가지이다. 그 발음이야 어떻든 둘 이상의 단어가 결합하여 있어 짜임새가 복합적인 단어들이므로, 이들은 모두 '원형을 밝히어' 적는다.

(6) 곳곳이, 바둑이/넋두리, 빛깔, 잎사귀, 덮개, 낚시
(7) 웃기다, 울리다, 굽히다, 맞추다/깜짝이다, 끄덕이다, 망설이다
(8) 꽃잎, 부엌일, 웃옷

그러나 여기에는 몇 가지 주의할 점이 있다. 우선 짜임새가 복합적인 단어들의 경우 '원형을 밝히어' 적는 것은 '-이, -음, -이다, -없다'로 시작하는 말과 결합하는 경우에 한한다. 그 외의 경우에는 '소리대로' 적는다.

(9) 무덤, 주검, 마감

(9)의 단어들을 살펴보면, 이들은 '묻+엄, 죽+엄, 막+암'으로 이루어진 단어이지만, '*묻엄, *죽엄, *막암'으로 적지 않는다. 다음 단어들도 마찬가지이다.

(10) 꼬락서니, 바깥, 이파리, 지붕, 지푸라기

이들이 각각 '꼴+악서니, 밖+앝, 잎+아리, 집+웅, 짚+우라기'의 짜임새를 가지고는 있지만, '-악서니, -앝, -아리, -웅, -우라기'는 '-이, -음, -이다, -없다'로 시작되는 경우가 아니기 때문에 '소리대로' 적는 것이다. 그렇다면, 한글 맞춤법에서 '-이, -음, -이다, -없다'로 시작되는 경우와 그 이외의 경우를 나누어서 표기하는 이유는 어디에 있을까. 이를 이해하려면 좀 전문적인 설명이 필요하지만, 한글 맞춤법이 아무렇게 정해진 것이 아니라는 것을 이해하기 위해 여기서 간단히 설명하기로 한다.

우리말에서 짜임새가 복잡한 단어를 만들 때 '-이, -음, -이다, -없다'로 시작되는 경우는 아주 많다. 예를 들어 '-이'가 붙어서 된 말만 해도 '길이, 깊이, 높이, 다듬이, 땀받이, 달맞이, 먹이, 미닫이, 벌이, 벼훑이, 살림살이, 쇠붙이' 등등 끝없이 들 수가 있고, '-음'이 붙어서 된 말 역시 '걸음, 묶음, 믿음, 얼음, 엮음, 울음, 웃음, 졸음, 죽음' 등 무한히 많다. 게다가 이런 말들은 지금도 새롭게 만들어진다. 반면에 '-악서니, -알, -아리, -웅, -우라기' 등이 붙어서 된 말은 위에서 예로 든 것 외에는 거의 찾아볼 수가 없다. 이 같은 차이 때문에 한글 맞춤법에서는 '원형을 밝히어' 적는 것과, '소리대로' 적는 것을 구별하는 것이다. '소리대로' 적는 단어들을 언어학적 개념으로 말하자면 '생산성이 낮은 접미사가 결합한 파생어' 또는 '어휘화한 파생어'라고 한다. 이러한 원칙은 1933년 한글 맞춤법이 처음 제정될 때부터 적용되던 것으로, 그 당시에도 이미 이런 언어학적 개념에 근접한 원리를 깨닫고 있었음을 알 수 있다.

다음 단어들의 표기도 주의하여야 한다. 이 두 쌍의 단어들은 모두 '홀쭉+이, 오뚝+이, 꿀꿀+이, 뺀질+이', '개굴+이, 기럭+이, 누덕+이, 뻐꾹+이'와 같이 '-이'가 결합하여 있는 단어들이다. 그러나 (7)의 경우는 원형을 밝히어 적지만, (8)의 경우는 '소리대로' 적고 있다.

(11) 홀쭉이, 오뚝이, 꿀꿀이, 뺀질이
(12) 개구리, 기러기, 누더기, 뻐꾸기

이 같은 표기의 차이 역시 앞서 언급한 생산성과 관련이 있다. (11)의 단어들은 '홀쭉하다, 오뚝하다, 꿀꿀거리다, 뺀질거리다' 등과 같이 '-하다'나 '-거리다'가 결합할 수 있지만, (12)의 단어들은 '*개굴하다, *기럭거리다' 등과 같이 '-하다'나 '-거리다'가 결합할 수 없다는 차이를 보인다.

또한 짜임새가 복합적인 단어들이더라도 두 말이 결합할 때에 어떤 소리가 나지 않거나 'ㅂ', 'ㅎ' 소리가 덧나는 경우에는, 바뀌는 소리대로 적는다는 사실도 기억해 두자.

> (13) 다달이, 따님, 바느질/이튿날, 숟가락/햅쌀, 볍씨/암탉,
>   머리카락

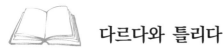# 다르다와 틀리다

지금까지 어휘와 한글 맞춤법에 대해 살펴보았다. 위에서 언급하지 못했던 것 가운데 우리 일상 글쓰기에서 헷갈리는 몇 가지 어휘에 대해 더 알아보도록 하자.

먼저 어미 '-ㄹ는지'이다. '-ㄹ는지'는 불확실한 사실의 실현 가능성에 대한 의문을 나타내는 어미이다. 흔히 '-런지'로 잘못 사용되는 예이다.

(1) a. 비가 올는지 습한 바람이 불기 시작했다.

b. 그 어린아이가 심한 고통을 참을 수 있을는지 모르겠다.

'아는 체하다'와 '알은체하다'가 있는데, 이는 서로 의미가 다른 말이다. '아는 체하다'는 '알지 못하면서 알고 있는 듯한 태도를 취한다'는 뜻으로, "모르면서 아는 체하다가 망신만 당했다."와 같이 쓰인다. 반면 '알은체하다'는 '어떤 일에 관심을 가지는 듯한 태도를 보이거나, 사람을 보고 인사하는 표정을 짓다'라는 뜻인데, "친구가 아는 체하며 말을 걸어왔다."처럼 쓰면 잘못이다. 이때는 '알은체하다'를 써야 한다. '알은체하다'는 '알다'의 어간 '알-'에 어미 '-은'이 결합한 말이지만 '안'이 되지 않는 것은 '알은체하다'로 굳어졌기 때문이다. 그러므로 '*알은 척하다'처럼 띄어쓸 수 없는 한 단어이다. '알은체하다'의 동의어로 '알은 척하다'도 사용할 수 있다. 다음과 같이 구별하여 쓰면 될 것이다.

(2) a. 얼굴이 익은 사람 하나가 알은체하며 말을 걸어왔다.

b. 모르면 아는 체하지 말고 가만히 있어.

c. *낯선 사람 하나가 아는 척하며 내게 말을 걸어왔다.

역시 동사 '알다'와 관련하여 '알다시피'가 있는데, '*아다시피'는 잘못이다. 연결어미 '-다시피'는 '알다, 보다, 느끼다, 짐작하다' 등 지각을 나타내는 동사의 어간 뒤에 붙어서 '-는 바와 같이'의 뜻을 나타낸다.

(3) a. 너도 알다시피/*아다시피 내게 무슨 돈이 있겠니?

b. 보시다시피 제 손에는 아무것도 없습니다.

그런데 '알다'는 'ㄴ, ㅂ, -오, -시-' 앞에서 '아는, 압니다, 아오, 아시오' 등처럼 어간의 끝소리인 'ㄹ'이 탈락하는 동사이지만, 어미 '-다시피' 앞에서는 어간의 끝소리 'ㄹ'이 탈락할 조건이 되지 않는다. 그러므로 '*아다시피'는 잘못된 표기이다. 물론 '아시다시피'라고 한다면 이는 '아-시-'에 '-다시피'가 붙게 되므로 맞는 표기이니 잘 구별해야겠다.

'머지않다'와 '멀지 않다'는 모두 '멀다'라는 동사와 관련이 있는 표현이지만, 조금 차이가 있다. 즉, '머지않다'는 미래에 일어날 일에 사용되는 한 단어로서 붙여쓰는 반면에, '멀지 않다'는 과거 시간의 개념에 사용하는 표현으로 띄어쓴다. '머지않다'를 띄어쓰지 않고 붙여쓰는 이유는, 한 단어로 굳어졌다고 보기 때문이다. 즉, '줄지 않다, 팔지 않다, 돌지 않다, 살지 않다' 등과 같은 표현에서는 'ㄹ'이 탈락하지 않는데,

유독 '멀다'의 '멀-'에 '-지 않다'가 결합되어 '머지않다'가 될 때에는 'ㄹ'이 탈락하였다. 물론 '멀지 않다'는 시간 개념 외에도 거리 개념을 나타내는 데에도 사용할 수 있다.

(4) a. 머지않아 모든 것이 사실로 밝혀질 것이다.
　　 b. 그 일은 그리 멀지 않은 과거에 일어난 사건이었다.
　　 c. 여기에서 시청은 별로 멀지 않아.

'이래 봬도'의 '봬도'를 '뵈도'로 잘못 쓰는 경우가 있다. 그러나 '봬도'는 '보다'의 피동사 '보이다'의 준말 '뵈다'에 어미 '-어도'가 결합한 말이므로 '뵈도'로 써서는 안 된다. '되어→돼'와 마찬가지로, '뵈어→봬'가 된 것이다. '봬'의 발음과 '뵈'의 발음이 같게 되어 혼동이 일어나고 있지만, 명백하게 구분해야 한다.

(5) 이래 봬도/*이래 뵈도 나도 예전에는 잘 나가던 사람이야.

또 한 예를 들면, 비슷하지만 '-노라고'와 '-느라고'는 전혀 다른 어미이다. '-노라고'는 '자기 나름으로는 한다고'라는 뜻인 반면, '-느라고'는 목적이나 원인을 나타내는 뜻이다. 따라서 '-노라고'가 예스러운 표현에서 주로 쓰이기는 하나 '-느라고'가 어미 '-노라고'의 현대 형태가 아님을 유의해야 한다. 다음 예문에서 그 차이를 확인할 수 있다.

(6) a. 정신 차려서 쓰노라고 썼는데, 뭐가 빠졌어요?

　　 b. 어젯밤에는 소설을 읽느라고 밤을 새웠다.

　흔히 '*내노라하다'로 잘못 쓰고 있지만, '내로라하다'가 맞는 표현이다. '*내노라 하다'의 의미를 '자신을 앞으로 내놓는다'와 관련지어서 사용하고 있지만, 그런 뜻이 되려면 '내놓으라'가 되어야 한다. '내로라하다'의 뜻은 '바로 나[我]이다 하고 자신하다'이다.

(7) 내로라하는 씨름꾼들이 모여 모래판에서 힘을 겨루었다.

　요즘 아주 혼동하여 쓰고 있는 말 중에서 '다르다'와 '틀리다'가 있다. 흔히 '이것과 저것은 수준이 틀려, 아버지와 아들은 성격이 틀리다, 너와 생각이 틀려'와 같이 사용하고 있지만, 이는 모두 '이것과 저것은 수준이 달라, 아버지와 아들은 성격이 다르다, 너와 생각이 달라'와 같이 사용해야 맞다.

　즉, '틀리다'와 '다르다'는 "틀린" 말이 아니고, "다른(!)" 말이다. '틀리다'는 동사로 그르거나 어긋난다는 뜻이고, '다르다'는 형용사로 비교되는 두 대상이 서로 같지 않다는 뜻이다. '틀리다'는 영어의 wrong에 대응되는 말로 '맞다'에 상대되는 말이고, '다르다'는 영어의 different에 대응되는 말로, '같다'와 상대되는 말인 점으로 그 차이를 명확하게 알 수 있다.

　이렇게 혼동하여 잘못 쓰는 단어들을 더 살펴보자. '어떡해'와 '*어떻해'는 발음이 같기 때문에, 흔히 이 둘은 혼동하여 쓰기도 하고 '*나 어떻해'와 같이 잘못 쓰기도 한다. 그러나 '*어떻해'라는 말은 없다. '어떡해'는 '어떻게 해'라는 구가 줄어든 말이다. 그러므로 '어떡해'는 그 자체가 완결된 구이므로 서술어로는 쓰일 수 있어도 다른 용언을 수식하지 못한다. '네가 가고 나면 난 어떡해'와 같이 사용한다. 반면, '어떻게'는 '어떠하다'가 줄어든 '어떻다'에 어미 '-게'가 결합하여 부사적으로 쓰이는 말이며, '너 어떻게 된 거냐?, 이 일을 어떻게 처리하지?'처럼 동사를 수식하는 말에 사용한다.

'알맞은'을 사용할 경우에 '*알맞는'을 사용하는 경우를 흔히 본다. 당연히 '알맞은'이 맞다. 이는 '알맞다'가 형용사라는 것을 알면 쉽게 판단할 수 있다. 형용사와 동사는 관형사형 어미를 취할 때 차이를 보인다. 즉, 형용사와 결합하는 관형사형 어미는 '-은'이고 동사와 결합하는 관형사형 어미는 '-는'이다. 예를 들어 형용사 '작다, 올바르다'는 '작은 집, 올바른 자세'와 같이 활용하고, 동사 '먹다, 잠자다'는 '먹는 물, 잠자는 공주'와 같이 활용한다. 최근 들어 잘못된 형태인 '*알맞는'을 많이 쓰는데, 이는 동사 '맞다'의 활용형 '맞는'의 형태와 혼동한 결과라 본다. 그러나 형용사인 '알맞다'는 '알맞은 운동, 알맞은 차림새'와 같이 활용해서 써야 하고, 동사인 '맞다'는 '입에 맞는 음식, 맞는 답'과 같이 활용해서 써야 한다.

'어떤 일이 이루어지기를 기다리는 간절한 마음'이라는 의미는 '바람'이 올바른 표기이다. 이 말은 동사 '바라다'의 어간 '바라-'에 '-음'이 붙은 말이다. 그런데 이런 의미의 '바람'을 '*바램'으로 잘못 사용하는 경우가 흔히 있다. 그러나 '*바래다'라는 말이 없으므로 이 말은 잘못된 것이다. 따라서 '우리의 간절한 바람은 그가 무사히 돌아오는 것이다. 나의 바람대로 내일은 흰 눈이 왔으면 좋겠다'와 같이 사용하여야 한다. 그러나 현실은 '산 위에서 부는 바람'의 '바람'과 혼동되어서 자꾸만 '*바램'이라는 표현이 퍼져 간다.

'설렘'과 '*설레임'의 예도 그렇다. 결론적으로 동사 '설레다'에서 나온 말인 '설렘'이 맞다. '설레이다'라는 말은 잘못된 말이다. 따라서 '설레어, 설레니, 설렘, 설레었다'가 옳은 표기이고, '*설레여, *설레이니, *설레임, *설레였다'는 잘못된 표기이다.

'오랜만에'와 '*오랫만에', 그리고 '*오랜동안'과 '오랫동안'은 자주 헷갈리는 표현이다. 그러나 각각 '오랜만에'와 '오랫동안'이 맞다. '오랜만'은 '오래간만'의 준말이지만, 이를 '*오래+ㅅ+만'으로 잘못 생각해서 흔히 '*오랫만'으로 쓴다. 반면에 '오랫동안'은 '오래+ㅅ+동안'에서 온 말이므로, '*오랜동안'은 잘못된 말이다.

이러니저러니, 옳으니 그르니 하며 남을 못살게 굴거나 괴롭히는 일을 '실랑이'라고 한다. 그런데 이를 '*실강이'로 잘못 쓰는 경우가 있다. 이는 서로 자기주장을 고집하며 옥신각신하는 일인 '승강(昇降)이'와 헷갈려서 만들어진 말이다.

번개나 벼락과 함께 큰소리가 나는 것을 '천둥'이라고 한다. 이는 원래 '천동'(天動)이라는 한자어가 변한 말이다. 또한 이를 '우레'라고도 하는데, '우레'는 '울다'라는 우리말에서 온 말이다. 이를 한자어 '*우뢰'(雨雷)라고 잘못 생각하는 경우가 흔히 있다. 참고로 북한어에서는 '우레' 대신에 '우뢰'를 표준으로 정하고 있는데, 북한 사전에서도 한자를 병기하지 않은 것으로 보아, '우뢰'를 고유어로 파악하고 있는 듯하다.

'재떨이'와 '*재털이' 중에는 '재떨이'가 맞다. '떨다'와 '털다'는 모두 '달려 있거나 붙어 있는 것을 쳐서 떼어 내다'라는 의미를 지니고 있는 말로서, 그 의미가 비슷한 말이다. 그러나 '떨다'는 떨어지는 대상 즉, 달려있거나 붙어 있는 것에 쓰이고, '털다'는 떨어지는 대상이 원래 있었던 것에 쓰인다. 그러므로 옷을 '털'어 먼지를 '떨'고, 모자를 '털'어 눈을 '떨'며, 곰방대를 '털'어 담뱃재를 '떠'는 것이다. 따라서 담배에 붙어 있는 재를 '떨'어 내는 곳이 '재떨이'이므로, '떨다'의 어형이 살아 있는 '재떨이'를 써야 맞으며, '재털이'로 쓰는 것은 잘못이다.

나이에 비해 애티가 있어서 아주 어려 보일 때 흔히 '얼굴이 애뗘 보인다, 애띤 목소리' 등과 같이 쓰지만, '*애띠다'는 방언으로 '앳되다'가 표준어이다. 그러므로 '얼굴이 앳되어(또는 앳돼) 보인다. 앳된 목소리'로 써야 바른 표기이다.

맛으로 먹으려고 조금 차린 음식을 '맛보기'라고 한다. 이를 '*맛뵈기' 또는 '*맛배기'라고 하는 것은 잘못이다. '과일 장수는 맛보기로 손님들에게 수박 한쪽씩 나누어 주었다'와 같이 쓴다.

'어쭙잖다'는 '(비웃음을 살 만큼 언행이) 분수에 넘치는 데가 있다'는 뜻으로, '가난뱅이 주제에 어쭙잖게 자가용을 산대? 어른 일에 어쭙잖게 끼어들지 마라' 등과 같이 사용된다. 반면 '어줍다'는 '(말이나 행동이 익숙지 않아) 서투르고 어설프다'는 뜻으로 '아이들은 어줍은 몸짓으로 절을 했다'와 같이 사용된다. 따라서 '어쭙잖다'를 '*어줍잖다'로 쓰면 잘못이다.

'궁색(窮塞)하다'는 아주 가난한 상태를, '군색(窘塞)하다'는 필요한 것이 없거나 모자라서 딱하고 옹색한 상태를 나타내는 말이다. '궁색한 집안, 궁색한 살림 / 군색한 집안, 군색한 살림'과 같이 사용될 수 있다. 또한 '궁색하다'는 말의 이유나 근거 따위가 부족할 때, '군색하다'는 자연스럽거나 떳떳하지 못하고 거북할 때 사용할 수 있어서 '궁색한 변명, 대답이 궁색하다 / 군색한 변명, 대답이 군색하다'와 같이 비슷하게 사용한다.

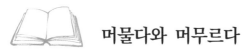

머물다와 머무르다

종종 '들러, 들렀다'를 '들려, 들렸다'로 잘못 적고 말하는 경우를 본다. '그는 집에 가는 길에 술집을 들러/들려 한잔했다, 퇴근하는 길에 시장에 들렀다/들렸다'와 같은 문장에서 올바른 표현은 각각 '들러, 들렀다'이다. 이처럼 '지나는 길에 잠깐 들어가 머무르다'는 의미일 때 '들르다'가 맞는 말이다. '들르+어, 들르+었다'이므로 각각 '들러, 들렀다'가 된다. 반면에 '들려, 들렸다'는 '들리+어, 들리+었다'가 되어 이는 '들리다'의 활용형이다. '들리다'는 '음악 소리가 들린다'나 '감기에 들리다, 무거운 물건이 들린다'와 같은 경우에 쓰는 말이다.

'머물다'는 '머무르다'의 준말이다. 따라서 '머물고-머무르고, 머물면서-머무르면서' 등과 같이 다 사용될 수 있다. 그러나 이들 단어 뒤에 모음으로 시작하는 어미가 올 때에는 반드시 '머무르다'만이 올 수 있다. 즉, '머물러야(←머무르+어야), 머물렀다(←머무르+었다)'는 가능하지만, '*머물어야(←머물+어야), *머물었다(←머물+었다)'는 잘못된 말이다. 이와 같은 관계에 있는 말들은 '서툴다-서투르다', '서둘다-서두르다' 등이 있다.

'일 따위를 수습하여 처리하다, 치켜올리다' 등의 의미를 가진 '추스르다'를 흔히 '*추스리다, *추슬리다'와 같이 잘못 쓰는 경우가 있다. 예를 들어 '공직 기강 추스려야'와 같은 신문 기사에 쓰인 '*추스려야'는 '추슬러야'가 바른 표현이다. '마음을 추스리고 초심으로 돌아가자, 식당에 들러 피곤한 몸을 추스렸다'와 같은 표현에서도 '*추스리고, *추스렸다'는 각각 '추스르고, 추슬렀다'가 되어야 한다. '추스르다'는 '르' 불규칙 동사로서, '추스르고, 추슬러'와 같이 활용한다. '흐르다'가 '흐르고, 흘러'가 되는 것과 마찬가지이다.

흔히 잘못 쓰는 단어로 '치르다, 따르다, 고르다' 등도 있다. '비싼 대가를 치뤘다, 술을 따뤘다, 땅을 고루고 있다'와 같은 잘못을 더러 본 적이 있을 것이다. 정확한 활용형은 '치렀다, 따랐다, 고르고'이다. '치뤘다, 따뤘다, 고루고' 등으로 잘못 쓰는 까닭은 이 말들의 기본형을 '치루다, 잠구다, 담구다, 따루다, 고루다'로 알고 있기 때문이다. 여기서 의문이 있을 수 있다. 어간 '치르-'에 어미 '었다'가 이어져 '치르었다'로 되고 다시 축약되어 '치렀다'가 된다. '잠갔다' 역시 '잠그었다'가 축약된 꼴이다. 그런데 하나는 음성모음인 '었다' 형태가 되고, 다른 하나는 양성모음인 '았다' 형태가 되느냐 하는 의문이다. 그러나 '치르었다' 또는 '잠그었다'는 형태소 단위로 분석되는 이론적 형태이지 실제로 쓰이는 일은 없는 형태이다. 따라서 어간의 마지막 음절인 '르'와 '그'에 있는 음성모음 'ㅡ'를 무시하고 그 앞 소리 즉 '치'와 '잠'에 따라 양성과 음성으로 나뉜 것이다. '치'는 중성모음이므로 음성모음으로 이어져 '치렀다'가 되고, '잠'은 양성모음이므로 양성모음으로 이어져 '잠갔다'가 된다.

계속해서 몇몇 어휘들의 표기에 대해 살펴보도록 하자. 어떤 방면에서 훌륭한 재주나 솜씨를 발휘할 때에 흔히 '*한가닥 한다'라고 하지만, 이 말은 '한가락 한다'가 맞는 말이다. 그러므로 '내가 이래 봬도 왕년에 한가락 했던 사람이야'라는 말은 잘못된 표현이다. 반면 '한 가닥'은 '아주 약간'의 의미를 지닌다. 흔히 '한 가닥 희망이 보이기 시작했다'와 같이 사용한다.

풍요함을 일컫는 말로 '오곡백화'(五穀百花)라는 단어를 흔히 쓴다. 예를 들어 '오곡백화가 만발한 계절'이나 '가을 들녘에서는 오곡백화가 익어가고 있다' 등이다. 그러나 '오곡백화'라 하면, 말 그대로 '다섯 가지 곡식에 백 가지 꽃'이 되는데, 꽃은 곡식과 어울리지 않고, 풍요한 수확과도 어울리지 않는 말이다. 사실 '오곡백화'가 아니라 '오곡백과'(五穀百果)가 맞는 말이다. 이때의 '오곡'은 좁게는 쌀, 보리, 콩, 조, 기장을 말하는데, 넓게는 모든 곡식을 이르는 말이고, '백과'는 백 가지 과일, 즉 갖가지 과실을 뜻하는 말이다.

'단출하다'는 '식구나 구성원이 많지 않아 살림의 규모가 작다. 일이나, 옷차림, 가진 물건 따위가 간편하고 복잡하지 않다'라는 의미를 가진 말이다. '난 엄마와 둘이서 단출하게 살고 있다, 친구의 결혼식은 참으로 단출하게 치러졌다'와 같이 사용한다. 이 말은 고유어로서 '*單出'이라는 한자와 결부시키는 일은 잘못이며, '*단촐하다'로 쓰는 것 역시 잘못이다.

'사탕'에 대해 알아보자. 사탕은 원래 설탕과 구별 없이 썼던 것으로 보인다. 그래서 '사탕가루, 가루사탕, 모래사탕, 백사탕, 백설탕, 각사탕, 모사탕, 흑사탕, 흑설탕, 황설탕' 등은 남북 사전에 두루 실려 있다. 사탕(沙糖·砂糖)은 '모래와 같은 가루 상태'를, 설탕(雪糖)은 '눈처럼 하얀 가루 상태'를 가리킨다. 사탕과 설탕은 그 말 자체로는 구별되지 않는다. 그러던 것이 남한에서는 '단맛이 나는 물질'을 설탕으로, '설탕을 녹여서 만든 과자'를 사탕으로 구별해서 쓰는 경향이 생겼다. 북한에서는 두 가지 모두 사탕으로 쓴다. 남한 사전에 '각사탕'도 있지만 주로 '각설탕'을 쓰는 반면, 북한에서는 '각사탕, 모사탕'을 쓰고, '각설탕'은 쓰지 않는다. '검은사탕, 누렁사탕'은 '흑설탕'과 같은 말인데, 북한에서 다듬은 말이다. 남한에서도 쓰는 '사탕수수, 사탕무'는 '설탕의 재료가 되는 수수나무'인데도 '사탕'이라는 말을 쓰고 있어서 사탕과 설탕을 구별하지 않던 흔적이라 하겠다.

북한말 '기름사탕'은 남한에서 흔히 '캬라멜'로도 쓰는 '캐러멜'(caramel)을 다듬은 말이다. '캬라멜'과 '캐러멜'은 1950년대 이전에도 쓰였는데, 1957년에 나온 ≪큰사전≫부터 현재까지 '캬라멜'을 비표준어로, '캐러멜'을 표준어로 하고 있다. 그런데 아직도 '캬라멜'을 쓰는 사람이 꽤 많다. 북한에서는 1962년 ≪조선말사전≫부터 '캬라멜'을 표준으로 하고 있다.

불셔 락엽 디는 ᄀᆞ술이 되엇구나

한국어를 적는 도구인 '한글'이라는 문자는 영어 등 서양어를 적는 도구인 '로마자'라는 문자와 같이 표음문자이다. 표음문자란, 겉[표(表)]에 소리[음(音)]이 드러나 있는 글자인 반면 표의문자는 겉[표(表)]에 뜻[의(意)]이 드러나 있어 구별된다.

외국을 여행 중에 갑자기 비가 내려 우산을 사야만 할 때, 우리는 그 나라 말을 모르더라도 우산 그림을 그려 원하는 바를 이룰 수 있다. 그림은 겉에 뜻이 드러나 있는 가장 좋은 예이고, 그런 의미에서 넓은 의미의 표의문자라 할 수 있다. 한자 역시 대표적인 표의문자이다. 예를 들어 그 음이 어떻든 간에 즉, '明'을 한국에서는 '명'이라 읽고, 중국에서는 '밍'처럼 읽고, 일본에서는 '메이'로 읽는 것에 상관하지 않고, 한국이든 중국이든 일본이든 모두 '밝다'라는 뜻을 가진 글자로 사용되고 있다. 그런 의미에서 '겉에 뜻이 드러나 있다'고 말할 수 있다. 한자를 쓰는 나라에서는 이른바 필담(筆談)이 가능한 것도 바로 표의문자의 속성에 의한 것이다.

그러나 표음문자는 이와 다르다. 겉에 소리만이 드러나 있으므로, 뜻을 알 수 없지만 발음은 예측할 수 있다. 표음문자를 쓰는 나라에 여행을 가면 그 뜻은 모르더라도 글자는 읽을 수 있다. 예를 들어 '강무, tami'라는 말을 생각해 보자. 우리는 그 뜻은 알 수 없다 하더라도 이 말들을 각각 [강무, 타미]라고 읽을 수는 있다. 이는 한글이나 로마자와 같은 표음문자이기 때문이다.

한글 맞춤법은 표음문자인 한글을 이용해서 우리말을 적는 방법이다. 따라서 표음문자인 한글의 속성에 따라 우리말을 소리나는 대로 적으면 바로 거의 다 바른 표기가 된다. 표음문자인 한글을 이용해서 우리말의 소리를 거의 1 대 1로 적을 수 있다. 사전에 실린 단어를 거의 대부분 그 철자를 외울 필요 없이 소리대로 적을 수 있다. 다만, 우리말에서는 [멍는다, 먹꼬, 머그니]와 같이 동일한 형태가 뒤에 오는 요소에 따라 발음이 달라지는 경우가 많다는 것이 '소리대로' 적기의 걸림돌처럼 보이기도 한다. 그러나 이러한 음운 현상은 규칙적이어서 몇 가지 규칙만 알고 있으면 대부분의 우리말은 바르게 적을 수 있다.

그러나 영어에는 맞춤법이라는 것이 따로 존재하지 않는다. 그리고 거의 대부분의 단어는 모두 일일이 철자법을 외워야 한다. 우리에게 영어가 모국어가 아니라서 그런 것이 아니다. 영어를 모국어로 쓰는 사람들도 자기 말의 단어들의 철자법은 일일이 외워야 한다. 이는 표기 전통과 관련이 있다. 현대 영어의 경우 소리나는 대로 적을 수 없을 정도로 발음과 표기법이 심하게 괴리가 있다. 즉, 비록 로마자가 표음문자이기는 하지만, 영어에서는 이미 하나의 소리를 여러 개의 글자로 나타낸다든지, 하나의 글자가 여러 개의 소리를 나타내고 있어서 전혀 '소리대로'의 원칙에 맞지 않는다.

예를 들어 철자 a가 [æ](cat), [ei](able), [aː](calm), [ɔː](all), [ə](sofa), [i](palace), [u](road), [eə](software) 등과 같이 다양하게 소리나기도 하고, [iː] 소리 하나를 적기 위해 e(region), ee(keep), ea(teach), ei(seize), ie(niece), ey(key), ay(quay) 등과 같이 다양한 철자가 동원되고 있으므로 소리나는 대로 적을 수 없다. 또 다른 예를 들자면, right, rite, write, wright 등이 모두 [rait]로 소리나고 있으므로, [rait]라고 소리내었을 때, 어떤 말인지를 문맥이 주어지지 않고 예측할 수 없다. 그런 의미에서 영어에서는 '소리대로' 적는다고 하는 규정이 영어에 정해질 수 없는 것은 당연한 이치이다.

영어에서 이처럼 발음과 표기법의 괴리가 생겨난 것은 예전의 표기법을 바꾸지 않고 그대로 쓰기 때문에 생겨난 현상이다. 예를 들어 예전에 영어에서도 [nixt]([니흐트]쯤으로 읽혔다)라고 발음을 하면 그것을 소리나는 대로 night라고 적었다(다만, [x]는 gh로 적는다). 그런데 언어는 변하기 마련이므로, [nixt]라는 발음이 [nait]로 바뀌었는데도 철자는 그대로 두었기 때문에 더 이상 [nait]에서 night를 예측할 수 없게 된 것이다.

우리는 사정이 좀 달랐다. 표기법의 전통이 그리 오래되지 않은 우리나라에서는 예를 들어 예전에는 [ᄀ슬]이라고 발음하고 'ᄀ슬'로 적었지만, 그 발음이 [가을]로 바뀐 뒤에 표기법이 정해져서 '가을'이라고 표기하게 된 것이다. 이를 비교하면 다음과 같다.

예전	'night'	[nixt]	'ᄀ슬'	[ᄀ슬]
	‖	↓	↓	↓
요즘	'night'	[nait]	'가을'	[가을]

즉, 영어에서는 발음이 바뀌어도 표기는 그대로 내버려 두었고, 우리

나라에서는 발음이 바뀌자 표기도 따라서 바꾼 셈이다. 그런 의미에서 로마자나 한글이나 모두 표음문자이지만, 영어에서는 관습적인 표기를 하는 것이고 한국어는 표음적인 표기를 하는 것이다.

만약 영어에서 우리나라식으로 발음이 바뀌었을 때 표기를 바꾸었다면 우리는 아마 'Ai met him in the laibrary at Wenzdei nait.'과 같이 영어를 표기하게 되었을지도 모른다. 그렇다면 우리는 영어의 철자를 외우는 노력을 하지 않아도 되었을 것이다. 반면, 우리가 영어에서 하는 식으로 발음이 바뀌어도 표기를 그대로 썼다면 우리는 아마 '볼셔 락엽 디 는 ᄀ술이 되엇구나'라고 쓰고 나서, 그것을 읽을 때는 [별써 낙엽 지는 가을이 되었구나]하고 발음했을지도 모른다. 그렇다면 우리는 예를 들어 [가을]의 철자가 'ᄀ술'인지 아니면 'ᄀ살, 가술, 가을' 등인지 일일이 외었어야 했을 것이다.

그렇다면 발음이 바뀌어도 표기를 내버려 두는 관습적인 표기와 발음이 바뀌면 표기법이 바뀌는 표음적인 표기 중에서 어떤 방식이 더 타당할까? 얼핏 생각하면 우리나라처럼 발음이 바뀌면 그 표기도 바뀌는 것이 타당하다고 생각할지 모르지만, 문제는 그렇게 간단하지 않다.

[ㅐ]와 [ㅔ]는 발음이 같아져 있고, [ㅢ]의 발음도 [ㅣ]가 되는 경우가 있는 등 현대 한국어에서 일어난 발음의 변화를 고려해 보겠다. 만약 발음이 바뀜에 따라 표기법이 바뀌는 방식을 취해야 한다면 우리는 얼마 되지 않아서 이제까지 우리가 써온 '혜택, 희망, 개발, 의사, 흙' 대신에 그 발음에 따라 '혜택, 히망, 게발, 으사, 흑'으로 바꾸어 써야 할 것이다. 자신의 이름이 '영희, 지혜'인 사람은 앞으로 자신의 이름을 적

을 때 '영히, 지혜'로 적어야 할 것이다.

교과서, 사전 등 대부분 서적을 다시 펴내야 하고, 주민등록증이나 학적부 등의 문서 및 상호와 상품명 등도 바꾸어야 하고, 표준어 규정·외래어 표기법·로마자 표기법 등의 각종 어문규범도 새로 정해야 하며, 가나다순으로 된 모든 배열도 다시 배열하고 심지어는 컴퓨터와 관련된 사항들, 이를테면 정렬, 맞춤법 검사, 한글 코드의 배열 등도 다 다시 프로그램해야 한다. 이처럼 한번 표기법의 전통이 정해져서 오래 사용된 이후에는, 발음이 바뀐다고 표기법을 바꾸는 일은 '으례'를 '으레'로 바꾸거나, 이튿날'을 '이툿날'로 바꾸는 것과 같이 어휘 한두 개를 바꾸는 일과는 비교할 수 없을 만큼 엄청난 일이 된다.

이제 우리나라도 표기법의 전통이 어느 정도 확립되어 간다. 언어의 변화에 발맞추어 표기법을 수정하려 했을 때 받게 되는 저항 등을 고려해 보면, 언어의 변화가 심해질수록 표기법은 점차로 '관습에 따라서'가 되어 갈 것이다. 그렇게 되면 언젠가 우리 후손들이 우리말 단어의 철자를 모두 외워야 하는 때가 올지도 모른다. 영어에서처럼 말이다.

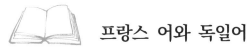

프랑스 어와 독일어

많은 사람들이 한글 맞춤법에서 가장 어렵게 느끼는 부분이 띄어쓰기와 관련된 규정이다. 이제 이러한 띄어쓰기에 대해 살펴보기로 하자. 띄어쓰기에서 우선 명심하여야 할 부분이 바로 조사를 제외한 모든 단어는 띄어쓴다는 점이다. 단어란 사전에 표제어로 등재되어야 하므로 사전에 등재될 수 없는 말의 연쇄라면 원칙적으로 띄어써야 한다. 다음 문장의 띄어쓰기를 살펴보자.

(1) a. 아는것이힘이다. 나도할수가있다.
    b. 열내지스물. 사과, 배, 귤등등.
    c. 박세리. 최치원선생. 김교수.

(1a)는 '아는 것이 힘이다. 나도 할 수 있다'와 같이 띄어써야 한다. '아는'과 '것', '할'과 '수'는 별개의 단어이므로 '아는것'와 '할수'처럼 붙여쓰면 안 된다. 사전에 '아는것', '할수'가 실려 있지 않다는 점을 기억하자. 또한 '아는 사실, 할 방법'과 같이 '것'이나 '수' 대신에 그 위치에 다른 단어를 집어넣어 보면, '것'이나 '수'를 띄어써야 한다는 사실이 이해될 것이다.

마찬가지로 '한 개', '연필 한 자루'와 같이 띄어쓴다. 사전에 '한, 개, 연필, 자루' 등이 각각 실려 있으므로 이들은 모두 별개의 단어이다. 다만 아라비아 숫자와 어울려 쓰이는 경우에는 '7미터, 80원'과 같이 붙여쓰는 것도 허용된다. 또한 (1b)에서 '열 내지 스물', '사과, 배, 귤 등 등'의 띄어쓰기도 같은 원리로 설명된다. '열내지' 또는 '귤등등'이 사전에 등재되어 있을 리가 없으므로 당연히 별개의 단어이고, 그러므로 띄어쓴다.

다만 사람의 성과 이름은 별개의 단어이지만 붙여쓰게 되어 있으며, 이에 덧붙는 호칭어, 관직어 등은 띄어쓴다. 따라서 (1c)에서 '박세리, 박찬호, 최치원 선생, 김 교수' 등과 같이 띄어쓴다.

성명 이외의 고유명사는 원칙적으로는 단어별로 띄어써야 하지만, 단위별로 붙여쓸 수 있다. 따라서 '한국 대학교 사범 대학'과 같이 각각 단어별로 띄어써야 하지만, '한국대학교 사범대학'과 같이 하나의 단위별로 붙여쓰는 것이 허용된다. 그러므로 '한국 언어 학회 학술 발표회'와 '한국언어학회 학술발표회'가 둘 다 허용되는 것이다. 전문 용어 역시 마찬가지로 '중거리 탄도 유도탄'과 '중거리탄도유도탄'처럼 띄어쓰는 것과 붙여쓰는 것이 다 가능하다.

띄어쓰기에서 가장 문제가 되는 것은 동일한 형태가 경우에 따라 띄어쓰거나 붙여쓰는 것이 있다는 점이다. 띄어쓰기에 어긋나지 않고 글을 쓰려면 이들을 일일이 암기하는 수밖에 없다. 실은 글쓴이도 이 문제는 헷갈리는 경우가 종종 있어서, 그때그때 사전을 찾거나 맞춤법 규정을 참고하고 있다. 다음에 제시하는 단어들이 바로 그것들이다. 문법적으로 말하자면, 의존 명사로 사용될 때에는 띄어쓰고, 어미나 접미사로 사용되는 경우에는 띄어쓰는 것들이다. 지금 당장 암기할 수는 없더라도 그저 한 번 훑어보기 바란다. 우선 다음 단어들은 그 의미에 따라 띄어쓰거나 붙여쓴다.

    (2) 들 ① 의존 명사 '나열' : 배, 감, 포도 들이 많다.

          ② 접미사 '복수' : 남자들, 사람들

       만 ① 의존 명사 '동안' : 십 년 만에 옛 친구를 만났다.

          ② 조사 '비교' : 당신만을 사랑합니다.

       지 ① 의존 명사 '시간의 경과' : 그가 서울에 온 지 십년

          이 지났다.

          ② 의문 어미 '회의' : 오늘 올지 내일 올지 잘 모르

          겠다.

       데 ① 의존 명사 '경우, 일' : 콩 심은 데 콩 나고 팥 심

          은 데 팥 난다.

          ② 어미의 일부 '설명' : 얼굴은 예쁜데 마음씨가 좋

          지 않다.

위에서 '지'의 경우에 '알다, 모르다' 앞에 쓰는 '지'는 붙여쓴다고 기억하면 좋겠다. 또한 '데'의 경우 그다음에 조사가 붙을 수 있으면 띄어쓴다. 예를 들어 위의 예문을 '콩 심은 데에는'처럼 바꿀 수 있으니 그런 경우에 띄어쓴다고 기억하면 될 것이다.

다음 단어들은 동사나 형용사 뒤에서는 띄어쓰고(①의 경우), 명사 뒤에서는 붙여쓴다(②의 경우). 다음 예문에서 '대로, 만큼, 뿐, 차(次)' 앞

에 오는 단어를 확인해 보자.

(3) 대로 ① 그 사람이 가는 대로 따라갔다.

　　　② 네 마음대로 해라.

만큼 ① 그도 이제 눈에 뜨일 만큼 많이 늙었다.

　　　② 나만큼 하는 사람 있으면 나와 보라고 해.

뿐 　① 닭 우는 소리만이 마을 공기를 흔들 뿐이다.

　　　② 빚은 은행뿐 아니라, 여기저기에 깔렸다.

차 　① 심심하던 차에 마침 잘 왔다.

　　　② 연수차 도미(渡美)하다.

또 하나 주의해야 할 띄어쓰기는 이른바 보조용언의 경우이다. 우리 말에는 본용언에 보조적인 의미를 더해주는 보조용언이 많이 있다. 예를 들면 '먹어 보다', '다 써 버리다'에서 '보다, 버리다'와 같은 단어들이다. 이 경우에 '보다(見), 버리다(棄)'의 직접적인 의미는 없다. 보조용언 역시 하나의 단어이므로 띄어쓰는 것이 원칙이지만, 경우에 따라 붙여쓰는 것도 허용하고 있다.

(4) a. 불이 꺼져 간다 / 불이 꺼져간다.

　　 b. 어머니를 도와 드린다 / 어머니를 도와드린다.

　　 c. 그릇을 깨뜨려 버렸다 / 그릇을 깨뜨려버렸다.

'어(語), 시(市), 교(敎)' 등은 외래어에 붙을 때에는 띄어쓰고 우리말에 붙을 때에는 붙여쓴다. 따라서 '프랑스 어, 핀란드 어', '뉴욕 시, 파리 시', '이슬람 교, 힌두 교' 등은 띄어쓰고, '독일어(獨逸語), 일본어', '인천시, 천안시', '기독교(基督敎), 불교' 등은 붙여쓴다. '강(江), 산(山)'의 경우도 마찬가지이다.

솔직히 말하자면, 현행 한글 맞춤법의 띄어쓰기는 여러 가지 문제를 안고 있다. 바로 위에 예를 든 '프랑스 어'와 '독일어'의 경우가 그러하다. 좀 더 합리적인 방안이 나오기까지는 이 규정을 따를 수밖에 없겠다.

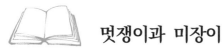

멋쟁이과 미장이

이번에는 어문규범 가운데 표준어 문제에 대하여 생각해 보기로 하자. 그동안 살펴보았듯이 한글 맞춤법이 우리말을 어떻게 적느냐에 일차적인 관심이 있는 규정이라고 한다면, 표준어 규정은 어느 말을 표준으로 정할 것이냐에 관심을 갖는 규정이다. 예를 들어, '책 등의 첫머리에 그 책의 취지나 내용을 간략히 적은 글'을 [머리말]이라고 할지, [머린말]이라고 할지는 표준어 규정에서 결정된다. 따라서 [머리말]로 정해졌다면, 맞춤법에 따라 소리나는 대로 '머리말'로 적으면 되고, 만약 [머린말]로 정해졌다면, 역시 맞춤법에서는 '머린말'로 적을지 아니면 '머릿말'로 적을지를 결정하면 되는 것이다. 즉, 맞춤법은 표준어를 따라갈 뿐이다.

사실 표준어라는 것은 인위적인 것이다. '학교에 다닌다'와 '핵교에 댕긴다' 사이에 어느 것이 더 우수하다, 더 나쁘다, 말할 수는 없다. 여러 가지 이유로 '서울'이 우리나라에서 정치·경제·문화의 중심지가 되었고, 그래서 '서울말'을 표준어로 정했을 뿐이지, '서울말'이 다른 지역말보다 더 좋다고 말할 근거는 어디에도 없다. 만약 다른 지역이 서울과 같은 위치를 차지했었다면, 아마 그 지역의 말이 표준어가 되었을 것이다. 비유를 들자면 통일신라 시대에는 '경주'말이, 고려 시대에는 '개경'말이 표준어였을 것이란 말이다.

게다가 각 지역의 방언 또는 사투리는 좀 더 아끼고 보존되어야 할 필요가 있다. 방언은 우리 민족의 정신과 역사가 담겨 있는 소중한 자료이기 때문이다. 텔레비전 드라마에서도 등장하는 사람들이 적절한 방언을 사용함으로써, 훨씬 더 정감 있고 자연스러운 분위기를 만들어 가지 않는가? 최근 대중매체의 발달로 방언이 급속도로 사라져 가고 있어서 안타까움을 더해 주고 있다.

그렇다면 표준어는 왜 필요한 것일까? 언어의 일차적이고 기본적인 기능이 '의사소통'이라면, 표준어는 바로 의사소통을 원활하게 하는 데 필요하기 때문이다. 같은 고향 사람끼리 만나서 그 지역 방언을 사용하는 경우라면 여기에는 아무런 문제가 없다. 그러나 의사소통의 제약이 있을 수 있는 경우에 이를 통일할 하나의 이론적인 언어가 필요하다. 이것이 표준어의 기능이다.

같은 대상물을 놓고 어떤 사람은 '부추'라고 하고, 어떤 사람은 '정구지' 또는 '솔'이라고 하거나, '무시기'라는 말을 몰라서 '무시기가 뭐꼬?'라고 한 사람에게 다시 '뭐꼬가 무시기?'라고 말한다면, 한 사회의 통합을 이루기는 쉽지 않을 것이다. 소대원을 이끌고 적진을 침투하던 소대장이 '몽땅 수구리'라고 한 말을 이해하지 못한 다른 지역 병사들이 적에게 발각되어 잡혔다는 우스갯소리도 있지 않는가. 겨우 도망친 병사들을 이끌고 가던 중 다시 적에게 발각될 뻔한 상황에서 '아까 맨키로' 했지만, 역시 이해하지 못한 병사들은 또 잡혔다나. 바로 여기에 표준어의 역할이 있다. 그러므로 특히 공식적인 자리나 의사를 정확하게 전달할 필요가 있는 상황에서 의사소통을 원활하게 하기 위해서는 표준어의 습득이 필수불가결하다.

어느 말이 표준어인지 아닌지를 알려면 일일이 외우는 수밖에 없다. 다행히도 학교 교육의 영향으로 대부분의 사람은 어느 말이 표준어인지 아닌지를 구분하는 능력이 있다. 따라서 표준어 중에서 잘 판단이 안 되고 헷갈리는 것만 주의하면 맞춤법과는 달리 표준어는 그다지 복잡하지는 않다. 앞서 '머리말'과 '머릿말'을 말했는데, 현재 '머리말'이 표준어이다. 그럼 이제 우리가 흔히 잘못 쓰는 표준어들을 모아보겠다. 다음에서 표준어는?

    (1) a. 삼촌/삼춘, 부조/부주, 사돈/사둔

           b. 서울내기/서울나기, 냄비/남비, 아지랑이/아지랭이

           c. 멋쟁이/멋장이, 미장이/미쟁이

           d. 바람/바램, 바라다/바래다

           e. 고둥/고동/골뱅이, 멍게/우렁쉥이

'삼촌, 부조, 사돈' 등은 입말에서 음성 모음을 가진 어형이 주로 발음되지만 양성 모음을 가진 것을 표준어로 삼은 단어들이다. 또한 '서울내기, 냄비' 등은 앞의 단어들이 표준어이다. 다만 '아지랑이, 곰팡이' 만큼은 '*아지랭이, *곰팽이'가 표준어가 아니다.

'-쟁이'가 붙은 말과 '-장이'가 붙은 말을 구별해야 한다. 이 둘의 차이는 '기술'을 가지고 있느냐 그렇지 않느냐의 차이에 따라 다르게 사용된다. 다시 말해서 기술자에게는 '-장(匠)이'를, 그 외에는 '-쟁이'가 붙은 형태를 표준어로 삼는데, 이 같은 구분은 사실 좀 모호하다. 어쨌든

이 같은 기준에 의해서 '미장이, 유기장이, 대장장이, 양복장이' 등과 '멋쟁이, 점쟁이, 깍쟁이, 욕심쟁이, 요술쟁이, 거짓말쟁이, 개구쟁이, 중매쟁이, 소금쟁이' 등이 구분된다.

흔히 '바램, 바래다'라는 말이 쓰이고 있다. 아마 '바람'이라고 쓰게 되면 '바람[風]'과 혼동되는 것을 꺼리는 마음이 있는 것 같지만, '바람, 바라다'가 표준어이다. 그 외에 아직 '고둥, 골뱅이'는 표준어가 아니다. 현재 '고둥'이 표준어지만, '골뱅이'도 표준어만큼 널리 사용되고 있으므로 이 말도 곧 표준어의 지위를 획득해야 한다고 생각한다. 한때는 '멍게'도 표준어가 아니었지만, 그 사용 빈도가 원래 표준어였던 '우렁쉥이'보다 더 높아지자, 둘 다 표준어가 된 사실이 있다.

    (2) a. 숫소/수소, 숫놈/수놈, 숫컷/수컷, 숫쥐/수쥐
        b. 윗목/웃목, 윗니/웃니, 윗어른/웃어른, 윗옷/웃옷

수컷을 이르는 접두사로 '수-'를 사용하느냐, 아니면 '숫-'을 사용하느냐의 문제도 꽤 혼돈스럽다. 그러나 '숫쥐, 숫염소, 숫양'의 세 단어만을 제외하고는 어떤 경우라도 '수-'가 사용된다고 기억하면 된다. 그래도 헷갈리면 아무래도 '숫쥐, 숫염소, 숫양' 등은 사용하게 될 기회가 거의 없을 터이므로, 아예 '수-'와 '숫-'은 일률적으로 '수-'로 통일되었다고 생각해도 좋을지 모르겠다. 따라서 눈에 거슬리기는 하지만 '수소, 수놈'이라고 적고 그렇게 발음하여야 하며, 아울러 '수컷, 수꿩, 수탉, 수퇘지'로 적어야 한다.

이와 비슷한 문제가 '위-/윗-/웃-'에도 결부되어 있다. 우선 '윗-'과 '웃-'의 구별은 그 뒤에 붙는 말이 '아래'의 짝이 있느냐에 따라 달라진다. 즉, '윗니, 윗도리, 윗목, 윗입술' 등은 각각 '아랫니, 아랫도리, 아랫목, 아랫입술'의 대립이 있으므로 모두 '윗-'으로 적는다. 반면 '웃돈, 웃어른, 웃옷' 등은 '*아랫돈, *아랫어른, *아랫옷'이라는 말이 있을 수 없으므로 모두 '웃-'으로 적는다. 반면 '위-'로 적히는 단어들도 있는데 이들은 이미 사이시옷 문제에서 말했듯이 뒷말이 된소리나 거센소리로 나는 단어들이다. '위층, 위짝, 위채, 위팔, 위쪽' 등이 여기에 속한다. 즉, 사이시옷이 들어갈 수가 없기 때문에 생겨난 표기이다.

지금 우리가 사용하고 있는 한글 맞춤법과 표준어 규정은 1988년에 새로 고시된 것으로서, 특히 표준어 규정의 경우 그 이전에 사용되던 것들과 바뀐 단어들이 꽤 있다. 따라서 1988년 이전에 정규 교육과정을 마친 분들이라면 바뀌기 전의 표준어 규정을 기억하고 있어서 어느 것이 표준어인지 헷갈리는 부분이 많이 있을 것이다. 이러한 것을 중심으로 살펴보기로 하자. 다음의 단어 쌍에서 어느 것이 표준어일까?

(3) a. 사글세/삭월세

b. 둘째/두째, 셋째/세째, 열둘째/열두째

c. 깡총깡총/깡충깡충, 쌍동이/쌍둥이, 오뚜이/오뚝이

d. 괴퍅하다/괴팍하다, 케케묵다/케케묵다, 미루나무/
미루나무

e. 무/무우, 솔개/소리개

이들은 모두 발음의 변화가 현저하여 종래의 표준어를 그대로 고수할 수 없는 것들이다. '월세'(月貰)의 딴 말인 '삭월세'를 '朔月貰'의 뜻으로 잡아 '사글세'란 말과 함께 써 오던 것을, '朔月貰'는 단지 한자를 빌려 적은 것에 불과하므로 취할 바가 못 된다 하여 '사글세'만을 표준어로 삼았다.

그 이전에는 '첫째, 두째, 세째, 네째'는 차례를, '하나째, 둘째, 셋째, 넷째'는 수량을 나타내는 것으로 구분해서 사용하였다. 그래서 '세째 아들이 사과를 벌써 셋째 먹는다.'와 같이 사용되었지만, 언어 현실에서 이와 같은 구분은 인위적인 것으로 판단되어 어느 경우나 '둘째, 셋째, 넷째'로 통합한 것이다. 따라서 '*두째, *세째, *네째'와 같은 표기는 어느 경우에도 볼 수 없게 되었다. 다만 차례를 나타내는 말로 '열두째, 스물두째, 서른두째' 등 '두째' 앞에 다른 수가 올 때에는 받침 'ㄹ'이 분명히 탈락하는 언어 현실을 살려 부득이 종래대로 적는다.

세 번째 예들은 모두 음성모음을 가진 단어들이 표준어로 인정된 것들로서, 흔히 잘못 쓰기 쉬운 것들이다. 따라서 '깡충깡충, 쌍둥이, 오뚝이' 쪽이 표준어이다. 또한 '막둥이, 바람둥이, 검둥이'와 같이 사용되며, '*오똑이, *오뚜기' 역시 잘못이다.

다음 예들도 1988년 이전의 한글 맞춤법과 표준어와 다른 예들이다. 일상생활에서 그다지 많이 사용되는 단어는 아니지만, '미루나무, 으레, 케케묵다'가 표준어이다. 아울러 '*무우, *소리개'도 그 이전에는 표준어이었지만, 각각 '무, 솔개'로 바뀌었다.

(4) a. -습니다/-읍니다, -게끔/-게시리, -지만/-지만서도
    b. 광주리/광우리
    c. 까다롭다/까탈스럽다, 언제나/노다지

이전에는 '-습니다, -읍니다' 두 가지로 적고 '-습니다' 쪽이 더 깍듯
한 표현이라고 해 왔으나, 이 둘 사이에 그러한 의미 차이가 확실하지
않고 일반적으로 '-습니다'가 훨씬 널리 쓰인다고 판단하여 '-습니다'
쪽으로 통일하였다. '-게끔/ -게시리'와 '-지만/ -지만서도'의 '-게시
리'나 '-지만서도'는 꽤 많이 쓰이는 편이지만, 역시 방언이라고 판단하
여 표준어에서 제외하였다. 또한 '광주리, 까다롭다, 언제나'가 표준어
이고, '*광우리, *까탈스럽다, *노다지' 등은 방언이다.

(5) a. 네/예, 쇠고기/소고기
    b. 떨어뜨리다/떨어트리다, 출렁거리다/출렁대다
    c. -(으)세요/-(으)셔요, -이에요/이어요
    d. 우레/천둥, 죄다/조이다
    e. 노을/놀, 서투르다/서툴다, 시누이/시뉘/시누
    f. 가물/가뭄, 개숫물/설거지물, 옥수수/강냉이, 늦장/늦
       장, 사거리/네거리

위 단어들은 양쪽의 단어들이 모두 표준어로 정해진, '복수 표준어'이다. 어느 것을 사용해도 좋다. 대답하는 말 '네/ 예'에서 이전까지는 '예'만을 표준어로 인정하였으나, 서울말에서는 오히려 '네'가 더 보편적으로 쓰여 왔고 또 쓰이고 있으므로 그것을 앞에 내세워 '예'와 함께 쓰기로 한 것이다. 아울러 '쇠고기, 쇠기름, 쇠뼈'와 같이 '쇠-'가 전통적인 표현이지만, '소고기, 소기름, 소뼈' 등도 우세해졌으므로 이 두 가지를 다 쓰기로 하였다.

　'-뜨리다/ -트리다', '-거리다/ -대다' 등도 각각 두 가지가 다 널리 쓰이므로 복수 표준어가 되었다. 이들 사이에 어감의 차이가 있는 듯도 하지만 그리 뚜렷하지 않다. '-(으)세요/ -(으)셔요, -이에요/ -이어요'에서 전통 어법은 '-(으)세요, -이에요'였는데, 광복 후 초등학교 국어 교과서에서 '-(으)셔요, -이어요' 형을 사용함으로써 그것이 상당히 보편화되었었다. 이러한 것은 다소 인위적인 것이었지만, 전통 어법을 되살리면서 교과서 어법도 복수 표준어로 흡수되었다.

가자미와 아귀

표준어와 관련하여 몇몇 어휘를 더 살펴보자. 가자미, 아귀, 육개장부터 알아보자.

넙치(광어)와 비슷한 모양으로 넓적하게 생긴 물고기를 흔히 '*가재미'라고 한다. 대부분 지역에서 '*가재미'가 널리 쓰이고 있지만, 표준어는 '가자미'이다. '가자미'의 '자'는 뒤에 오는 'ㅣ' 때문에 '재'가 되었는데, 이 같은 현상을 움라우트라고 한다. '피라미, 손잡이, 구더기, 만지다' 등이 '*피래미, *손잽이, *구데기, *맨지다' 등으로 변하는 것도 같은 현상의 결과로서, 이들은 모두 표준어로 인정되지 않는다. 부화 직후의 어린 가자미는 보통의 어류와 같이 좌우대칭의 형태로 눈이 위치하지만 점차 성장하면서 왼쪽의 눈이 머리의 배면을 돌아 오른쪽으로 이동하여 한쪽으로 모이게 된다. 이러한 현상 때문에 '가자미눈'이라는 말이 생기게 되었다. 또한 '도다리'라고 부르는 물고기도 있는데, 이는 가자미의 일종이다. 따라서 눈이 몰려 있는 방향을 보아 도다리와 넙치(광어)를 구분할 수도 있다고 한다. 도다리는 가자미의 일종이므로 눈이 오른쪽으로 몰려 있는 반면에, 넙치류는 왼쪽으로 몰려 있다고 한다.

몸이 넓적하고 머리 폭이 넓으며 입이 대단히 큰 물고기로 '아귀'가 있다. 생긴 모양이 워낙 흉측하고 못생겼기 때문에 그물에 잡히면 어부들이 재수 없다고 바다에 바로 버렸다고 해서 '물텀벙'이라는 이름으로도 불리기도 한다. 아귀찜이나 아귀매운탕으로 해서 먹는 이 물고기는

'*아구'라고 불리기도 해서 '*아구찜, *아구매운탕' 등으로 쓰지만, 바른 표현은 '아귀찜, 아귀매운탕'이다.

'육개장'은 소고기를 개장 끓이듯이 끓여 낸 장국이라는 뜻으로, 이것은 개장국을 못 먹는 사람들을 위해서 만들던 음식이다. 요즘에는 소고기 대신에 닭고기를 넣어서 끓인 '닭개장'이라는 음식도 볼 수 있는데, 이를 '*육계장, 닭계장'으로 쓰는 것은 잘못이다.

우리 속담에 '하룻강아지 범 무서운 줄 모른다'라는 말이 있다. '하룻강아지'는 사회적 경험이 적고 얕은 지식만을 가진 어린 사람을 놀림조로 이르는 말인데, 여기서 '하룻강아지'는 난 지 하루밖에 되는 강아지를 가리키는 말이 아니다. '하룻강아지'는 원래 '하릅강아지'에서 온 말로, '하릅'은 나이가 한 살 된 소, 말, 개 따위를 이르는 말이다. 그러므로 '하룻강아지'란 '난 지 하루밖에 안 된 강아지'가 아니라 '한 살 된 강아지'라는 사실을 알 수 있다.

'시쳇말'은 주로 '시쳇말로'의 형태로 쓰여 그 시대에 유행하는 말을 가리키는 말이다. '요샛말, 유행어'와 비슷한 말로 쓰인다. 이 말은 원래 '시체(時體)의 말'이라는 뜻으로, '시체'는 그 시대의 풍습 유행을 뜻하는 말이다. '그는 시체 젊은이들과 다르다'처럼 쓴다.

두들겨 맞거나 피곤함에 지쳐서 거의 다 죽게 된 상태에 이르렀을 때 흔히 '*초죽음이 되었다'라고 쓰지만, '*초죽음'은 '초주검'이 바른말이다. '죽음'은 '죽는 일'이지만, '주검'은 '죽은 상태, 시체'를 가리키기 때문에 '초주검'이라야 그 뜻에 맞다. 그리고 무엇인가에 반하거나 그것에 의해서 어쩔 줄 모를 경우에 '*사죽을 못쓴다'는 표현을 쓸 때가 많다. 그런데 이 말은 잘못된 것으로, '사족을 못쓴다'라고 해야 옳다. 원래 '사족'(四足)이라는 말은 두 팔과 두 다리를 뜻하는 말인 '사지'(四肢)를 뜻하는 말이다. 그래서 '사족을 못쓴다'고 하면 어떤 것을 너무나 좋아해서 팔, 다리마저 움직일 수 없을 정도라는 뜻이 되는 것이다.

통소, 나발, 피리 등과 같은 관악기의 소리를 입으로 흉내 낸 소리를 가리켜 흔히 '*닐리리'라고 하지만, 이는 '늴리리'가 바른말이다. 또한 경기 민요의 하나인 '늴리리야'도 '*닐리리야'라고 잘못 쓰는 경우가 있다. 물론 '늴리리'이건 '*닐리리'이건 발음은 모두 [닐리리]이다.

다음은 동사류 몇몇을 살펴보자. 어떤 구실로 남을 위협하거나 꾀어서 자신에게 필요한 돈이나 재물을 빼내는 것을 가리킬 때 '울궈내다, 울궈먹다'라고 하는 경우가 있지만, 이는 '우려내다, 우려먹다'가 바른말이다. '울구다'는 '어떤 물건을 액체에 담가 맛이나 빛깔 등이 액체 속으로 빠져나오게 하다, 위협하여 물품 따위를 취하다'라는 뜻을 가진 동사 '우리다'의 방언이다. 한편, '우려먹다'는 한약이나 사골 같은 것을 여러 번 우려서 먹는다는 데에서 '이미 썼던 내용을 다시 써먹는다'는 뜻으로 의미가 확장되기도 했다. 이를테면 '그 교수는 5년 전에 강의했던 연구 결과를 올해 또 우려먹었다'와 같이 쓴다.

밥이 퍼석퍼석하지 않고 끈기가 많을 때 흔히 '*찰지다'라고 하지만, 이는 '차지다'가 바른말이다. '나는 차진 밥을 좋아한다, 반죽이 너무 차져서 떡 빚기가 힘들다'와 같이 사용된다. 원래 '찰-'이라는 접두사는 '찰떡, 찰벼, 찰옥수수, 찰흙'에서와 같이 '끈기가 있고 차진'의 뜻을 더해 주는 말이다. 그런데 '차조, 차좁쌀'에서처럼 'ㅈ'으로 시작하는 말 앞에서는 '찰-'이 '차-'로 바뀐다. '차지다' 역시 '*찰지다'에서 'ㄹ'이 떨어져 생겨난 말이다.

차거나 싫은 것을 느낄 때 소름이 끼치는 경우 흔히 '*으시시하다'라고 하지만, 이는 '으스스하다'가 바른말이다. '으스스하다'가 '*으시시하다'로 발음되는 것은 이른바 전설모음화의 영향으로, 전설모음화란 [ㅅ] 소리 뒤에서 'ㅡ' 모음이 'ㅣ' 모음으로 발음되는 현상이다. 전설모음화한 어형은 표준어로 인정되고 있지 않은 것으로 '까슬까슬, 메스껍다, 으스대다, 으슬으슬' 등을 '*까실까실, *메시껍다, *으시대다, *으슬으슬'으로 쓰는 것은 잘못이다.

누군가가 달라붙어서 귀찮게 굴거나 성가시게 구는 것을 흔히 '개긴다'라고 한다. '조그만 게 어디 어른에게 개기고 있니?'와 같이 사용되는 '개기다'는 아직 표준어가 아니다. 이 말은 현재 '개개다'의 잘못으로 처리되고 있지만, 사용 빈도로는 '개기다'의 쪽이 훨씬 높다. 또한 '개기다'는 '우리 여기서 좀 더 개기다 가자'와 같이 '어떤 장소에 머물면서 시간을 보내다'의 의미로 사용되기도 한다.

하는 말이나 행동이 실없고 이치에 맞지 않을 때 '객쩍다'라 한다. 이 말을 '객적다'라고 쓰는 것은 잘못이다. 마찬가지로 '겸연쩍다, 계면쩍다, 괴이쩍다, 멋쩍다, 미심쩍다, 미안쩍다, 수상쩍다, 의심쩍다'에서도 모두 '-쩍다'로 적는다. 이 말들에 나타나는 '-쩍다'는 '무엇이 적지 않다'는 의미가 아니기 때문이다.

쥬스, 챤스, 피카츄

외래어를 받아들이는 방식에는 두 가지 다른 방식이 있다. 원래 말의 어형을 그대로 받아들이는 경우와, 그 외국어의 의미를 자국어로 번역하여 받아들이는 경우이다. 앞의 경우를 음역 차용(音譯借用)이라고 하고 뒤의 경우를 번역 차용(飜譯借用)이라고 한다. 예를 들어 relay를 '릴레이'로 받아들인다면 음역 차용이고, 이를 '이어달리기'로 받아들인다면 번역 차용이다. 일본어의 경우도 마찬가지로, わりばし를 '와리바시'로 받아들인다면 음역 차용이고, '나무젓가락'이라고 받아들인다면 번역 차용이다. 다만 우리말의 경우에는 한자어가 상당한 세력을 형성하고 있기 때문에 고유어 대신에 한자어로 번역하여 차용하는 경우도 흔하다. 위의 relay를 '계주'(繼走)라고 번역하여 받아들이는 경우가 바로 그것이다.

어떤 외국어를 우리말로 옮길 때 적절한 우리말 대응어가 있다면 그것을 써야 하겠지만, 때론 마무리해도 그것을 대치할 우리말을 찾을 수 없는 경우에는 어쩔 수 없이 음역 차용의 방법이 이용될 수 있다. 그렇지만 이러한 음역 차용의 경우에도 지켜야 할 원칙은 있다. 이제 이러한 점을 살펴보도록 하겠다.

다음 네 문장의 표기를 비교해 보자. 이 중에서 어느 것이 가장 바람직한 것일까?

(1) a. internet을 이용하여 중요한 자료 file을 down받았다.

    b. 인터네트를 이용하여 중요한 자료 화일을 따운받았다.

    c. 인터넷(internet)을 이용하여 중요한 자료 파일(file)을 다운(down)받았다.

    d. 인터넷을 이용하여 중요한 자료 파일을 다운받았다.

우선 첫 번째 문장은 로마자를 그대로 곁에 드러냈다는 점에서 옳지 않다고 할 수 있다. 우리나라 독자를 대상으로 하는 글은 원칙적으로 우리말을 표기하는 문자인 한글로 이루어져야 한다. 만약에 어떤 식으로든 원어를 밝히고자 한다면 세 번째 문장과 같이 괄호 안에 병기하면 될 것이다.

두 번째 문장은 '외래어 표기법'의 관점에서 잘못되었다. 외래어를 한글로 표기하는 데에도 나름대로 원칙이 있는데, 이것을 우리는 '외래어 표기법'이라고 한다. 예를 들어 internet을 우리말로 음역 차용을 할 경우 '인터네트, 인터넽, 인터넷' 중에서 어떤 것으로 할 것인가 하는 것들을 정해 놓은 법이다. 혹시 아무렇게나 써도 뜻만 통하면 된다고 생각하실지도 모르겠지만 그런 생각 역시 이미 영어에 익숙한 사람들이 가진 오만의 하나이다. 이미 영어에 익숙한 사람들은 '인터네트, 인터넽, 인터넷' 중 어느 것을 사용하더라도 internet과 관련지을 수 있으므로 아무 문제가 되지 않을지도 모르겠지만 그런 영어에 대한 지식을 모든 이들에게 요구해서도 안 되고 요구할 필요도 없다.

과거 프랑스에서 죄인의 목을 자르는 데 사용했던 기구의 이름을 우리말로 '단두대'라고 하는데, 한때는 프랑스어를 음역 차용하여서 '길로틴' 또는 '기요틴'이라고 불렀다. 사실 '기요틴' 쪽이 프랑스어를 더 잘 음역 차용한 것이어서 최근 '기요틴' 쪽이 주로 사용되고 있지만, 예전에는 프랑스어 guillotine을 철자대로 읽은 '길로틴'이라고 표기되는 경우가 아주 흔했다. 프랑스어를 조금 아는 사람이라면 이 두 말을 모두 프랑스어 guillotine과 관련지을 수 있으므로, '길로틴'으로 적든 '기요틴'으로 적든 아무 상관이 없을지도 모르겠지만 프랑스어에 대한 지식이 없는 이들은 이 두 단어가 동일한 대상을 가리키는 것인지를 쉽게 알아차릴 수 없다. 그렇다고 프랑스어를 아는 그런 지식이 우리 모두에게 요구되는 것은 아니지 않겠는가.

다시 말해서 영어를 조금 안다는 이유만으로 '인터네트, 인터넽, 인터넷'을 원칙 없이 사용할 경우 생기는 혼란은, 마치 프랑스어를 안다는 이유만으로 '길로틴'과 '기요틴'을 원칙 없이 혼용할 때 생기는 혼란과 비슷하다는 것이다.

그러므로 외래어를 표기할 때, 음만 비슷하다고 해서 아무렇게나 표기해서는 안 된다. 우리말을 적을 때에 '한글 맞춤법'이 필요하듯이, 외래어라 하더라도 항상 일정하게 표기되고 일정하게 발음되어야 한다는 점에서 '외래어 표기법'이 필요하게 된다. 여기에서 외래어 표기법을 다 설명할 수는 없지만, 영어 표기에서 중요한 몇 가지만 언급하도록 하겠다.

우선 f, v는 각각 'ㅍ, ㅂ'로, ð, θ은 'ㄷ, ㅅ'로 적는다. 그러므로 'file'은 '화일'이 아니라, '파일'로 적는다.

받침에는 'ㄱ, ㄴ, ㄹ, ㅁ, ㅂ, ㅅ, ㅇ'의 7개만이 허용되며 다른 것들은 받침으로 쓸 수 없다. 또한 짧은 모음 다음에 p, t, k으로 끝나는 말은 원칙적으로 받침 각각 'ㅂ, ㅅ, ㄱ'으로 적지만, 그러나 그 외의 경우는 대부분 '으'를 붙여 적는다. internet[intəːnet]과 network[netwəːk]에 모두 net가 들어 있지만, 전자는 '인터넷'으로, 후자는 '네트워크'로 적게 되는 것이다. 그런 점에서 뮤지컬 '캐트'도 잘못 적힌 것이다. 반면 b, d, g로 끝나는 말은 '으'를 붙여 적는다. 그래서 gag concert는 '개그 콘서트'다.

또한 외래어 표기에서 된소리는 사용되지 않는다. bus, dam, game 등을 대체로 '뻐스, 땜, 께임' 등으로 발음하는 현실이지만, 그 표기를 '버스, 댐, 게임'으로 하는 이유가 여기에 있다. (요즘 젊은이들은 의도적으로 '버스, 댐, 게임'으로 발음하는데 이것은 표기에 간섭을 받은 결과라 볼 수 있다.) 위에서 down을 '따운'이 아니라 '다운'으로 적은 이유도 마찬가지이다. 그러고 보면 한국 영화 '텔 미 썸딩'은 '텔 미 섬싱'이 올바른 표기이므로, 두 군데 잘못이 있는 셈이다.

사실 모든 사람이 '외래어 표기법'에 주의할 필요는 없다. 이 점이 모든 사람들이 숙지하여야 하는 '한글 맞춤법'과 다른 점이라고 할 수 있다. 그렇지만 '외래어 표기법'은 외래어를 우리말로 표기할 필요가 있는 사람들이 반드시 알아야 할 것이다. 그런 점에서 일반인들보다는 새로운 문화나 학문을 제일 먼저 접하는 이들에게 더 필요한 규정이다. 이들이 외국어를 받아들일 때 적절한 우리말 대응어를 찾는 노력을 우선적으로 기울여야 하고[번역 차용], 그것이 쉽지 않을 때 올바른 표기법으로 외래어를 적어야[음역 차용] 한다. 처음에 아무렇게나 잘못 정해 놓으면 이후에 그것을 받아쓰는 수많은 사람들에게 잘못을 저지르는 셈이 된다.

  외래어 표기법에 대해 더 알아보자. 우리 주변에서 가장 자주 눈에 띄는 잘못된 외래어 표기는 '쥬스'인 것 같다. 그런데 '쥬스'가 잘못된 표기라고 하면 많은 사람들이 어리둥절해한다. '쥬스'라는 표기에 하도 익숙해져 있어서 그것이 틀린 줄을 모르는 것이다. 그것은 아마도 시중에서 판매하는 과일 음료 대부분이 '○○쥬스'라는 상표명을 가지고 있기 때문일 것이다. '쥬스'에 대한 올바른 표기는 '주스'이다. 외래어를 적을 때에는 '쥬'나 '츄' 같은 글자를 쓰지 말도록 정하였기 때문이다. 따라서 '쥬스'뿐만 아니라 '피카츄'나 '쥬피터' 같은 표기는 모두 외래어 표기법에 어긋난다. '피카추', '주피터'로 적어야 한다.
  '외래어 표기법'에서는 'ㅈ'이나 'ㅊ'에 이중 모음이 결합한 '쟈, 져, 죠, 쥬', '챠, 쳐, 쵸, 츄'를 쓰지 않도록 하고 있다. 즉 마찰음 [ʒ]와 파찰음 [dʒ, ts, dz, tʃ]가 모음 앞에 올 때에는 '지, 치'가 아니라 'ㅈ, ㅊ'으로 적으므로 항상 '자, 저, 조, 주', '차, 처, 초, 추'로 표기한다. 이렇게 규정한 이유는 우리말에서 '쟈, 져, 죠, 쥬', '챠, 쳐, 쵸, 츄'가 발음상 '자, 저, 조, 주', '차, 처, 초, 추'와 구분되지 않기 때문이다. 한국어에서 'ㅈ, ㅊ'은 이미 구개음이므로 '자, 조, 조, 주' 등은 구개모음 'ㅣ'가 뒤에 있는 '쟈, 져, 죠, 쥬'와 발음이 같다. 따라서 '자, 저'와 '쟈, 져' 등을 구분해서 표기하는 것은 의미가 없다.

'자'와 '쟈', '차'와 '챠'의 발음이 같다고 하는 것은 한국어에서 이들이 뜻을 구분하는 데에 사용되지 않는다는 의미이다. 한국어에서 단모음 'ㅏ, ㅓ, ㅗ, ㅜ'와 이중 모음 'ㅑ, ㅕ, ㅛ, ㅠ'는 서로 다른 소리로, 그것만의 차이에 의해서 단어의 의미가 구분된다. 예를 들어서 '모기'와 '묘기', '아기'와 '야기'는 각각 단모음과 이중 모음이라는 차이만 있으나 서로 다른 뜻을 나타낸다. '모기'를 써야 할 자리에 '묘기'를 쓰면 뜻이 통하지 않는다. 그런데 이러한 구분이 'ㅈ, ㅊ' 뒤에서는 성립하지 않는다. 예를 들어 '잠자리'를 [쟘쟈리]라고 발음하거나 '홍차'를 [홍챠]로 발음해도 뜻을 혼동할 소지가 없다. 이러한 이유로 '쥬스', '챤스' 같은 어형을 허용하지 않고 '주스', '찬스' 등으로 적도록 하는 것이다.

그러면 한국어에서 'ㅈ, ㅊ' 뒤에 이중 모음이 결합한 표기형은 전혀 쓰이지 않는 것일까? 그렇지 않다. 외래어가 아닌 고유어 표기에서는 다음과 같이 반드시 '져'나 '쳐' 따위를 써야 하는 경우가 있다.

(2) 방에 가서 국어 사전을 가져(*가저) 오너라.
(3) 뛰어가다 넘어져서(*넘어저서) 다리를 다쳤다.(*다첬다)

위의 예문에서 '가져', '넘어져서', '다쳤다' 대신에 '가저', '넘어저서', '다첬다'를 쓰면 틀린 표기가 된다. '가져', '넘어져서', '다쳤다'로 적는 이유는 이들이 각각 '가지-+-어', '넘어지-+-어서', '다치-+-었다'가 줄어서 된 형태라는 것을 보이기 위한 것이다. 즉 '다니어'가 줄어서 '다녀'가 되고, '막히어'가 줄어서 '막혀'가 되는 것처럼 '가져'는 '가지어'가 줄어진 말이라는 문법적인 관계를 보여 주기 위한 표기이다.

그러나 외래어에는 이러한 문법적인 관계가 없으므로 굳이 발음상 구분되지 않는 '쥬'나 '챠' 등으로 표기할 필요가 없다. 따라서 '쥬스, 텔레비젼, 챤스, 피카츄' 등은 모두 '주스, 텔레비전, 찬스, 피카추'로 적어야 한다.

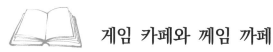

게임 카페와 께임 까페

현행 외래어 표기법에서는 된소리 표기를 인정하고 있지 않는다. 이 때문에 영어의 'game, dam, bus' 등과 프랑스어의 'café, détente, Paris' 등은 '께임, 땜, 버스', '까페, 데땅뜨, 빠리'가 아니라 각각 '게임, 댐, 버스', '카페, 데탕트, 파리' 등으로 적는다.

현행 외래어 표기법에서 된소리 표기를 인정하지 않는 가장 큰 이유는 일관성의 문제이다. 로마자 p, t, k를, 영어 등의 경우에는 'ㅍ, ㅌ, ㅋ'로 표기하고, 프랑스어 등의 경우에는 'ㅃ, ㄸ, ㄲ'로 적는다면 규정이 번거로워질 뿐만 아니라, 일관성이 없는 것이 되기 때문이라는 것이다. 즉, 한 언어의 발음을 다른 언어의 표기 체계에 따라 적을 때, 정확한 발음 전사는 어차피 불가능한 것이므로, 간결성과 체계성을 살려서 'ㅍ, ㅌ, ㅋ'로 통일하여 적는 것이 바람직하다고 보는 것이다.

그러나 이와 같은 이유는 그렇게 설득력이 있어 보이지 않는다. 외국어가 외래어로 들어오기 위해서는 한국어에 없는 음운을 한국어에 있는 음운으로 바꾸어 주는 절차가 필요하다. 외국어의 다양한 소리를 외래어로 옮기는 데에 있어서 우리 문자에 여유가 없으면 어쩔 수 없겠지만, 충분한 여력이 있다면 이들 외국어의 소리를 가급적 원래의 소리와 가깝게 해 주는 일은 중요한 일이다. 즉, 큰 원칙을 훼손하지 않는 범위 내에서 실제 들리는 것과 가깝게 적는 것이 바람직한 일이다.

물론 엄격하게 원음을 고수하려는 입장에는 한계가 있고 가능하지도

않다. 그렇지만, 다른 방법을 사용하지 않아도 한글로 어느 정도 비슷하게 적을 수 있는데도 이를 굳이 무시할 필요는 없다. 영어의 McDonald를 일본어에서 マクドナルド(makudonarudo)처럼 적고 그렇게 발음하는 것에 대하여 한국의 대다수 사람들이 왠지 어색하다고 느끼는 감정을 생각하면, 원음에 가까이 적는 것이 어느 정도는 필요할 것이다. 다른 소리들의 경우에는 원음을 고려하여 자세한 규정을 만드는 수고를 아끼지 않음에도, 된소리 표기에 이르러서는 단지 표기 체계의 통일성을 위해서 원음과의 관련성을 포기한 것은 아무런 설득력이 없다고 할 수 있다.

게다가 널리 알려져 있듯이, 영어의 p, t, k와 프랑스어, 에스파냐어, 이탈리아어 등 로맨스어의 p, t, k는 같은 로마자를 이용해 적고 있을 뿐 같은 소리가 아니다. 따라서 이 둘을 구별하여 적을 방법이 없다면 당연히 동일하게 표기하여도 문제가 되지 않겠지만, 이들을 구별하여 적을 방법이 확실히 있음에도 불구하고 혼동하여 표기할 이유가 없다.

여기에서 자세히 밝힐 지면은 없지만, 이미 현행 외래어 표기법에서도 같은 소리라 할지라도 언어마다 표기가 달라지는 예는 수없이 찾을 수 있다. 즉, 같은 소리를 언어에 따라 다르게 적는 것은 각 언어의 특성을 고려해 볼 때 자연스러운 일이지 번거로운 일이 아니다. 그러므로 서로 다른 언어이고 다른 소리라는 것을 염두에 두면, 영어의 p, t, k와 로맨스어의 p, t, k를 똑같이 적어야 한다는 것은 오류일 뿐이다. 이를 '문자로 인한 편견, 문자의 환영(幻影)'이라 보아도 좋을 것이다. 결국 앞에서 제기하는 일관성의 문제는 언어의 개별적 특성을 무시한 것으로 전혀 받아들일 수 없다.

 이처럼 외래어 표기에 된소리를 사용하지 않는 것의 가장 큰 문제점은 외래어의 현실 발음이 전혀 무시되고 있다는 것이다. 즉, 표기와 발음이 괴리되어 있어 이로 인해 언어 현실이 왜곡된다. 예를 들어 다음과 같은 많은 외래어들은 자연스러운 발화에서 된소리를 사용해서 발음하고 있음에도 이 같은 발음이 전혀 표기에 반영되어 있지 않다.

> 가스(gas), 가운(gown), 게임((game), 골(goal), 골프(golf), 다운(down), 달러(dollar), 댄스(dance), 댐(dam), 더블(double), 바(bar), 바나나(banana), 배지(badge), 백(bag), 밴드(band), 버스(bus), 보너스(bonus), 본드(bond), 빌딩(building), 사운드(sound), 사이렌(siren), 사이버(cyber), 사이언스(science), 사이즈(size), 사인(sign), 산타클로스(Santa Claus), 샌드위치(sandwich), 샌들(sandal), 서비스(service), 서클(circle), 서핑(surfing), 선글라스(sunglass), 세미나(seminar), 세일(sale), 센서(sensor), 센스(sense), 소시지(sausage), 쇼(show), 쇼핑(shopping), 시나리오(scenario), 시리즈(series), 시트(seat), 신(scene), 실크(silk), 재즈(jazz), 잼(jam), 점프(jump)

 이와 같은 발음과 표기의 괴리는 프랑스어의 경우에는 더욱 심각하게 일어난다. 다음의 예들을 살펴보면, 프랑스어에서 된소리로 발음하는 것이 실제 발음과 가장 닮았으면서도, 된소리 표기를 모두 잘못된 것으로 처리해야 한다는 모순에 부딪히는 것이다.

그라탱(gratin), 그랑프리(grand prix), 데칼코마니(décalcomanie), 데탕트(détente), 레지스탕스(résistance), 르포(reportage), 마티에르(matière), 망토(manteau), 멜랑콜리(mélancolie), 몽타주(montage), 바리캉(bariquant), 부케(bouquet), 사보타주(sabotage), 솔리스트(soliste), 아베크족(avec族), 아틀리에(altelier), 앙케트(enquête), 앙코르(encore), 앙트레(entrée), 카사 블랑카(casa blanca), 카페(café), 카프리스(caprice), 코냑(cognac), 코르셋(corset), 코뮈니케(comuniqué), 콜라주(collage), 콩쿠르(concours), 콩트(conte), 쿠데타(coup détat), 크레용(crayon), 크로켓(croquette), 크로키(croquis), 파라솔(parasol), 팔레트(palette), 프롤레타리아(prolétaliat), 피망(piment), 피에로(pierrot)

이러한 이유 때문에 사람들은 외래어 표기법을 점차로 무시하게 되고, 외래어 표기법은 그 존재 이유를 잃어가고 있다. 그렇기에 최근에는 다음과 같이 외래어 표기법을 어기는 예들을 주위에서 쉽게 발견한다.

까르뜨니트(carte knit), 까르푸(Carrefour), 까뮈(Camus), 깐느(Cannes) 영화제, 꼼빠니아(compagena), 본젤라또(Buongelato), 부띠끄(boutique), 비씨(BC) 카드, 빠리(Paris),

빵빵레(fanfare) 아이스크림, 뽀빠이(popeyes), 쁘랭땅(printemps), 싸이 월드(cy-world), 싸이언(cyon), 싼타페(santa fe), 쏘나타(sonata), 쏘렌토(sorento), 씨티(city) 은행, 씨푸드(sea food), 아반떼(avante), 에쓰 오일(S-oil), 파리바게뜨(Paris baguette)

많은 이들은 우리말 표기에서 된소리가 늘어나는 것에 대해 특이한 편견을 가지고 있기까지 한다. 된소리를 많이 쓰면 심성이 나빠진다는 인식이 바로 그것이다. 된소리 표기가 금지되는 이유가 국어 순화 때문이라고 보는 것이다. 일반적으로 욕설이나 상소리에 된소리가 많이 사용되는 것은 사실이다. 하지만 이는 된소리가 상스러운 것이 아니라, 된소리의 기능 중에 표현의 강화 기능이 있기 때문이다. 실제로 현대 한국어에서 된소리로 바뀌고 있는 예들은 표현의 강화로 해석할 수 있는 예들이 많이 있다. 그러므로 '심성의 악화' 또는 '국어 순화'라는 관점으로 된소리를 바라보는 것은 언어학적으로 아무런 의미가 없다.

깜다, 깜방, 꺼꾸로, 꼬물, 꼬추, 끄치다, 딲다, 떤지다, 뻔데기, 뻬끼다, 뽄때, 뿌러지다, 뿌수다, 쑤세미, 싸나이, 싸납다, 싸모님, 쌀벌하다, 쐚다, 쌍놈, 쌔끼, 쌔 (옷), 쎄련되다, 쎄다, 쏘나기, 쏘주, 쑥맥, 짝다, 짜르다, 짜식, 짠밥, 짬그다, 쪼그맣다, 쪼금, 쪼끼, 쫌스럽다, 쫌팽이, 쫍다, 쭐어들다, 찐하다 외래어란 외국어에서 유래한 말이지만, 사람들 사이에 익히 쓰여 국어화한 말을 가리키는 말이다. 외국어가 아직 우리말에 동화하지 못한 데 비하여, 외래어는 우리말의 어휘체계 안에 들어와 동화되었다는 특징을 가지고 있다. 외국어와 외래어의 구별은 그 말에 해당하는 우리말이 따로 있느냐를 기준 삼을 수 있다. 예를 들어 '버스, 택시'라는 말은 영어에서 들어 온 말이지만, 버스나 택시를 가리키기 위해 달리 쓸 수 있는 말이 없다는 점에서 이 말들은 외래어이다. 그러나 '모닝, 와이프'라는 말은 많은 사람이 알고 있는 단어이지만, '아침, 아내'라는 우리말과 뜻이 다르지도 않고 '아침, 아내' 대신에 자유롭게 쓸 수 있는 것도 아니기 때문에 '모닝, 와이프'는 우리에게 익숙한 영어 단어, 곧 외국어일 뿐이다.

다른 나라 말이 처음 들어왔을 당시에는 당연히 외국어로서 인식된다. 그러나 그 말이 점차로 익숙해져서 우리말과 같이 쓰이게 되면, 이때는 외래어가 되었다고 볼 수 있다. 이후 그 말을 오래 사용하게 되어 이제 더 이상 외래어라는 인식이 사라지게 되면, 그 말은 고유어로 취급된다. 예를 들어 원래 중국에서 들어온 외래어이지만 너무 오랫동안 사용해 왔기 때문에 우리말이 되어 버린 말 중에는 '붓, 먹'을 들 수 있다. 이들은 각각 '筆, 墨'이라는 중국어와 관련 있는 것으로 알려져 있지만, 더 이상 외래어라는 인식조차 사라져 우리말이 되어 버렸다.

외래어는 그 성격상 다른 문화와의 접촉을 전제로 하고 있다. 다른 언어와 만나지 않으면, 그 언어가 들어 올 가능성이 없다는 점에서 외래어는 접촉의 산물이다. 나라 사이의 교류가 활발해지면 자연스레 다른 나라의 문화 및 문물이 들어오게 마련이고, 그 과정에서 언어도 수용된다. 언어의 접촉은 일방적일 수 없다. 우리말 중에서도 다른 나라에 들어가 외래어가 된 예들이 있다. 예들 들어, 옥스퍼드 사전의 1992년 판에는 'hangul(한글), kimchi(김치), kisaeng(기생), makkoli(막걸리), myon(면 : 面), ondol(온돌), onmun(언문), sijo(시조), tae kwon do(태권도), yangban(양반)' 등이 실려 있다고 한다. 이 말들은 그 나라 입장에서는 한국에서 들어 온 외래어인 것이다. 이처럼 언어는 서로 접촉해 가면서 변화하기 마련이다.

우리말에 들어온 외래어에 대해서는 대체로 부정적 인식을 가지는 경우가 많다. 즉, 외래어가 우리말을 오염시키므로 가급적 우리말로 바꾸어 쓰자는 견해에 서는 것이다. 최근 '선팅, 로고송, 퀵서비스, 내비게이션, 투잡, 터프가이, 후카시' 등을 각각 '빛가림, 상징노래, 늘찬배달, 길도우미, 겹벌이, 쾌남아, 폼재기' 등으로 바꾸어 쓰자는 운동이 벌어지는 것도 외래어에 대한 부정적 인식에서 비롯된 것이다.

이러한 운동 중에서는 '네티즌, 웰빙'을 '누리꾼, 참살이'로 바꾼 것처럼, 어느 정도 성공적으로 보이는 예들이 있다. 이로 미루어 볼 때 이러한 운동은 나름대로 가치가 있다. 새로 만들어진 말들이 처음에는 낯설고 어색하지만, 자꾸 의식적으로 사용하게 되면 충분히 우리말이 될 수 있을 것이다. 게다가 이러한 시도는 우리말의 말 만들기 방법에도 도움을 주어 우리말의 표현력을 높일 수 있으므로, 앞으로 더욱 권장될 필요가 있다.

다만, 바꾸어야 하는 단어보다도 새로 들어오는 단어가 더 많다는 한계를 어떻게 극복할 것인가, 그리고 새로 바꾼 단어들이 일반 대중들에게 얼마만큼 용인될 수 있느냐 하는 문제는 반드시 넘어내야 할 문제이다. 새롭게 도입되는 외래어가 수가 적을 때에는 큰 문제가 되지 않겠지만 지금처럼 외래어는 점점 늘어나고 있는 상황에서는, 한쪽에서 계속 우리말로 바꾸어 나간다고 하더라도 바꾸는 일이 그 속도를 따라가지 못하는 것처럼 느껴진다. 게다가 이미 대중들에게 익숙해 있는 외래어를 바꾸는 것보다는 아직 외국어 단계에 있는 말들을 바꾸는 것이 더 바람직하지 않은가 하는 생각도 든다. 이미 입에 익은말을 바꾸기보다는 아직 정확한 개념이 정립되지 않은 낯선 말을 도입 단계에서 우리말로 바꾸어 제시한다면, 사람들이 느끼는 어색함은 훨씬 줄어들 것이다.

또한, 외래어를 우리말로 바꾸어 쓰는 운동에 전제가 되고 있는 '외래어가 우리말을 오염시킨다'는 명제에 대해서는 더욱 고려해 보아야 할 것이다. 이 문제는 외래어를 좋은 우리말로 바꾸는 것과는 별개로 좀 더 생각해 보아야 할 것이다. 나라 간에 교류가 점점 늘어나고, 각종 기술이 발달함에 따라 세계는 더욱 더 좁아지고 있다. 지금 여기에서 일어난 사건이 실시간으로 지구 반대편에 전해지는 시대에 우리는 살고 있다. 우리가 입는 옷이나, 먹는 음식, 살아가는 주택 모두 더 이상 우리 고유의 것만을 주장하기에는 어렵게 되었다. 우리의 의복, 음식, 주거환경 등 생활 전반에 걸쳐 전통적인 것보다는 외래문화를 받아들이고 있으면서 언어만은 그렇지 않기를 바라는 것은 지나친 국수주의일 수도 있다.

앞에서 말한 바와 같이, 이미 우리말에 있는 개념임에도 다른 나라말을 가져다 쓰는 일은 반드시 경계해야 한다. 그러나 우리에게 없었던 사물이나 개념을 가리키는 말이라면, 이를 외래 요소라고 배척할 수는 없을 듯하다. '게임'은 '경기'도 아니고 '놀이'도 아니다. 또한 '아르바이트'는 '일'과는 구별되는 말이다. '땅굴'과 '터널', '식당'과 '레스토랑', '수업'과 '레슨', '나무'와 '트리' 등은 그 가리키는 대상이 다르다. 이처럼 외래어 중에는 우리말을 오염시키는 것이 아니라, 우리말에 없는 표현을 더해 주는 것도 있다. 이러한 의미에서 외래어는 우리말의 어휘 체계를 풍부하고 섬세하게 해 준다고 바라볼 수 있다.

다른 나라, 다른 언어와의 접촉이 증가함에 따라 외래어는 점점 늘어 왔으며, 앞으로도 더욱 늘어날 수밖에 없다는 사실은 명백하다. 그러므로 외래어가 외부에서 들어 왔다고 무조건 경원시하는 것만이 능사가 아니다. 우리말의 표현을 도와 주는 외래어는 적극적으로 받아들여 우리말로 만들어야 할 것이다.

사실 우리의 언어생활에서 문제가 되는 것은 외래어가 아니다. 우리말을 바라보는 우리의 자세가 더 문제가 된다. 영어에 대한 지나친 관심이 우리말을 소홀히 여기게 되고 우리말을 좀먹게 된다. 대부분 사람들에게는, 모르는 영어 단어가 나오는 것을 창피해하며 사전에서 찾아볼 준비가 되어 있다. 그러나 우리말 단어쯤은 몰라도 그리 창피한 일이 아닐 뿐더러, 혹시 모르는 단어가 있더라도 굳이 국어 사전을 찾는 수고는 하지 않으려 한다. 영어 사전은 크고 좋은 것을 하나씩 갖추고 있으면서, 우리말 사전은 그러지 못하다는 데에 문제의 핵심이 놓여 있다. 외래어가 늘어나서 우리말을 소홀히 하게 되는 것이 아니라, 우리말을 소홀히 하기 때문에 외래어가 늘어나는 것이라는 점을 명확히 해야 한다. 이 점을 무시하고는 아무리 외래어를 우리말로 바꾸는 노력을 하더라도 우리말의 위상은 변하지 않을 것이다.

어차피 세상은 영어를 필요로 하고 있다. 그러므로 세상에 뒤처지지 않기 위해서 영어 공부를 소홀히 할 수는 없다. 세계인으로 살아가는 데 싫든 좋든 어쩔 수 없이 영어를 공부해야 한다. 그러나 영어 공부를 열심히 하는 만큼, 우리말에 대한 관심도 가져야 한다. 영어와 꼭 같은 정도의 노력과 시간은 아닐지라도, 영어 못지않은 노력을 우리말에 쏟아부어야 할 것이다. 이 점이 우리말과 우리글을 지키는 길이라 믿는다.

짜장면을 위한 변명

한때는 졸업식, 입학식 후 먹던 음식의 대명사였던 '짜장면'. 이제 피자에 밀려 외식 1위 자리를 내준 지 오래이더니, 요즘에는 '자장면'에 밀려 적어도 방송에서는 점점 들어 보기 어려운 말이 되었다. 앞글에 이어, '짜장면'을 가지고, 된소리 표기 문제를 다시 생각해 보기로 하겠다.

우선, 외래어 표기법에서 된소리를 인정하지 않는 이유에 대해 일관성의 문제, 기능부담량의 문제, 인쇄의 문제 등 세 가지 이유를 들고 있지만, 이러한 세 가지 이유는 그다지 타당성이 없다. 또한 된소리 표기는 현실 발음을 무시하고 있다는 점에서, 또한 여러 언어에서 된소리 표기를 허용하기 시작했다는 점에서 된소리 표기 금지 규정은 이미 비현실적이다. 아울러 우리말에서 된소리가 늘어가고 있는 것을 심성의 악화 또는 국어 순화로 바라보는 것은 언어학적으로 아무 근거가 없다. 우리말의 된소리는 표현의 강화 기능이 있을 뿐이다.

이 외에도 '자장면'이 아니라 '짜장면'을 인정해야 하는 이유는 여러 가지가 있다. 첫째, 된소리 표기 금지 방침을 인정한다 하더라도, '자장면'이 외래어라면 '자장몐'으로 표기되어야 한다. ≪표준국어대사전≫에서는 '자장면'은 다음과 같이 중국어에서 온 외래어로 기술되고 있기 때문에, 외래어 표기법에서 중국어 '麵'(mian)은 '몐'으로 적도록 되어 있다.

(1) 자장면(← Zhajiangmian[炸醬麵])【중국어】

그럼에도 '麵'이 한국식 한자음 '면'으로 표기되었다는 사실은 이 단어의 외래어 표기법 적용이 잘못되었음을 보여 주는 것이다. 이는 '毛澤東'이라는 인명을 표기할 때에 '마오쩌둥'이라고 표기하지 않고, '모쩌둥'이라고 하는 것과 마찬가지로, 한국어 발음과 중국어 발음이 섞인 것에 불과하다. 따라서 '자장면'이 외래어이기 때문에 외래어 표기법을 적용받아 표기해야 한다면, '자장몐'이 되어야 한다. 이런 점에서 '자장면'이 아니라 '자장몐'으로 표제어를 설정한 ≪금성판 국어대사전≫의 처리가 주목되는데, 그러나 '자장몐'은 한국어일 수 없다는 점에서 받아들일 수 없는 말이다. 따라서 '자장몐'으로 적지 않는 한, '자장면'은 근거가 없는 말이다.

둘째, 과연 '짜장면'이 외래어인지는 더 생각해 보아야 할 일이다. 즉, 중국에서 먹는다는 '炸醬麵'이 우리가 먹는 '짜장면'과 같은 음식인지 더 알아보아야 한다는 것이다. 사실 우리에게 익숙한 '짜장면'이란 음식은 중국에서도 찾아보기 힘든 음식이다. 널리 알려진 바에 따르면 지금과 같은 짜장면은 개항 시기에 인천에서 처음 등장한 것이다. 그러므로 중국에 비슷한 이름의 음식이 있다 하더라도 우리의 '짜장면'을 중국의 음식이 들어온 것으로 볼 근거가 별로 없다.

셋째, '자장면'이라는 표기는 외래어 표기법 규정에 비추어 보더라도 별다른 근거가 없다. 사실 외래어 표기를 금지하고 있는 외래어 표기법 제1장 제4항은 파열음 표기에서 된소리를 쓰지 않도록 하고 있을 뿐이므로, 파열음이 아닌 경우라면 된소리 표기에 제약을 받을 일이 없는 것이기 때문이다. 즉, '자장면'의 'ㅈ'이 파열음 'ㅂ, ㄷ, ㄱ' 등이 아니므로 된소리 금지 방침에 좌우될 필요가 없다는 것이다. 따라서 '짜장면'으로 적지 못할 이유가 없다.

넷째, '자장면'의 '면'이 한국 한자음으로 읽히고 있다는 사실을 고려하면, '자장면'은 외래어가 아니라 이미 고유어화했다고 보는 것이 더 타당하다. ≪연세 한국어사전≫에서는 외래어의 경우에 '(영), (일)'과 같은 어원 표시가 달려 있지만, '자장면'의 경우에는 아무런 표시가 붙어있지 않다. 마치 '짬뽕'이 일본어 'ちゃんぽん'에서 온 말이지만, 이미 고유어가 되었다고 보는 것에 비견할 수 있다. '짬뽕'이 음식 이름 외에도 '서로 다른 것을 뒤섞음'이라는 의미로 널리 사용되고 있기 때문이다. 따라서 '짜장면'도 이미 우리말에 동화된 단어라고 파악한다면, 굳이 외래어 표기법을 따를 필요가 없는 것이다. '껌, 빨치산, 빵, 삐라' 등은 외래어임에도 관용화되었다고 보아, 된소리 표기가 인정되는 단어들이므로, '짜장면'도 이들과 같은 단어로 보자는 것이다.

다섯째, 외래어 표기법은 표기 규정이지 발음 규정이 아니라는 점을 잊어서는 안 된다. 즉, 외래어 표기법은 외래어를 우리글로 어떻게 옮길 것인가 하는 표기 문제를 다루고 있는 것이지, 우리말로 어떻게 발음할 것인가 하는 발음 문제를 다루고 있는 것이 아니다. 이는 이미 '외래어 표기법'이라는 이름에 드러나 있다. 현행 어문 규정 중에서 '표준어 규정'을 제외하고는 '한글 맞춤법, 외래어 표기법, 국어의 로마자 표기법'들은 모두 '표기'에 관한 규정이다. 따라서 외래어 표기법은 표기에만 관여하는 규정이므로, 외래어 표기법은 해당 외래어를 '버스, 자장면'으로 표기하는 데까지만 적용된다. 이렇게 되면 외래어 표기법은 '버스,

자장면'의 발음이 [버스, 자장면]인지 [버스, 짜장면]인지는 관여하지 않게 되어 된소리 표기 금지 조항과 상관없이 발음을 결정해야 한다. 그리고 표준어를 사정하고 그 발음을 정하듯이 모든 외래어에도 표준 발음을 따로 사정하는 것이다. ≪연세 한국어사전≫에도 '흔히 [짜장면]과 같이 발음됨'이라는 참고 표시가 붙어 있다.

외래어 표기법은 말 그대로 그저 표기법일 따름이다. 외래어 표기법을 발음 규정이 아니라 표기 규정으로 본다면, 외래어 표기법에서 발음에 관여할 이유가 없게 되고, 그리고 외래어 표기법에서 '자장면'으로 표기하더라도 그 발음은 [짜장면]이 될 수 있다.

이상 다섯 가지 면에서 살펴보았듯이 결론적으로 어떤 관점에 있던 '자장면'은 적어도 그 발음은 [짜장면]이고 표기도 '짜장면'이 바람직하다.

또한 2002년에 발행된 표준 발음 실태 조사에 따르면 서울·경기 지방 사람 210 명 중 72%가 자장면을 [짜장면]으로 발음하는 것으로 조사되었다고 한다. 아울러 많은 이들이 '자장면' 하면 진짜 '짜장면'의 맛이 나지 않는다고 이야기한다. 우리는 규범이라는 이유만으로 실제 언어생활과 현저하게 차이가 나는 말을 억지로 사용하도록 강요되어 왔다. 그러나 그 규범이 근거 없이 잘못 적용된 것이라면, 올바로 수정하는데 망설일 이유가 없다. '표기는 유일한 방법만이 존재하는 진리가 아니고 사용자들의 약속'이기 때문이다.

그래서 2011년 8월 31일 국어심의회의 심의를 거쳐 국립국어원은 '짜장면'을 '자장면'과 함께 복수 표준어로 인정하기에 이르렀다. 이제는 앞에서 말한 바와 같이 표기는 유일한 방법만이 존재하는 진리가 아니고 사용자들의 약속이라는 것을 정부가 드디어 받아들인 것이라 하겠다. 이제는 마음껏 짜장면을 짜장면이라 말하면서 먹어도 될 것이다.

학문과 항문

어문규범에는 '한글 맞춤법'이 있고, '외래어 표기법'이 있다. 이 두 규범은 모두 '한글'이라는 문자를 이용한 표기 규범인데, '로마자 표기법'은 이들과는 반대로 '로마자'라는 문자를 이용한 표기 규범이라는 점에서 차이가 있다.

로마자 표기법이란 우리말을 로마자로 표기하는 데 필요한 규정을 담고 있는 것이다. 이러한 로마자 표기는 한국을 포함해 중국, 일본, 아랍 등 알파벳 문자를 사용하지 않는 나라에서 자국의 언어를 로마자로 옮기는 방법이다. 우리말을 우리글인 '한글'로 표기할 수도 있지만, 인명이나 지명 또는 우리말을 외국인에게 알릴 일이 있을 때 '로마자'로 표기할 필요가 있다. 예를 들면, 도로표지판, 인터넷 도메인 이름, 외국 대학의 한국 책 목록 등 이른바 국제 사회에서 우리말을 '로마자'로 표기할 일은 꽤 많다.

모든 표기 규범의 기본적인 목표는 '표기의 일관성'이다. 개인이 사용하는 문서에서는 맞춤법이나 표기법이 틀려도 아무 문제가 없다. 그렇지만 공적인 문서에서 이들을 지키지 않으면 오해의 소지가 있을 수 있기 때문이다. 예를 들어 '청주'와 '정주'를 각각 'Ch'ŏngju, Chŏngju'로 적힌 지도를 가지고 'Cheongju, Jeongju'로 적힌 도로 표지판을 보게 되면 원래 의도했던 곳과는 다른 곳에 가게 될 위험성이 크지 않겠는가.

지금 우리가 사용하는 로마자 표기법은 2000년에 개정한 것인데, 이전에 사용되던 로마자 표기법은 1988년 올림픽을 대비하여 옛 표기를 수정한 것이다. 갑자기 고치다 보니 여러 가지 문제점이 드러나게 되었다. 2000년에 개정한 것은 그러한 문제점을 고친 것인데, 다음과 같이 크게 세 가지로 나누어 볼 수 있다.

첫째, 이번 개정은 반달표(˘)와 어깻점(´) 등의 특수 부호를 없앴다. 그동안 우리말의 '어, 으'를 각각 'ŏ, ŭ'로, 또 'ㅍ, ㅌ, ㅋ, ㅊ'를 각각 'p´, t´, k´, ch´'로 표기해 왔지만, 이런 ' ˘ , ´ ' 등을 컴퓨터 자판에서 쉽게 구현하기 어려웠기 때문이다. 게다가 이런 특수 부호들을 워드프로세서 등에서는 어떻게든 표현할 수 있겠지만, 이를테면 인터넷 도메인 이름으로서는 거의 사용하기 불가능하거나 불편하다. 이런 불편 때문에 이전 표기법에서는 인쇄나 타자의 어려움이 있을 경우에 이를 생략해도 좋다는 규정이 있었다. 그렇다고 해서 이처럼 컴퓨터 자판에 없는 반달표와 어깻점을 빼버릴 경우 '고창'과 '거창', '신촌'과 '신천' 등이 각각 'Kochang, Shinchon'과 같이 똑같이 표기되어 혼동되는 문제가 생겨 왔었다.

둘째, 위치에 따라 다른 글자로 적던 자음들을 통일시켰다. 이전 표기법에서는 우리말의 'ㅂ, ㄷ, ㄱ, ㅈ'를 이른바 유성음 사이에서는 b, d, g, j로 적고 그 외의 경우에는 p, t, k, ch로 표기했었다. 그래서 '동래'와 '안동'이 각각 Tongnae와 Andong이 되어, 같은 글자인 '동'이 때에 따라 tong과 dong으로 나누어 적는다는 문제를 낳았다. 같은 'ㅈ'을 쓰는 '제주도'는 Chejudo로, '제일제당'은 Cheiljedang(지금은

CJ)이 되었다. 이러한 처리는 음성학적으로는 옳을지 모르지만, 일반인들에게도 언어학적인 지식을 요구했다는 점에서 개정한 것이다. 그래서 'ㅂ, ㄷ, ㄱ, ㅈ'은 모음 앞에서는 언제나 g, d, b, j로 표기하도록 바꾸었다. 다만, 받침의 경우에는 '곡성' Gokseong과 '무극' Mugeuk과 같이 모두 'p, t, k, ch'로 적는 것은 이전과 같다.

셋째, 'ㅅ' 역시 때에 따라 sh와 s로 나누어 적던 것을 s로 통일하여 Shilla로 적던 '신라'를 Silla로 바꾸었다.

이러한 표기법의 개정은 일차적으로 그동안 문제가 되어 왔던 것을 고쳤다는 데에 의의가 있다. 그러나 문제는 모든 이를 만족하는 완전한 표기를 만들기가 쉽지 않다는 데에 있다. 기본모음만 하더라도 우리말은 열 개이지만, 로마자에서 모음을 표기할 수 있는 글자는 a, e, i, o, u 다섯 개뿐이다. 그러니 여기에 y, w를 섞어 이들을 적절히 조합해서 우리말의 모음을 표현할 수밖에 없다는 것이다. 자음도 마찬가지이다. 우리말을 'ㅂ, ㅍ, ㅃ'와 같이 세 계열의 자음을 가지고 있는데, 로마자는 'b, p'의 두 계열이고 이마저도 우리말과 바로 정확하게 대응되는 것이 아니라는 한계를 지니고 있다.

새로운 표기법이 논란을 불러일으킨 것도 사실은 이와 같이 언어마다 소리가 다르고 그것을 표기할 문자가 제약이 있다는 데에서 온 것이다. 예를 들어, '금강산, 거북선, 독도'를 'Geumgang-san, Geobukseon, Dok-do'로 적게 되면, 국제어인 영어 발음으로 읽을 경우 각각 '즘갱샌, 지오북세온, 독두'로 발음된다는 등의 비판이 있을 수 있었다. 그렇지만 이러한 비판에도 문제가 있다.

첫 번째로, 로마자 표기법은 영어 표기법이 아니라는 사실을 잊어서는 안 된다. 물론 영어가 국제 사회에서 가장 많이 사용되기는 하지만, 모든 표기법이 영어를 위주로 만들어져서는 안 된다는 점이다. 실제 세계 어느 나라도 영어를 기준으로 로마자 표기법을 정하는 나라는 없다.

두 번째로, 외국인이 로마자로 표기된 것을 보고 가급적 자연스러운 우리말 발음으로 유도하겠다는 것은 실현 불가능한 일이다. 즉, 우리말을 로마자로 어떻게 표기하든지 간에 그 사이에는 괴리가 있을 수밖에 없다. 우리가 프랑스의 수도를 '파리'라고 표기하지만 실제 발음은 '빠리'에 가깝다는 것은 널리 알려진 것이고, 이조차 영어권의 사람들은 '패리스'라고 발음하고 있다는 사실을 잊어서는 안 된다. 영국의 수도 역시 '런던'으로 표기하지만 실제 그들은 '란든'에 가까운 발음으로 하고 있다는 것 역시 어차피 외국 발음을 완벽하게 재현하겠다는 시도나 우리말을 외국인에게 완벽하게 발음시키겠다는 시도는 무망하다는 것을 보여 준다. 어차피 표기는 약속이고, 나라마다 고유 음가가 있게 마련임을 인식시켜 우리의 발음을 알려주고 그에 따라 발음하도록 요구하는 당당한 자세가 필요하다고 하겠다.

다만, 과거의 표기법이나 현행 표기법 모두 음운 변화가 일어날 때에 그 변화의 결과를 반영하고 있다는 점은 좀 더 고려할 필요가 있다고 본다. 이처럼 소리나는 대로 적게 되면 원래의 철자로 복원하기가 어렵기 때문이다. 예를 들어 '학문의 즐거움'라는 우리나라의 책 이름을 외국의 도서관에 배열한다고 생각해 보자. '학문'을 hakmun이라고 표기하면 이 표기를 보고 '학문'을 복원하기란 그리 어려운 일은 아니지만,

이를 hangmun이라고 표기하면 한국어를 잘 알지 못하는 한, '학문'이 아니라 '항문'으로 복원될 위험이 있다는 점이다.

그러나 가장 중요한 것은 일단 제정한 로마자 표기법은 사람들이 보편적으로 익히고 사용할 수 있도록 오랫동안 불변의 원칙으로 지켜나가는 것이 더욱 중요하다고 하겠다.

제3부

역사 속에서 찾아보는 우리말 어휘

내일과 轄載

날짜를 가리키는 '어제, 오늘, 모레'는 고유어이다. 그런데 '내일'(來日)은 한자어이다. 그렇다면 내일의 고유어는 무엇일까? 이를 알아 보기 위해 먼저 고려 시대의 어휘를 살펴보자.

고려 시대의 어휘를 알아 볼 수 있는 대표적인 자료는 ≪계림유사≫[4]이다. 이 책에는 고려 시대에 사용되던 어휘 350여 개가 수록되어 있어, 당시에 어떤 말들이 쓰였는지 알 수 있게 해 주는, 우리말 연구에 매우 소중한 책이다. 이 책에는 다음과 같이 당시 사용되던 말을 수록하였다.

(1) 하늘을 (고려말로) '漢捺'(한날)이라고 한다(天曰漢捺).

그림을 '乞林'(걸림)이라고 한다(畵曰乞林).

스물을 '戌沒'(술몰)이라고 한다(二十曰戌沒).

우물을 '烏沒'(오몰)이라고 한다(井曰烏沒).

여섯을 '逸戌'(일술)이라고 한다(六曰逸戌).

칠을 '一急'(일급)이라고 한다(七曰一急)

---

4) ≪계림유사≫(鷄林類事) : 중국 송(宋) 나라 손목(孫穆)이 11~12세기 고려 숙종 때 사신으로 개성에 왔다가 돌아가서 지은 책. 여기서 계림(鷄林)은 우리나라를 가리키는데, 이 말은 본디 경주를 가리키다가 그 의미가 신라로 확대되고, 더 나아가 우리나라 전체를 가리키는 말로 확대되었다.

구슬을 '區戍'(구술)이라고 한다(珠曰區戍).

개를 '家稀'(가희)라고 한다(犬曰家稀).

비록 한자로 기록되어 정확한 발음은 알 수 없지만, 이들을 보면 고려 시대에 사용되던 단어들도 지금 우리가 쓰는 말과 거의 비슷한 말을 사용했음을 알 수 있다.

불완전하기는 하지만, 다음과 같이 문장을 보여 주는 자료도 있다.

(2) 뜨거운 물을 '泥根沒'(니근몰)이라고 한다(熱水曰泥根沒).

찬 물을 '時根沒'(시근몰)이라고 한다(冷水曰時根沒).

얼굴이 예쁜 것을 '捺翅朝勳'(날시조훈 : 나치 조훈)이라고 한다(面美曰捺翅朝勳)

앉는 것을 '阿則家囉'(아칙가라 : 안즈거라)라고 한다(坐曰阿則家囉)

그러나 ≪계림유사≫에 실린 어휘 중에는 지금 우리가 이해하지 못하는 말들도 많이 있다. 이런 어휘들은 당시에 사용되다가 사라진 것으로 보아야 할 것이다.

(3) 여자를 '漢吟'(한음)이라고 한다(女子曰漢吟).

웃는 것을 '胡臨'(호림)이라고 한다(笑曰胡臨).

낮을 '稔宰'(임재)라고 한다(午曰稔宰).

골짜기를 '丁蓋'(정개)라고 한다(谷曰丁蓋).

그런데 ≪계림유사≫에는 다음과 같이 날짜에 관련된 단어들도 나온다.

(4) 그저께를 '記載'(기재)라고 한다(前日曰記載).
    어제를 '訖載'(흘재)라고 한다(昨日訖載).
    오늘을 '烏捺'(오날)이라고 한다(今日曰烏捺).
    내일을 '轄載'(할재)라고 한다(明日曰轄載).
    모레를 '母魯'(모로)이라고 한다(後日曰母魯).

이 가운데서 우리의 눈길을 끄는 것은 '내일'을 '轄載'(할재)라고 하는 것이다. 앞에서 말한 바와 같이 현대 한국어에서 날짜를 가리키는 어휘 가운데 다른 것들은 모두 고유어인데, '내일'(來日)만 한자어이기 때문이다.

(5) 그제 - 어제 - 오늘 - 내일(來日) - 모레 - 글피

'내일'은 조선 시대 문헌에도 등장하는 말로, '내일'의 고유어는 아직 정확히 알 수 없는데, ≪계림유사≫에 '轄載'로 나타나면서, 지금은 사라진 '내일'의 고유어가 무엇인지 미루어 짐작할 수 있게 해 준다. '轄載'를 어떻게 읽어야 할지는 정확하지 않지만, '載'가 '어제, 그제' 등에 보이는 '제'에 연결될 수 있다는 것은 흥미로운 일이다.

≪향약구급방≫5) 역시 고려 시대의 어휘를 보여 주는 자료이다. 다음과 같은 자료들을 살펴보자.

>   (6) 桔梗 道羅次
>   麥門冬 冬乙沙伊
>   白合 犬乃里花
>   蟾蜍 豆何非
>   蝟皮 高蔘猪

이 자료들은 한자 표기를 '소리로 읽기'와 '뜻으로 읽기'를 사용해서 읽어야 한다. 우선 예를 들어 '精朽草 所邑朽斤草'을 보기로 하자. 이 말은 조선 시대 문헌에도 다음과 같이 표기되어 있다.

>   (7) 裏腐草
>   裏朽斤草
>   裏朽草

따라서 이 말은 한자 표기가 어떻게 되었든, 다음과 같이 모두 같은 말을 나타낸 것으로 볼 수 있다.

---

5) ≪향약구급방≫(鄕藥救急方) : 13세기 중엽 고려 시대 대장도감(大藏都監)에서 간행된 책. 약재로 사용된 180여 종의 동물·식물·광물 이름에 대해 요약된 설명이 있는 책이다.

(8) 精朽草 所邑朽斤草의 뜻과 소리

	精		朽		草
표기	裏		腐		草
	裏		朽		草
뜻	솝		서근		풀
표기	所	邑	朽	斤	草
뜻			석		풀
소리	소	ㅂ		근	
표기	裏		朽	斤	草
뜻	솝		석		풀
소리				근	

따라서 ≪향약구급방≫의 자료들을 '소리로 읽기'와 '뜻으로 읽기'를 섞어 읽으면 다음과 같이 된다. 이를 보면, 지금과 비슷한 말이 고려 시대에도 사용되었음을 알 수 있다.

(9) 표기   고려 시대   현대

표기	고려 시대	현대
道羅次	도라차	도라지
冬乙沙伊	겨을사이	겨우사리
犬乃里花	개내리꽃	개나리꽃
豆何非	두하비	두꺼비
高蔘猪	고삼돝	고슴도치

코카콜라와 可口可樂

우리는 한자로 기록된 많은 옛 자료들을 읽을 때 편의상 현대 한자음으로 읽고 있다. 그러나 이는 단지 편의를 위한 것일 뿐, 자료가 기록될 그 당시에도 지금과 똑같이 읽었으리라고 생각해서는 안 된다. 왜냐하면 언어는 끊임없이 변화하는 것이므로, 한자 발음 역시 시대에 따라 달라지기 때문이다. 한글 창제 이후 자료만 보더라도, 다음과 같이 지금의 발음과 달랐음을 알 수 있다.

(1) 天(천)   하ᄂᆞᆯ 텬
    地(지)   ᄯᅡ 디
    星(성)   별 셩
    旬(순)   열흘 슌
    日(일)   나 실
    海(해)   바다 ᄒᆡ

따라서 지금까지 '소리로 읽기'로 읽었던 한자들은 원칙적으로 그 당시 한자음이 어떠했는지를 먼저 밝혀 놓지 않으면 안 된다. 다만, 한자음이 변하더라도 아주 터무니없이 변하는 것은 아니므로, 대체적으로 지금 발음하는 것과 비슷하게 발음되었으리라는 사실은 명백하다. 따라서 옛 기록에 나오는 한자를 가지고 당시 우리말 소리를 밝혀내려면,

그 당시 한자음이 무엇인지부터 밝히는 것이 우선되어야 한다.

앞에서 살펴본 ≪계림유사≫와 같이 중국에서 간행된 책에 나오는 한자를 읽을 때는 더 주의가 필요하다. 한자의 모양은 같더라도 그 한자를 중국에서 읽는 방법은 우리나라에서 읽는 방법과 같지 않기 때문이다. 따라서 ≪계림유사≫에 나오는 한자를 읽을 때에, 앞서 우리는 역시 편의상 현대 한국어 한자음으로 읽었지만, 엄격히 말한다면 12세기 중국 송(宋) 나라 때의 한자음으로 읽어야 할 것이다.

(2) 한자어 읽기

	學	雪
한국	학	설
일본	ガク(가쿠)	セツ(세츠)
중국	쉬에	쉬에

중국에서 코카콜라, 펩시콜라를 각각, '可口可樂, 百事可樂'이라고 한다는 사실은 널리 알려져 있다. 그렇다고 해서 중국 사람들이 코카콜라를 [가구가락, 백사가락]이라고 발음한다고 생각해서는 안 된다. 중국 사람들은 이들을 각각 [kěkǒu kělè(커코우 커러), bǎishì kělè(바이쓰 커러)]라고 말한다. '可口可樂, 百事可樂'을 [가구가락, 백사가락]이라고 읽는 것은 한국 한자음을 따른 것일 뿐이기 때문이다.

(3) '可口可樂' 표기와 발음

	중국	한국
표기	可口可樂	코카콜라
발음	kěkǒu kělè (커코우 커러)	코카콜라

　그러므로 '가구가락, 백사가락'은 한국어도 아니고 그렇다고 중국어도 아니다. 다만, '可口可樂, 百事可樂'이라는 표기가 그 중국어 발음과는 관계없이 우리가 한국식 한자음으로 읽었기 때문에 일시적으로 생겨난 말일 뿐이다. 중국 사람의 이름이 두 가지로 언론에 나오는 것도 비슷한 현상이다.

(4) 장국영(張國榮)　　　장궈룽

　　모택동(毛澤東)　　　마오쩌둥

　　주윤발(周潤發)　　　저우룬파

　　호금도(胡錦濤)　　　후진타오

　　습근평(習近平)　　　시진핑

다시 ≪계림유사≫를 살펴보자. ≪계림유사≫에는 '가위를 割子蓋(할자개)라고 한다'(剪刀曰割子蓋)라는 기록이 나온다. '割子蓋'를 현대 한자음 [할자개]로 읽으면, 이 단어는 지금은 사용하지 않는 말처럼 느껴진다. 그러나 '割, 子, 蓋'가 당시 중국 송 나라에서 어떻게 읽혔는지를 밝혀서 읽으면, '割子蓋'는 다음과 같이 [ᄀᆞᆲ개] 또는 [골ᅀᅮ개]로 읽을 수 있다.

(5) '割子蓋'의 추정음

	割	子	蓋
송나라 추정음	kar	s	kaj
고려 추정음	골	△(ᅀᅮ)	개

이런 식으로 추정한 'ᄀᆞᆲ개' 역시 얼핏 보면 낯선 단어이기는 하다. 그러나 이 말은 'ᄀᆞᆺ개'를 거쳐 'ᄀᆞᆺ애, ᄀᆞ새'가 되었으며, 'ᄀᆞ애, ᄀᆞ이, 가위'로 이어진다. 현대 한국어 방언에 보이는 '가새, 가시개' 역시 이 단어에서 나온 말이다.

(6) ᄀᆞᆲ개 〉 ᄀᆞᆺ개 〉 ᄀᆞᆺ애 〉 ᄀᆞ새 〉 ᄀᆞ애 〉 가위[6]
　　　　　　　　　　　　　　　 〉 가새, 가시개

---

[6] 이러한 변화에는 다음과 같은 음운 변화가 수반되었다.
　1) ㄹ 다음에 ㄴ, ㅈ, ㅅ, ㅿ이 오면, ㄹ이 탈락한다. (예) 따님, 바느질, 화살
　2) ㅿ 다음에 ㄱ이 오면, ㄱ이 탈락한다.
　3) 모음과 모음 사이에서 ㅿ이 탈락한다. (예) ᄆᆞᅀᆞᆯ 〉 마을, ᄀᆞᅀᆞᆯ 〉 가을

따라서 이러한 변화를 고려하면, '割子蓋'가 그 당시 고려말을 잘 반영하고 있으며, 이를 읽을 때는 현대 한자음이 아닌 당시 중국 한자음으로 읽어야 한다는 사실을 알 수 있다.

중국어나 일본어가 한자라는 문자를 통해 들어온 까닭에 그 원래 중국음, 일본음과는 상관없이 한국식 한자음으로 읽혀 우리말이 된 예는 많다. '구라파'와 '와사등'을 통해 살펴보자. '구라파'라는 말은 Europe을 개화 초기 중국에서 '歐羅巴'로 적은 것에 기인한다. 중국어 발음으로 '歐羅巴'는 [Ōuluóbā(오우루오바)]로 읽히므로, 나름대로 Europe에 가깝게 발음하고 있다. 그러나 이 말이 문자를 통해 우리말에 들어와서는 한국식 한자음으로 [구라파]라고 읽게 되면, 원래 말과는 상당히 거리가 있는 말이 되어 버리게 된다7).

(7) '歐羅巴'의 표기와 발음

	중국	한국	
표기	歐羅巴	구라파	유럽
발음	Ōuluóbā (오우루오바)	구라파	유럽

다음과 같은 말 역시 한자를 매개로 해서 들어 온 어휘이다.

---

7) 따라서, 우리말로 '유럽'이라고 할 수 있음에도 불구하고, 굳이 '구라파'라는 말을 사용할 필요는 없다. 북구(北歐), 동구(東歐), 서구(西歐)도 북유럽, 동유럽, 서유럽이라 해야 할 것이다.

원어	일본		한국
	표기	발음	
roman	浪漫	ろうまん(로오만)	낭만
France	佛蘭西	フランス(프란스)	불란서
club	俱樂部	クラブ(쿠라부)	구락부
Deutschland	獨逸	トイツ(토이츠)	독일

이와 같은 말은 중국이나 일본에서 자신의 나라 한자음으로 읽은 것을, 우리는 한자를 통해 받아들여, 이를 우리 한자음으로 읽어서 받아들이는 과정에서 생겨난 말인 것이다8).

김광균의 유명한 시 〈와사등〉9)의 '와사'라는 단어 역시 영어의 gas

---

8) 미국(美國)이나 영국(英國) 역시 '美', '英'
9) 김광균(1914-1993)의 〈와사등〉(瓦斯燈)
　　차단-한 등불이 하나 비인 하늘에 걸려 있다.
　　내 호올로 어델 가라는 슬픈 신호냐.
　　긴- 여름 해 황망히 나래를 접고
　　늘어선 고층 창백한 묘석같이 황혼에 젖어
　　찬란한 야경 무성한 잡초인 양 헝클어진 채
　　사념(思念) 벙어리되어 입을 다물다.

　　피부의 바깥에 스미는 어둠
　　낯설은 거리의 아우성 소리
　　까닭도 없이 눈물겹고나

　　공허한 군중의 행렬에 섞이어
　　내 어디서 그리 무거운 비애를 지고 왔기에
　　길-게 늘인 그림자 이다지 어두워

를 일본에서 '瓦斯'로 적은 것에 불과하다. 물론 일본식 한자음으로는
gasu라고 읽힌다. 그러므로 이 시의 제목은 '가스등'이라는 뜻이다.

(9) '瓦斯'의 표기와 발음

	일본		한국	
표기	瓦斯	와사	가스
발음	ガス(가스)	와사	가스

내 어디로 가라는 슬픈 신호기
차단-한 등불이 하나 비인 하늘에 걸리어 있다.

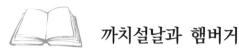

까치설날과 햄버거

까치 까치 설날은 어저께구요.
우리 우리 설날은 오늘이래요.

해마다 설날이 되면 흔히 들을 수 있는 동요이다. 이 동요에서 노래하듯이 '우리 설날'이 오늘이고, '까치설날'이 어제라면, 정월 초하루가 우리 설날이고 그 전날인 섣달 그믐이 까치설날이라는 말이 되는 셈이다.

요즘에야 꼭 그렇지는 않다고 하지만, 오랫동안 우리 민족은 까치를 길조로 생각해 왔다. 아침에 까치가 울면 반가운 손님이 온다는 속설도 까치에 대한 호의에서 비롯된 것이다. 그렇지만 우리나라 어느 이야기나 설화에서도 까치가 설날을 쉰다거나, 까치설날이 1월 1일의 전날이라는 것은 찾아볼 수가 없다. 그렇다면 이 동요에서 말하는 '까치설날'은 무엇을 말하는 것일까?

우리나라 전통 풍속에 의하면, 12월 말일을 '섣달 그믐'이라고 했다. 이날은 한 해를 마감하면서 한 해의 거래 관계는 이날에 청산하며, 각 가정에서는 새해 준비와 연중 거래의 주고받는 일로 분주했던 날이었다. 밤중까지도 빚을 받으러 다니는 이도 있으나, 자정이 지나기만 하면 정월 대보름날까지는 독촉하지 않는 것이 상례로 되어 있었다고 한다.

또한, 섣달 그믐날 대개 중류 이상의 집에서는 집에 있는 사당에 절을 하고, 연소자는 존속의 친척, 또는 친지 간의 어르신들을 두루 찾아

뵈니, 이를 '묵은해 세배'라고 했다. 그리고 집안에서도 자제 부녀들이 모두 집안 어른들께 묵은해 세배를 드리기도 했다.

우리 조상들은 한 해의 시작인 1월 1일의 '설날'도 중히 여겼지만, 또한 한 해를 마무리하는 섣달 그믐날도 중히 여겨온 것을 이러한 풍습을 통하여 알 수 있다. 예전과 같은 풍습은 요즘 별로 지켜지지 않지만, 지금도 섣달 그믐을 '설날'에 대비하여 '작은설'이라고 부르고 있는 것도 이러한 전통에서 비롯된 것이라고 할 수 있다. ≪역어유해≫10)에는 다음과 같은 어휘들이 실려 있다.

(1) 歲暮   아촌설

    除夜   아촌설 밤

    守歲   아촌설 밤 쇠오다

중국어 표제어 '歲暮(세모), 除夜(제야), 守歲(수세)' 등에서 그 의미를 알 수 있듯이, 여기에서 '아촌설'이 바로 현대어 '작은설'을 가리키는 말이다. '아촌'은 '버금의, 예비의' 정도의 의미를 가진 말이다. 이 말은 옛말에서 조카자식을 의미하는 '아촌아돌, 아촌쫄'이라는 어휘에서도 사용되고 있다.

우리는 여기서 '까치설날'이 생겨난 과정을 유추해 볼 수 있다. 즉, 이 말은 원래 섣달 그믐을 일컫는 '아촌설날'이었다. 그런데 '아촌'이라는 단어가 점차로 일반 대중 사이에서 사용되지 않는 말, 즉 죽은말이

---

10) ≪역어유해≫(譯語類解) : 17세기 말에 이루어진 어휘집이다.

되자, 일반 대중들은 '아춘'이라는 단어의 의미를 알 수 없게 된 것이다. 그러자 소리가 유사한 '까치'를 연상하게 되었고, 우리 민족이 까치를 길조라고 생각하는 것에 결부되어 '아춘설날'이 '까치설날'로 변하게 된 것이다. 그러므로 글 첫머리에 인용했던 까치설날과 관련된 동요는 바로 이러한 과정을 거쳐 만들어진 노래임을 알 수 있다.

이처럼 일반 대중들은 어휘를 생각할 때에 그와 비슷한 다른 어휘를 연상하는 습관이 있다. 이와 같은 과정에 성공하면 기억하기도 쉽고 그 단어를 사용하기도 편리한 것은 물론이고 뜻을 파악하는 것도 명료해지게 된다. 물론 이러한 과정에서 소리와 의미에 조금씩 변화가 생기는 것은 어쩔 수 없는 일이다. 이러한 과정을 흔히 '민간어원'(folk etymology)이라고 한다.

이러한 민간어원의 다른 예를 우리는 '햄버거'에서 찾아볼 수 있다. 햄버거는 돼지고기를 가공하여 만든 음식인 '햄'이 들어 있기 때문에 만들어진 말이라고 흔히들 생각하고 있다. 그래서 안에 들어 있는 내용에 따라 '치즈버거, 치킨버거, 피시버거' 등의 말들이 새로 만들어지고, 심지어 우리나라에 들어와서는 우리말과 결합한 '새우버거, 불고기버거, 김치버거' 등이 만들어지게 되었다.

그러나 사실 '햄버거'는 원래 '햄'과는 관련 없는 말이다. 독일의 '함부르크' 지방은 돼지고기를 갈아서 만든 스테이크로 유명했다고 한다. 이후 미국으로 이주해온 독일인들이 '햄버그스테이크'11)를 만들어 먹었

---

11) 이 음식은 우리에게 한때 '함박 스테이크'라고 알려졌다.

는데, 이 말은 '함부르크식 스테이크'라는 의미의 'Hamburger steak'
에서 온 말이다.

1904년 미국 세인트루이스의 한 세계 축제에서 처음으로 햄버그스테
이크에 빵을 놓아서 제공되었고, 이때부터 그것이 햄버거를 먹는 일상
적인 방식이 되었다고 한다. 그러다가 1949년 캘리포니아에 처음 등장
한 맥도널드는 햄버거를 주메뉴로 판매하기 시작했고 그 이후 이 음식
점이 널리 퍼지면서, 햄버거가 세계적인 음식이 되었다.

이후 햄버거가 함부르크와 관련이 있다는 사실을 알지 못하는 사람들
은 이 단어를 그저 햄과 결부시키게 된 것입니다. 앞서 까치설날과 마
찬가지로 어떤 단어의 원래 의미를 알 수 없게 되자 그와 유사한 소리
를 가진 다른 단어를 연상하고 거기에 맞추어 새로운 의미를 부여한 현
상이 햄버거에서도 일어난 것이다.

민간어원의 예를 하나 더 들어 보도록 한다. 부엌일을 할 때 옷을 더
럽히지 않으려고 덧입는 작은 치마를 우리는 흔히 '행주치마'라고 한다.
그런데 이 말을 흔히 1592년 임진왜란 때 행주산성에서 일어난 역사적
사실과 관련시키곤 한다. 그러나 이 말은 임진왜란 이전인 1527년에
간행된 ≪훈몽자회≫에 이미 '힝ᄌᆞ쵸마'로 등장한다. 여기에서 '힝ᄌᆞ쵸
마'는, 스님이 되기 위하여 출가했지만 아직 계를 받지 못한 사람인 행
자(行者)가 주방에서 일할 때 입던 치마라는 뜻을 가진 말이다.

그러나 '힝ᄌᆞ쵸마'의 '힝ᄌᆞ'를 '행자'와 관련시키지 못하게 되자, 음이
유사한 '행주'(幸州)를 연상하게 된 것이다. 그다음에 '행주산성의 싸움

에서 활용한 치마'라는 뜻을 가진 '행주치마'가 만들어진 것이다. '행주치마'는 '행주산성'의 '행주'와는 전혀 관련이 없는 말이다.

'소쩍새'를 '솥+적+새'로 풀이하여, '솥이 적다'와 관련시킨 것도 풍년을 희구하는 백성들의 마음이 담겨 있다. 즉, 풍년에 생산된 많은 양의 쌀을 담을 솥이 적다고 생각하는 것이다. 또한 '억새'의 경기 지역 방언인 '으악새'를 '으악+새'로 풀이하여 역시 새의 일종으로 생각하는 것도 마찬가지로 소리의 유사성에 기인한 것이다.

이와 같이 민간어원에 관련된 어휘들은 사람들이 언어를 어떻게 바라보고 있는가 하는 점에서 흥미로운 자료라고 할 수 있다.

양치질과 양말

 어원이란 어떤 단어의 근원적인 형태 또는 어떤 말이 생겨난 근원을 말한다. 일반적으로 어원을 이야기할 때에 가장 오해하기 쉬운 부분은 대부분 비슷한 형태, 비슷한 음을 가진 단어들에 갖다 붙이는 일이 많다는 점이다. 이에 대해서는 바로 앞에서 '행주치마'나 '까치설날'을 설명하면서 언급한 바 있다.

 여기서는 잘못된 한자 어원론에 대해 살펴본다. 옛날 학자들은 한자 또는 한자어에서 우리말 어원을 찾아보려고 하였다. 예를 들어, 산(山)의 모양이 모자와 같으므로, 산을 가리키는 '뫼'라는 단어가 '모'(冒)에서 온 말이라고 한 것이나, '입'은 음식물이 입을 통해 들어가기[入] 때문이라고 한 것 등이 그것이다. 또한, 사람의 '팔'은 그 벌린 모양이 '八'과 같기 때문이라고 설명하거나 '우뢰'는 '우래'(雨來)에서 온 말로 보고 비와 함께 일어나는 현상이라고 설명한 것도 마찬가지 잘못이다. 때로는 '밤'은 '암'(暗)이, '물'은 '몰'(沒)이 변한 것이라고 설명하기도 하였다. 밤에는 어둡고 물에는 빠지므로 그럴듯하게 여겨졌던 모양이지만, 그저 소리의 유사성에 기인한 것으로서, 전혀 근거가 없는 것이다.

▪ 먹, 붓

 그렇지만 우리가 쓰는 말 중에는 원래 한자 또는 한자어에서 온 말인데도 우리가 그 기원을 모르는 말도 상당히 많다. 한자 또는 한자어에

온 말로서, 그 기원이 상당히 오래된 단어에는 '먹, 붓'이 있다. 우리 민족의 언어에는 애초에 '글'이나 이와 관련된 사물을 가리키는 어휘가 없었다. 왜냐하면 우리 민족은 한글이 창제되기까지 고유 문자가 없었고, 문자가 없는 민족의 언어에 문자와 관련된 어휘가 있을 수 없음이 당연한 일이기 때문이다.

그러다가 중국 문화와 접촉하고 한자를 알게 되면서 문자와 관련된 어휘를 가지게 되었을 것으로 보인다. 즉, 우리말의 '먹'과 '붓'은 우리나라에 한자가 들어오면서 또한 중국 문화가 전래되면서 함께 들어왔을 것으로 추측되며, 이 말은 각각 중국어 '墨(묵), 筆(필)'이 변한 말로 보인다. 또 이와 비슷한 과정을 겪은 단어들로는 '글, 자, 요' 등이 있는데, 이들은 각각 '契(글), 尺(척), 褥(욕)'에서 온 말로 생각할 수 있다.

- 양치질

매일 아침저녁으로 하는 '양치질'의 어원에 대해 알아보자. 언뜻 보아서 한자어인 줄로 짐작하는 수가 있다. 양치를 養齒(기를 양, 이 치)나 良齒(어질 양, 이 치)로 알고 있기도 하다. 간혹 양치질의 '치'를 齒로 써 놓은 사전도 있는데, 물론 이 사전은 잘못이다.

그러나 양치질의 양치는 사실은 양지질 즉, 버드나무 가지인 '양지'(楊枝)에 접미사인 '질'이 붙어서 이루어진 말이다. 실제 고려 시대 문헌, 예컨대 ≪계림유사≫에도 다음 (1)처럼 楊支(버들 양, 가지 지)로 나타나고 그 이후의 한글 문헌에서도 양지질로 나타나고 있다.

(1) 이 닦는 것을 양지(養支)라고 한다(齒刷曰養支).

양지 즉, 버드나무 가지로 이를 청소하는 것이 옛날에 이를 청소하는 방법이었다. 오늘날 이쑤시개를 쓰듯이, 소독이 된다고 하는 버드나무 가지를 잘게 잘라 사용했던 것이다. 그래서 이를 청소하는 것을 양지질이라고 했던 것인데, 이에 대한 어원의식이 점차로 희박해져 가면서 이것을 '이'의 한자인 齒에 연결시켜서 양치로 해석하여 양치질로 변한 것이다. 이것은 19세기에 와서 겪은 변화이다. 양지는 일본으로 넘어가서 일본음인 요지(ようじ)로 변했다. 이쑤시개를 일본어로 '요지'라고 하니 아직도 우리나라 사람들 가운데 이쑤시개를 요지라고 하는 이들을 흔히 본다. '양지질'이 비록 '이쑤시개'와 같은 의미로부터 나온 것이지만, 점차 양치질이라는 뜻으로 사용되었다.

이렇게 양지질이 양치질로 변화하는 현상을 언어학에서는 보통 민간어원설이라고 한다. 즉, 민간에서 어원을 마음대로 해석해서 원래의 단어를 해석하거나, 그 해석된 대로 그 단어를 고쳐 나가곤 한다. 이렇게 민간에서 어원을 잘못 해석한 어휘는 무척 많다.

▪ 양말

우리가 신고 다니는 '양말'이 한자에서 온 말이라고 하면 깜짝 놀라겠지만, 그런데 양말은 한자어이다. 한자어 '말'에 '서양'을 뜻하는 洋이 붙은 것이다. 원래 버선을 한자로 '말'(버선 襪)이라고 했다. 그런데 서양에서 이 버선과 비슷한 것이 들어 오니까 버선을 뜻하는 '말'에 서양을 뜻하던 洋을 붙여서 양말이라고 하였다. 버선하고 양말이 이렇게 해서 달라졌다.

이렇게 서양에서 들어 왔다고 해서 양(洋) 자를 붙이거나 서양을 붙여 만든 어휘가 꽤나 있다. 그 예가 무척 많음에 놀랄 것이다. 그래서 이제는 그 뜻도 잘 모르게 변한 것들도 많다. 몇 가지를 예를 들어 보도록 하자.

1. 양철(또는 생철) : 양철도 '철'에 '양' 자가 붙어서 된 말이다. 쇠는 쇠인데, 원래 우리가 쓰던 쇠와는 다른 것이 들어오니까, 철에 양을 붙인 것이다. 더 재미있는 것은 이 철에 서양이 붙어서 '서양철'이 되고, 이것이 다시 변화되어서 오늘날에는 그냥 '생철'이라고도 하는 것이다.

2. 양동이 : 우리말에서 '동이'라고 하는 것은 물긷는 데 쓰는 질그릇의 하나인데, 서양에서 비슷한 것이 들어 오니까 여기에 양을 붙여 양동이라는 단어를 만든 것이다.

3. 양순대 : 지금은 거의 쓰이지 않는 말인데, 서양에서 소시지가 들어오니까 순대에다가 양을 붙여 양순대라고 했다. 지금은 이것을 쓰지 않고 소시지라고 한다. 오늘날 되살려 쓰고 싶은 단어이기도 하다. 중국에 사는 우리 동포는 이 소시지를 고기순대라고 한다.

4. 양은 : 양은은 구리, 아연, 니켈을 합금하여 만든 쇠인데, 그 색깔이 은과 비슷하니까 '은'에 양을 붙여 양은이라고 한 것이다.

5. 양재기 : 양재기는 원래 서양 도자기라는 뜻이다. 즉, '자기'에 양을 붙여서 양자기가 된 것인데, 여기에 '아비'를

‘애비’라고 하듯, ‘ㅣ’ 모음 역행동화가 이루어져 양재기
가 된 것이다.

6. 양회 : 이 말도 앞의 양순대와 같이 거의 쓰이지 않는 말
이지만, 얼마 전까지 시멘트를 양회라고 불렀다. 회는 회
인데 서양에서 들여온 회라는 뜻이다. 이 말도 다시 썼으
면 하는 생각이 든다. 우리나라 대표적인 시멘트회사에는
‘성신양회’와 ‘쌍용양회’가 있다. 쌍용양회는 쌍용C&E로
이름을 바꾸었다.

7. 양행 : 이 말도 오늘날에는 쓰이지 않는 말이지만, 상점
을 뜻하는 ‘다닐 行’ 자에 양을 붙인 것인데, 이것은 상회
를 말하는 것이다. 오늘날 ‘유한양행’이라는 회사 이름에
그 흔적이 남아 있다.

이 이외에 양 자가 붙어서 만든 어휘를 더 들어 보면, 양복, 양장, 양
궁, 양단, 양담배, 양란, 양배추, 양버들, 양복, 양상추, 양식, 양옥, 양
장, 양잿물, 양주, 양초, 양코, 양파, 양화점 등.

■ 성냥

‘성냥’은 원래 ‘석류황’(石硫黃)이라는 한자어에서 온 말이다. ‘석류황’
의 발음이 [성뉴황]이고 이 말이 변해서 ‘셕냥, 셩냥’이 되었고 나아가서
지금 말의 ‘성냥’이 되었다.

‘짐승’이라는 말도 마찬가지이다. 옛 문헌에 보이는 ‘즁싱’(衆生)이
‘짐승’의 본말인데, 이 단어가 변하여 ‘즘싱, 즘승’이 되었고 여기에서

'짐승'이 나온 것이다. 다만, 요즘 말에서는 '짐승'은 사람이 아닌 동물을 가리키고, '중생'은 살아 있는 모든 무리를 가리키게 되어 의미가 달라졌다.

(2) 즁ᄉᆡᆼ 〉 즘ᄉᆡᆼ 〉 즘승 〉 짐승

또한 '사냥'은 우리나라에서 만들어진 한자어인 '산행'(山行)이 변한 말이고, '귀양' 역시 '귀향'(歸鄕)과 관련이 있다. '번번이'라는 의미의 '매양' 역시 한자어의 'ᄆᆡ샹'(每常)이 'ᄆᆡ양'을 거쳐 생겨난 말이며, '지루하다'는 '지리(支離)하다'에서 온 말이다. 아울러 음식 그릇을 씻을 때 쓰는 물인 '개숫물'의 '개수'는 '갸ᄉᆞ'(家事)가 변한 말이라고 볼 수 있다. 멋쟁이 신사도 돈이 없으면 집에 가서 부쳐 먹는다는 '빈대떡' 역시 중국 음식 '빙져'(餠食者)에서 온 말이다. 복날 복달임으로 '영계백숙'을 자주 먹는다. 이 말의 영계는 원래 '연계'(軟鷄)가 변한 말로 '병아리보다 조금 큰 어린 닭'을 가리키는 말이었다.

옛말의 한자음이 지금도 남아 있는 경우가 있다. '밑천'의 '천' 역시 '전'(錢)의 옛 발음이 '천'이었던 시기에 만들어진 말이다. 그밖에 지금도 우리가 일상에서 흔히 사용하는 말 중에서 이처럼 한자 또는 한자어와 관련이 있는 말들을 모아보면 다음과 같다.

(3) 가지(〈 茄子)   다홍(〈 大紅)   무명(〈 木棉)
    배추(〈 白菜)   보배(〈 寶貝)   단(〈 匹段)

사탕(〈 砂糖)　　　상투(〈 上頭)　　　종지(〈 鍾子)

투구(〈 頭盔)　　　토시(〈 套袖)12)

　　한자로 된 중국 어휘를 받아들일 때에는 두 가지 방식이 있다. 하나
는 중국 발음을 원음대로 받아들이는 방식이고, 또 하나는 우리말 음운
규칙에 따라 우리말 발음으로 받아들이는 방식이다. 위의 어휘들은 모
두 전자의 방식, 즉 중국 발음 원음대로 받아들인 것이다.

---

12) 추위를 막기 위하여 또는 일할 때 옷소매가 해지거나 더러워지지 아니하도록 하기
　　위해서 팔뚝이나 소매 위에 덧끼는 물건.

암탉과 수탉

 '통닭'과 '암탉, 수탉'을 비교해 보면, '암탉, 수탉'에는 이전 시기의 '암, 수'가 '암ㅎ, 수ㅎ'이었던 시기의 화석이 들어 있다. 물고기 이름인 '갈치'에서도 '칼'[刀]의 옛말이 '갈ㅎ'이었던 시기의 흔적이 남아 있다.

 이러한 언어 화석은 여러 가지가 있다. '바느질'은 '바늘'과 '질'이 결합하여 생긴 말인데 '질'의 'ㅈ' 앞에서 'ㄹ'이 떨어지는 규칙이 예전에는 있었는데 '그물질, 저울질, 발길질' 등과 같은 단어를 보면, 이러한 규칙은 현대에 와서 사라졌음을 알 수 있다.

 이러한 형태의 화석뿐만 아니라 의미의 화석도 있다. '싸다'라는 말은 옛날에는 '(값이) 나가다, 어떤 가치가 있다'라는 의미였다. 그리고 '빋'이라는 말은 '가격'이라는 의미였다. 그래서 '빋 싸다'는 '값이 있다'라는 의미로 사용되었고, 그 반대말은 '빋 디다'와 같이 사용되었다. 그런데, '빋 싸다'가 한 단어처럼 사용되어 '빋싸다'처럼 쓰이게 되고, 여기서의 '빋'이 원래 어떤 의미이었는지 인식하지 못하게 되자 '싸다'라는 말이 새로운 뜻을 가지게 된 것이다. 즉, '싸다 : 디다'가 [고가] : [저가]의 대립을 하던 말이었는데, '빋싸다 : 싸다'가 [고가] : [저가]의 대립을 하게 되어, 결국 '싸다'의 의미가 정반대로 바뀌게 된 것이다. '그런 말을 하다니 너는 욕먹어 싸다'와 같은 말에 '싸다'의 옛 의미가 화석처럼 남아 있다.

(1)　쓰다　　　　디다

　　빋이 쓰다　빋이 디다

　　빋쓰다　　　빋디다

　　비싸다　　　싸다

　'시냇물'의 '시내'는 골짜기를 의미하는 '실'[谷]과 작은 물줄기를 의미하는 '내'가 합쳐진 말로서, 골짜기를 흐르는 물을 의미하는 말이다. '이름'은 말한다는 의미의 옛말 '잃다'에서 온 말이다. 즉, '잃다'의 명사형 '잃움'이 '일훔'을 거쳐 만들어진 말이다. 옛말 '잃다'는 현재 '일컫다'에도 그 흔적이 남아 있다.

　그밖에도 서로 관련이 있는 말들은 다음과 같다. 양성모음과 음성모음이 서로 바뀌며 비슷한 의미의 차이를 낳고 있다.

(2)　남다 : 넘다　　　붉다 (< 븕다) : 밝다 (< 붉다)

　　앉다 : 얹다　　　묽다 (< 믉다) : 맑다 (< 몱다)

　　낳다 : 넣다　　　늙다 : 낡다 (< 놁다)

　　굵다 : 갉다 (< 긁다)

　또한 '품'과 '품다', '신'과 '신다', '배'와 '배다', '띠'와 '띠다', '되'와 '되다'는 동일한 어근이 명사와 동사에 다 사용되고 있는 예이다. 아울러 '물'과 '묽다', '불'과 '붉다' 역시 어원적으로 관련이 있는 것으로 생각된다.

(3) 믈   묽다
    블   븕다

　외국어나 외래어에 기원을 둔 어휘인데도 그 어원이 희박해진 말들도 있다. 이 중 대표적인 말은 '담배'이다. 이 말은 원래 포르투갈어 tabaco가 일본어에서 たばこ가 되고, 또 이 말이 우리말에서 '담바구, 담바귀'가 되어 만들어진 말이다. 영어의 lamp가 '남포'가 되어 '남포등'(燈)이라는 말을 만들어 낸 것이나, 일본어 なべ가 우리말에서 '냄비'가 된 것도 마찬가지 과정을 거친 것이다. '그레이프푸르트'라는 과일은 원래는 포르투갈어 zamboa이지만, 일본어를 거쳐 들어오면서 우리나라에서는 '자몽'으로 알려졌다. 아마 그 과일의 맛이나 모양에서 '레몬'과 비슷하게 여겨졌던 것 같다.

　이처럼 우리나라에 없던 새로운 문물이 들어오게 되면, 그 문물을 가리키는 새 말이 필요하게 된다. 이런 경우, 새 말은 어떻게 만들어지게 될까? 먼저 새로운 단어를 만들어 내는 경우가 있다. 예를 들면 '쇠북, 양말, 디새' 등이다. 다음으로는 그 물건과 함께 들어온 외래어를 그대로 가져다 쓰기도 한다. '위안, 송골매13), 보라매14)' 등이 그 예이다.

---

13) 고려 시대 들어온 몽골어 šongqor, šingqor
14) 고려 시대 들어온 몽골어 boro

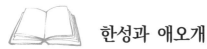

한성과 애오개

거주지, 하천, 산 등의 지명을 주의 깊게 연구하면 그 지역 선주민의 분포와 역사를 알 수 있는 경우가 있다. 예를 들어 전국의 고유 지명을 살펴보면 '돼지골, 명지골' 등과 같이 '-골'로 끝나는 지역이 있고, '마장부리, 모래부리, 바람부리'와 같이 '-부리'로 끝나는 지역이 있으며, 또한 '돌담불, 서답불, 모시울' 등과 같이 '-불/울'로 끝나는 지역이 있다. 이들은 모두 '마을, 촌락'이라는 의미를 가진 접미사이지만, 옛 문헌을 살펴보면 고구려가 다스리던 지역에서는 '仍忽, 奈兮忽, 沙伏忽, 買忽, 達忽' 등과 같이 '忽 〉골'로 끝나는 지명이 주로 발견되고, 백제가 다스리던 지역에서는 '所夫里, 古良夫里, 毛良夫里'와 같이 '夫里'로 끝나는 지명이 주로 발견되며, 신라가 다스리던 지역에서는 '推火, 達句火(〉달구벌)'과 같이 '火 〉불'로 끝나는 지명이 주로 발견된다는 특징이 있다. 이를 통해 우리는 그 지역에 거주했던 사람들의 분포가 현재의 지명에 남아 있다는 사실을 알 수 있게 된다.

이처럼 지명은 보수적이어서 어느 지역에서 사용되던 지명은 언어가 다른 언어로 대치되더라도 그대로 사용되는 경우가 많다. 특히 큰 산이나 강의 중요한 지형 특징이 있을 경우에는 더욱 그렇다. 《용비어천가》를 보면 '두만강'에 대하여 '여진어에서는 만(萬)을 두만(豆漫)이라 한다'는 표현이 있다. 만주어에서 tumen이 '만'(萬)인 것을 고려해 보면, 지명의 보수성을 엿볼 수 있다.

영국의 '템즈강'이나 '런던' 역시 그곳에 살고 있던 민족이 바뀌어왔어도 2000년 동안 동일한 명칭이 사용되어 왔다고 한다. 서울의 '서대문, 서소문'도 이미 그 대상물은 헐려지고 없어도 아직 옛 이름을 유지하고 있는 예이다. 아울러 중국에서 우리나라 서울을 '한성'(漢城)이라고 부르는 것도 언어의 보수성을 보여 주고 있는 예이다. 이렇게 되자 '서울대학교'와 '한성대학교'과 모두 중국어로는 '漢城大學'으로 표기되는 웃지 못할 일이 생기곤 한다. 물론 지금은 중국에서 서울을 '首爾'로 표기하고 있다. '首爾大學'처럼.

또한 지명은 그것을 짓는 사람들이 사용하는 언어 규칙을 따른다. 따라서 지명이 어떤 특수한 언어 규칙에 의해서 분석된다면, 그런 규칙이 생산적이었던 시기에 그 지역에 그 언어를 사용하는 민족이 거주했다는 증거가 된다. 그 좋은 예가 '애오개, 개오개, 배오개'와 같은 지명이다. 우리 민족에게 있어서 고개는 일찍부터 땅이름을 짓는데 중요한 소재가 되었다. '진고개, 잣고개, 숫돌고개'와 같은 고유어 지명도 그 예이고, 삼국사기 지리지에도 '三峴, 文峴, 竹峴, 眞峴' 등과 같은 지명이 흔히 발견된다. 마을은 비교적 평탄한 저지대에 자리를 잡고 고개를 넘어 마을과 마을이 연결되었기 때문에 그렇게 된 듯하다.

그런데 우리나라의 옛말에서 [i, j] 아래서 'ㄱ'이 탈락하는 규칙이 있었다. 그러므로 '애오개, 개오개, 배오개'와 같은 지명은 '애, 개, 배'의 발음이 현대 한국어처럼 단모음이 아니라 [아이, 가이, 바이]와 같은 이중모음이었으며, 그 이중모음 아래에서 'ㄱ'이 탈락하여 만들어진 지명임을 알 수 있다.

그러나 소리가 유사하다고 해서 의미를 만들어 붙인 잘못된, 지명 어원도 있다. 이를 음상의 유사성에 기댄 민간어원이다. 부산의 '범내골'을 '범이 내려온 마을'이라고 해석한다든지 지리산의 '피아골'을 근세사와 연결해서 '피[血]의 골'이라고 해석하거나, '박달재'를 박달이라는 선비와 금봉이라는 처녀와의 사랑 이야기에서 이루어진 지명이라고 생각하는 것 등이 바로 그것이다. 우리말에서는 '범'이 '내'려왔다고 해서 '범내'라는 말을 만드는 조어법이 없다는 사실이나, 지리산이 원래 피[稷]가 많이 나는 지역이어서, '피아골'이 '피밭골[稷田] 〉 피왈골'의 변화를 거친 말이라는 사실을 알면, 위와 같은 민간어원이 언어학적으로는 근거가 없다는 것을 바로 알 수 있다.

당연한 말이지만, 원래 우리나라 지명은 고유어 지명뿐이었다. 지금과 같이 한자 지명으로 바뀐 것은 757년 신라 경덕왕 때에 모든 제도를 당 나라에 준하여 개편함으로써 큰 지명을 한자어로 개명한 일이 첫 시작이었다. 그 이후 많은 지명들이 문헌에 기재되면서 한자로 표기되는 과정에서 한자어로 바뀌었으며, 아울러 일제 강점기에 이르러 마지막 남은 많은 고유어 지명들마저 한자화하였다.

지명에는 옛날의 역사도 담겨 있다. 서울의 북부에 있는 '홍제천'(弘濟川)은 병자호란 때에 청나라로 끌려갔던 부녀자들이 한양 땅으로 들어오지 못하고 무악재 아래 개천가에서 무리를 지어 살고 있자, 그 개천에서 목욕하고 오면 그 이전의 모든 잘못은 용서해 주겠다는 임금의 관대한 처분을 기리기 위해 만들어진 지명이며, 이태원도 원래는 '異胎院'이라는 임진왜란 때의 치욕적인 역사와 관련이 있다. 전라도, 경상도, 충청도, 강원도 등의 도 이름에도 각각 전주와 나주, 경주와 상주, 충주와 청주, 강릉과 원주가 당시에 주요한 행정 도시였던 시기의 역사가 남아 있다고 말할 수 있다.

지명이 가지고 있는 보수성 때문에 지명 속에는 옛 어휘가 숨어 있을 수도 있다. 서울의 '남산'(南山)이 옛 문헌에는 '목멱산'(木覓山)으로 기록되었는데, 여기에는 '나무'의 고어인 '나목'의 흔적이 들어 있다. '구메바우[空穴, 穴岩], 구무정(九舞亭)'이라는 지명에는 구멍의 옛말인 '구무'가, '돌팍재, 돌패기, 돌팍머리'라는 지명은 '돌'의 고어가 '돓'이었음을 알려주며, '미리실, 미리내'에는 용의 고어인 '미르'가 보인다. 아울러 '말미[馬山], 매골, 매실[梅谷里], 매꼬지[梅花里], 매재[鷹嶺里], 매박골, 매바웃골[鷹岩洞], 두미[斗尾], 배알미, 밸미[拜謁尾洞]' 등의 지명에는 '산'의 고어인 '뫼, 메'의 흔적이 남아 있다.

앞서 말한 바와 같이 고유어 지명이 여러 번의 과정을 거쳐 한자어로 바뀌었다. 이런 변화에는 다음 (1)과 같이 의미를 살려 바뀐 것도 있지만, (2)와 같이 일부의 의미만 살아남은 것도 있으며, (3)과 같이 소리만 비슷한 한자로 바뀐 경우가 있는데, (3)의 예가 더 많다.

  (1) 삼개 〉 마포(麻浦)
       누에머리 〉 잠두(蠶頭)
       한밭 〉 대전(大田)
  (2) 달밭 〉 월촌(月村)
       제비바우 〉 연자(燕子)

(3) 논실 〉 노은실(老隱室)

　　모고지 〉 모고지(慕古地, 母顧地)

　　감마을 〉 감당(甘堂)

　　왜마루 〉 와촌(瓦村)

한자어화 과정에서 원래의 의미와의 관련성이 사라지자 원래 의미와 관계없이 소리가 유사한 음으로 대치하게 되며, 또한 이 과정에서 적절한 설화, 이야기를 만들어 내는 경우까지 있다. 예를 들어 '우묵배미, 묵은배미, 방죽배미'와 같은 지명에 들어 있는 '-배미'는 원래 논을 가리키는 '논배미'에서 온 말이지만, '夜味'와 같이 전혀 의미가 통하지 않은 말로 바뀌거나, '뱀'(蛇)과 연결된 지명으로 바뀌는 경우가 흔하다. 또한 '새말, 새벌, 새개'와 같은 지명에 들어 있는 '새'는 원래 '새로운'이라 뜻이다. 그래서 '新岱里, 新里, 新嚴里, 新基'와 같은 지명은 그 뜻을 따라 바뀐 것이지만, '金谷里, 金村里, 鐵源'나 '三浦里, 三村里'에서는 '새'의 발음이 '쇠'나 '세'와 비슷하다는 이유에서 전혀 관계 없는 '金, 三'으로 바뀌는 경우도 있다.

지금까지 살펴본 바와 같이 지명 역시 우리 문화의 값진 유산이다. 여기에는 우리나라의 역사, 의식, 풍속, 언어 등이 고스란히 담겨 있다. 그래서 지명은 다른 문화유산과 더불어 보호할 가치가 있다.

딤채와 김치

우리 선조들이 쓰던 한글 가운데는 사라진 글자가 있는가 하면, 소릿 값이 바뀐 글자들도 있다. 물론 글자도 그대로 남아 있고 그 소릿값도 바뀌지 않은 것도 있다. 그러나 이들 가운데는 소리의 연결 방식이 바뀐 것들이 있다. 이를 음소 연결 방식의 변화라고 한다. 이제 이에 대해 살펴보도록 하자.

예를 들어 '믈〉물'의 변화를 가지고 설명하도록 하자. 중세 한국어 의 '믈'이 현대 한국어에서 '물'로 바뀌었지만, '믈'을 이루는 'ㅁ, ㅡ, ㄹ' 등은 글자가 사라진 것도 아니고, 그 소릿값이 바뀐 것도 아니다. 다만, 'ㅁ' 다음에 'ㅡ'가 오던 연결이 중세 한국어 시기에는 가능했지 만, 현대 한국어 시기에는 불가능해졌다는 데에 그 차이가 있다. 즉, 시 대마다 어떤 소리의 연결이 가능한지 가능하지 않은지에 따른 차이가 생기는 것이다.

▪ 원순모음화

15세기에서 '므, 브, 프, 쁘'는 자유롭게 사용되었지만, 그러나 17세 기 말, 18세기 초 '무, 부, 푸, 뿌'로 바뀌게 된다. 이는 'ㅁ, ㅂ, ㅍ, ㅃ' 등에 있는 '입술 둥긂'의 성질이 다음에 오는 모음 'ㅡ'에 영향을 미쳐 'ㅡ〉ㅜ' 변화를 일으킨 것이다[15].

(1) 므지게 〉 무지개　　　믈 〉 물

　　블 〉 불　　　　　　므겁다 〉 무겁다

　　쓸 〉 뿔　　　　　　브업 〉 부엌

　　프르다 〉 푸르다　　　븕다 〉 붉다

　　ᄂᆞ믈 〉 ᄂᆞ물 〉 나물

▪ 구개음화

우리말 역사에서 구개음화(口蓋音化)는 다음과 같이 크게 세 종류가
있었다.

　2) a. ㄷ 구개음화 : 'ㄷ, ㅌ'이 'ㅣ' 앞에서 'ㅈ, ㅊ'으로 바
　　　　꾸는 현상

　　 b. ㄱ 구개음화 : 'ㄱ'이 'ㅣ' 앞에서 'ㅈ'으로 바뀌는 현상16)

　　 c. ㅎ 구개음화 : 'ㅎ'이 'ㅣ' 앞에서 'ㅅ'으로 바뀌는 현상

구개음화 현상은 먼저 남부 방언에서 먼저 일어났다. 이 중 'ㄷ' 구개
음화는 서서히 위로 올라와서 18세기 초에 서울, 경기 방언에까지 영향

---

15) 현대 한국어에서 '므, 브, 프'는 '그러므로, 오므리다, 널브러지다, 가쁘다, 기쁘다,
　　나쁘다, 미쁘다, 바쁘다, 예쁘다, 가냘프다, 고달프다, 고프다, 슬프다, 어설프다'
　　등에서 사용되고는 있지만, 이것은 단지 표기법에서만 되살아난 것일 뿐 이들의 자
　　연스러운 발음 역시 [무, 뿌, 푸]이다.
16) 영어에서 gipsy, general, G, angel 등의 단어에서 g 구개음화가 일어난다.
　　good, goal, gain, again 등과 비교. 또한 city, cinema, center, ace 등의 단
　　어에서 k 구개음화가 일어난다. cup, come, camera, act 등과 비교.

을 미쳐서, 중세 한국어에서 '디, 티'가 들어 있는 음절들은 모두 '지, 치'로 바뀌게 된다17).

   (3) 딩검다리 〉 징검다리   텬디 〉 천지

      둏다 〉 좋다   뎝시 〉 접시

      고디식 〉 고지식   티다 〉 치다

'오이지, 단무지, 짠지' 등에 보이는 '지' 역시 간에 절인 채소를 의미하는 옛말 '디히'가 변한 것이다.

   (4) 디히 〉 디이 〉 지18)

'ㄱ' 구개음화는 그 영향을 중부 방언에까지 미치지는 못하고, 남부 방언에만 영향을 준다.

---

17) 한편, 현대 한국어에는 '디, 티'가 들어 있는 음절이 있기는 하다.
    마디, 반디, 부디, 어디, 진디, 잔디, 견디다, 디디다
    티끌, 느티나무, 버티다 등.
    그러나 이 단어들은 중세 한국어에서 각각 다음과 같이 이중모음을 가지고 있는 단어들이었다.
    마듸, 반듸, 부듸, 어듸, 진뒤, 잔뙤, 견듸다, 디듸다
    틔글, 누틔나무, 바퇴다
    따라서 이 단어들은 ㄷ 구개음화를 겪지 않았다가, 이후 단모음화에 의해 'ㅣ'를 가지게 된 단어들이다.
18) 마늘 장아찌나 오이 장아찌 등에 보이는 '장아찌' 역시 '장(醬)에 (담근) 채소'라는 의미의 옛말 '장앳디히(=장+애+ㅅ+디히)'가 '장앗디히, 장앗지이'를 거쳐 만들어진 말이다.

(5) 길 → 질　　　　　　기름 → 지름

　　견주다 → 젼주다　　길다 → 질다

　　기둥 → 지둥　　　　계집애 → 지집애

반면, 'ㅎ' 구개음화는 중부 방언의 일부 어휘에는 영향을 미쳤으나, 대부분의 남부 방언에만 영향을 준다.

(6) 현마 〉 혈마 〉 설마　　　힘드렁ᄒ다 〉 심드렁하다

　　혤믈 〉 썰믈 〉 썰물　　　혀캐 〉 셔캐 〉 서캐

　　힐훔 〉 실훔[19]

　　형 → 셩 → 성　　　　효자 → 쇼자

　　혓바닥 → 셋바닥　　　흉년 → 숭년

이러한 구개음화는 남부 지방에서 먼저 시작되었기 때문에 처음에는 다소 촌스럽다는 느낌을 주었던 것으로 보인다. 17세기의 남부 지역 출신자는 자기 방언에서 활발하게 일어나고 있었던 'ㄷ' 구개음화 현상을 애써 감춤으로써 중부 방언의 흉내를 내려고 했던 것이다. 이 결과 남부 방언뿐 아니라 중부 방언에서도 본래 'ㅈ'으로 발음되던 것을, 자기 방언에서 구개음화의 결과 'ㅈ'이 된 것으로 오해하고 일시적으로 'ㄷ'으로 바꿔서 발음하는 일이 생겨 난 것이다[20].

---

19) 힐후다 〉 실후다 〉 실우다(다투다, 논쟁하다), '실우다'의 명사형 '실움 〉 씨룸 〉 씨름'
20) 이러한 현상을 과도교정(過度矯正, hypercorrection)이라고 한다.

(7) 가지(枝) → 가디   솔지다 → 솔디다
    고지(花) → 고디   짖(狊) → 딪

　그런데 특히 'ㄱ' 구개음화는 더욱 창피하게 느꼈던 것으로 보인다. 이러한 과정에서 본래 중부 방언에서 'ㅈ'이었던 것을 'ㄱ' 구개음화의 결과인 것으로 오해하여 'ㄱ'으로 바꾸는 일이 생긴 것이다.

(8) 짖 〉 깃
    질삼 〉 길쌈
    맛디다 〉 맛지다 〉 맛기다 〉 맡기다
    질드리다 〉 길드리다

　한국 사람이 이것 없으면 살 수 없다는 '김치'도 원래는 한국에서 만들어진 한자어 '딤치'에서 온 말이다[21]. '딤치'는 'ㄷ' 구개음화의 영향으로 '짐치'가 되는데, 여기에 보이는 '짐'의 발음을 'ㄱ' 구개음화를 겪은 것으로 오해하여 촌스럽다고 생각하여, 다시 '김치'로 만든 것이다. 이 말이 오늘날 '김치'가 된다.

(9) 딤치 〉 짐치 〉 김치 〉 김치

---

21) '딤치'(沈菜)란 '채소[菜]를 담그다[沈]'는 뜻으로, 요즘은 어느 가전제품의 상표로도 사용되고 있다.

'기와'라는 말은 원래 '디새'였다. 이 '디새'는 '딜새'에서 온 말로 '딜'은 '질그릇흙'을 가리키고 '새'는 '풀[草]'을 가리키는 말로[22], 지금말로 풀이하자면 '질그릇흙으로 만들어진 풀'이라는 의미이다. 예로부터 지붕을 이는데 사용된 전통적 재료가 바로 '새'이다. 기와를 처음 본 선조들이 이를 '새'는 '새'인데, '흙으로 만든 새'라고 인식한 것으로 추측할 수 있다. 이 '디새'가 '지새'가 되고 방언의 '지애'와 한자 '와'(瓦)의 영향으로 다시 이것이 '지와'가 되는데, 이때의 '지'가 'ㄱ' 구개음화로 생긴 말이라고 오해하여 다시 이 말이 '기와'가 된 것이다.

(10) *딜새 〉 디새[23] 〉 지새 〉 지와 〉 기와

≪언문지≫[24]에는 'ㄷ' 구개음화에 대하여 다음과 같이 기록되어 있다.

"우리나라의 발음 습관은 '댜뎌'를 '쟈져', '탸텨'를 '챠쳐'와 같이 발음한다. 이것은 'ㅣ'로 시작하는 모음 중에서 '댜뎌탸텨'는 어렵고, '쟈져챠쳐'는 쉽기 때문이다. 이제 오직 관서

---

22) 주요한(1900~1979)의 시 〈부끄러움〉에 '새'가 '풀'의 의미로 사용되고 있다.
    뒷동산에 꽃 캐러/ 언니 따라 갔더니/ 솔가지에 걸리어/ 다홍치마 찢었읍네// 누가 행여 볼까 하여/ 지름길로 왔더니 오늘따라 **새** 베는 임이/ 지름길에 나왔읍네 // 뽕밭 옆에 김 안 매고/ **새** 베러 나왔읍네//
    이 시는 http://www.classickorea.co.kr/aooa/ksong/music/bukure.mp3에서 노래로 들어 볼 수 있다.
23) 'ㄴ, ㄷ, ㅅ, ㅈ' 앞에서 'ㄹ'이 떨어진다. (예) 따님, 소나무, 다달이, 마소, 화살, 바느질, 부젓가락,
24) 언문지(諺文志) : 조선 후기 순조 때 유희(柳僖 : 1773~1837)가 지은 한글 연구서.

인들만이 天을 千과 다르게 발음하고, 地(지)를 至(지)와 다르게 발음한다. 또 정 씨 어른의 고조 형제분이 하나는 知和(지화)이고 하나는 至和(지화)였는데, 당시에는 아직 이 두 이름이 혼동되지 않았을 것이므로 '디, 지'의 혼동은 멀리 오래된 것이 아님을 알 수 있다고 정 씨 어른이 말하는 것을 들었다."

(東俗댜뎌呼同쟈져 탸텨呼同챠쳐 不過以按頤之此難彼易也 今唯關西之人呼天不與千同 呼地不與至同 又聞鄭丈言 其高祖昆弟 一名知和 一名至和 當時未嘗疑呼 可見디지之混 未是久遠也).

여기서 언급된 '관서인'은 평안도 사람을 가리키는 말이다. 구개음화는 중부 지역을 넘어서 더 이상 위로 올라가지는 못해서, 평안 방언은 예나 지금이나 구개음화의 영향을 전혀 받지 않았다.

▪ 단모음화

'ㅅ, ㅈ, ㅊ' 다음에 'ㅑ, ㅕ, ㅛ, ㅠ'가 오게 되면, 모두 'ㅏ, ㅓ, ㅗ, ㅜ'로 바뀌는 현상을 단모음화라고 한다. 19세기 초에 일어난 일로 보인다[25].

(11) 쳐음 〉 처음   셔로 〉 서로

---

25) 현대 한국어에서 '오셔서, 오셨다' 등에서처럼 '-시어-'의 준말과 외래어의 사용으로 일부 소리들은 다시 살아난다.

샤공 〉 사공   셤기다 〉 섬기다

쇼경 〉 소경

- **두음법칙**

'냐, 녀, 뇨, 뉴, 니, 녜'가 '야, 여, 요, 유, 이, 예'로 바뀌는 현상을
두음법칙이라고 한다. 18세기 말경에 일어난 일로 보인다[26].

(12) 님금 〉 임금   너기다 〉 녀기다 〉 여기다

    니마 〉 이마   니기다 이기다

    냥반 〉 양반   니르다 〉 이르다

    녀름 〉 여름

---

26) 20세기 외래어의 차용으로 '냐, 녀, 뇨, 뉴, 니'는 새롭게 도입된다. (예) 뉴스

고키리, 곳고리, 삿기

역사적으로 말소리는 거센소리 되기, 된소리 되기로 어휘가 바뀌기도 했으며, 전설모음화, 움라우트 현상으로 어휘의 모습이 바뀌기도 하였다.

▪ **거센소리 되기**

[ㅂ, ㄱ, ㄷ] 등과 같은 예사소리가 각각 거센소리 [ㅍ, ㅋ, ㅌ]으로 바뀌는 현상이 거센소리 되기이다.

> (1) 불무 〉 풀무   고키리 〉 코기리, 코키리 〉 코끼리
>
> 갈ㅎ 〉 칼ㅎ27) 고ㅎ 〉 코
>
> (손)돕 〉 (손)톱 불ㅎ 〉 풀 〉 팔
>
> 나다나다 〉 나타나다   시기다 〉 시키다
>
> 몰기다 〉 몰키다   볼기다 〉 볼키다
>
> 시브다 〉 시프다 〉 싫다 슮기다, 슴제다 〉 삼키다

▪ **된소리 되기**

[ㅂ, ㄱ, ㄷ, ㅅ, ㅈ] 등과 같은 예사소리가 각각 된소리 [ㅃ, ㄲ, ㄸ, ㅆ, ㅉ]으로 바뀌는 현상이 된소리 되기이다.

---

27) 현대 한국어의 '갈치'에 그 흔적이 남아 있다.

(2) 곳고리 〉 괴소리〉 쇠소리 〉꾀꼬리

곶다28) 〉 솢다 〉 꽂다

굿굿ᄒ다 〉 깨끗하다

돗돗ᄒ다 〉 따뜻하다

갔다 〉 쌊다 〉 깍다

겄다 〉 썼다 〉 꺾다

그르다 〉 싀르다 〉 끄르다

불휘 〉 쓀휘 〉 뿌리

사호다 〉 싸호다

된소리 되기는 후대로 오면서 점차 확대되고 있으며, 현대 한국어에서도 계속 일어나는 추세라고 할 수 있다.

(3)

깜다	깜방	꺼꾸로	거꾸로
꼬물	삐끼다	꼬추	좌대표
끄치다	딲다	떤지다	뻔데기
뽄때	뿌러지다	뿌수다	쑤세미
싸나이	싸납다	싸모님	쌀벌하다
쌁다	쌍놈	째것	쩨련
쩨다	쏘나기	쐬주	쑥맥
짝다	짜르다	짜식	짠밥

28) 꼬챙이에 꿰어서 말린 감인 '곶감'에 옛말 '곶다'의 흔적이 남아 있다.

짬그다	짱	쩨	쪼그맣다
쪼금	쪼끼	쫌매다	쫌스럽다
쫌팽이	쫍다	쭐어들다	찐하다

흔히 거센소리, 된소리를 사용하는 것을 우리의 심성이 거세지고 사나워진다고 생각하는 사람들이 있다. 그러나 이것은 잘못된 생각이다. 거센소리, 된소리를 쓴다고 심성이 거칠어질 수는 없다. 우리말에서 된소리 되기는 이미 역사가 오래되었다.

(4) 그스다 〉 스스다 〉 끌다

딯다 〉 찛다 〉 찧다

구짖다 〉 꾸짖다 〉 꾸짖다

십다 〉 씹다

긇다 〉 긿다

사홀다 〉 싸홀다 〉 썰다

두드리다 〉 쭈드리다

이러한 예에서 보듯이 우리말의 된소리는 격렬성을 띤 동작을 훨씬 더 인상적으로 나타내기 위해 주로 단어 첫소리가 된소리화한다.

▪ 모음조화 파괴

모음조화는 ≪용비어천가≫에서만 가장 규칙적으로 지켜졌고, 그 이후 문헌에서는 조금씩 허물어지기 시작하였다. 모음조화는 알타이언어의 공통 특징이었는데, 모음조화가 허물어지는 일은 어느 한 시기에 일어났다기보다는 아주 오랜 기간 조금씩 일어난 변화로 보인다.

현대 한국어에서 모음조화는 어떤 의미에서 사라졌다고 보아도 좋다. 현대 한국어에서는 의성어나 의태어의 경우에 모음조화의 화석이 남아 있다.

▪ 전설모음화

'스, 즈, 츠'가 '시, 지, 치'로 바뀌는 현상이 전설모음화이다.

(5) 스ᄀ불 〉 스굴 〉 시골   ᄠᅳ다 〉 찢다

아ᄎᆞᆷ 〉 아츰 〉 아침   슴겁다 〉 승겁다 〉 싱겁다

슳다 〉 싫다   즘승 〉 짐승

즐다 〉 질다   츩 〉 칡

▪ 움라우트

움라우트[29]는 뒤에 오는 음절의 'ㅣ'의 영향으로 앞에 오는 음절의

---

[29] 움라우트(umlaut)는 원래 독일어의 ä, ö, ü를 가리키는 말이다. 예를 들어 문자 ä의 이름을 a-umlaut(아-움라우트)라고 한다. 이 문자들의 발음은 각각 단모음 [ㅐ](æ), ㅚ(œ), ㅟ(y) 등으로 난다. 움라우트는 일종의 동화 현상이다. 'ㅣ'가 전설모음이므로 이들을 닮아서 후설모음 앞 음절의 모음인 'ㅏ, ㅓ' 등도 전설모음 'ㅐ, ㅔ'로 바뀌는 것이다. 여기서 동화를 일으키는 원인·주체인 'ㅣ'를 동화주(同化主)

모음이 [ㅏ, ㅓ]가 [ㅐ, ㅔ]로 바뀌는 현상이다.

(6) 삿기 〉 새끼　　　　　드리다 〉 디리다 〉 데리다

　　둘팡이 〉 달팽이　　　올창이 〉 올챙이

　　모밀 〉 뫼밀 〉 메밀　난장이 〉 난쟁이

　　앗기다 〉 익기다　　　지팡이 〉 지핑이

　　창피하다 〉챙피하다

　　가자미 〉 가재미

　　피라미 〉 피래미

움라우트가 일어난 시기의 한국어에서 'ㅐ, ㅔ' 등의 발음이 [ㅏㅣ, ㅓㅣ]가 아니라 [ㅐ, ㅔ]였음을 알 수 있다. 현대 한국어의 여러 방언에서는 움라우트가 일어난 어형을 널리 사용하고 있다.

(7) 애비 (cf. 아비)　　　에미 (cf. 어미)

　　애기 (cf. 아기)　　　애끼다 (cf. 아끼다)

　　오래비(cf. 오라비)　아지랭이 (cf. 아지랑이)

　　곰팽이 (cf. 곰팡이)　잽히다 (cf. 잡히다)

　　멕이다 (cf. 먹이다)　대리미 (cf. 다리미)

　　벳기다 (cf. 벗기다)

라 하고 동화를 입는 후설모음 'ㅏ, ㅓ'를 피동화주(被同化主)라고 한다.

반면, 현행 표준어 규정에서는 '냄비'와 '-쟁이'와 같은 말을 제외하고는 움라우트가 일어난 어형을 표준어로 인정하지 않는다. 결국 표준어에서는 움라우트가 일어나지 않은 '-장이'와 움라우트가 일어난 '-쟁이'가 둘 다 사용되는데, 다음과 같이 구별하고 있다.

(8) a. -장이 : 미장이, 옹기장이, 유기장이, 짚신장이, 풍물장이

   b. -쟁이 : 요술쟁이, 개구쟁이, 거짓말쟁이, 난쟁이, 담쟁이, 멋쟁이, 깍쟁이, 빚쟁이, 심술쟁이, 소금쟁이, 욕쟁이

한편, 방언에서는 이 외에도 뒤에 오는 'ㅣ'의 영향으로 앞에 오는 음절의 [ㅗ, ㅜ]가 [ㅚ, ㅟ]로 되는 움라우트가 일어난 어형도 사용된다.

(9) 괴기 (고기)

   쇡이다 (속이다)

   웽기다 (옮기다)

   쥑이다 (죽이다)

 **새말 만들기**

인류는 시간이 지나면서 의사소통의 필요성에 의해 새로운 말을 만든다. 이렇게 언어는 발전해 가는 것이다. 이제 새로운 어휘를 만들어 가는 보기를 살펴보도록 하자.

▪ 죽살다

현대 한국어에서 두 개의 동사를 결합할 때에는 일반적으로 '-아/어, -고' 등을 사이에 넣어 만든다.

    (1) 먹어 보다   달려 가다(← 달리어 가다)

        먹고 보다   울고 말다

그러나 중세 한국어에서는 아무런 장치 없이 두 개의 동사가 하나로 결합할 수도 있었다.

    (2) 돈 + 니 → 돋니다

        듣 + 보 → 듣보다

        빌 + 먹 → 빌먹다

        죽 + 살 → 죽살다

이 같은 방식으로 동사를 결합시키는 방법은 16세기 이후에는 점차로 볼 수 없게 되고, 현대 한국어에는 예전에 만들어진 어휘 '돌보다, 설익다'와 같이 일부만이 화석으로 남아 있다.

▪ **높이**

중세 한국어에서는 용언에서 명사를 파생할 때에는 접미사 'ㅢ'를 결합하고 부사를 파생할 때에는 접미사 'ㅣ'를 결합하였다.

> (3)　a. 파생명사　　　　　　b. 파생부사
>
> 　　높 + ᄋᆡ → 노픠　　　　높 + ㅣ → 노피
>
> 　　크 + ᅴ → 킈　　　　　크 + ㅣ → 키
>
> 　　길 + ᅴ → 기릐　　　　길 + ㅣ → 기리
>
> 　　깊 + ᅴ → 기픠　　　　깊 + ㅣ → 기피

그러나 이 같은 구분은 근대 한국어 시기에 'ㅢ 〉ㅣ' 변화의 결과 사라지게 되어, 현대 한국어에서는 파생명사와 파생부사의 형태적인 구별이 사라지게 된다.

> (4)　a. 파생명사 : 저 산 높이가 얼마일까?
>
> 　　b. 파생부사 : 저 산 높이 올라가 보자.

▪ **기뻐하다**

중세 한국어에서 동사에 '-ᄇᆞ/브-'를 붙이면 형용사가 되었다. 동사

'긶-'에 '-브-'가 결합하여 형용사 '긶브다'가 형성되었다.

　이렇게 새로운 형용사가 만들어진 이후 원래 동사는 사라진다. 그러나 동사가 나타내는 의미가 필요하게 되어 형용사에서 다시 동사가 만들어지게 된다.

　　(5)　긶다 → 긶브다 〉기쁘다 → 기뻐하다
　　　　(동사)　(형용사)　　　　(동사)

다음과 같은 말들도 이러한 과정을 거쳐 만들어진 것들이다.

　　(6)　a. 슳다 → 슬프다 → 슬퍼하다
　　　　b. 앓다 → 알ᄑ다 〉아프다 → 아파하다

　'아프다, 고프다'는 원래 동사 '앓다, 곯다'에 형용사를 만드는 '-ㅂ/브-'가 붙어서 만들어진 말이다. '가쁘다, 기쁘다, 바쁘다, 서글프다, 슬프다'도 이런 식으로 만들어진 말이지만, 원래 동사인 '긋다, 긶다, 밫다, 서긇다, 슳다' 등이 지금은 사용되지 않는다.

▪ 설거지, 기침
　이처럼 하나의 단어에서 새로운 단어가 만들어지고, 다시 새로운 단어에서 원래 단어를 대치하는 단어가 만들어지는 경우가 있다. 몇 가지 보기를 더 들어 보면 다음과 같다.
　'설거지'는 원래 '*설겆다'라는 동사에 '이'가 붙어서 '설겆이'가 된 말이다. 그런데 '설겆이'가 만들어 진 이후에 '*설겆다'라는 말이 사라지게 되자, 다시 '설겆이'라는 명사에서 '설거지하다'라는 동사가 나오게 되었다.

(7) 설겆다 → 설거지 → 설거지하다

'기침' 역시 마찬가지 방법으로 만들어졌다. '기침'은 옛말 '깇다'에서 나온 말이다. '기츰, 기춤'으로 쓰이다가 '기침'이 되었다.

(8) 깇다 → 기츰, 기춤 〉 기침 → 기침하다

글자가 없어져서 생겨난 어휘

≪훈민정음 해례본≫에서 설명하고 있는 훈민정음 창제 당시 글자 수는 자음 17개, 모음 11개로 모두 28개이다.

(1) 훈민정음 자음

	기본자	덧쓰기(가획)	딴모양(이체)
어금닛소리	ㄱ	ㅋ	ㆁ
혓소리	ㄴ	ㄷㅌ	ㄹ
입술소리	ㅁ	ㅂㅍ	
잇소리	ㅅ	ㅈㅊ	ㅿ
목소리	ㅇ	ㆆㅎ	

(2) 훈민정음 모음

기본자	초출자	재출자
·		
ㅡ	ㅗㅜ	ㅛㅠ
ㅣ	ㅏㅓ	ㅑㅕ

이 가운데서 현대 한국어[30]에서 사용되는 글자 24개와 비교해 보면, 자음에서 ㆆ, ㅿ, ㆁ의 세 개와 모음에서 · 한 개가, 모두 4개의 글자

가 사라졌음을 알 수 있다. 이 외에도 우리말을 적는데 사용되던 ㅸ, ㆅ, ㅇㅇ 등 다양한 글자들도 현대 한국어에서 사라졌다.

■ ㅸ

ㅸ[31)]에 대해서는 ≪훈민정음 해례본≫ 제자해에 다음과 같이 설명되어 있다.

> "ㅇ을 입술소리 아래에 이어 쓰면 입술 가벼운 소리가 되는 것은, 가벼운 소리는 입술을 잠깐 가볍게 다물고 목소리가 많기 때문이다."
>
> (ㅇ連書脣音之下 則爲脣輕音者 以輕音 脣乍閤而喉聲多也).

'ㅸ'은 입술소리 'ㅂ'과 같은 소리인데, 'ㅂ'과 같이 입술을 완전히 닫는 것이 아니라 살짝 닫는 소리로서, 대체로 $[\beta]$[32)]였던 것으로 추정된다. 'ㅸ'은 'ㄹ', 모음과 모음 사이에만 쓰인다. 이 소리는 훈민정음을 만들던 당시의 문헌에는 쓰여 있으나, 그 이후에는 나타나지 않고, 일반

---

30) 학자들에 따라 조금씩 달라지기는 하지만, 한국어의 역사를 다음과 같이 크게 네 시기로 나눌 수 있다.
   고대 한국어 : 삼국 시대 ~ 통일신라
   중세 한국어 : 10세기 고려 시대 ~ 16세기
   근대 한국어 : 17세기 ~ 19세기 말
   현대 한국어 : 20세기 초 ~ 지금
31) 이 글자의 이름은 '입술가벼운비읍'이라고 한다. '순경음비읍, 여린비읍'으로 부르기도 한다.
32) 이 소리는 유성 양순마찰음을 가리킨다.

적으로 'ㅗ, ㅜ'[w]로 바뀌었다.

(3) 더버 〉 더워   도바 〉 도와

글발 〉 글왈 〉 글월   셔블 〉 서울

갓가ᄫᅵ니 〉 갓가오니   어드븐 〉 어두운

더ᄫᅵ 〉 더위   치ᄫᅵ 〉 치위

ᄒᆞᄫᆞᅀᅡ 〉 ᄒᆞ오ᅀᅡ 〉 혼자

고(庫) + 방(房) 〉 *고ᄫᅡᆼ 〉 *고왕 〉 광

[ㅣ] 모음 앞에서, 예외적으로 'ᄫ'이 탈락하는 경우도 있다.

(4) 갓가ᄫᅵ 〉 갓가이

수ᄫᅵ 〉 수이

다만, 경상 방언 일부에서 'ᄫ'은 'ㅂ'으로 바뀐다.

(5) 더버 〉 더버

도바 〉 도바

사ᄫᅵ 〉 째비 (새우)

▪ ᅙ

'ᅙ'33)은 세종, 세조 때의 문헌에만 나타나는 글자로서, 우리말 초성, 종성에 단독으로 사용되지는 않았다. 그것은 'ᅙ'과 'ㅇ'이 우리말에서

아무런 다름이 없었기 때문이다.

> "초성의 ㆆ과 ㅇ은 서로 비슷하여 우리말에서 통용될 수 있다."
> (初聲之ㆆ與ㅇ 相似 於諺可以通用也).

우리말에서 ㆆ은 다음과 같이 '-ㅭ'에만 나타난다.

> (6) 지븨로 도라 오싫 제
>   갏 길히

그러나 같은 시대의 문헌에 다음과 같이 ㆆ을 쓰지 않고 아랫말의 첫 소리를 된소리 표기로 적은 것이 나타난다.

> (7) 이실 쩌긔
>   오실 낄

그러므로, 다음과 같이 ㆆ은 뒤에 오는 소리를 된소리로 만들어 주는 요소였던 것으로 생각된다. 그러나 1464년 ≪원각경언해≫[34] 이후에

---

33) 이 글자의 이름은 '여린히읗'이라고도 하고, '된이응'이라고도 한다.
34) ≪원각경언해≫(圓覺經諺解) : 1464년 조선 신미(信眉), 한계희 등이 '원각경'을 한글로 번역하고 구결을 단 책. '원각경'은 원래 ≪대방광원각수다라요의경≫(大方廣圓覺修多羅了義經)이라는 이름을 가진 책으로, ≪유마경≫(維摩經), ≪능엄경≫(楞嚴經)과 함께 선(禪)의 3경(經)에 속한다.

는 나타나지 않는다.

(8) ㅭ ㅈ = ㄹ ㅉ

ㅭ ㄱ = ㄹ ㄲ

■ ㅿ

'ㅿ'35)은 ≪훈민정음≫에서 'ㅅ, ㅈ, ㅊ' 등과 함께 '잇소리'로 규정되어 있는데, 대체로 [z]로 발음되었던 것으로 보인다36). 중세 한국어에서 모음과 모음 사이에서 많이 사용되었다. 이 글자는 서울말에서 16세기 중반 시기에 아무 흔적도 남기지 않고 사라진다.

(9) ᄉᆞᅀᅵ 〉 ᄉᆞ이 〉 사이(間)　ᄆᆡᅀᅣᆼ 〉 ᄆᆡ양 〉 매양

ᄆᆞᅀᆞᆷ 〉 마음　ᄆᆞᅀᆞᆯ 〉 마을

아ᅀᆞ 〉 아우　ᄀᆞᅀᆞᆯ 〉 가을

겨ᅀᅳᆯ 〉 겨울　두ᅀᅥ 〉 두어

방언에서 'ㅿ'은 'ㅅ'으로 바뀌는 경우가 있다.

---

35) 이 글자의 이름은 '반시옷'이라고 한다. 이를 '가벼운시옷, 반치음 시옷, 여린시옷' 등으로 부르기도 한다.

36) 음력 3월 3일을 '삼짇날'이라 한다. 이날은 답청일(踏靑日)이라고도 하며, 강남 갔던 제비가 돌아오는 날이라고 봄을 즐기는 명절이다. 이때 '삼짇날'은 '삼일날'에서 온 말로 '일'(日)의 발음이 '싈'이었음을 보여 준다.
달 수와 날짜 수가 같은 홀수인 날은 전통적으로 명절로 삼았다. 1월 1일(설날), 3월 3일(삼월삼짇날), 5월 5일(단오), 7월 7일(칠석), 9월 9일(중양절) 등.

(10) ᄆᆞ술 〉 마실

　　나싀 〉 나시 (냉이)

■ ᅌ

　'ᅌ'37)은 현대 한국어에서 '강'에서 쓰이는 'ㅇ'과 같이 소릿값이 [ŋ]인 글자이다. 그러나 그 기능을 'ㅇ'에 물려주고 이 글자는 사라졌다.

(11) 바올 〉 방울

　　부헝 〉 부엉이

　　올창 〉 올챙이

■ ᄡ, ᄧ, ᄩ 등

　두 글자 또는 세 글자를 좌우로 나란히 쓴 것을 병서(竝書)라고 한다. ㄲ, ㄸ, ㅃ 등과 같이 글자를 나란히 쓴 것을 '각자병서'(各自竝書)라고 하고, ㅅ, ㅂ 등과 같이 다른 글자를 나란히 쓴 것을 '합용병서'(合用竝書)라고 한다. 합용병서에는 다음과 같이 세 가지가 있었다.

(12) a. ㅅ으로 시작하는 합용병서　　ㅺ, ㅼ, ㅽ, ᄡ

　　b. ㅂ으로 시작하는 합용병서　　ㅳ, ㅄ, ㅶ, ㅷ

　　c. ㅄ으로 시작하는 합용병서　　ㅴ, ㅵ

---

37) 이 글자의 이름은 '옛이응'이라고 한다. '꼭지이응'이라고 부르기도 한다.

이 소리들은 모두 다 발음되었던 것으로 보인다. 즉, '썩, 딸, 뿔, 삑'
등은 각각 [ㅅ덕, ㅅ달, ㅂ술, ㅂㅅ긔]로 발음되었던 것으로 추측할 수
있다38). 우선 ≪훈민정음≫에서 28개 글자의 소리를 다 설명하고서도
위와 같은 합용병서에 대해서는 따로 설명하지 않았는데, 이는 합용병
서의 각 글자들이 모두 다 발음되었기 때문이다. 만약 그렇지 않고, 예
를 들어 'ㅄ'이 'ㅂ'과 'ㅅ'과는 다른 무슨 소리를 나타내었다면 반드시
그 소리에 대해 설명을 했을 것이기 때문이다.

게다가 '홁'과 같은 끝소리의 합용병서가 모두 발음되었을 것이고, ㅘ
와 같은 가운데소리의 합용병서 역시 모두 발음되었을 것이라고 본다
면, 첫소리의 합용병서 역시 모두 소리가 났다고 보아야 옳을 것이다.
합용병서가 다 발음되었다는 증거는 이 외에도 많이 있다.

'찹쌀, 멥쌀, 좁쌀'에도 '쌀'의 옛말이 '뿔'이었고 여기의 ㅄ이 모두
발음되던 흔적을 찾아볼 수 있다. '차+뿔, 메+뿔, 조+뿔'로 이루어진
단어에서 'ㅂ'이 앞으로 오게 된 것이다.

> (13) 차 + 뿔 → 찹슬 → 찹쌀
>   메 + 뿔 → 멥슬 → 멥쌀
>   조 + 뿔 → 좁슬 → 좁쌀

'몹쓸 사람'이라는 말의 '몹쓸'에서도 합용병서가 모두 발음되었다는

---

38) 이처럼 단어의 첫머리에서 두 개 이상의 자음이 발음되는 것을 '어두자음군'(語頭
子音群)이라고 한다. 알타이어에서는 어두자음군이 없다고 알려져 왔다.

증거를 찾아볼 수 있다. 우리말에서 '못쓰다'와 '몹쓸'은 모두 '몯+쓰-'가 들어 있는 구조인데, '몹쓸'은 '쓰'의 ㅄ이 흔적을 남긴 것이라 할 수 있다.

(14) 몯쁠 → 몹슬 → 몹쓸

또한 '솜씨'란 단어를 보면, 이 말에 들어 있는 '씨'는 '삐'에서 온 말이다. '삐'는 '쓰다'는 의미의 '쓰-'와 '-이'가 결합한 말로, 현대 한국어로 바꾼다면 '쓰기' 정도가 될 수 있다. 그러므로 '솜씨'는 '손 쓰기'라는 의미가 된다. 여기서 '손'이 '솜'으로 바뀐 이유가 바로 합용병서의 발음과 관련이 있다. 즉, '쓰-'라는 말에 들어 있는 'ㅄ'은 예전에는 'ㅂ'과 'ㅅ'이 모두 다 발음되었기 때문이다. 따라서 '손+쓰+이'에서 뒤에 오는 'ㅂ'의 영향으로 앞에 있는 'ㄴ'이 'ㅁ'으로 바뀐 것이다.

(15) *손 삐(← 쁘다) 〉 손삐 〉 솜삐 〉 솜씨

즉, 합용병서 'ㅄ'의 'ㅂ'이 발음되던 시기의 흔적이 현대 한국어인 '솜씨'에 남아 있다는 것이다[39]. '함께'라는 단어는 '훈 삐'라는 말에서 온 것으로 '같은 때에'라는 의미이다. 여기서도 '삐'의 'ㅂ' 앞에 있는 'ㄴ'이 'ㅁ'으로 바뀌었음을 알 수 있다.

---

[39] 동식물의 유해와 활동 흔적 따위가 그대로 보존되어 남아 있는 것을 생물학적인 의미의 '화석'이라고 하는데, 우리는 여기서 언어에도 화석이 있음을 알 수 있다.

(16) 흔쁴 〉 흠쁴 〉 흠씌 〉 함께

이 외에도 '휩쓴다, 사립짝, 짭짤하다, 부릅뜨다, 내립떠보다, 입때, 접때' 등의 단어를 보면 합용병서가 다 소리났음을 알 수 있다. 합용병서가 모두 소리가 났을 것으로 볼 수 있는 또 다른 증거는 ≪계림유사≫에 나오는 표기이다.

(17) 하얀 쌀을 漢菩薩(한보살)이라고 한다(白米曰漢菩薩).
    조를 田菩薩(전보살)이라고 한다(粟曰田菩薩).

이를 보면 고려 시대에 '쌀'을 '菩薩'(보살)이라고 했음을 알 수 있는데, 이 단어는 조선 시대 '똘'에 해당하는 말로 보인다[40].

'ㆍ'[41)에 대해서는 ≪훈민정음≫에서 'ㆍ'는 혀가 오그라들고 소리가

---

40) 학자에 따라서는 'ㅅ' 등 'ㅅ계 합용병서'는 된소리를 표기한 것이라고 주장하는 경우도 있다.

41) 이 글자의 이름은 '아래아'라고 한다. 예전에 한글을 배울 때 사용하던 '반절표'에 '가갸거겨고교구규그기ㄱ'와 같이 'ㅏ' 보다 아래에 'ㆍ'가 배열되어 있었기 때문에 생겨난 명칭이다.

깊다(ㆍ舌縮而聲深), 'ㅡ'는 혀가 조금 오그라들고 소리가 깊지도 않고 얕지도 않다(ㅡ舌小縮而聲不深不淺), 'ㅣ'는 혀가 오그러들지 않고 소리가 얕다(ㅣ舌不縮而聲淺)고 기술되어 있다. 이 같은 설명은 다음 표와 같이 정리할 수 있다.

(18) 모음의 기술

	혀(舌)	소리(聲)
ㆍ	오그라듦(縮)	깊음(深)
ㅡ	조금 오그라듦(小縮)	깊지도 않고 얕지도 않음(不深不淺)
ㅣ	오그라들지 않음(不縮)	얕음(淺)

이를 바탕으로 'ㆍ'의 발음은 [ʌ]와 비슷한 소리로 파악된다. 'ㆍ'는 두 번에 걸쳐 변화한다. 즉, 16세기에 첫음절이 아닌 음절에서는 'ㅡ'로 바뀌고, 18세기에 첫음절에서 'ㅏ'로 바뀌었다42).

(19) ᄀᆞᄅᆞ치다 〉 ᄀᆞ르치다 〉 가르치다
　　(15세기)　(16세기)　(18세기)

다음과 같은 예들을 더 들 수 있다.

---

42) 예외가 있기는 하다.
　1) 첫음절인데 'ㅡ'로 바뀐 예. ᄒᆞᆰ 〉 흙, ᄀᆞ놀 〉 그늘
　2) 첫음절이 아닌데 'ㅏ'로 바뀐 예. 사ᄅᆞᆷ 〉 사람, ᄇᆞ롬 〉 바람
　3) 'ㆍ' 〉 'ㅗ'로 바뀐 예. ᄃᆞ로혀 〉 도로혀, ᄆᆞ로다 〉 모로다

(20) ᄀᆞ독ᄒᆞ다 〉 가득하다

　　ᄆᆞᅀᆞᆷ 〉 마음　　ᄀᆞᄋᆞᆯ 〉 가을

　　아ᄃᆞᆯ 〉 아들　　사ᄉᆞᆷ 〉 사슴

　　말ᄊᆞᆷ 〉 말씀　　가ᄉᆞᆷ 〉 가슴

　　나ᄀᆞ내 〉 나그내

　소리는 사라졌지만, 글자로서의 ·는 꽤 오랫동안 사용된다. 즉, 관습적으로 [ㅏ]발음을 나타내는데 ·를 사용하기도 하였다. 이는 1933년 한글 맞춤법이 공표되면서 완전히 사라지게 된다.

▪ ᅇ

　'ᅇ'는 세종, 세조 때의 문헌에만 나타나는 글자이다. 대개 'ㅣ'나 반모음 'ㅣ'에 맞닿아 있다.

(21) 괴ᅇᅧ, ᄒᆡᅇᅧ, 미ᅇᅪᆫ, 쥐ᅇᅧ, 얽ᄆᆡᅇᅮ미, ᄆᆡᅇᅦᄂᆞ니라, ᄆᆡᅇᅧ,
　　메ᅇᅮᆫ

　이 소리는 'ㅣ'를 소리낼 때 공깃길을 좁히고 근육을 긴장시켜 내는 소리를 적은 것으로 보인다.

(22) ᄒᆡᅇᅧ 〉 ᄒᆡ여

　　얽ᄆᆡᅇᅦ다 〉 얽ᄆᆡ이다

　　ᄆᆡᅇᅦ다 〉 ᄆᆡ이다

■ ㆅ

‘ㆅ’의 쓰인 예 역시 ‘ㆀ’과 마찬가지라 반모음 ‘ㅣ’에 맞닿아 있다.

(23) ᅘᅧ, 치ᅘᅧ시니, 도ᄅᆞᅘᅧ, 두르ᅘᅧ, 내ᅘᅧᄂᆞ니, 니르ᅘᅧ니, ᄡᅡ ᅘᅧᆶ씨니, 드리ᅘᅧᆶᄊᆡ, 드위ᅘᅧ, 두위ᅘᅧ

이 소리는 ‘ㅎ’의 된소리로, ‘ㅆ’ 소리로 바뀌거나 ‘ㅎ’ 소리를 거쳐 ‘ㅋ’ 소리로 바뀌는 경우가 있다.

(24) ᅘᅧ 〉 써
ᅘᅧ다 〉 켜다(불 켜다)
도ᄅᆞᅘᅧ 〉 도ᄅᆞ혀 〉 돌이켜(돌이키다)

■ ㅥ

이 글자는 말머리에 쓰인 예는 하나도 없고, 다음과 같이 쓰인 예도 극히 드물다. 따라서 이 소리는 [ㄴ]이 겹친 소리를 표기한 것으로 보인다.

(25) 닿ᄂᆞ니라 → 단ᄂᆞ니라 → 다ᄔᆞ니라
긇ᄂᆞᆫ → 글ᄔᆞᆫ

글자의 소릿값이 바뀌어 생겨난 어휘

글자는 옛날 모습 그대로인데, 그 글자가 나타내던 소릿값이 바뀐 것들이 있다. 다시 말하자면 오늘날 사용되고 있는 글자가 옛날에는 다른 소리를 표기했다는 것이다. 이렇게 그래서 생겨난 어휘들이 있는데, 이제 이를 찾아보기로 하자.

■ ㅇ

중세 한국어에서 'ㅇ'은 두 가지 기능이 있었던 것으로 보인다. 첫 번째 기능은 음절이 모음으로 시작하고 있음을 표시하는 기능이다. 이 기능은 '아'에서 쓰이는 'ㅇ' 같이 사용되고 있으며, 아무런 소릿값을 가지고 있지 않다. 'ㅇ'에 이러한 기능이 없었다면, 'ㄴ빠, ㅏ버지, ㅓ머니'와 같이 되어 이를 막기 위한 것으로 보인다. 현대 한국어에서도 똑같은 기능을 하고 있다.

'ㅇ'이 가지고 있는 두 번째의 기능은 'ㄱ'이 약화되어서 탈락되기 이전 단계인 'ㅎ'의 유성음인 [ɦ]43)를 나타내고 있는 것이다. 이는 현대 한국어의 관점에서는 아주 낯설게 느껴지지만, 다음과 같은 몇 가지 증거를 통해 알 수 있다.

15세기 한국어에서 동사 '울다'에 어미 '-어'와 '-고', '-거나' 등을

---

43) [ɦ]은 유성 성문마찰음이다.

결합하면 각각 다음과 같이 된다.

> (1) 울 + 어 → 우러
>   울 + 고 → 울오 ('우로' 아님)
>   울 + 거나 → 울거나

즉, 자음으로 끝나는 동사에 모음으로 시작하는 어미가 붙으면, '우러'와 같이 연철 되고, 자음으로 시작하는 어미가 붙으면 '울거나'와 같이 분철 된다. 그런데 '울오'의 경우에는 'ㅇ' 앞에서 'ㄹ'이 분철 되어 있으므로 바로 'ㅇ'이 자음적 기능을 가졌다고밖에는 볼 수 없게 된다.

또한 '몰애, 놀애, 멀위, 달애다' 등에서도 이들이 'ㄹ'이 'ㅇ'에서 분철 되어 있는 것도 마찬가지 이유로 설명할 수 있다. 따라서 15세기에 'ㅇ'은 자음적 기능을 하고 있었다고 보아야 한다. 지금말의 일부 방언에서 '몰개, 놀개, 멀구, 달개다'와 같이 나타나는 것도 'ㅇ'이 자음적 기능을 가졌음을 보여 주는 것이다. 현대 한국어에서 이 단어들이 각각 '모래, 노래, 머루'가 된 것은 'ㅇ'이 가진 자음적 기능이 사라지자, 'ㄹ'이 다음 위치로 옮아간 것으로 볼 수 있다.

> (2) 몰애 〉 몰ㅐ 〉 모래

▪ ㅐ, ㅔ

지금말에서 단모음 [ㅐ, ㅔ]로 발음되는 'ㅐ, ㅔ'는 15세기에는 발음이 [ㅏㅣ, ㅓㅣ]였다. 《훈민정음》에서 'ㅐ, ㅔ'를 각각 'ㅏ'와 'ㅣ', 'ㅓ'

와 'ㅣ'의 합용으로 설명한 것을 통해서도 알 수가 있다. 따라서 '개, 배, 새'를 당시 사람들은 [가이, 바이, 사이] 정도로 발음했을 것으로 생각된다. 지금말의 일부 방언에서 '새, 개, 게'를 각각 [사이, 가이, 거이] 라고 하는 것도 옛말의 흔적이다.

[ㅏㅣ, ㅓㅣ]로 발음되던 'ㅐ, ㅔ'가 현대 한국어와 같이 [ㅐ, ㅔ]로 발음이 바뀐 것은 18세기 후반으로 생각된다. 이 시기에 이른바 움라우트의 예가 많이 발견된다.

(3) 앗기다 〉 읷기다
    두리다 〉 디리다
    지팡이 〉 지펭이

▪ ㅚ, ㅟ

또한 'ㅚ, ㅟ' 역시 지금말에서는 [ㅞ, ㅟ]로 발음되지만, 15세기에서는 [ㅗㅣ, ㅜㅣ]로 발음되어서 '죄'를 [조이] 정도로 발음했을 것으로 보인다. 이런 현상은 '고요하다'라는 말에서도 찾아볼 수 있다. 만약 '괴외'의 발음이 지금과 같이 [궤웨]였다면 그 발음에서 [고요]가 나올 수는 없었을 것이다.

(4) 괴외 → 고ㅣ오ㅣ → 고ㅣ오ㅣ → 고요ㅣ → 고요

'고약하다' 역시 마찬가지로 설명할 수 있다. 이 말은 '괴악(怪惡)하다'에서 온 말로서, '괴악'의 옛 발음은 [고이악]과 비슷했기 때문에 발

음이 변해서 '고약'이 된 것이다.

(5) 괴악 → 고ㅣ악 → 고약

[ㅗㅣ, ㅜㅣ]와 같이 이중모음으로 발음되던 'ㅚ, ㅟ'가 단모음 [œ(ö), y(ü)]로 바뀐 것은 18세기 후반에 일어난 것으로 추정된다[44]. 다시 현대 한국어에서는 [ㅞ, ㅟ]와 같이 이중모음으로 발음이 난다.

▪ ㅢ

중세 한국어에서 'ㅢ' 발음 역시 [ㅡㅣ]이었다[45]. 'ㅐ, ㅔ, ㅚ, ㅟ' 등이 현대 한국어로 넘어 오면서 모두 단모음화하였던 것에 비해, 'ㅢ' 발음은 아직도 안정을 찾지 못하고 흔들리고 있다. 현대 한국어에서 'ㅢ'의 발음은 표준 발음법에 따르면 다음과 같이 여러 가지로 나고 있다. 첫째, 단어의 첫음절에서는 [ㅢ]로 발음한다. 둘째, 단어의 첫음절 이외에서는 [ㅣ]로 발음하는 것을 허용한다. 셋째, 조사 '의'는 [ㅔ]로 발음하

---

44) 이리하여 중세 한국어 이후 모음은 다음과 같이 바뀐다.

ㅣ	ㅡ	ㅜ		ㅣ	ㅡ	ㅜ		ㅣ	ㅟ	ㅡ	ㅜ
ㅓ	ㅗ			ㅔ	ㅓ	ㅗ		ㅔ	ㅚ	ㅓ	ㅗ
ㅏ	·			ㅐ	ㅏ			ㅐ		ㅏ	

45) 결국 중세 한국어에서 'ㅐ, ㅔ, ㅚ, ㅟ, ㅢ, ㆎ' 등은 [ㅏㅣ, ㅓㅣ, ㅗㅣ, ㅜㅣ, ㅡㅣ, ·ㅣ]로 발음되어 모두 뒤에 [ㅣ] 발음이 붙어 있는 소리였다. 이를 '내림 이중모음'이라고 한다. 반면에 'ㅑ, ㅕ, ㅛ, ㅠ' 등은 각각 [ㅣㅏ, ㅣㅓ, ㅣㅗ, ㅣㅜ]와 같이 발음하여 [ㅣ] 발음이 앞에 붙어 있으므로 '오름 이중모음'이라고 부른다. 즉, 중세 한국어에는 내림 이중모음과 오름 이중모음이 모두 존재했지만, 내림 이중모음이 모두 단모음으로 바뀌어서 현대 한국어에는 오름 이중모음만 남아 있게 된다.

는 것을 허용한다. '민주주의의 의의'는 [민주주이에 의이]처럼.

■ ㅈ, ㅊ, ㅉ

자음 'ㅈ, ㅊ, ㅉ'의 발음은 지금과 조금 달랐을 것으로 보인다. 즉, 'ㅈ'이 경구개음 [ʧ, ʤ]으로 발음되는 지금말과는 달리, 15세기에서는 모음 앞에서 치조음 [ts, ʣ]로 발음되었을 것이다. 15세기에는 'ㅈ' 계열 뒤에서 모음 'ㅏ'와 'ㅑ', 'ㅓ'와 'ㅕ', 'ㅗ'와 'ㅛ'가 엄격히 구별되었는데, 'ㅈ' 계열이 경구개음이었다면 이런 구별은 불가능했을 것이다. 따라서 중세 한국어에서 '자, 저, 조, 주'와 '쟈, 져, 죠, 쥬'의 혼동은 전혀 일어나지 않는다.

(6) 쟝龍, 庋   쟝醬
    져自   져筋
    초醋   쵸燭

'ㅈ' 계열이 치조음에서 경구개음으로 변한 것은 17세기 근대 한국어[46] 이후의 일이다. 그래서 '자'와 '쟈', '저'와 '져' 등의 대립이 없어

---

46) 근대 한국어 시기에는 임진왜란이 끝난 후, 전통적인 봉건 사회가 무너지기 시작하는 중대한 전환점이 준비되는 시기이다. 18세기부터 새로운 산업을 중심으로 일어난 사회적 변화와 실사구시(實事求是)의 학문의 전통이 이 시대에 확산되기 시작하였다. 이 시기가 중세 한국어 시기와 크게 대조를 이루는 사실은 평민 문학의 발달로 인하여 구어를 반영하는 다양한 자료가 확대되었으며, 동시에 당시의 지역 방언을 반영하는 방언 자료, 몽어·청어·왜어 등 외국어 학습을 위한 역학서들이 간행되기 시작했다는 것이다.

졌다. 그 결과 형태소 내부에서 'ㅈ' 뒤의 반모음 [ㅣ]는 모두 없어졌다.

　(7) 졈다 〉 젊다
　　　 젹다 〉 적다

- **받침의 ㅅ**

　중세 한국어 발음이 현대 한국어와 특히 달랐던 것은 받침으로 쓰이는 'ㅅ'의 발음이다. 현대 한국어에서 받침으로 쓰이는 'ㅅ'은 [ㄷ]으로 발음된다. '밭'과 '밧'의 발음을 비교하여 보면, 글자와는 관계없이 발음이 같다는 사실을 알 수 있다.

　그런데 중세 한국어에서 받침 'ㅅ'은 [ㅅ]으로 발음되었던 것으로 보인다. 즉, '밭'은 지금과 마찬가지로 [받]이라 발음되었지만, '밧'은 대체로 [바스] 정도로 발음되었다는 것이다. 그래서 중세 한국어에서는 다음과 같이 ㄷ 받침을 가진 단어와 'ㅅ' 받침을 가진 단어가 잘 구별되어 사용되고 있다.

　(8) a. 받침 'ㄷ'을 가진 단어 : 묻, 갇, 긷
　　　 b. 받침 'ㅅ'을 가진 단어 : 뭇, 갓, 깃

　경상 방언에서 여자아이를 의미하는 '가시내'는 중세 한국어에서 '갓나히'이었는데, 이를 현대 한국어와 같이 [간나히] 정도로 발음하면 여기에서 '가시내'가 변한 것을 설명할 수 없게 된다. 아마 이 말은 그 당시에 [가스나히] 정도로 발음되었다고 보아야 여기에서 '가시내'가 변해

온 것을 합리적으로 설명할 수 있게 된다.

또한 ≪조선관역어≫[47])에서도 'ㅅ' 받침을 가진 단어는 모두 '思'(사)로 표기되어 있고, 'ㄷ' 받침을 가진 단어는 그렇지 않아서, 당시 받침의 [ㅅ]이 제대로 소리 났음을 보여 준다.

(9) 花 果思 '곳'

城 雜思 '잣'

松子 雜思 '잣'

衣 臥思 '옷'

面 赧思 '눗'

(10) 陽 別 '볃'

田 把 '받'

---

47) ≪조선관역어≫(朝鮮館譯語) : 15세기 초 중국 명(明) 나라에서 편찬된 ≪화이역어≫(華夷譯語)의 일부. ≪화이역어≫는 중국어와 주변 여러 민족어와의 대역사전으로, ≪조선관역어≫ 외에도 ≪유구관역어≫, ≪일본관역어≫, ≪안남역어≫. ≪여진관역어≫ 등 모두 13개 언어의 사전이 있다. 약 천 개의 한어 어휘를 각 부문별로 나누고 각 어휘에 해당하는 각 언어의 말소리를 중국 한자음으로 기록한 것이다. 맨 윗부분에 한자로 뜻을 적고, 중간에 조선어의 발음을, 아래쪽에 중국 한자음을 기록하는 것으로 되어 있다. 1407년 사이관(四夷館)에서 편찬한 것이 있고, 그 이듬해 북경에 설치된 회동관(會同館)에서 편찬된 것이 있다. 이 가운데 ≪조선관역어≫는 회동관에서 편찬된 책에만 들어 있다. ≪조선관역어≫에는 '천문 지리 시령' 등 19부문에 걸쳐 596항의 어휘가 수록되어 있다.

筆 ㅏ '붇'

이러한 구분은 16세기 초에 사라져서 현대 한국어와 마찬가지로 ㄷ 받침을 가진 말이나 'ㅅ' 받침을 가진 말이나 모두 [ㄷ]으로 소리 나게 되었다.

현대 한국어에서 받침 소리로는 'ㄱ, ㄴ, ㄷ, ㄹ, ㅁ, ㅂ, ㅇ'의 7개 자음만 발음하지만, 중세 한국어에서는 여기에 'ㅅ'을 더해 8개 자음을 발음했던 것이다. 이를 ≪훈민정음≫에서는 다음과 같이 설명하고 있다.

(11) ㄱ ㅇ ㄴ ㄷ ㅂ ㅁ ㅅ ㄹ 여덟자만으로도 족히 쓸 수 있다.

(ㄱ ㅇ ㄴ ㄷ ㅂ ㅁ ㅅ ㄹ 八字可足用也)

▪ 성조

15세기에는 현대어와는 다른 표기법이 하나 더 있었으니 바로 '방점'(傍點)이다. 훈민정음 체계에 있어서 방점은 당시 한국어의 소리의 높낮이, 즉 성조(聲調)를 나타낸 것이다. ≪훈민정음 해례본≫의 설명은 다음과 같다.

"글자 왼쪽에 한 점을 더하면 거성이요, 두 점이면 상성이요, 없으면 평성이다. 입성은 점을 더하는 것은 같되 빠르다."

(左加一 點則去聲 二則 上聲 無則平聲 入聲加點同而促急).

≪훈민정음 언해본≫에 따르면 평성은 '가장 낮은 소리', 상성은 '처음이 낮고 나중이 높은 소리', 거성은 '가장 높은 소리', 입성은 '빨리 닫는 소리'라 해석하였다. 이렇게 당시 한국어에는 '평성, 상성, 거성'의 3성만의 성조가 존재하였다.

(12) 방점

평성	점 없음	가장 낮은 소리(뭇 눗가분 소리)
거성	한 점	가장 높은 소리(뭇 노푼 소리)
상성	두 점	처음이 낮고 나중이 높은 소리 (처서미 눗갑고 乃終이 노푼 소리)

이들은 다음과 같이 구별하여 발음되었던 것으로 보인다.

(13) 손(손님)   ·손(신체)

  비(탈 것, 신체)   비(과일)

  ·발(신체)   :발(여름에 치는 도구)

  밤(낮과 밤)   :밤(과일)

  가·지(가지가지)   ·가지(나뭇가지)

중세 한국어에서는 체언에 조사가 결합하면 성조가 바뀌기도 하였다.

(14) 부텨 + ·이 → 부:톄 (부처)

  다리 + ·이 → 다:리 (강에 놓인 다리)

이러한 성조는 16세기 말쯤에 사라졌다. 중세 한국어에 있던 상성은 대부분 장모음으로 바뀌었다. 현재 경상 방언, 함경 방언, 강원 방언 등에 성조가 아직 남아 있다[48].

---

48) 경상 방언 일부에 남아 있는 성조의 예를 들면 다음과 같다.

말이(馬)	HM
말이(斗)	MM
말이(言)	LM

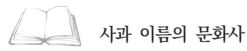 # 사과 이름의 문화사

과일 '사과'를 가리키는 말은 동아시아 여러 나라에서 모두 다르다. 한국어는 사과(沙果/砂果), 중국어는 苹果(蘋果), 일본어는 リンゴ, 베트남어는 (quả) táo이다. 이처럼 나라마다 이름이 다르다는 것은 사과가 동아시아 전체에 낯선 과일이었기 때문으로 보인다. 한자어 사과에는 왜 沙, 砂가 붙어 있을까? 사과의 한자 표기에 沙 또는 砂가 들어 있는 것으로 인해서, 흔히 사과의 즙 결정이 모래 모양이라는 둥, 먹을 때 모래 밟는 소리가 난다는 둥, 하는 이야기가 있지만, 이는 모두 민간어원일 뿐이다.

한자 사전에서 沙에는 다음과 같은 의미가 있다. 이를 보면 사과가 맛있는 과일이었음을 보여 준다. 하지만 작고 맛있는 과일에 하필이면 '모래'에 해당하는 한자를 사용했는지 설명되지 않는다.

(1) a. 沙 : 작고 맛있는 것에 붙이는 말. 沙瓜 사과, 沙橘 사귤, 沙糖 사당. ≪다음 한자사전≫

　　b. 너무 익은 것에 붙이는 말. 瓜瓤沙 과양사, 蟹黃沙 해황사. ≪뉴에이스 한한사전≫(운평어문연구소 편, 금성출판사)

첫 번째 의미의 유래는 ≪说郛≫ 권75에 인용된 송(宋) 나라 韓彥直

이 지은 원예학 관련 저서 ≪橘彔≫(1178)에서 유래한 것이다.

> "沙橘 , 取細而甘美之称。或曰种之沙洲之上 , 地虛而宜于橘 , 故
> 其味特珍。然邦人称物之小而甘美者必曰沙 , 如沙瓜、沙蜜、沙糖之
> 类 , 特方言耳。"

한편 중국에 사주(沙州)라는 지명이 있다. 사주는 1206~1368년 무렵 서하(西夏) 부근에 있었던 몽골제국을 가리킨다. 현재 간쑤성 둔황시 일대이다. 304년 이후 오호십육국 시대부터 이 지역은 사주라고 불려 왔다. 사막으로 둘러싸인 건조한 지역이었다.

'사과'라는 과일이 한국에 소개된 것은 그리 오래되지 않다. ≪조선왕조실록≫ 성종 14년(1483), 성종 15년(1484) 기사에 중국 황제의 생일날 바친 물건 이름 중에 '沙果 19개'가 나오는 것이 가장 이른 기록이다. 사과를 바친 날의 의미라든가 바친 수량을 미루어 보건대, 당시 사과가 그다지 대중적인 과일은 아니었음을 짐작할 수 있으며, 이외에 실록 전체적으로도 '사과'는 매우 드물게 등장할 뿐이다.

"동지중추부사(同知中樞府事) 한찬(韓儧)을 보내어 표문(表文)을 받들고 북경(北京)에 가서 성절(聖節)을 하례하게 하였는데, 백관들이 표문(表文)에 배례(拜禮)하기를 의식과 같이 하였다. 따로 진헌한 물건은 다음과 같다. … 쌍어(雙魚) 19개, 사과(沙果) 19개, 하화 연봉(荷花蓮蓬) 19개, 호로(葫蘆) 19개, 도(桃) 19개.(遣同知中樞府事韓儧, 奉表如京師,

賀聖節, 百官拜表如儀。別進獻物件。… 猿十九箇, 古獅子十九箇, 馬十九箇, 獅子袞繡毯十九箇, 猫十九箇, 蝦兒十九箇, 魚十九箇, 雙魚十九箇, 沙果十九箇, 荷花蓮蓬十九箇, 葫蘆十九箇, 桃十九箇, 船十九箇, 乙葉舟十八箇, 蟾十八箇, 雙獅子袞繡毯十八箇(성종실록 157권, 성종 14년 8월 18일 戊寅 3번째 기사 1483년 명 성화(成化) 19년)"

"뜰앞 과일 나무를 꺾어 무수히 어지럽게 때리고는 (仍折庭前沙果樹, 無數亂打, 숙종실록 49권, 숙종 36년 10월 29일 庚寅 1번째 기사 1710년 청 강희(康熙) 49년)"

"피적률(皮荻栗)·사과(沙果)·유자(柚子)·준시(蹲柿)·왜감자(倭柑子)는 이제부터 영구히 복정(卜定)하지 말라는 일을 분부하고, 곧 각각 해도(該道)에 행회(行會)하도록 하라. … 사과는 매년 8월 14일까지 평안 감영과 함경 감영에서 각각 한 차례 2백 개씩 봉진하며(白細鰕, 甘冬醢, 鰕卵, 皮荻栗, 沙果, 柚子, 蹲柿, 倭柑子, 自今永勿卜定事分付, 卽爲行會於各該道 … 沙果每趁八月十四日平安監營, 순조실록 2권, 순조 1년 1월 28일 乙巳 2번째 기사 1801년 청 가경(嘉慶) 6년)"

"또 황제의 명에 의하여 청다(淸茶)·서과(西果)·빈과(蘋果)·포도(蒲萄)·도금(桃檎) 등의 과일을 나누어 주었습니다. (中官又因皇旨, 分給淸茶、西果、蘋果、蒲萄、桃檎等果品。정조실록 31권, 정조 14년 9월 27일 갑진 1번째 기사 1790년 청 건륭(乾隆) 55년)"

"총독(總督) 백작(伯爵) 데라우치 마사타케(寺內正毅)가 밀감(密柑) 10상(箱)과 평과(苹果) 1상을 덕수궁(德壽宮)에 진헌(進獻)하였다. (總督伯爵寺內正毅進獻蜜柑十箱、苹果一箱于德壽宮。순종실록부록 3권, 순종 5년

12월 22일 양력 1번째 기사 1912년 일본 대정(大正) 1년)"

    연행록 ≪연원직지≫(燕轅直指)에는 중국의 '蘋果'는 한국의 '사과'(沙果)이며, 중국의 '沙果'는 한국의 '林禽'이라고 하면서 17세기 효종 때 접붙인 가지를 중국에 갔던 사신이 들여와서 사과가 한국에 퍼지게 된 것이라고 하고 있다. 하지만, ≪훈몽자회≫(訓蒙字會)(1527)의 '檎 닝금 금 俗呼沙果'을 보건대 사과는 그 이전부터 알려져 있었던 것으로 보아야 할 것이다. 다만 연행록의 기록을 통해서는 '沙果'라는 이름이 중국에서 사용되던 단어라는 점, 사과와 능금을 구분하고 있다는 점을 알 수 있다.

    사과가 동아시아에 알려지기 전에도 '능금', '멎'과 같이 사과와 비슷한 과일이 있었다. 고려에서 사용된 단어를 모은 ≪계림유사(鷄林類事)≫(12세기)에 '林檎 悶子訃'로 나타나며, 실록에서도 태조 때 기사에 '능금나무'가 등장한다. 능금은 크기가 작지만 사과와 비슷한 모양의 과일이어서, 사과와 능금 등은 오래전부터 혼동되었다. ≪훈몽자회≫의 '檎 닝금 금 俗呼沙果'도 그러한 사실을 보여 주며, ≪한불자전≫(1880)에서는 사과를 pomme douce, 능금을 pomme으로 기술하고 있다. 일본어의 リンゴ는 능금을 한자로 표기한 '林檎'에서 온 것이다. 참고로, 중국 강희제 때 편찬된 ≪기가격물편≫(幾暇格物編)에는 '李'(자두)를 설명하면서 숲속 짐승들이 단맛에 모여 와서 붙은 이름이 '林檎'의 유래라고 되어 있지만(能來眾禽於林 故得林檎 來禽 密果諸稱), 곧이곧대로 믿기는 어렵다.

'멎'은 한자 柰 또는 橕의 번역어로 나온다. '멎'이 사과와 구별되지 않고 사용되었음은 ≪자류주석≫(字類註釋)(1856) 등 여러 자전류에서 柰가 '샤과'로 풀이된 사실로 알 수 있다.

중국에서는 '沙果' 외에도 '沙橘, 沙杏, 沙瓜, 沙梨' 등에도 '沙'가 사용된다. 이를 통해서 '沙'는 중국 입장에서 서쪽 또는 사막 건너편에서 전해져 온 것이거나 13세기 서하 부근을 가리키던 '沙州'와 관련짓는 것이 더 좋을 듯하다. 이는 한국에서 '洋'이 '외국에서 들어온'의 뜻을 더하는 접두사로 쓰이는 것과 같은 용법으로 보아야 할 것이다. ≪동문유해≫(同文類解)(1748)와 ≪청문휘서≫(淸文彙書)(1751)에도 한어 '沙果' 또는 '沙菓子'가 각각 만주어 šago 또는 šagu로 음차 되었다. 중국어의 '蘋果'는 명나라 때의 농서 ≪군방보≫(羣芳譜)(1621)에 처음 등장하는 것으로 알려져 있는데, 산스크리트어를 음차한 '頻婆'에서 유래한 것이라고 한다.

베트남어에서 사과는 '(quả) táo'(果棗), 'táo tây'(棗西) 등으로 불리는데, 여기에 공통으로 들어 있는 táo가 '대추'라는 뜻으로 사과와 붉은 색이라는 특징을 공유하고 있는 것으로 보아서 베트남 역시 사과라는 단어는 나중에 만들어졌으며, 기존 과일과 혼동해서 사용되었음을 알 수 있다.

 **장미와 감기**

　현대 한국어에서 흔히 쓰는 어휘가 역사의 흐름 속에서 어떻게 변화해 왔는가에 대해 몇몇 어휘를 중심으로 살펴보기로 하자. '장마, 감기, 무지개, 시집' 등이다.

▪ **장미**

　'장미'를 나타내는 단어는 동아시아 여러 나라에 각각 '薔薇, 玫瑰, バラ, hoa hồng(花紅)'과 같이 서로 다르다. 한국에서 장미는 ≪동국이상국집≫(東國李相國集)(1241)에도 나올 만큼 오래된 단어이다. 현대 한국어 '장미'의 옛말인 '쟝미'는 16세기 문헌에서부터 나타난다. '쟝미'는 한자어 '장미'(薔薇)에서 온 것이다. 16세기의 ≪훈몽자회≫에서 '薔 쟝미 쟝'이라 하였다. '쟝미'의 제1음절 받침 'ㆁ'은 15세기 문헌에서 [ŋ]을 나타내던 것이었는데 'ㆁ'을 'ㅇ'이 대신함에 따라 16세기 문헌에서부터 '쟝미'가 나타난다. '쟝미'의 제1음절 '쟝'은 치음이었던 'ㅈ'이 구개음으로 바뀌어 '쟝'과 '장'의 발음이 구별되지 않게 되면서 '장미'가 된다. 이 '장미'가 19세기 문헌에서부터 나타나 현재까지 이어진다.

　　(1) 쟝미(16세기) 〉 쟝미(16세기~19세기) 〉 장미(19세기~현재)

현대 중국어에서 장미를 나타내는 데에 쓰이는 '매괴'(玫瑰)는 원래 붉은 빛깔의 옥을 가리키는 단어인데, 언제 장미의 의미를 가지게 되었는지 더 찾아볼 필요가 있다. 15세기 문헌 ≪월인석보≫(月印釋譜)(1459)에도 '매괴'는 칠보의 하나로 언급되고 있는데, 이는 저본이 된 중국 불경의 용법을 따른 것이다.

한국 문헌에서 '매괴'가 장미의 뜻으로 사용된 예는 ≪한불자뎐≫(1880)에 '미괴화 玫瑰花, 미괴경 玫瑰經'이 처음 보인다. 여기서 '미괴경 玫瑰經'은 라틴어로 장미 화관을 뜻하는 '로사리우스'(Rosarius)에서 유래한 천주교 용어를 번역한 것이다. 이후 장미를 의미하는 '미괴'는 ≪성경직해≫(1892) 등 천주교 관련 문헌에서 많이 나타난다. 일본어의 장미는 가시가 있는 나무를 의미하는 いばら에서 온 단어이다.

▪ 감기

지금은 감기라고 하지만, 옛날에는 모두 '고뿔'이라고 했다. 이 고뿔은 마치 코에 뿔이 난 것처럼 생각할지 모르지만, 실제로 이것은 코에 불이 난 것이다. 즉, 코에 열이 난다는 뜻이다. 이전엔 '곳블'이었다. 즉 코를 뜻하던 옛말인 '고'에 불이 붙었던 것인데, 원순모음화가 되어 '곳불'이 되고 다시 뒤의 불이 된소리로 되어 고뿔이 된 것이다.

그런데 최근에 와서 한자어인 感氣가 고뿔 자리를 차지하게 되었는데, 이 감기란 한자말은 '복덕방, 사돈, 사촌'처럼 우리나라에서 만든 한자어이다. 혹시 일본어에서 온 것은 아닌가 하고 생각하는 사람이 있는데 그렇지는 않다. 일본어에서는 감기를 '풍사'(바람 風 사악할 邪)라고 한다. 그리고 중국어에서는 '감모'(感冒)이다.

감기는 의학서에서 먼저 사용된 것으로 보인다. 검색 가능한 한의학 문헌 중 가장 오래된 것은 1687년 조선 숙종 13년 때 신만이 지은 ≪주촌신방≫(舟村新方)이다. 그리고 1871년 고종 8년 저자 미상의 ≪의휘≫(宜彙)에서도 오늘날의 의미인 感氣가 쓰였다.

실록에서 유일한 예는 다음과 같다. 今秋熱午甚, 晨夕過涼, 閭巷之間, 感氣大熾, 輦路極不淨潔(올 가을은 한낮에 너무 무덥고 아침저녁에는 지나치게 싸늘하여 여항(閭巷)에 감기가 크게 치성하기 때문에 연로(輦路)가 매우 깨끗하지 못하다) (고종실록 38년 10월 5일).

1880년의 ≪한불자전≫에는 '感冒'가 없고 '감긔'만 발견된다. 1911년 ≪한영자전≫에는 '감긔'가 표제어로 올라와 있고 유의어인 '곳불'이 '아이가 앓는 감기'로 풀이되어 있다. 그리고 1915년 국한문혼용체 문헌에는 중국 한자어인 감모(感冒)가 사용된다. 이를 보아 대중들은 일상에서 '감기'와 '곳불'을 같이 사용하고 한문에서는 感冒도 사용한 것으로 보인다. 그러나 어느 시점(1911년 전후)에 감기와 고뿔의 의미 분화가 발생하여 고뿔이 '아동의 감기'로 의미가 한정되었다가 점차 세력이 점차 약화된 것으로 보인다. 오늘날 순우리말인 '고뿔'이 사전에도 올라 있고, 문학 작품에도 쓰이고 있으나 실제 언어생활에서는 잘 쓰이지 않는다. 1930년대 문학지에서 '감기'가 자주 사용된 것으로 보아 감기가 지배적 어휘가 된 것으로 보인다.

▪ 베름빡

'베름빡'이라고 하면 알아들을 분이 얼마나 될지 모르겠지만 지방 방언이다. 보통은 벽이라고 한다.

베름빡은 원래는 'ᄇᆞ름'이었다. 그 뜻은 '흙으로 발랐다'는 뜻이다. 그러던 것이 한자가 들어 와서 여기에 다시 '벽'이 붙었다. 그래서 결국 '바름벽'이었는데, 이것이 음운 변화를 일으켜서 베름빡이 된 것이다. 그래서 이젠 그 어원을 거의 알 수 없는 것이 되고 말았다.

▪ 무지개

무지개라는 말은 어떻게 해서 생기게 되었으며, 또 무슨 뜻일까? 무지개는 '물지게'로 알려져 있는데, 'ㅈ' 앞에서 'ㄹ'이 탈락하므로 '무지게'로 된 단어이다. 이렇게 원래는 '무지개'가 아니고 '므지게'였다. 왜 무지개가 아니고 무지게였을까? 그것은 어두음절이 아닌 위치에서 '에'와 '애'가 중화가 되어 현대에는 '개'가 되었는데, 원래는 '게'였다.

물지게는 '물+지게'로 구성되어 있다. '물'은 '물 水'의 물이다. 비가 온 뒤에 무지개가 생긴다. 그리고 '지게'는 물건을 나르는 지게가 아니고, 문이라는 뜻을 가진 말이다. 지금도 한 집안의 주인을 호주라고 하는데, 그때의 '호'를 '집 戶'고도 하지만, 옛말에서는 '지게 戶'였다. 문짝이라는 의미다. 지금은 문짝이 직사각형으로 되어 있지만, 옛날의 지게는 그 윗부분이 무지개의 윗부분처럼 되어 있었다. 즉, 곡선으로 되어 있었다. 그래서 물로 된 문이라는 뜻을 가진 것이 바로 무지개이다.

▪ 눈꼽

'꼽'자가 들어간 단어를 생각해 보자. '눈꼽, 배꼽, 손꼽' 등이 있다. 이때의 '꼽'은 무슨 뜻일까? 꼽은 원래 '곱'으로서, 이때의 곱은 기름이란 뜻이다. 이 곱은 곱창에도 남아 있다. 곱창이 기름 덩어리임을 다 알 것이다.

- 설

우리나라에서는 태어난 지 이틀밖에 안 된 아기가 나이로는 두 살이 될 수 있다. 우리나라에서는 한 해가 지나면 자연히 한 살을 먹게 된다. 음력 섣달 그믐날에 태어난 아기가 그다음 날, 그러니까 설날만 되면 비록 태어난 지 이틀밖에 안 된 아기지만 금방 두 살이나 된다. 서양에서는 아직 한 살도 되지 않은 아이를 두 살이라고 하는 사실에 대해서 의아할 수도 있지만, 그 생각은 서양식 사고의 산물이다. 우리의 나이 계산 방법에 따르면 그 아기는 분명히 두 살이다. 왜냐하면, 우리나라에서는 태어나면 곧 한 살이 되고, 다시 한 설을 지나면 한 살을 더 먹기 때문이다.

우리나라에서는 엄마 뱃속에 있을 때에도 하나의 생명체로 생각해서, 태어나자마자 한 살이 되는 것이다. 그리고 사람마다 한 살씩 더 먹는 날을, 서양처럼 각자 생일에 따라 각각 다르게 정하지 않고 모두 설날로 정한 것이다. 이러한 생각이 서양 사람들의 사고에 비해 얼마나 인간적이고 합리적인가?

그래서 한 살을 더 먹기 위해서는 한 설을 지나야 한다. 이렇듯 '살'과 '설'은 의미적으로 매우 가깝다. 이렇게 우리말 어휘는 매우 경제적인 방법으로 만들어졌다. 새로운 뜻을 가진 사물이나 현상이 생기면, 이것에 전혀 생소한 단어를 만들어 사용하는 것이 아니라, 이전에 있었던 단어들의 자음이나 모음을 바꾸어 가면서 새로운 단어를 만들어 간다. 이것을 보통 단어의 파생이라고 하는데, 우리말에서는 이와 같이 모음만 바꾸어서 그 뜻을 조금씩 바꾸어 간 것이 무척 많다. 몇 가지 예를 들면 다음과 같다.

1. '머리'와 '마리'. 머리가 하나이면 한 마리다. 그래서 옛날 (훈민정음 창제 당시)에는 사람의 머리도 마리라고 했다. 그렇다고 한 사람을 한 마리라고 하지 않는다.
2. '남다'와 '넘다'. 남으면 넘치고, 아니면 넘으면 남는다.
3. '낡다'와 '늙다'. 사람이 낡으면 늙는 것이라고도 할 수 있다. 물론 낡다는 옛날에는 사물에만 쓰였다.
4. '맛'과 '멋'. 맛이 있어야 멋이 있지 않을까?

이외에도 수많은 의성어와 의태어는 모음을 달리해서 그 조그마한 뜻을 바꾸는 일이 매우 많다. 다음에 드는 예문에 속한 사람이 어떠한 사람인지는 상상해 보면 재미있을 것이다.

(2) 그 사람은 {뚱뚱하다, 똥똥하다, 땅땅하다, 땡땡하다, 띵띵하다}.

▪ **나쁘다**

'좋다'의 대립어로 쓰고 있는 '나쁘다'는 어떻게 생겼을까? 쉽게 어림짐작도 안 될 것이다. 왜냐하면 옛날의 형태에 비해 너무 많이 변했기 때문이다. 결론부터 말하자면, 나쁘다는 '높다'의 대립어인 '낮다'의 어간 '낮'에 접미사인 '-브다'가 붙어서 생긴 말이다. 그러니까 '낮 + 브다'가 '낮브다'로 쓰이다가 이것이 '낮'의 'ㅅ' 때문에 'ㅂ'이 된소리가 되어서 '나쁘다'가 된 것이다.

원래의 뜻은 '부족하다'는 뜻이었다. 좋지 않다는 뜻으로 변화한 것은 18세기 이후이다. 17세기까지만 하더라도, 부족하다는 뜻으로 사용되었다. 그래서 '잠이 낫브다, 옷과 밥이 낫브다' 등으로 쓰이었다.

이렇게 접미사 '-브다'가 붙어서 된 단어가 여럿 있다. '예쁘다, 바쁘다, 가쁘다, 어여쁘다, 누우쁘다, 기쁘다, 미쁘다' 등이 여기에 해당한다.

▪ 시집

'시집'의 시(媤)라는 한자는 1039년에 편찬된 ≪집운≫(集韻)이란 운서(요즘 말로 하면, 발음 사전)에 처음으로 여자 이름에 쓰는 글자로 [女司]와 같다고 하였다. 媤,女字.或從司(集韻) 媤,女名(字彙)

중국에서 여자 이름에 사용되던 媤 자가 우리나라에서 시집이란 뜻으로 전의되어 사용된 것은 단지 고유어인 '싀집(속삼강행실도) 〉 시집, 싀아비(두시언해) 〉 시아비, 싀어미(두시언해) 〉 시어미' 등을 한자로 표기하기 위해 '싀'와 같은 음을 지닌 한자 媤를 빌려 쓴 것으로, 빌려 쓴 글자(假借字)라 하겠다.

시집이란 의미로서의 첫 출전은 ≪추관지≫(秋官志)(1781년)라는 법제 자료책에 보이고(媤叔之義), 정약용의 ≪아언각비≫(雅言覺非)(1819년)에도 媤 자 풀이가 나와 있다(媤者,女字也. 以稱舅家,舅曰媤父,姑曰媤母類 : 媤는 여자 이름 글자이다. 시집을 일컫는 것으로, 시아비를 媤父, 시어미를 媤母라고 말한다)

≪추관지≫와 같은 시기에 나온 ≪동문유해≫(同文類解)(1748년)에 媤의 한자음이 '싀'라고 되어 있다. 이 음이 '시'로 변한 것이다.

옛말 사전에 없는 우리 옛말

지금까지 출간된 우리 옛말 사전에는 ≪이조어사전≫(李朝語辭典, 유창돈 1964), ≪고어사전≫(古語辭典, 남광우 1960), 그리고 한글학회의 ≪우리말 큰사전≫(한글학회 1992)의 '옛말과 이두' 편 등이 있다. 그런데 이들 사전에는 아직 모든 어휘가 다 수록되어 있지는 않다. 사전이 출간된 이후의 문헌이야 어쩔 수 없겠지만, ≪방언유석≫(方言類釋 : 1778), ≪몽어유해≫(蒙語類解 : 1768) 등의 문헌에 보이는 어휘는 전혀 반영되어 있지 않다. 약호 목록을 보아도 알 수 있다. 이제 이러한, 옛말 사전에 빠져 있는, 우리 옛말 몇몇에 대해 살펴보도록 한다.

■ 난밧냥쥐(露水夫妻)

≪이조어사전≫에는 뜻풀이가 비어 있는 채, 표제어만 제시되어 있으며 그 외 다른 사전에는 ≪표준국어대사전≫을 제외하고는 표제어로 등재되어 있지 않다. 이 단어의 의미는 ≪표준국어대사전≫에 수록된 대로, '정식으로 식을 올리지 않은 부부'의 의미이다. 이러한 의미는 중국어 표제어 '露水夫妻'의 의미를 통해 알 수 있다. 이 단어는 '일시적인 부부, 뜨내기 부부'라는 의미를 가진 단어이다.

따라서 '난밧냥쥐'는 '난밧+냥쥐'로 분석되는데, '냥쥐'는 부부를 이르는 말인 '兩主'이며, '난밧'의 의미는 고대소설 〈진딕방젼〉에 보이는 '난밧사룸'이라는 단어에서 유추해 볼 수 있다. 정상적이지 않은, 자연스럽지 않은, 허랑방탕한 정도의 의미로 유추된다.

> "무릇 녀ᄌᆞ의게 여덟 가지 ᄒᆡᆼ실이 이스니 … 쇼리를 부드러
> 이 ᄒᆞ여 언셩이 규문 밧긔 나지 아니케 ᄒᆞ고 난밧사ᄅᆞᆷ이 지
> 쳑의 이실지라도 틈으로 이어보지 말며 친쳑이 오거든 부득
> 이 인ᄉᆞ혼 외의 다른 말을 이르지 말지니"〈진ᄃᆡ방젼〉

▪ 부딪치기(慣貼)

≪이조어사전≫에는 표제어로 등재되어 있지 않고, ≪우리말 큰사전≫에서는 '부딪치다'라는 동사의 용례로 수록되어 있지만, 뜻풀이는 'ᄇ두티다'와 같은 것으로 되어 있어서 '부딪치기'의 뜻을 알 수 없게 되어 있다. 그러나 이 단어는 〈역어보〉에서 '인품'류에 기술되어 있으므로, 사람의 성질을 나타내는 말로 보아야 한다. 이 말의 의미는 ≪방언유석≫에 세 가지 갈래로 살펴볼 수 있다.

첫째 한자어 慣貼的를 통한 것이다.

둘째, ≪방언유석≫에 기술되어 있는 만주어 laihūtu를 통한 것이다. laihūtu는 ≪만화사전≫(滿和辭典)에는 '遊び人、やくざ、與太者'와 같이 풀이되어 있다. 또한 ≪한청문감≫에도 '泥腿 놈의 싸홈에 부듸치ᄂᆞᆫ 이 laihūtu'와 같이 풀이되어 있어, '부딪치다'의 의미를 파악할 수 있게 해 준다.

셋째, ≪방언유석≫에는 일본어, 고우샤 요우니 즈계 히도(こうしゃ ように つけ ひと)라 기술되어 있어, '깡패, 건달' 등의 의미로 사용되었을 것으로 추측된다. 다음과 같은 예에서도 발견된다.

"이 씨의 남원 스십 팔면 왈즈들이 춘향의 미마즌 말 풍편의 어더듯고 구룸ス치 모힐 적의 누고 누고 모혓더니 한슉이 틱슉이 무슉이 태평이 걸보 쎠즁이 도질이 브듸치기 군집 털풍헌 줌반이 희근이 거졀이 쌍장의 아돌놈들이 그져 뭉게뭉게 모혀드러 겹겹이 둘너 뽀고 스면으로 저희 각각 인스ᄒᆞ여 위로ᄒᆞᆯ 제" (〈춘향전〉)

"이씨 남원 스십팔면 왈즈드리 춘향의 미마즌 말 풍편의 어더 듯고 구룸ス치 모힐 격의 누고 누고 모혓던고 한슉이 틱슉이 무슉이 틱평이 걸보 쎄듕이 도질이 부듸치기 군집이 펼풍헌 쥰반이 회근이츅 등물이 그져 뭉게뭉게 모혀드러 겹겹이 둘너뽀고 스면으로 져희 각각 인스ᄒᆞ며 위로ᄒᆞᆯ 제 그듕ᄒᆞᆫ 스람이 드려다가 보고 밧비 쮜여 활터흐로 단춍 올나가셔 여러 한량보고 슘을 아죠 헐덕이며 늣겨가며 목이 메여 ᄒᆞᆫ 말이" (〈남원고사〉)

- **가놀돈(定盤星)**

  ≪이조어사전≫에는 '가늘돈', ≪우리말 큰사전≫에는 '정반성'(定盤星)으로 풀이되어 있다. 중국어 사전에 定盤星은 '대저울에 첫 번째 저울 눈금(중량이 0이 되는 곳)을 표시한 눈금'이므로, 이는 ≪표준국어대사전≫에 '대저울의 첫째 자리, 곧 무게 0의 자리'로 바르게 풀이되어 있다.

- 각기소리(千眼廚)

　기존 사전에서 모두 표제어로 등재되어 있지 않다. 문헌에는 '千眼廚, 각기소리'로 보인다. '廚'는 만주어 'tatakū i hiyadan'과 일본어 'たんす'를 참고해 보면 '서랍이 달려 있는 장롱'이라는 의미를 가졌음을 알 수 있다. 이것은 여닫이 문안에 여러 개의 서랍이 설치된 금고(金庫)의 일종이다. 이것은 중국의 백안(百眼)이라 부르는 장의 영향을 받아 제작된 것이다. 백안의 용도는 다양하여 의사들은 각종 약을 분류 보관하는 데 사용하였다고 하며 귀족이나 학자들은 귀금속이나 저술에 필요한 모든 자료를 분류하는 데에도 사용하였다.

　조선 시대에는 '각비슈리, 각기소리' 등으로 표기하였는데 '각게슈리, 싹계슈리, 각기슈리, 갑계슈리, 갑겨슈리, 가께수리' 등의 표기로도 많이 나타난다. 중국에서는 백안이라는 명칭 외에도 정궤(頂櫃), 천안주장감(千眼廚粧嵌), 천안주(千眼廚)라고도 하였다.

　각기소리는 3단으로 설치된 크고 작은 10개의 서랍들이 내부에 마련되어 있다. 일종의 금고이기 때문에, 다른 가구에 비해 유난히 금속장식을 많이 사용하여 견고하게 제작하는 것이 일반적인데, 예로부터 전해오는 각종 소설이나 노래, 탈춤의 재담 등에 종종 등장하는 것으로 보아 서민들이 매우 선망하는 가구였던 것으로 생각된다.

- 아나

≪이조의 사전≫에는 빈칸으로, ≪우리말 큰사전≫에는 수록되어 있지 않다. 한자 逆의 의미를 보거나 만주어 ma, 몽골어의 의미를 보건대, '자신이 가지고 있는 것을 다른 사람에게 건네줄 때 사용하는 감탄사'로 보인다. 방언에서 지금도 사용되고 있다. '옜다'의 뜻이다.

- 슬먹다

≪이조어사전≫에는 '천천히 먹다', ≪우리말 큰사전≫에는 '야금야금 먹다'로 뜻풀이되었지만, 이 단어의 풀이 역시 ≪방언유석≫을 통해 살펴보면 이 단어의 의미는 '식욕 없이 먹다'라고 풀이해야 할 것이다.

- 어긔롭다

≪이조어사전≫에는 '偉大하다', ≪우리말 큰사전≫에서는 '너그럽다'라는 뜻의 '어그럽다'의 후대형으로 풀이되었다. 그러나 만주어 ambalinggū, 일본어 おおい なりました의 의미를 참고하건대, '체구가 당당하다' 정도의 의미로 풀이할 수 있을 것이다.

- 이져후다

≪이조어사전≫에는 빈칸으로, ≪우리말 큰사전≫에는 표제어로 등재되어 있지 않다. 만주어에 보이는 ere tere을 참고하건대, '이러쿵저러쿵 말하다, 군말하다' 정도의 의미를 가진 것으로 파악된다.

- 다랍다

　≪이조어사전≫에서나 ≪우리말 큰사전≫에서 '다랍다'로 뜻풀이가
되어 있다. 현대어에서 '다랍다'는 두 가지 뜻으로 사용되는데, 옛글에
서는 그중 주로 '인색하다, 아까워하다'에 가깝게 쓰인 예가 더 많다.
따라서 단순히 '더럽다'보다는 '인색하다'로 풀이해야 할 것이다. 다른
문헌에서는 주로 '다랍다'로 나온다.

제4부

우리말 역사 이야기

언어는 끊임없이 변한다

세상 만물은 시간의 흐름에 따라 끊임없이 변화한다. 인간의 말 역시 역사의 흐름에 따라 변화한다. 말은 의사전달의 도구이기 때문에 아무나 약속된 체계를 바꿀 수 없다. 그러나 실제 말은 정체되어 있지 않고 끊임없이 변화를 겪어, 오랜 세월이 쌓이면 꽤 변화한 모습을 드러낸다. 이제 이러한 말이 끊임없이 변화하는 것에 대해 살펴보도록 하자.

예나 지금이나 역사를 다루는 드라마가 인기이다. 〈용의 눈물〉, 〈태조 왕건〉, 〈여인천하〉, 〈태조 이방원〉 등 다양한 시대를 대상으로 하는 역사 드라마들이 우리 역사를 나름대로 재조명하고 있다. 시청자들 역시 이런 드라마를 보면서 옛 시대의 삶과 정신을 되새기는 계기를 얻기도 한다.

이러한 역사 드라마에서는 당시의 생활상을 정확하게 재현하는 것이 중요하므로 그 어떤 드라마보다도 고증(考證)에 많은 공을 들이게 마련이다. 이를테면 그 당시의 모습을 잘 보여 줄 수 있는 건물 세트나 의상, 각종 장식, 분장, 소품 등을 옛 문헌이나 물건에 기초하여 바르게 밝혀내는 일 등이 고증의 대상이 되고 있다. 그러나 이러한 고증은 그렇게 쉬운 일은 아니다. 다음의 기사들은 고증의 어려움을 보여 주거나, 고증의 사소한 실수에도 시청자들은 민감하게 반응한다는 사실을 알려 준다. 복식 하나를 제대로 고증하기 위해 중국까지 다녀왔다는 제작진의 노력에도 불구하고 의상이나 문화 고증에도 잘못된 부분이 많은 것으로 지적됐다. 복식사를 전공한 한 교수는 일일이 지적하기 힘들 정도라고 꼬집었다. 그 가운데서도 가장 눈에 많이 띄는 것이 '갑옷'. 후삼국 시대 성격상 전투 장면이 많고 말 타고 갑옷을 입은 사람들이 자주 나오는데 이들의 갑옷이 국적 불명이란 점이 지적되었다.

"우리 갑옷에는 우리만의 특징이 있는데 드라마상의 갑옷은 중국과 동북아 지역의 여러 요소가 뒤섞인 혼합형이라는 것. 게다가 출연자들이 속옷을 제대로 갖춰 입지 않아 마치 와이셔츠를 안 입고 양복을 걸친 사람마냥 어색한 외모도 '옥에 티'. 왕건이 전장에 나가면서 투구를 쓰지 않고 수건을 질끈 동여맨 맨머리 차림도 '기본을 무시한 행동'. 이도학 교수는 다른 장군들은 모두 투구를 쓰는데 유독 왕건만이 상투 머리채 출진하고 있다며 이것은 '전쟁터에 나가는 사람'으로서 기본이 안 된 경우라고 지적했다. 내군장군 은부도 마찬가지. 내군장군은 친위군 장군이므로 전장에 나갈 때는 물론 평상시에도 군복을 입어야 하지만 드라마의 은부는 갑옷 대신 관복을 입고 등장한다. (중략) 호칭도 문제. 당시 신생 호족들은 성을 갖지 않아 '궁장군', '견장군', '왕장군', '추장군', '은장군' 등은 사실과 다를 가능성이 높다. 심지어 왕건조차 왕이 된 이후에 붙은 이름이라는 설이 있는 실정이고 견훤의 아버지가 아자개로 불리는 것만 봐도 확연하다. 이재범 교수는 당시 호칭은 그 사람의 관직으로 불렸을 것으로 추정했다. 현재 후삼국 시대를 조립하는 데 이용할 수 있는 사료는 기껏해야 삼국사기와 고려사, 그리고 현재 남아 있는 선승들의 탑비(塔碑)에 새겨진 글이 고작이다. 그러므로 적은 자료로 광대한 스케일의 대하드라마를 제작하는 과정에서 작가의 상상력이 동원되는 것은 당연지사인지도 모른다. 그러나 이도학 교수와 이재범 교수는 작가의 '문학적 상상력'에 공감하면서도 역사적 사실이 극적 요소에 의해 훼손되는 게 아니냐는 우려를 표명했다." [〈뉴스피플〉 2000.5.19.]

"〈대장금〉의 인기 열풍이 '옥에 티' 찾기 열풍을 일으키고 있다. 시청률 40%대를 달리고 있는 MBC 드라마 '대장금'의 열혈팬들은 매회 방송이 끝나면 각자 발견한 다양한 '옥에 티'를 드라마 인터넷 홈페이지 게시판에 띄워 놓고 있다. 'KOO'란 아이디의 네티즌은 10일 방송에서 '보모상궁이 돌아가실 때 화면에 장금의 손이 확대됐는데 손톱에 매니큐어가 발라져 있었다'라며 '이영애가 매니큐어 지우는 것을 깜박한 것 같지만 그래도 예쁘니까 봐 주겠다'며 부주의를 애교 있게 꼬집었다. 'DOO'란 네티즌은 지난 9월 29일 방송에서 제작진의 실수를 발견했다. 이 네티즌은 '최판술(이희도)이 오겸호(조경환)에게 뇌물을 주러 갔을 때 벽에 '변상벽의 고양이 그림'이 걸려 있었다. 그런데 '변상벽은 18세기에 태어난 사람이다'며 〈대장금〉이 500년 전 이야기(조선 중종)을 다룬 것이기 때문에 이 그림을 바꿔야 한다'며 전문가 뺨치는 안목으로 '옥에 티'를 찾아냈다. 'COO'란 네티즌도 지난 10월 20일 방송을 본 뒤 '한상궁 대사 중에서 '아카시아'란 꽃이름이 나왔는데 아카시아는 영어가 아닌가'라는 예리한 지적을 했다." [〈스포츠투데이〉 2003.11.12.]

드라마는 드라마일 뿐이라는 제작진들의 해명에도 불구하고 이와 같은 문제가 끊임없이 제기되는 것은 드라마를 보는 사람들이 그 드라마를 통해서 역사적 사실에 초점을 맞추기 때문인 것 같다. 그래서 역사 드라마를 만드는 사람들은 드라마의 고증에 최선을 다한다. 허구 세계를 다루는 드라마이지만, 시청자들은 역사적인 사실에 기반을 둔 드라마를 원하기 때문이다.

이처럼 고증을 철저히 하는데도, 제작자들도 그다지 신경 쓰지 않고 또 시청자들도 관심 없이 지나치는 부분이 있다. 바로 '말'의 문제이다. 역사 드라마에 나오는 말들이 지금 말과 똑같기 때문에 언어 문제를 소홀히 하는 것은 아닐 것이다. 언어에 관련된 고증 문제는 기껏해야 다음과 같은 호칭 문제 몇 가지를 제기하는 선에서 그친다. '전하'라고 불러야 하는 조선 시대 왕을 고려 시대 왕의 호칭인 '폐하'라고 부른다. 조선 시대에 '대감'은 정이품 이상, '영감'은 정삼품 당상관 이상, 그 이하는 '진사' 또는 '나으리'라고 하는데 이런 원칙이 전혀 지켜지지 않는다. 역사 드라마를 좀 더 정확하게 만들려면 모든 배우들이 그 당시에 실제 사용되었을 언어를 써서 대화하여야 할 것이다. 여기에는 다음과 같은 문제가 있다.

첫째, 대부분의 역사 드라마에 등장하는 인물들은 대부분 표준어를 쓰는 것은 문제이다. 출신 지역은 여러 곳이면서, 모두 표준어 또는 표준어와 비슷한 말을 쓴다는 것은 자연스럽지 않다. 역사 드라마에 등장하는 사람들은 자신의 지역 방언 사용해야 자연스러울 것이다. 영화 〈황산벌〉에서처럼 백제, 신라의 장수들이 각각 전라 방언, 경상 방언을 사용해서 대화를 나누는 것이 역사적인 사실에 더 부합할 것이다.

(1) 관창 : 고마 죽이라카이!
    계백 : 참말로 죽고 싶지비이?

그런데, 이처럼 사투리를 사용하는 대사가 더 현실에 부합하는 것일지 모르지만, 이러한 대화는 왠지 진지해야 할 드라마를 마치 코미디로 만드는 듯한 느낌이 있다.

둘째, 그 시대의 정확한 모습을 완벽하게 재현을 하려면 드라마의 대사 전체를 옛말로 해야 한다. 하지만 드라마 대사 전체를 옛말로 한다면, 상당히 많은 부분 자막으로 처리해야 할 텐데 물론 이는 전혀 불가능하거나 현실성이 없는 일일 것이다. 외국 영화를 보는 것이 아닌 한, 우리나라에서 만들어진 드라마를 보면서 자막을 읽으면서 볼 사람들은 그리 많지 않을 듯하다.

이처럼 역사 드라마의 언어는 적어도 언어에 관한 한, 실제적인 사실에 부합하고 있지 않다. 세상 모든 것은 다 시간과 함께 변화한다. 이러한 변화는 조금씩 일어나서 당장은 별다른 주목을 받고 있지 못하지만, 이것이 쌓여 시간이 한참 흐르고 나면 크게 차이가 나게 된다. 언어 역시 지금껏 시간과 함께 끊임없이 변화해 왔으며, 지금 이 시간에도 변화하고 있다. 언어가 변화한다는 사실을 예전 문헌을 통해 살펴보기로 하자. 16세기에 간행된 ≪번역노걸대≫[49])에는 다음과 같은 대화가 있다.

> (2) A : 네 이리 漢人손듸 글 비호거니 이 네 므슴모로 비호
>   눈다, 네 어버싀 너를 ᄒᆞ야 비호라 ᄒᆞ시ᄂᆞ녀
>   B : 올ᄒᆞ니 우리 어버싀 나를 ᄒᆞ야 비호라 ᄒᆞ시ᄂᆞ다
>   A : 네 빈환 디 언머 오라뇨
>   B : 내 빈환 디 반 ᄒᆡ 남즉ᄒᆞ다

이 대화를 현대어로 번역하면 다음과 같다.

> (3) A : 네가 이렇게 중국 사람에게 글을 배웠으니 이것이
>   네 마음으로 배운 것이냐, 네 부모가 너에게 시켜
>   배우라고 한 것이냐?
>   B : 올커니. 우리 부모가 나에게 시켜 배우라 하신 것이다.
>   A : 네 배운 지 얼마나 오래되었냐?

---

49) ≪번역노걸대≫(飜譯老乞大) : 조선 중종 때 최세진(崔世珍)이 본래 고려 때부터 전해온 중국어 학습서인 ≪노걸대≫에 한글 번역을 붙인 책. 사절의 왕래나 상인의 교역에 필요한 중국어 회화 위주로 되어있으며, 조선 시대에는 역관들의 외국어 학습 및 역관 시험용으로 사용되었다.

B : 내가 배운 지 반년이 넘었다.

그러나 이것만 보더라도 지금부터 400년 전에 이 땅에서 쓰이던 말이 지금 우리가 쓰는 말과 아주 똑같았던 것은 아니라는 사실을 알 수 있다. 그런데 다른 변화에는 민감한 이들도 언어 변화에는 그다지 민감하지 않다. 이제부터 우리는 언어 변화, 특히 우리말 어휘가 변화해 온 길에 대하여 함께 생각해 보기로 하자.

바벨탑 이야기

옛날 사람들은 이 세상에 언어는 단 하나 존재하였다고 생각하였다. 이와 같은 생각을 잘 보여 주는 것이 성서의 기록이다. 성서에 의하면 세상은 원래 하나의 말을 쓰고 있었는데, 신이 이를 여러 언어로 갈라 놓았다는 것이다. ≪성경≫(공동번역) 창세기 11장 1절-9절에 나온다.

"온 세상이 한 가지 말을 쓰고 있었다. 물론 낱말도 같았다. 사람들은 동쪽에서 옮아오다가 시날 지방 한 들판에 이르러 거기 자리를 잡고는 의논하였다. "어서 벽돌을 빚어 불에 단단히 구워 내자." 이리하여 사람들은 돌 대신에 벽돌을 쓰고, 흙 대신에 역청을 쓰게 되었다. 또 사람들은 의논하였다. "어서 도시를 세우고 그 가운데 꼭대기가 하늘에 닿게 탑을 쌓아 우리 이름을 날려 사방으로 흩어지지 않도록 하자." 야훼께서 땅에 내려오시어 사람들이 이렇게 세운 도시와 탑을 보시고 생각하셨다. "사람들이 한 종족이라 말이 같아서 안 되겠구나. 이것은 사람들이 하려는 일의 시작에 지나지 않겠지. 앞으로 하려고만 하면 못할 일이 없겠구나. 당장 땅에 내려가서 사람들이 쓰는 말을 뒤섞어 놓아 서로 알아 듣지 못하게 해야겠다." 야훼께서는 사람들을 거기에서 온 땅으로 흩으셨다. 그리하여 사람들은 도시를 세우던 일을 그만 두었다.

야훼께서 온 세상의 말을 거기에서 뒤섞어 놓아 사람들을 온 땅을 흩으셨다고 해서 그 도시의 이름을 바벨이라고 불렀다."

현재 전 세계에는 7천 개가 넘는 언어가 있다고 한다. 이 7천여 개의 언어가 처음부터 생겨났으리라고는 생각하기 어렵다. 《성경》 기록을 믿건 믿지 않건 아마 예전에는 아주 적은 수의 언어만이 있었음은 틀림이 없을 것이다.

그렇다면 소수의 언어가 어떻게 해서 현재와 같이 많은 수의 언어로 늘어나게 되었을까. 이에 대해서는 여러 가지로 가설을 세울 수 있겠지만, 언어의 역사를 연구하는 사람들은 하나의 언어에서 둘 이상의 언어가 갈라져 나왔다고 생각한다.

하나의 언어 공동체였던 a가 있었다고 가정해 보자. 그리고 이 공동체에서 정치적인 이유로 갈라져 나간 또 다른 공동체를 가정하고 이를 a′라고 해 보자. 그리고 그 이후 또 다른 시기에 종교적인 이유 또는 경제적인 이유로 a″, a‴와 같이 분리되었다고 가정해 보자.

아마 분리된 처음에는 각각의 지역에서 원래 공동체인 a의 언어가 사용되었겠지만, 별다른 접촉이 없이 아주 오랜 시간이 경과되게 되면, ─ 언어란 끊임없이 변화하게 마련이므로 ─ 서로 의사소통이 불가능한 새로운 언어가 A, B, C, D가 되어 버린다. 즉, 원래 하나의 언어였던 A에서 B, C, D의 세 언어가 갈라져 나온 것이다.

a	a′	$\Rightarrow$ A		B
a″	a‴		C	D

현재 전 세계에 있는 수많은 언어들은 이 같은 과정을 거쳐 발생했다고 가정할 수 있다. 이 같은 예는 우리 주위에서도 흔히 발견할 수 있다. 예를 들어 한반도 내에서 육지의 말과 제주도 말을 비교해 보자. 지금은 모두 한국어라는 큰 범주 내에 묶여 있지만, 어떤 이유에서 육지와 제주도가 서로 접촉을 하지 못한 채 수많은 세월이 지나갔다면, 그 세월 뒤에는 서로 이해하지 못하는 말이 되어 버릴 것이라는 것은 쉽게 유추할 수 있다.

이와 비슷한 상황이 한국어와 북한어, 그리고 중국에서 사용되는 조선어50), 중앙아시아 한인들이 쓰는 고려말51) 등에서도 발생할 수도 있

---

50) 조선어 : 중국 내의 조선족들이 사용하는 언어를 이르는 말. 조선족들은 중국 내 요녕(遼寧, 랴오닝), 길림(吉林, 지린), 흑룡강(黑龍江, 헤이룽장)에 주로 살고 있는데, 길림성의 연변조선족자치구가 중국 조선족의 주요 집거 지역이라고 할 수 있다. 다른 민족에 비해 문화, 교육, 위생의 수준이 높으며, 조선어를 사용한 출판이나 신문, 잡지, 방송 등 활동이 활발하다. 조선족들은 처음에는 경제적인 이유로, 나중에는 정치적인 이유로 중국 동북지역으로 이주한 한국인들의 후손이다. 특히 일제강점과 3·1운동을 전후하여 독립운동을 전개한 많은 인사들이 대거 중국 동북지역으로 망명하였다.

51) 고려말 : 중앙아시아에 살고 있는 고려인들이 사용하는 언어를 이르는 말. 고려인들은 러시아 남동쪽 연해주(沿海州) 지방에서 중앙아시아 지역으로 강제 이주당한 한국인들을 가리키는 말이다. 이들은 원래 기근 등 경제적인 이유나, 일제의 압제

다. 지금은 서로 교류가 이루어지고 있어 다른 언어로 갈라질 가능성은 훨씬 줄었지만, 만약 냉전이 계속되었거나 또 다른 이유로 아무런 접촉을 하지 않았다면, 원래 하나의 언어에서 출발한 말들이 결국 여러 언어로 갈라지게 되는 것이다. 바로 이와 같은 과정을 통해서 한 언어가 다른 언어가 되어 가는 것이다.

따라서 하나의 언어에서 여러 언어가 갈라져 왔다는 언어학의 가설은 상당히 신빙성이 있는 가설이라고 할 수 있다. 이럴 때 원래 하나의 언어였던 여러 언어(위에서 말하자면, A, B, C, D) 사이에는 하나의 혈연 관계 즉, 친척 관계가 있다고 하고, 그 언어들이 갈라져 온 언어 a를 할아버지 언어라고 말할 수 있다52).

를 피하기 위한 정치적인 이유로 두만강을 건너 러시아 영토로 이주하여, 연해주 지역 개간 등에 공헌하였는데, 스탈린 통치 시절 1937년 중앙아시아로 강제 이주 당하여, 중앙아시아의 논농사에 크게 기여하게 된다. 현재 중앙아시아 지역에는 40만 명의 한인들이 있는데 벌써 3~5대에 이르고 있어 점차로 러시아화 또는 중앙아시아화가 진행되었다.

52) 좀 더 전문적인 용어로는 A, B, C, D 사이에는 '친근 관계'(親近關係)에 있다고 하고, a를 '공통조어'(共通祖語)라고 한다.

실제 언어의 역사를 살펴보면, 하나의 언어가 다른 언어로 갈라지는 과정이 여러 번 반복해 일어나게 되는데, 이를 한 자리에 모아 그려보면 마치 나뭇가지가 갈라지는 것처럼 보이기도 한다.

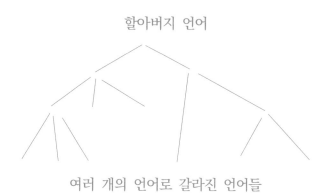

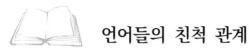

언어들의 친척 관계

세계 언어는 적은 수의 언어에서 갈라져 왔으며, 하나의 언어에서 갈라져 온 언어 사이에는 아주 가까운 관계에 있음을 살펴보았다. 사람들 사이에도 4촌, 8촌 등 거리가 있듯이 현존하는 세계의 여러 언어들 사이에도 그 같은 멀고 가까움이 존재한다.

현존하는 수많은 언어를 거슬러 올라가 원래 어떤 언어에서 갈라져 나왔는지에 따라 그 친척 관계를 밝히는 것을 언어의 '계통적 분류'라고 한다. 좀 더 가까운 친척 관계에 있는 언어들을 묶어 가족을 만들고, 다시 더 큰 가족들을 만들어 나가는 것이다. 언어의 계통적 분류는 하나의 조상 언어인 공통조어(共通祖語)에서 갈려 나온 언어들을 하나의 단위로 묶어 분류하게 된다.

하나의 언어에서 갈라져 나온 언어들은 언어 가족이라는 의미로 '어족'(語族)이라고 한다. 학자들의 연구에 따르면 현존하는 많은 언어들은 크게 일곱 가지 어족에 속한다고 한다.

인도-유럽어족
아시아아프리카어족
우랄어족
알타이어족
중국-티베트어족

▪ 인도-유럽어족(Indo-European)

지리적으로 인도에서 유럽에 이르기까지 넓은 지역에 걸쳐 있다. 이 중 중요하거나 우리에게 알려진 언어에 대해서만 간단하게 소개하기로 한다.

• 그리스어

호메로스의 서사시를 비롯하여 고전 시대의 작품들이 기록된 언어이다. 특히 모음이 고형을 유지하는 것으로 알려져 있다. 고전 그리스 시대의 공통어인 코이네(Koinē)는 신약성서를 기록한 언어이기도 하다.

• 켈트어

아일랜드어, 스코틀랜드어, 브리튼어, 웰즈어 등이 여기에 속한다.

• 로만스어

문어(文語)인 고전라틴어와 구어(口語)인 속(俗)라틴어가 여기에 속한다. 특히 속라틴어는 로마제국의 성장과 더불어 병사나 상인들에 의해 널리 확산되어 이탈리아어, 프랑스어, 스페인어, 포르투갈어, 루마니아어 등으로 갈라지게 되었다. 이들 언어들이 속라틴어에서 갈라지는 과정을 보여 주는 문헌들이 남아 있다.

• 게르만어

북게르만 계통에서 덴마크어, 아이슬란드어, 노르웨이어, 스웨덴어 등이, 서게르만 계통에서 독일어와 영어, 네덜란드어 등이 갈라져 나왔다. 동게르만 계통에는 고트어가 있었는데, 고트어는 게르만어 중에서는 가장 오래된 언어로 지금은 사라진 언어이다. 고트어로 번역된 성서 등이 남아 있다.

- 슬라브어

유럽 동쪽의 넓은 지역에 걸친 어군으로, 체코어, 폴란드어, 러시아어, 불가리아어, 세브로-크로아티어어, 슬로베니아어 등이 여기에 속한다.

- 인도-이란어

고대 페르시아어와 짜라투스트라를 교조로 하는 조로아스터교 성전의 언어인 아베스타어가 이란어에 속하며, 고대 인도의 언어인 산스크리트어[범어(梵語)]53) 등이 인도어에 속한다. 조선 세종 때 산스크리트어 음성학이 이미 우리나라에 소개되었다.

■ 아시아아프리카어족

과거에는 햄-셈어족이라고도 하였는데, 햄, 셈이라는 이름은 ≪성경≫의 창세기 10장에 기원을 둔다. 햄어에는 이집트어, 베르베르어, 쿠시어, 차드어 등이 속하고, 셈어에는 바빌로니아어, 앗시리아어, 히브리

---

53) 서양의 학자들이 세계 언어를 하나의 가족으로 묶으려는 시도를 하게 된 것은 바로 '산스크리트어'를 알게 된 이후였다. 18세기 말 영국의 식민지였던 인도에서 변호사를 지낸 존스(William Jones)는 인도의 산스크리트어가 서양에서 고전어로 대접받는 라틴어, 그리스어와 닮아있다는 사실을 깨닫는다. 그는 1786년 산스크리트어와 라틴어, 그리스어의 동사 어근과 문법 형식들이 닮아있다는 사실은 '우연히 발생한 현상으로 인정하기에는 너무나 강력하여, 언어학자라면 누구나 그 닮음이 동일한 근원에서 유래한 결과라고 믿지 않을 수 없다'라는 연설을 하였다.

어, 에티오피아어, 아라비아어 등이 속한다. 특히 히브리어는 구약성서를 기록한 언어로서, 문어로서 존재하다가 1948년 이스라엘 건국 후 유대인들에 의해 구어로 부활하여 사용되고 있다. 아라비아어는 이슬람의 성전인 코란을 기록한 언어이다.

▪ 우랄어족

오랫동안 우리에게는 알타이어족과 함께 우랄-알타이어족으로 알려져 온 언어이다. 그러나 우랄어족과 알타이어족은 별로 관계없다는 것이 밝혀져 우랄-알타이어족이라는 말은 요즘에는 사용되지 않는다. 우랄어에는 핀란드어, 랩어, 헝가리어, 에스토니아어, 사모예드어 등이 있다.

▪ 알타이어족

• 튀르크어

알타이어족 중에서는 가장 넓은 지역에서 사용되는 언어이다. 현재 튀르키예를 중심으로 카자흐스탄, 우즈베키스탄, 키르기스스탄, 투르크멘, 타타르 등 중앙아시아 등지에서 사용되고 있는 언어이다. 추바슈, 타타르, 야쿠트 등 여러 언어가 여기에 속한다. 돌궐어, 위구르어도 여기에 속한다.

• 몽골어

현재 몽골공화국[54]이나 중국의 내몽골 지역 등지에서 사용되고 있

---

54) '몽골'이라는 나라에 대하여 우리는 오랫동안 '몽고'라는 말을 사용해 왔다. 몽고 (蒙古)는 '몽골'을 한자를 빌어 중국식으로 표기한 것이다(중국어로는 '골'이라는 음을 표기할 방법이 없다). 몽골어로는 '몽고'는 '어리석다'라는 뜻이고, '몽골'은

다. 중국 원(元) 나라의 역사를 적은 ≪원조비사≫55)가 이 언어로
적혀 있다. 다구르어, 부랴트어, 오이라트어, 칼묵어 등이 여기에
속한다. 우리나라 역사에 등장하는 거란어(契丹語)도 여기에 속한다.

• 만주-퉁구스어

어윙키, 라무트, 골디 등의 언어가 있다. 예전의 우리나라 역사에도
등장한 여진어(女眞語)나 중국 청 나라에서 사용되던 만주어도 여기
에 속한다.

■ 중국-티베트어족

• 중국어

중국어는 학자에 따라 5개에서 8개의 방언권으로 나누어진다. 이
방언들은 사실 이름만 방언이고, 서로 간에 의사소통이 불가능한
외국어와 같은 존재이다. 기본 문법과 어휘는 유사하지만, 말 그대
로 유사할 뿐이고, 부분적으로 크고 작은 차이가 있다. 북경어56),

'용감하다'라는 뜻이라고 하므로, 몽골 사람들이 '몽고'라는 명칭을 좋아하지 않을
것은 당연한 일이다. 우리가 '파오'로 많이 알고 있는 몽골인들의 천막집 역시 그
들은 '게르/거르'라고 하는데, '파오[包]'는 중국에서 부르는 명칭이다.
55) ≪원조비사≫(元朝祕史) : 13세기 중기 쓰인 원 나라 역사책. 저자는 알 수 없으며,
원래 이름은 〈몽골의 숨겨진 역사〉다. 처음에는 위구르식의 몽골 글자로 쓰였으나,
1380년대 명나라 초기에 한자로 음역 되고 ≪원조비사≫라는 한자 이름이 붙었다.
북아시아 유목민족에 의해 편찬된 역사서로서는 가장 오래된 것으로, 칭기즈칸의
일생과 다스림 등을 기록한 것으로, 몽골제국 성립 시기 및 초기의 역사에 대한 중
요한 사료이다. 또한 몽골족이 서사시적인 수법을 많이 사용하여 그들의 언어로 기
록한 문헌이므로, 문학서와 중세 몽골어의 연구자료로서도 중요한 의미를 지닌다.
56) 북경어(北京語) : 흔히 북경 관화(官話)라고 말하기도 한다. 오래전부터 북경어가 공
무원들의 언어로 사용되었고, 1949년 중국 정부가 성립된 후에 북경어를 기준으
로 하여 표준어가 제정되었기 때문이다. 오늘날 중국에서는 보통화(普通話)라고 부

광동어57), 민남어58) 등이 중국어에 속한다59).

- 타이어

태국에서 사용되어 있는 언어이다.

- 티베트-버마어

티베트로부터 미얀마에 걸쳐 사용되고 있는 언어이다.

■ 말레이-폴리네시아어족

오스트로네시아어족이라고도 한다. 말레이시아와 인도네시아, 필리핀 그리고 중앙 태평양과 남태평양의 섬 전체에서 사용되고 있다. 필리핀의 타가로그어, 말레이반도의 말레이어, 인도네시아의 자바어, 대만의 원주민어 등이 여기에 속한다.

르기도 한다. 흔히 만다린(Mandarine)이라 하는 것은 원래 북경 관화를 지칭하는 말이지만, 그것을 기초로 하여 제정된 표준중국어의 개념으로 통용된다. 대만에서는 국어(國語)라고 부른다.

57) 광동어(廣東語) : 홍콩을 비롯한 동남아 지역의 상권을 장악하고 있는 화교들이 주로 사용하고 있는 중국어이다.

58) 민남어(閩南語) : 중국 복건(福建 : 후젠)성과 대만 등지에서 주로 사용되는 중국어이다.

59) 참고로 위 세 방언에서 '어제, 오늘, 내일'을 가리키는 말을 비교해 보면 다음과 같다.

	어제	오늘	내일
북경어	昨天 (zuótiān)	今天 (jīntiān)	明天 (míngtiān)
광동어	琴日 (kem⁴ yed⁶)	今日 (gem¹ yed⁶)	聽日 (ting¹ yed⁶)
민남어	昨昏 (cha-hng)	今仔日 (kin-a²-jit⁸)	明仔載 (bin⁵-a²-chai³)

- 드라비다어족

　인도의 남부를 중심으로 스리랑카 및 말레이시아 일부에서 사용되고 있는 언어들이 여기에 속한다. 인도 남부의 타밀어와 스리랑카, 말레이시아의 일부 등이 있다.

- 기원이 밝혀지지 않은 언어

　이 외에도 기원이 아직 밝혀지지 않은 언어들이 있는데, 스페인과 프랑스 국경 피렌체산맥 사이에서 사용하고 있는 바스크어나, 동부 시베리아에서 쓰이는 길랴크어, 일본 북해도 지역에서 사용되는 아이누어 등이 그것이다. 외국의 일부 학자들은 한국어와 일본어에 대해서도 기원을 알 수 없는 언어에 포함한다. 이 문제에 대해서는 다시 살펴보기로 하자.

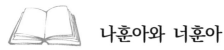 ## 나훈아와 너훈아

앞에서 우리는 세계 언어들의 친척 관계를 알아 보았다. 영어는 독일어와 가까운 친척이고, 프랑스어와는 조금 먼 친척이며, 인도어와도 같은 조상을 둔 친척이었음을 본 바 있다.

그런데 영어와 독일어, 프랑스어, 인도어 등과의 상호 관계를 어떻게 알아낼 수 있었을까. 이처럼 어떤 언어들이 친척 관계인지 아닌지를 알아내는 방법은 무엇일까. 현재 수많은 언어 중에서 하나의 언어에서 갈라져 나온 언어들은 어떤 것들이 있으며, 그런 것들을 어떻게 찾아낼 수 있을까. 이번에는 이러한 문제에 대해 살펴보기로 하자.

언어의 비교란, 현재의 다양한 언어들이 갈라지기 이전에 하나였을 당시의 옛 모습을 추정해 내는 방법이다. 즉, 현재의 언어를 비교함으로써, 비록 지금은 나름대로 변화해서 다른 모습을 가지고 있지만, 예전에 하나의 언어였을 당시의 공통 요소들을 발견하는 방법이다.

일단 관심이 있는 두 언어를 상정해 보자. 가장 기본적인 전제는 비슷한 언어를 찾아내는 것이다. 우선 한국어와 영어, 그리고 독일어와 영어 등 두 쌍의 언어를 조사 대상에 올려놓기로 한다.

한국어와 영어는 얼핏 보기에 소리와 의미가 비슷한 단어들이 많다. 어떤 이들은 다음과 같은 단어들이 서로 닮았다는 점에서 한국어와 영어가 예전에 하나의 언어였을 가능성을 이야기하기도 한다. 그러나 이러한 닮음은 별로 의미가 없다. 우연에 불과하기 때문이다.

(1) 푸르다   blue

많이   many

(바람이) 불다   blow

둘   two

셋   three

보리   barley

가다   go

아니   anti-

불   fire

모기   mosquito

입   lip

똥   dung

잎   leaf

여기서 잠시 비유를 들어보기로 하자. 유명한 연예인 나훈아, 배철수, 패티김을 흉내 내는 또 다른 가수들인 너훈아, 배칠수, 패튀김이 있다. 이들은 때로는 진짜보다 더 진짜처럼 보이기도 한다. 그렇다면 나훈아와 너훈아, 배철수와 배칠수, 패티김과 패튀김 등을 서로 친척이었다고 말할 수 있을까.

서로 닮은 두 사람이 친척인지 아닌지를 검토할 때, 단순히 외모만 같은 것은 별로 고려의 대상이 될 수 없다는 것은 명백하다. 본격적인 유전자 검사와 같은 과학적인 검증 절차를 거치지 않은 상태에서, 단지 겉모습만이 닮았다고 해서 이들을 연결시킬 수는 없는 일이다. 이들이 서로 닮은 것은 우연에 불과한 것이다.

언어 역시 마찬가지이다. 어떤 두 언어가 서로 비슷하다고 하더라도 그것이 꼭 조상이 같다고는 말할 수 없다. 한국어와 영어가 닮아 보이는 것은 전적으로 우연에 의한 것이다. 인간이 낼 수 있는 자음과 모음의 수가 한정이 있고, 그 한정된 소리를 가지고 말을 만들다 보면 이와 같이 비슷한 단어는 몇 백, 몇 천 개라도 나타날 수 있다는 것이다. 이 정도 유사한 단어들은 사전만 꼼꼼하게 뒤지면 얼마든지 찾아낼 수 있다. 그래서 어떤 언어학자는 '나에게 어떤 언어의 사전이라도 두 언어의 사전을 주면, 두 언어가 동일한 기원을 가지고 있다는 것을 증명할 수 있다'고 말하며, 우연적인 유사성을 가지고 언어를 비교하려는 사람들을 비웃은 바 있다.

실제로 많은 사람들이, 한국어를 세계 여러 언어와 관계를 맺게 하려고 시도하였지만, 외적인 유사성에 집착하는 이런 식의 시도는 무의미하다고까지는 할 수 없지만, 앞으로 걸러져야 할 것이 많다는 사실을 잊어서는 안 된다.

두 언어를 비교할 때 또 하나 주의할 점은 다른 언어에서 빌려온 단어들도 두 언어의 친척 관계와는 관련이 없다는 사실이다.

(2) 라디오   radio

　　모델   model

　　머플러   muffler

　　도넛   doughnut

　　보일러   boiler

　　배터리   battery

　　샐러드   salad

이러한 예들 역시 한국어와 영어가 예전에 하나의 언어이었다는 증거는 되지 못한다. 한국어의 '라디오, 모델' 등은 영어에서 빌려온 차용어(借用語)이기 때문이다. 따라서 두 언어를 비교할 때에 우연히 유사한 것이나 빌려온 말들을 가지고 비교하는 일은 무의미하다고 말할 수 있다.

이번에는 영어와 독일어를 살펴보자. 독일어와 영어 역시 소리와 의미가 비슷한 단어들이 있다.

(3) breached   break

　　matchet   make

　　Buch   book

　　Milch   milk

Appel	apple
Pfeife	pipe
Hilfe	help
Pfeffer	pepper
Zehn	ten
Zaun	town
Zunge	tongue
groβ	great
beiβen	bite
heiβ	hot
Fuβ	foot
Wasser	water
was	what
essen	eat

그러나 독일어와 영어의 유사한 점은 한국어와 영어의 유사한 것과는 차원이 다르다. 한국어와 영어가 무질서하게 우연히 닮았다고 한다면, 독일어와 영어는 체계적으로 닮았기 때문이다. 즉, 독일어의 ch, pf, z, β, ss가 각각 영어의 k, p, t, t, t에 규칙적으로 대응하고 있다는 점에서 한국어와 영어의 유사성과는 차이가 나는 것이다.

(4) ch : k

pf ： p
z ： t
β ： t
ss ： t

    독일어와 영어의 이러한 유사성은, 생물학적 비유를 들자면, 유전자 구조가 동일한 것과 마찬가지이다. 결국 같은 언어에서 갈라져 나온 언어들 사이에는 일정한 규칙이 있다는 것이다. 그러므로 언어학자들은 단순한 유사성에 관심을 두기보다는 규칙성에 관심을 둔다고 말할 수 있다. 언어들 사이에 보이는 유사한 부분은 물론 유사하지 않은 부분도 규칙성이 있다면, 이들이 현재 남아 있지 않은 하나의 언어에서 갈라져 왔다고 가정하는 것이다. 동일한 음운은 동일한 조건일 경우에 동일한 방향으로 변화하는 것이 일반적이므로, 이러한 음운 대응의 규칙성은 여러 언어들이 원래 같은 언어였지만, 분리 이후의 독자적인 음운 변화를 겪어 왔음을 보여 주는 것이다.

    여러 언어들이 비슷하다고 하더라도 가능하다면 기본적인 단어, 즉 기초 어휘가 같아야만 같은 계통일 가능성이 더 크게 된다. 기초 어휘란 '대명사, 수사, 친족명칭, 신체 각 부분, 기본 동작' 등에 관련한 어휘들인데, 인간이 언어를 갖게 되면 자연스레 가장 먼저 만들어질 것이라고 예측되는 어휘를 말하는 것이다. 문명이 발달함에 따라 생겨나는 어휘들은 어느 한 언어에서 다른 언어로 차용될 가능성이 크지만, 기초 어휘들은 다른 언어에서 차용할 가능성이 거의 없다고 보는 것이다.

게다가 기초 어휘의 경우, 한 언어에서 같은 단어가 셋 이상의 언어에 동시에 차용되는 일이 가능하지 않다는 가정에서 출발한다. 그러므로 둘 이상의 언어에서 기초 어휘가 유사하다면 그 언어들은 이들은 갈라지기 이전의 동일한 언어였던 상태를 보여 준다는 것이다.

결국 문헌 자료가 없더라도 언어 사이의 음운 대응의 규칙성을 찾으면 그들 언어는 같은 공통조어에서 내려왔음을 알 수 있게 된다. 이처럼 언어 상호 간의 관계를 밝혀 언어의 기원을 캐는 일을 '계통 관계를 밝힌다'라고 하고, 여러 언어 사이의 계통을 어떻게 결정하느냐와 관련된 언어학의 분야를 '비교언어학'이라고 한다. 이와 같은 방법론은 언어학이 과학으로서 엄밀성을 획득하는 데 큰 도움이 되었다[60].

이제 다음과 같은 자료를 보기로 하자. 이 자료들은 영어를 비롯한 서양어의 근원은 모두 한자이며, 그 음이 중국음이 아닌 우리 음과 완전히 일치하는 것으로 보아, 한자의 원 제작 민족은 우리 민족이 확실

---

60) 인도-유럽어에서 수사 몇 개를 비교하여 보기로 하자.

		一	二	三	四	五
로만스제어	라틴어	ünus	duo	trës	quattuor	quïnque
	프랑스어	un	deux	trois	quatre	cinq
게르만제어	독일어	eins	zwei	drei	vier	fünf
	덴마크어	en	to	tre	fire	fem
슬라브제어	러시아어	odin	dva	tri	četyre	pjat
	불가리아어	edin	dva	tri	četiri	pet
켈트제어	아일랜드어	aon	un	trí	ceithre	cúig
	웨일즈어	dhá	dau	tri	pedwar	pump
그리스제어	그리스어	heis	duo	treis	tettares	pente
이란제어	페르시아어	yek	do	se	cahar	panj
인도-유럽어 공통조어		*oinos	*dwo	*treise	*kwetwor	*penkwe

하다는 주장을 펴는 데에 사용되고 있다. 우연적인 유사성을 가지고 언어를 비교하는 일이 얼마나 자의적이고 위험한지를 보여 주는 예라 할 수 있다.

(5) yearn(그리워하다)   戀(그리워할 연)

     dawn(새벽)   旦(새벽 단)

     you(너)   汝(너 여)

     fee(요금)   費(요금 비)

     tox-(독)   毒(독)

     see   視(볼 시)

     park(공원, 머무르다)   泊(배댈 박)

     want(원하다)   願(원할 원)

     thigh(넓적다리)   腿(넓적다리 퇴)

     geo-(땅, 지구, 지리)   地(땅 지)

     car(차)   車(수레 거)

     go(가다)   去(갈 거)

     cell(세포, 작은 방)   室(집 실, 방 실)

우리말은 어디에서 왔는가

앞에서 우리는 어떤 언어들이 닮았다는 것과 그 언어들의 역사 사이와 어떤 관계에 있는지에 대해 살펴보았다. 다시 정리하자면, 언어들 사이에 보이는 유사한 부분은 물론 유사하지 않은 부분까지도 규칙성이 있다면, 이들 언어들은 예전에 하나의 언어에서 갈라져 왔을 가능성이 크다는 것이다. 이번에는 이러한 점을 통해서 한국어의 조상은 어떻게 찾아볼 수 있는지에 대해서 살펴보도록 하자.

지금 사용하고 있는 한국어는 어떻게 생겨났을까, 한국어와 같은 조상을 가진 언어들에는 어떤 것들이 있을까, 한국어는 언제 어떤 말이 변해 온 것일까, 현재 존재하고 있는 수많은 언어들이 몇 개의 언어에서 갈라져 왔다고 보는 것이 더 합리적이라면, 한국어는 어떤 언어에서 갈라져 온 것일까 하는 의문들은 굳이 언어학자가 아니더라도 한 번쯤은 생각해 보았을 만한 문제이다. 이들 질문은 모두 한국어의 계통(系統)에 관련된 질문이라고 할 수 있다. 그러나 결론부터 말하자면, 불행하게도 우리의 연구 성과는 아직 한국어의 계통에 대해서 확실한 대답을 할 수 있는 단계에 와 있지 않다.

한국어의 계통 문제는 19세기 말엽 유럽의 언어학자들이 먼저 제기하였다. 처음에는 '우랄-알타이어족'이라고 해서, 핀란드어, 헝가리어, 에스토니아어 등 우랄어와 관련을 짓기도 하였다. 이는 이들 언어들이 우리말과 같이 교착성과 모음조화가 있다는 점에서 시작된 것이었지만,

우랄어는 알타이어와는 전혀 다른 언어라는 것이 밝혀져서 현재는 더이상 '우랄-알타이어'를 논하지 않는다.

그렇다면 이제 한국어의 계통 문제에서 남은 것은 '알타이어족'과 관련을 맺는 일이다. 앞서 말한 바와 같이 알타이어에 속한다고 알려진언어는 '튀르크어, 몽골어, 만주·퉁구스어'가 있는데, 이들 알타이어들은 다음과 같은 공통 특징을 가지고 있기 때문에 하나의 어족으로 분류되고 있다.

- 모음조화가 있다.[61]
- 단어의 처음에 두 개 이상의 자음이 오지 않는다. 또한 'ㄹ'도 오지 않는다.
- 모음교체[62] 및 자음교체[63]가 문법적 기능을 갖지 않는다.
- 교착성이 있다.[64]

---

61) 모음조화(母音調和) : 뒤에 오는 음절의 모음이 앞 음절 모음의 영향을 받아 아주같거나 그에 가까운 성질의 모음이 어울리는 현상. 우리말로 예를 들자면, 'ㅏ, ㅗ'따위의 양성모음은 양성모음끼리, 'ㅓ, ㅜ, ㅡ' 따위의 음성모음은 음성모음끼리 어울리는 현상이다. 이러한 모음조화 현상은 중세 한국어에서는 엄격히 지켜졌지만,현대 한국어에서는 'ㅂ불규칙 용언'인 단어나 '깡충깡충', '꼬불꼬불' 등 모음조화에 어긋난 예도 많다.

62) 모음교체(ablaut) : 어근의 모음이 바뀌는 현상.

　맛 : 멋, 살 : 설, 남다 : 넘다, 낡다 : 늙다

　foot : feet, child : children, sit : sat, meet : met

　한국어에서는 모음교체를 통해 새로운 단어가 만들어지지만, 영어에서 모음교체는단수가 복수가 되거나 현재가 과거가 되는 등 문법 기능이 달라지고 있음을 알 수있다.

63) 자음교체 : 어근의 자음이 바뀌는 현상. 깜깜하다 : 캄캄하다, 발갛다 : 빨갛다

64) 훔볼트는 세계 언어를 구조와 형태적 관점에 따라 교착어, 굴절어, 고립어로 분류

- 관계대명사가 없다.[65)]
- 접속사 대신 부동사가 있다.[66)]
- 꾸미는 말이 꾸밈을 받는 말 앞에 온다.
- 어순이 주어+목적어+술어의 구조이다.

알타이어족이 아니라고 생각되는 언어들 중에도 위의 특징의 일부를 가진 언어가 있기는 하지만, 이 전부의 특징을 가진 것은 없다. 우리말과 알타이어는 이러한 특징을 공통적으로 가지고 있을 뿐만 아니라 그 하나하나의 내용에 있어서까지 현저한 일치를 보여 준다는 특징이 있다. 이러한 특징들이 우리말과 알타이어와의 관계를 증명해 주는 적극적인 근거라고는 말할 수 없지만, 적어도 친근 관계에 있을 가능성을 보여 준다.

했다. 교착어(膠着語, 膠 : 아교, 끈끈하다, 着 : 붙다)는 어근에 접사가 붙는 언어이다. 예를 들어 '먹-'이라는 어근에 여러 개의 접사들이 붙어서 '먹-었-었-지만'과 같이 변한다. 굴절어(屈折語)는 어근 자체가 변하는 언어로서, 'eat - ate - eaten'과 같이 변한다. 고립어(孤立語)는 어근이 아무런 형태적 변화를 갖지 않는 언어를 가리킨다.

65) 다음 문장들을 비교해 보자.
[무대 위에서 춤추고 있는] 소녀
the girl [**who** is dancing in the stage]

66) 부동사(副動詞) : 부사처럼 사용되는 동사를 가리키는 말. 인도-유럽어에서 두 동사는 접속사로 연결되지만, 알타이어에서는 앞에 오는 동사가 부사형 어미를 첨가하여 연결한다. 다음 문장들을 비교해 보자.
비가 **오고** 바람이 분다.
It is raining **and** it is windy.
나는 너를 좋아하**지만**, 지금은 만나고 싶지 않다.
I like you, **but** I dont want to meet you now.

한국어가 알타이어족에 속한다는 가설을 내세운 학자로는 람스테트 교수[67]와 포페 교수 그리고 국내에서는 이기문 교수가 널리 알려져 있다. 한국어와 알타이어에서 비교된 어휘들을 살펴보도록 하자.

(1) 한국어와 알타이어의 비교

중세 한국어	만주어	몽골어
불-(吹)	fulgiye-	üliye-
빌-(祈)	firu-(禱, 呪)	irüge-(祝, 禱)
붓-(注)	fusu-(물을 뿌리다)	üsür-(뿌리다, 솟다)
붉-(赤)	fulgiyan(赤)	ulaɣan(赤)
봄(春)	fon(時候)	on(年)

이 예들의 단어 첫 자음을 비교해 보면, 한국어에서는 'ㅂ'을 가지고 있는 말들이 만주어에서는 f에 대응되고, 몽골어에서는 -ø-[68]에 대응된다는 것을 알 수 있다. 모음과 마지막 자음의 경우에도 각각 대응을 이루고 있다[69].

---

67) 람스테트(Ramstedt : 1873-1950) : 핀란드 출신의 동양 언어학자. 기존의 우랄-알타이어를 우랄어와 알타이어로 분리할 것을 제안하여, 한국어, 일본어, 몽골어를 포함하는 광범위한 알타이 언어학을 시작하였다. 1898년부터 1912년까지 4회에 걸쳐 몽골을 중심으로 아시아 지역에 대한 조사 여행을 실시하여 구어(口語) 자료를 모았다. 1919년부터 10년간 초대 주일대사로 근무하는 동안, 일본어, 한국어를 배우고 두 언어와 알타이어를 비교 연구하였다. 저서로 *Studies in Korean Etymology* (≪한국어 어원의 연구≫, 1949), *Einführung in die Altaische Sprachwissenschaft*(≪알타이언어학서설≫, 1952~1965) 등이 있다.
68) -ø-은 아무 소리가 없다는 표시이다.
69) 이 외에도 다음과 같은 단어들이 지금까지 한국어와 알타이어의 비교 연구에서 신

빙성이 높다고 생각되어 왔다.

중세 한국어 아래, *아라(下), 어웡키 ala-s(脚,腿), 몽골 ala(內股), 고대튀르크 al
(下面,前面), 중세튀르크 altïn(아래), 야쿠트 al-ï-n(下部,下), 알타이조어
al1a??(下,前面)

중세 한국어 물(馬), 만주 morin, 몽골 morin

중세 한국어 긇-(竝), 만주 holbo-(연결하다,짝짓다), 몽골문어 qolbo-(합하다, 연
결하다)

중세 한국어 숡(狸), 만주 solohi(족제비), 어웡키 soligā(족제비)

중세 한국어 굴(蘆), 몽골문어 qulusun(蘆)

중세 한국어 ᄀᆞ외(袴)〈*ᄀᆞ빙, 몽골문어 qubčasun(옷), 어웡키 qubtuw-(옷입다)

중세 한국어 오라-(久), 어웡키 uri-pti(이전에), 몽골 urida(앞서)

중세 한국어 이럼, 이랑(畦), 몽골 iraɣa, 만주 irun, 추바슈 ŷəran〈*ïran, 타타르
ïzan

중세 한국어 겄-(折), 몽골 keseg(조각), 튀르크 kes-(折)

중세 한국어 일, 이ᄅᆞ-/이르-/일ㅇ-, *이륵-(早), 만주 erde, 몽골 erte, 추바슈 ir,
투르크멘 īr, 아제르바이잔 ertä

중세 한국어 믈(水), 만주 mu-ke, 어웡키 mū, 몽골 mören(江)

중세 한국어 그울-(轉)〈*그블-, 만주 kurbu-(輾轉), 몽골문어 körbö-(輾轉)

중세 한국어 즐기-(樂), 만주 ǯirga-(安逸), 몽골문어 ǯɣ ㅁ-??(安逸)

중세 한국어 염(羔)〈*ima, 만주 niman(山羊), 골디 ima(山羊), 어웡키 imagan(山
羊), 몽골문어 imaɣan(山羊)

중세 한국어 열(膽), 어웡키 ilₑn(쓸개즙)

중세 한국어 돓(石), 몽골 čilaɣun, 추바슈 čul, 고대튀르크어 taš, 퉁구스어 ǯolo

현대 한국어 (눈)보라, 몽골 boroɣan(비), 중세몽골 boroˑan, 야쿠트 burxān(눈
보라)

중세 한국어 ᄒᆡ(太陽), 만주 šun, 골디 siú, 솔론 šigun

중세 한국어 흙(土)〈*horog〈*hiroga〈*široga, 골디 siru(砂), 어웡키 sirugi(砂), 솔
론 širuktan(砂), 몽골문어 širuɣai(塵,土)

중세 한국어 실(絲), 만주 siren, 어웡키 siren

중세 한국어 실에, 시렁(架), 어웡키 sirikēkēn(장대), 몽골문어 siruɣ(장대)

중세 한국어 어미, 몽골 eme, 만주어 eme-ke(시어머니), 튀르키예어 em-(젖을
빨다)

중세 한국어 처격 -애/에〈*-a, 알타이조어 여격 *-a/-e

중세 한국어 조격 -로, 알타이조어 향격 *-ru/-rü

현재까지 가장 널리 알려진 포페(N. Poppe) 교수가 제시한 도표를 보이면 다음과 같다.

(2) 포페 교수의 알타이조어 분기도

중세 한국어 '이리, 그리, 뎌리, 아ㅁ리'의 '-리', 알타이조어 沿格 *-li

중세 한국어 주제 보조사 -(ㅇ/으)ㄴ, 몽골 -ni 〈 3인칭 대명사 속격형 inu(단수)/anu(복수)

한국어 -ㄴ, 알타이어 명사화접미사. 고대튀르크 aq- 흐르다, aqin 水流,流入, 몽골문어 singge- 녹다,스미다, singgen 액체), 어웡키어 dug- 치다, dugin 打擊, təgənni(네가 앉는다) 〈 *təgən-si, ŋəne- 가다, ŋənenni 네가 갔다

한국어 -ㄹ, 고대튀르크 현재형(olur-ur 앉아 있는), 몽골제어 명사화접미사(몽골문어 amu- 쉬다, amu-r 安息), 퉁구스제어 미래 동명사(솔론 wā- 죽이다 wār xonin 죽일 羊)

한국어 -ㅁ, 알타이어 명사화접미사(고대튀르크 öl- 죽다, öl-üm 죽음, 몽골 naɣ ad- 놀다, naɣad-um 놀음, 先古典몽골문어 yubu-m 간다), 고대일본어 -mi

중세 한국어 발(足), 골디 palgan, 어웡키 halgan, algan, 일본 유구(琉球) 방언 pagi, fagi, 일본 팔장도(八丈島) 방언 hagi, 고대일본어 *palgi

중세 한국어 나랗(國), *나-랗, 만주 na, 골디 na(地)

중세 한국어 날(日), 몽고 naran(太陽)

중세 한국어 눈(眼), 몽고 nidün〈*nün-dün

한국어 나(我), 몽고 사격형 *na(처격 nadur, 대격 namayi), 고대일본어 na(1·2인칭 대명사)

한국어 오-(來), 몽고 oru-(入)

한국어 가-(去), 몽고 ɣar-(出)

중세 한국어 온(百), 고대튀르크어 on(十)

일본어를 처음 공부하는 사람은 누구나 한국어와 일본어의 구조가 유사하다는 사실에 놀라곤 한다. 그러나 우리말과 일본어의 경우 그 구조가 현저하게 일치하고 있음에도 불구하고 어휘 및 문법 요소의 일치는 매우 빈약하다. 따라서 외견상 일치에도 불구하고 기초 어휘 등이 달라서 음운 대응의 규칙성을 찾기가 쉽지 않다는 데에 문제를 안고 있다. 한국어와 일본어 사이에 보이는 유사한 단어들 몇을 들면 다음과 같다.

(3) 한국어와 일본어

섬	しま(시마)
밭	はた(하타)
낟	なた(나타)
곰	くま(쿠마)70)

비록 적기는 하지만, 이런 어휘들의 존재가 한국어와 일본어의 관계에 암시를 던져 준다고 말할 수 있다. 그러나 이런 것들이 한국어와 일본어의 친근 관계를 암시한다고 해도 그 관계는 아주 먼 것으로밖에는 볼 수 없을 듯하다.

현재 알타이어족설은 하나의 가설에 머물고 있을 뿐, 서양에서 발간되는 백과사전류나 일반언어학 개설서, 세계 언어 소개 서류에서는 한국어

---

70) 신라어의 '잣'(城)과 'ᄀᆞ불'(郡)과 고대 일본어 'tsasi, köföri'와 일치하는데, 이들은 일본어에서 한국어를 차용해 간 것으로 보인다.

는 (일본어와 함께) 아직 계통이 밝혀지지 않은 언어로 기술되어 있다. 알타이어족설에 반대하는 사람들은 다음과 같은 이유를 대고 있다[71].

- 알타이어의 언어 구조는 매우 유사하지만, 차용어를 제외 하면 공통된 요소가 없거나 있다고 해도 극히 소수이다.
- 기초 어휘도 대명사 일부만 비슷할 뿐[72], 수사도 각기 다 르며[73], 신체 명칭이나 친족명칭 등도 유사한 것이 거의 없다.
- 음운 대응의 규칙성이 정확하지 못하다

따라서 알타이어족설에 반대하는 이들은 문법 요소도 일부 차용될 수 있다는 근거를 가지고, 문법 요소가 일부 비슷하다고 해서 알타이어의 친근성이 있다고 말하기에는 충분하지 않다고 주장한다. 알타이어들은 역사적으로 밀접한 접촉을 가졌고 서로 강력한 영향력을 끼친 결과, 언

---

71) 알타이어족설을 반대하는 대표적인 학자들로는 슈헤르박(Schcherbak), 시노르 (Sinor), 되르퍼(Doerfer), 클라우슨(Clauson) 등이 있다.

72)

	나	우리	너	너희
튀르크어	ben	biz	sen	siz
몽골어	bi	ba	či	ta
만주어	bi	be	si	suwe

73)

	一	二	三	四	五
튀르크어	bir	iki	üç	dört	beş
몽골어	nigen	qoyar	ɣurban	dörben	tabun
만주어	emu	juwe	ilan	duin	sunja
한국어	하나(hana)	둘(tul)	셋(set)	넷(net)	다섯(tasət)
일본어	ひと(hito)	ふた(huta)	みっ(mit)	よっ(yot)	いつ(itsu)

어 구조가 유사해졌고 차용으로 인하여 공통 요소가 생겼다는 것이다.

지금까지 우리는, 현재까지 이루어진 한국어의 계통 연구에 대하여 알아 보았다. 우리말의 계통 연구에서 가장 어려운 문제는 옛 문헌 자료가 부족하다는 점이다. 우리말뿐 아니라 이웃 민족들의 언어 자료 역시 매우 부족한 상태이다. 인도-유럽어와는 달리 문자로 기록된 역사가 짧기 때문이고, 또 문헌이 남아 있다 하더라도 뜻글자인 한자로 기록되어 있어 그 원래 모습을 파악하기도 쉽지 않다.

또한 대부분의 알타이어가 인도-유럽어보다 훨씬 더 이른 시기에 많은 언어들로 나누어졌고, 이후 아무런 흔적도 남기지 않고 소멸하였기 때문에 우리가 알 수 있는 각 언어들의 역사가 그리 오래된 것이 아닐 뿐 아니라, 그 사이에 놓인 간격 때문에 그들 사이에 크고 작은 도랑들이 가로놓이게 되었다.

하나의 학설이 성립하기 위하여서는, 우선 가설을 세우고 이를 여러 가지로 증명한 뒤에 하나의 학설로 확정을 지어야 한다. 현재의 입장에서 알타이어족설은 가설 단계에 있다고 볼 수 있다. 이를 증명하는 일은 이제부터의 과제라고 할 수 있을 것이다.

인간이 족보에 관심을 갖는 것은 단지 시간이 남기 때문은 아니다. 한 개인의 역사에 대한 관심이란 바로 근원에 대한 관심이고 본질에 대한 관심이다. 우리가 우리말의 역사와 그 계통을 논하는 것도 마찬가지이다. 한국어의 계통에 대한 연구는 이제 시작이지만, 그리고 아주 불명확해 보이지만, 포기할 수는 없는 일이다. 다른 누군가가 대신해 줄 일도 아니다. 비록 한국어가 알타이어에 속하는지 아닌지는 아직 아무도 알 수 없지만, 현재의 단계에서 우리가 기댈 수 있는 유일한 언덕이 바로 알타이어이기 때문에 알타이어에 대한 관심을 버릴 수가 없다.

한국어의 계통에 대하여 알기를 포기하지 않는 한, 우리의 관심은 우선 알타이어일 수밖에 없다. 지금까지 외국인들의 연구에 우리말 계통에 대한 연구를 맡겨 왔지만, 이제 우리 손으로 우리 주위의 언어에 대해 좀 더 깊고 정밀하게 연구할 필요가 있다. 관계가 있는지 없는지를 판단하는 일은 그다음 일이다.

역사책에 기록된 옛말의 모습

삼국 시대가 성립하기 이전 만주와 한반도에는 여러 부족 국가들이 있었다. 이 당시 여러 나라들의 언어는 어떠했을까? 불행히도 이 당시 언어를 직접 살펴볼 수 있는 자료는 현재 남아 있지 않다.

그러나 이들이 기원 전후에 고구려, 백제, 신라의 3국으로 정립되어 가는 과정에 있어서 이들 지역의 언어 상황이 어떠했는가를 어렴풋하게나마 알려 주는 단편적 기록들이 남아 있다. 우리는 이러한 단편적 기록을 통해서 비록 정확하지는 않지만 그 당시 언어의 모습이 대체로 어떠했는지 유추해 볼 수가 있다.

부족국가 시기의 한반도 북쪽의 언어 상황에 대한 기록들은 중국에서 편찬한 역사책에 수록되어 있다. 그중 가장 많은 기록을 보여 주는 것이 ≪삼국지≫[74]이다. 이 책에 보면,

---

74) ≪삼국지≫(三國志) : 3세기경 중국 진(晉) 나라의 학자 진수(陳壽)가 편찬한 역사책. 위서(魏書) 30권, 촉서(蜀書) 15권, 오서(吳書) 20권으로 구성되어 있다.
또한 위서 동이전(東夷傳)에는 부여·고구려·동옥저·읍루·예·마한·진한·변한·왜인(倭人) 등의 전(傳)이 있어, 동방 민족에 관한 가장 오래된 기록으로 동방의 고대 역사를 연구하는 데 유일한 사료가 된다.
위, 촉, 오 삼국의 이야기는 중국인들 사이에서 흥미 있는 이야기로 전해져 오다가 후에 연극이나 소설로 꾸며진다. 우리가 흔히 알고 있는 ≪삼국지≫는 원나라 말에서 명나라 초에 살았던 나관중이 다시 꾸민 ≪삼국지연의≫(三國志演義)로서, 진수의 ≪삼국지≫와는 다른 책이다. 진수의 ≪삼국지≫에는 조조가 세운 위나라가 정통 왕조로 묘사되고 있으나, 나관중의 ≪삼국지≫는 유비가 세운 촉나라가 정통 왕조로 서술되어 있다.

"동이족의 옛말에 (고구려는) 부여의 별종이라고 한다. 언어
와 여러 가지 일들이 부여와 같은 것이 많으나, 성품이나 의
복에는 차이가 있다"
(東夷舊語 以爲夫餘別種 言語諸事 多與夫餘同 其性氣衣服有異).
[≪삼국지≫ 위서 동이전 고구려조(高句麗條)]

와 같은 기록이 있는데, 이를 보면 고구려어와 부여어가 서로 비슷했음
을 알 수가 있다75). 또한 같은 책에는,

"그 언어가 고구려와 대체로 같으나 때때로 조금 다른 점이
있다."
(其言語與句麗大同 時時小異). [동옥저조(東沃沮條)]

로 되어 있어 고구려어와 동옥저의 언어가 비슷했음을 알 수 있다. 동
예의 언어에 대해서도 다음과 같이 기록되어 있다.

"이 부족의 노인들은 스스로 말하기를 고구려와 같은 종족이
라고 한다. … 언어와 규범, 풍습이 대체로 고구려와 같으나
의복은 차이가 있다."
(其耆老舊自謂 與句麗同種 … 言語法俗 大抵與句麗同 衣服有

---

75) ≪삼국사기≫에 기록된 고구려의 건국 설화를 보면, 주몽이 부여 사람들을 이끌고
남쪽으로 내려와 나라를 세운 것으로 되어 있다.

異). [위서 동이전 예조(魏書 東夷傳 濊條)]

이러한 기록들을 종합해 보면 다음 (1)과 같은데. 다시 정리하면 (2) 라고 볼 수 있겠다. 즉, 이들 네 나라의 언어는 크게는 같으나 조금씩 차이가 있는 것이라 하겠다. 즉, 부여어, 고구려어, 옥저어, 예어는 모두 부여계로서 같은 계통에 속함을 알 수 있다. 지금의 관점에서 말하자면 방언 차이 정도라도 말할 수 있을 것이다.

(1) 한반도 북쪽의 언어 상황
    부여　≒ 고구려
    고구려 ≒ 동옥저
    고구려 ≒ 동예
(2) 부여 ≒ 고구려 ≒ 동옥저 ≒ 동예

반면, 고구려 위쪽에 있었던 숙신, 읍루, 말갈 등의 언어에 대해서는 부여어, 고구려어와는 달랐다고 기록되어 있다.

"읍루는 … 예전의 숙신국이다. … 사람들의 모양은 부여와
비슷하나 언어는 부여, 고구려와 같지 않다."
(挹婁 … 古肅愼國也 … 其人形似夫餘 言語不與夫餘句麗同).
[위서 동이전 읍루조(挹婁條)]

말갈의 언어에 대해서는 ≪북사≫(北史)에 기록되어 있는데, 그 책에 보면 다음과 같이 기록되어 있다.

"물길국은 고구려 북쪽에 있는데 말갈이라고도 한다. … 언어는 (고구려와) 유달리 다르다."
(勿吉國 在高句麗北 一曰靺鞨 … 言語獨異). [열전 물길조(列傳 勿吉條)]

그런데 물길 역시 숙신이라는 사실이 중국의 역사책에 다음과 같이 기록되어 있다.

"물길국은 고구려 북쪽에 있는데 예전의 숙신국이다."
(勿吉國 在高麗北 舊肅愼國也). (魏書 列傳 勿吉條)
"말갈은 고구려 북쪽에 있다. … 예전의 숙신족이다."
(靺鞨 在高句麗之北 … 卽古之肅愼氏也). [(隋書 列傳 靺鞨條)]

이를 종합하면 숙신, 읍루, 물길, 말갈은 같은 종족의 이름76)으로서

---

76) 말갈 : 고조선 시대에 만주 북동 방면에서 수렵 생활을 하던 민족. 고구려 서천왕 때 일부가 고구려에 복속되었으며, 광개토대왕 때 완전히 병합되었다. 중국 주(周)나라 때에는 숙신(肅愼), 한(漢)나라 때에는 읍루(邑婁)라 불렀다. 본래 송화강(松花江) 유역의 물길(勿吉)이 지배하였으나 6세기 중엽 물길의 세력이 약화되자 각 부족들이 자립하였는데, 이들을 총칭하여 말갈이라 부른다.
후에 발해가 성립되자 대부분 말갈족은 발해의 지배를 받았지만, 그 일부인 흑수 말갈 부족은 송화강과 흑룡강(黑龍江) 하류 지역에 근거를 두고 발해에 대항하였

이들은 부여계와 다른 계통의 언어를 사용했음을 알 수 있다. 이와 같은 사실에서 다음 (3)과 같은 사실을 알 수 있고, 고구려, 부여 등의 부여계 언어와 말갈, 숙신 등의 언어와는 서로 다른 계통의 언어인 것이다.

(3) 고구려 ≠ 읍루 (←숙신)
    고구려 ≠ 물길 = 말갈 (←숙신)

한편 한반도 남쪽에는 마한, 변한(=변진), 진한의 세 나라가 있었다. 이들의 언어 상황 역시 ≪삼국지≫에 기술되어 있다. ≪삼국지≫를 보면, 진한에 대해서는 다음과 같이 기록되어 있다.

"진한은 마한의 동쪽에 있다. 그 노인들이 전해 말하기를 예전에 도망 온 사람들이 진나라의 부역을 피해 한국에 왔는데 마한이 그 동쪽 변방의 땅을 떼어서 주었다고 한다. 성책이 있고 그 언어는 마한과 같지 않다. 나라를 邦(방)이라 부르고 활을 弧(호)라 하고 도적을 寇(구)라 하고 술 돌리는 것을 行觴(행상)이라 하며 서로 부르기를 徒(도)라고 한다."
(辰韓在馬韓之東 其耆老傳世自言 古之亡人避秦役 來適韓國 馬

다. 발해 멸망 이후 흑수 말갈은 거란에 복속되어 여진(女眞)이라 불렸으며, 금(金)나라를 건국의 주체가 되었다. 청나라 때는 만주족이라고 불렸다.
고려는 왕건의 북방 개척으로 여진족과 직접 교섭하였는데, 고려 초기에 여진은 고려를 상국으로 섬겼고, 고려는 이를 회유하여 무역을 허락하고 귀화인(歸化人)에게는 가옥과 토지를 주어 살게 하였다. 당시 여진인은 활·말·화살·모피 등 전쟁 도구를 조공하고, 의료·식량·농기구·그릇 등 생활필수품을 주로 수입해 갔다고 한다.

韓割其東界地與之 有城柵 其言語不與馬韓同 名國爲邦 弓爲弧
賊爲寇 行酒爲行觴 相呼皆爲徒) [위서 동이전 진한조(魏書 東
夷傳 辰韓條)]

또한 변한(弁韓=弁辰)에 대해서는 다음과 같이 기록되어 있다.

"변한은 진한과 섞여 산다. 역시 성곽이 있고 의복과 사는
집이 진한과 같다. 언어와 규범, 풍속도 서로 비슷하다."
(弁辰與韓雜居 亦有城郭 衣服居處與辰韓同 言語法俗相似) [변진
조(弁辰條)]

또한 ≪후한서≫(後漢書)〉 동이전(東夷傳)에는 다음과 같이 기록되어
있어 서로 모순되는 측면이 있다.

"(진한과 변한은) 언어와 풍속이 다른 점이 있다."
([辰韓與弁辰] 言語風俗有異)

이 기록들에 의하면, 다음과 같이 되는데, 이를 어떻게 해석해야 할
지는 여러 가지 의견이 있을 수 있다.

(4) 진한   ≠   마한
    진한   ≒   변한

진한 ≠ 변한

첫째, 이 같은 차이 때문에 중국에서 나온 역사서 기록의 신빙성을 의심할 수도 있다. 특히 중국 입장에서 보면 더 멀리 떨어진 한반도 남쪽의 정보를 얻기가 한반도 북쪽의 정보를 얻기보다 더 어려웠음을 보여 주는 증거일 수도 있다. 한반도 북쪽은 어떤 식으로든 중국과 교섭을 했지만, 한반도 남쪽은 중국의 왕조와 교섭이 늦은 지역이기 때문이다.

둘째, 그러나 이러한 기록은 역사서 편찬자 자신의 관찰이라기보다는 편찬자가 접할 수 있었던 당시 한반도인들의 증언을 모은 것으로 생각하면, 그 신빙성을 무작정 의심하기도 어렵다는 의견도 있다. 한반도 남쪽의 언어 상황에 대한 중국 역사책의 기록의 혼란은 아마도 마한이나 변한의 언어가 계층별 차이가 있었다고 해석하는 것이 더 타당할지 모른다고 보는 것이다. 즉, ≪삼국지≫ 위서 동이전 진한조에 기록된 진한의 노인들이 하는 이야기는 진한 종족 전체에 대한 것이 아니라, 아마도 진한의 일부 계층(어쩌면 지배 계층) 사람들이 중국에서 건너온 것을 말하며, '邦, 弧, 寇' 등이 모두 중국어인 것으로 보아, 그 언어가 다르다는 것 역시 중국어가 자신들의 언어와 다르다는 것으로 보는 것이 좋을 듯하다.

셋째, ≪삼국지≫의 기록은 진한 사람과 중국의 노역을 피해 온 진나라 사람을 혼동하고 있는 것이므로, 이를 진한의 언어 상황을 이야기한 것으로 볼 수 없다는 것이다.

≪삼국지≫와 ≪후한서≫에서 진한과 변한의 언어에 대해 서로 엇갈

리는 증언을 하는 것도 이것은 변한(뒤의 가야)어의 위치에 대해 중대한 암시를 던져 준다. 즉, 변한과 가야는 한계(韓系) 언어에 속하면서도 북방의 부여계 언어 요소를 지니고 있다.

따라서 이상의 것을 종합하면 한반도 북쪽에는 부여, 고구려, 동옥저, 예 등의 나라가 있었는데 이들의 언어는 서로 비슷했고, 한반도 남쪽에는 마한, 진한, 변한 등의 나라가 있었는데 이들의 언어는 중국 측 기록에 의하면 서로 비슷하지 않은 것으로 나와 있다.

지금까지 한반도 북쪽과 남쪽의 언어 상황에 대해 중국 측 기록을 중심으로 간단히 살펴보았는데, 여기에는 아직 한 가지 해결하지 못한 사실이 남아 있다. 한반도 남쪽과 북쪽의 언어의 차이는 어땠을까 하는 점이다. 이 문제에 대해서는 중국 역사책에도 따로 기록되어 있지 않다.

이 문제에 대해서는 고구려, 신라, 백제 삼국의 언어를 비교함으로써 답을 할 수 있을 것이다. 왜냐하면, 한반도 북쪽의 여러 나라들은 모두 고구려로 통합되고, 한반도 남쪽의 여러 나라들은 백제와 신라로 발전하기 때문에 삼국의 언어 상태는 그 이전 시대의 언어를 물려받은 것으로 보아 크게 차이가 없기 때문이다. 이에 대해서는 다음에 다시 살펴보기로 한다.

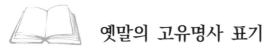 # 옛말의 고유명사 표기

우리 민족이 맨 처음 접했던 글자는 한자이었다. 독자적인 글자가 없었던 아시아의 여러 민족들은 한자를 이용해서 자신들의 생각을 기록하기 시작했을 뿐 아니라, 한자를 변화·발전시켜 자신들의 말을 표기할 수단으로 사용하게 되었다.

한자는 기원전 3세기경 한(漢) 문화의 전래와 동시에 시작되었던 것으로 추정된다. 한자는 처음에는 낯선 외래 문자이었겠지만, 이후 기원전 2세기경 이 땅에 한사군이 설립된 이후에는 어느 정도 뿌리내렸을 것이다. 특히 불교가 전래하면서 이후 우리나라는 일본에 한자를 전해줄 정도로 발전한 것으로 볼 수 있다77).

우리말 구조와 전혀 다른 한문을 가지고 문자 생활을 하기란 어려웠을 것이어서 언문 불일치한 상태로, 이중언어 사용자와 같은 상태의 문자 생활을 계속하였다. 지금은 어느 것도 남아 있지는 않지만, 삼국 시대에는 각국의 역사책이 편찬되었다는 것은78) 적어도 지식인층에서는

---

77) 백제 때 학자 왕인(王仁)은 근초고왕 때 일본에서 학자와 서적을 청하자 ≪논어≫ 10권과 ≪천자문≫ 1권을 가지고 일본에 가 글을 가르쳐 일본에 한문학을 일으키게 했다. 그의 이름이 일본의 ≪고사기≫(古事記)에는 '와니키시[和邇吉師]'라 기록되어 있고, ≪일본서기≫(日本書紀)에는 '와니[王仁]'라 기록되어 있다.
78) 고구려에서는 건국 초기에 ≪유기≫(留記)라는 역사책이 있었다는 기록이 있는데, 이후 600년에 ≪신집≫(新集)을 펴냈으며, 백제는 375년에 ≪서기≫(書記)를, 신라는 545년에 ≪국사≫(國史)를 편찬하였다는 기록이 ≪삼국사기≫ 등에 있다.

이미 한자가 우리나라에서 문자로서의 확고한 지위를 차지하고 있다는 것을 알 수 있다. 또한 광개토왕비[79] 역시 우리 민족이 이른 시기부터 한자를 사용해 왔음을 보여 주는 표지라 할 수 있다. 우리 선조들이 한자를 이용하여 역사책을 편찬하려고 했을 때 한국어를 중국어로 번역해야 했으므로, 이때 제일 먼저 봉착한 문제는 바로 고유명사의 표기라 할 수 있다.

아직 한자화되어 있지 않았던, 사람의 이름·땅 이름·벼슬 이름·나라 이름 등의 고유명사를 어떻게 한자로 표기할 것인가를 고민하게 된

---

[79] 중국 길림(吉林, 지린)성에 있는 고구려 제19대 광개토대왕의 능비(陵碑). 414년 광개토대왕의 아들 장수왕이 세운 것으로, 우리 역사상 가장 큰 비석이다. 이 비석의 비문은 상고사(上古史), 특히 삼국의 정세와 일본과의 관계를 알려 주는 금석문이다.

한·일 고대사학계의 최대 쟁점이 되어 온 구절은 "신묘년 왜가 바다를 건너 와서 백제와 신라를 파해 신민으로 삼았다(倭以辛卯年來渡海破百殘□□□羅以以爲臣)"로서, 여기에서 문맥과 전혀 관계없이 왜(倭)가 나온다.

이를 근거로 일제의 학자는, 4세기에 한반도 남단에 일본의 식민지를 건설하였고, 《일본서기》에 나오는 임나일본부(任那日本府)가 그것이라는 논리를 전개한다. 이에 대해 한국의 학자들은 단락을 어떻게 끊어 읽을 것인가, 보이지 않는 글자를 무슨 자로 볼 것인가

에 따라 몇 가지로 설로 나뉘지만, 어느 것이나 일본의 해석과는 다른 해석을 내놓고 있다. 특히 여러 종의 광개토왕비 탁본을 대조한 결과, 문제의 비문 중 왜(倭) 이하 도(渡)·해(海)·파(破) 등의 글자들이 일본 군부에 의한 변조가 있었음을 주장하기도 한다.

것이다. 예를 들어 '임금님이 서울에서 개똥이와 만났다'라는 기사를 한문으로 표기하려고 해 보자. '임금, 만나다'는 한자로 표현할 수 있지만, '개똥이, 서울'을 어떻게 한자로 표현할 수 있느냐 하는 문제가 된 것이다. 이는 이때 아직 많은 고유명사들이 한자화되지 않았기 때문에 생겨난 고민이 된다. 따라서 고유명사를 한자로 표기하는 것이 가장 시급한 문제가 된다. 물론 여기에는 그 당시의 고유명사가 한자어가 아니라는 전제가 있어야 한다. 한자어라면 그 한자어를 쓰면 되었을 것이다.

'개똥이'를 어떻게 한자로 바꿀 수 있을까. 여기에는 두 가지 방법이 있다. 첫째 한자의 소리를 빌어 바꾸는 방법이고 둘째 한자의 뜻을 빌어 바꾸는 방법이다.

먼저 한자의 소리를 빌려 바꾸는 방법은 다음과 같다. 우선 우리말 '개'에 해당하는 한자를 찾는다. '개'라는 음절을 가진 한자에는 '介, 個, 凱, 慨, 改, 槪, 開' 등이 있을 수 있으니, 이 중에서 하나를 선택하면 된다. 어느 것을 선택하느냐 하는 것은 사람마다 다를 것이다. 우리말 '개' 소리를 나타낼 수 있는 한자라면 그 의미가 어떤 것이든 상관이 없을 것이다. 예를 들어 우리는 이 가운데 '開'를 선택하기로 하자.

다음 우리말 '똥'에 해당하는 한자를 찾을 차례이다. 그러나 한자 중에서 '똥'이라는 소리를 가진 것은 없다. 어떤 식으로든 우리말을 한자로 적어야 하므로 소리가 비슷한 '동'에서 고르기로 하자. 그러면 '동'이라는 소리를 가진 한자에는 '冬, 凍, 動, 同, 東, 洞, 瞳, 童, 銅' 등이 있을 수 있는데 그중에서 '童'을 선택하기로 하자.

이렇게 해서 '개똥'이라는 이름을 가진 사람을 '開童'이라는 한자로 적게 되었다. 여기에서 '開'의 의미인 '열리다'와 '童'의 의미인 '아이'의 의미는 관계없이 다만 그 소리만을 빌려 이름을 표기하게 된 것이다.

(1) 한자의 소리 빌리기

	소리	뜻
開	개	열리다
童	동	아이

　다음으로 한자의 뜻을 빌어 바꾸는 방법은 다음과 같다. 우리말 '개똥'은 '개의 똥'을 가리키는 말이므로, '개'라는 뜻을 가진 한자에는 '犬(개 견), 狗(개 구)' 등이 있을 수 있으니, 이 중에서 하나를 선택하면 된다. 어느 것을 선택하느냐 하는 것은 사람마다 다를 수 있다. 우리는 이 중에서 '犬'을 선택하였다고 가정하자. 다음 '똥'이라는 뜻을 가진 한자 '屎(똥 시), 便(똥 변)' 중에서 '便'을 선택하였다고 하자. 이런 과정을 거쳐 '개똥'이라는 이름을 가진 사람을 '犬便'(견변)이라는 한자로 적게 되었다. 그러므로 '犬便'은 '견변'으로 읽어서는 안 되고 그 뜻을 따라 '개똥'으로 읽어야 그 이름에 해당하는 사람을 가리키게 될 것이다.

(2) 한자의 뜻 빌리기

	소리	뜻
犬	견	개
便	변	똥

따라서 문헌에 등장하는 '開童'은 '개똥'으로 바로 읽을 수 있지만, 문헌에 등장하는 '犬便'은 그 뜻에 따라 '개똥'으로 읽어야 한다는 것이다. 따라서 '開童'으로 표기되었건, '犬便'으로 표기되었건 이를 읽을 때는 모두 '개똥'이 되는 것이고, 이때 '開童'은 한자의 음에 맞추어서 읽고, '犬便'은 한자의 뜻에 맞추어서 읽어야 원래 음을 파악할 수 있게 된다.

(3) 한자 빌려서 읽기

발음	표기	의미
개	開	犬
똥	童	便

	소리로 읽기	뜻으로 읽기
開童	개동	
犬便		개동

그러므로, 옛 문헌에 나타나는 고유명사를 그 당시의 실제 발음과 비슷하게 맞추기 위해서는 때에 따라서는 소리로 읽어야 하는 경우도 있고, 때에 따라서는 의미로 읽어야 하는 경우도 있다.

(4) 居柒夫 或云 荒宗
(거칠부를 황종이라고도 한다)

그러므로 위와 같은 기록에서 '居柒'은 소리로 읽어야 하므로 '거칠'
이 되지만, '荒宗'의 '荒(거칠 황)'은 '황'으로 읽어서는 안 되고 그 뜻에
따라 '거칠'로 읽어야 한다는 것이다. 그러므로 '居柒夫'나 '荒宗'은 그
표기에 관계없이 발음이 같았다는 사실에 주목해야 한다.

≪삼국사기≫와 ≪삼국유사≫에 나오는 여러 고유명사를 소리로 읽기
와 뜻으로 읽기로 구분해 보면 다음과 같다.

(5) 이름	소리로 읽기	뜻으로 읽기
사람이름	儒理, 末鄒, 異斯	元曉, 赫居世
벼슬이름	伊伐干, 以師今, 麻立干	相加
땅이름	沙熱伊, 買忽	推火
나라이름	伽倻, 徐羅伐	朝鮮

박혁거세 부인의 이름이 문헌에 따라 '알영(閼英), 아리영(娥利英), 아
이영(娥伊英), 아영(娥英)' 등으로 다양하게 나오는 것도 이름을 한자로
옮길 때에 옮기는 사람에 따라 다른 한자를 사용하였기 때문에 생겨난
현상이다. 결국 이름은 한 가지였을 것이다.

삼국 시대의 언어

앞서 우리는 중국 역사책에 기록된 한반도의 언어 상황에 대해 살펴보았다. 이번에는 우리나라 역사책에서 한반도의 언어 상황은 어떻게 기록되어 있는지 살펴보기로 하자. 우리가 지금 얻을 수 있는 고구려, 신라, 백제의 언어 자료는 ≪삼국사기≫[80]에 나오는 땅이름이다. ≪삼국사기≫ 권34, 35, 36, 37에는 고구려, 신라, 백제의 지명이 수록되어 있어 이를 ≪삼국사기≫ 지리지(地理志)라고 따로 부른다. 이 ≪삼국사기≫ 지리지를 면밀하게 검토하여 보면 삼국 시대의 언어 차이를 알아낼 수 있다.

고구려, 백제, 신라의 삼국이 신라에 의해 통일된 후, 원래 있던 옛 땅이름을 중국식으로 바꾸게 된다. ≪삼국사기≫ 지리지에는 신라 경덕왕 때 바꾼 땅이름들이 다음과 같은 식으로 나열되어 있다.

(1) 水城군은 원래 고구려 買忽군이다.

　　(水城郡 本高句麗 買忽郡)

이와 같은 기록에서 우리는 다음과 같은 대응 관계가 성립함을 알 수 있다.

---

80) ≪삼국사기≫(三國史記) : 1145년 고려 때 김부식 등이 편찬한 삼국 시대의 역사책. 현재 전하는 우리나라 역사책 중 가장 오래된 책이다.

(2) 水 = 買

城 = 忽

　水, 城이 의미를 나타내고 있고 買, 忽이 그 발음을 나타내고 있다고 본다면, 고구려 지역에서 '물(水), 성(城)'이라는 단어가 각각 買, 忽이었음을 알 수 있다. 이제 문제는 한자로 기록된 買, 忽의 발음이 과연 어떠했는가 하는 점이지만, 편의상 중세 한국어의 한자음[81] '미(발음은 ᄆᆞ이)'와 '홀'이라고 본다면[82], 우리는 고구려 지역에서 '물'이라는 의미를 가진 말 '미'(표기는 買)와, '성'이라는 의미를 가진 말 '홀'(표기는 忽)을 얻을 수 있게 된다.

　(3) 買忽의 발음과 의미

발음	표기	의미
미(=ᄆᆞ이)	買	물[水]
홀	忽	성[城]

▪ 고구려어

　≪삼국사기≫ 지리지에 수록된 자료들을 더 정리해 보면, 우리는 다음과 같은 고구려 땅에서 사용되는 언어 자료(이를 편의상 '고구려어'라

---

81) 이를 동음(東音)이라고 한다.
82) 엄밀히 말하자면, 이는 잘못이다. 왜냐하면 '언어는 끊임없이 변하는 것'이고, 한자음 역시 변해왔을 터이니, 고구려 시대의 한자음으로 읽어야 할 것이다. 이 문제에 대해서는 뒤에 다시 설명한다.

고 하자)를 얻을 수 있다.

(3) 고구려어 자료

발음	표기	의미	중세 한국어
매	買	水, 井	믈
믈	勿	水	믈
단, 돈, 탄	旦, 頓, 呑	谷	
달	達	高, 山	
니미	內米	池	
어사	於斯	橫	엇-
나, 내, 노	那, 內, 奴	壤	나랗
바의, 파혜	巴衣, 波兮	峴, 巖	바회
어을	於乙	池	
근을	斤乙	文	글(文)
개	皆	王	
별	別	重	볼
홀	忽	城	
금물	今勿	黑	검다
수	首	牛	쇼

위의 표를 보면, 고구려어의 어떤 단어들은 중세 한국어(그리고 그 뒤를 잇는 현대 한국어)와 비슷하지만, 또 어떤 단어들은 중세 한국어와 많이 달라 보인다. 특히 다음에 보이는 네 개의 고구려 수사는 중세 한 국어의 '셋, 다섯, 닐굽, 열'과는 모양이 매우 다르고, 오히려 일본어의

수사83)와 유사한 모습을 보여 주목을 끈다.

(4) 고구려어 수사

밀	密	三	셋
우차	于次	五	다숫
난은	難隱	七	닐굽
덕	德	十	열

■ 백제어

마찬가지 방법으로 ≪삼국사기≫ 지리지에 나타나는 백제 땅이름 표기를 정리하면 다음 표와 같다.

(5) 백제어 자료

발음	표기	의미	중세 한국어
소비	所非	森	숲
비	比	雨	비
벌음지	伐音支	風	바람
모량	毛良	高	므르
사	沙	新	새
한	翰, 韓	大	한
물거	勿居	淸	묽-
오	烏	孤	외-

---

83) みっつ(三), いつつ(五), ななつ(七), とお(十)

발음	표기	의미	중세 한국어
돌악	珍惡	石	둛
기	己	城	

- **신라어**

신라의 땅이름 역시 마찬가지 방법으로 조사해 볼 수 있다.

(6) 신라어 자료

발음	표기	의미	중세 한국어
물	勿	水	믈
벌, 불	伐, 弗, 火	野	벌판
금물	今勿	黑	검
길	吉	永	길-
밀	密	推	밀-
남	南	餘	남-
아막	阿莫	母	어미

이상에서 우리는 여기서 편의상, 고구려어, 백제어, 신라어라는 용어를 사용했다. 이제 문헌에 나타난 세 나라의 언어 중에서 같은 의미의 단어를 찾아 제시해 보면 다음과 같다.84)

---

84) 백제어 '기'와 신라어 '잣'은 일본어로 차용된다.

(3) 삼국 언어 비교

의미	고구려	신라	백제
水	勿	勿	
熊	功木(*고목)		고마
堤	吐	吐	
三	密	推(*밀)	
赤	沙伏		所比
鐵, 金	蘇	素	
泉	於乙	乙	
黑, 陰	今勿	今勿	
谷	旦, 呑, 頓	실	
城	忽	잣	己(기)

고구려에 간 김춘추는 통역이 필요했을까

지금까지 우리는 ≪삼국사기≫ 지리지에 나타나는 땅이름을 자료로 해서 삼국 시대의 언어가 구체적으로 어떠했는지 살펴보았다. 이제 세 나라 사람들 사이에는 어느 정도 의사소통이 가능했는지에 대해 살펴보 도록 하자.

■ 신라어와 백제어

우선, 신라와 백제의 언어는 서로 비슷했던 것으로 보인다. 앞서 보 인 땅이름에서도 알 수 있듯이, 신라어는 거의 다 중세 한국어(그리고 그 뒤를 잇는 현대 한국어)에 이어지고 있으며, 백제어 역시 상당수 중 세 한국어와 비슷하다. 중국 역사책에서는 진한, 변한, 마한의 언어들이 서로 달랐던 것으로 기술되어 있지만, 구체적인 언어 자료를 검토해 본 결과, 이러한 기술은 부정확한 것으로 판단할 수 있다. 신라와 백제의 언어가 비슷하다면, 그 이전 시기인 삼한(三韓) 시대의 언어 역시 비슷 했던 것으로 보아야 할 것이다. 중국 양(梁) 나라의 기록85)에도

> "(신라의) 언어는 백제인을 중간에 두어야 비로소 (중국인과)
> 통할 수 있다."

---

85) ≪양서≫ 열전 제이 신라조(梁書 列傳 諸夷 新羅條)의 기록이다.

(語言 待百濟 而後通焉)

와 같은 대목이 나오는데, 신라어와 거의 같은 말을 쓰던 백제인이 중국어에 서툰 신라 사신을 도왔다는 뜻일 것이다. 지리적인 위치로 보아 신라에 비해 백제가 중국과 교류가 많아 한문이나 중국어에 능한 사람이 많았기 때문이라 볼 수 있다.

후에 백제 무왕이 되었던 서동이 신라 진평왕의 딸 선화공주를 얻기 위해 경주에 잠입해 어린아이들에게 노래를 가르쳐 주어 퍼뜨렸다는 설화[86]가 가능한 것도, 역시 백제 사람에게는 신라어가 모국어나 다름없었기에 가능한 일이라고 생각할 수 있다.

▪ 신라어와 고구려어

신라어, 백제어와 고구려어는 어떤 관계에 있었을까. 앞서 살펴본 중국 역사서에서도 한반도 남쪽과 북쪽의 언어가 어떠했는지 따로 기술되어 있지 않았었다. 앞에 제시된 고구려어를 자세히 살펴보면 고구려어

---

86) 백제의 서동(薯童)은 마(薯)를 캐어 팔아 생활해 나갔기 때문에 사람들이 '서동(맛동)'이라고 불렀다. 신라 진평왕의 셋째딸 선화공주가 세상에서 제일 아름답다는 소문을 듣고 신라의 서울로 왔다. 그가 동네 아이들에게 마를 나누어 주며 아이들과 가까워진 후, 다음과 같은 노래를 지어 여러 아이들에게 부르게 하였다.
선화공주님은/ 남 몰래 짝 맞추어 두고/ 서동방을/ 밤에 몰래 안고 가다.
이 동요가 장안에 퍼져 궁중까지 알려지니 모든 신하들이 간하여 공주를 시골로 유배시켰다. 공주가 귀양 가는 길에 서동이 나와서 절을 하고 모시고 가겠다고 하였다. 공주는 그가 어디에서 온 사람인지 알지는 못하지만 공연히 기뻐하며 동행하도록 했다. 동행하는 사이에 공주는 서동이 믿음직스러운 것을 알고는 그에게 마음이 끌렸다. 마침내 두 사람은 결혼을 했고 공주는 그제서야 그가 서동이라는 것과 자기가 쫓겨나게 된 까닭을 알게 되었다.

는 중세 한국어로서는 이해하지 못하는 말이 꽤 있다. 그중에는 알타이어와 비슷한 단어도 있고 일본어와 비슷한 단어들도 있다[87].

(1) 고구려와와 알타이어

추정 발음	표기	의미	관련 어휘
박	伯	만나다 (逢)	어윙키 baka-, 라무트 bak-, 골디 ba-(발견하다), 만주 baha-(얻다), 튀르크 bak-(보다)
마	馬	굳다(堅)	어윙키 maŋa, 라무트 maŋ, 만주 mangga
비리	比烈	얕다(淺)	골디 biri

(2) 고구려와 일본어

추정 발음	표기	의미	관련 어휘
나미	內米	연못(池)	일본 nami(파도), 퉁구스 namu(바다)
난은	難隱	일곱(七)	일본 nana, 퉁구스 nadan
탄	呑	골짜기 (谷)	일본 tani

이와 같은 현상을 기반으로 해서 한반도 남쪽과 북쪽 즉, 신라어, 백제어와 고구려어의 관계에 대해서는 두 가지 가능성이 언급되어 왔다. 즉, 이들 언어가 같은 어족에 속하기는 하지만 다른 언어였을 가능성과

---

87) 遇王현은 원래 고구려 皆伯현이다(遇王縣 本高句麗 皆伯縣).
淺城군은 比烈忽이라고도 하였다(淺城郡 一云 比烈忽).
泉井군은 於乙買라고도 하였다(泉井郡 一云於乙買).

이들 언어는 같은 언어이고 방언적인 차이만을 가지고 있다는 가능성이 각각 그것이다.

세 나라의 언어가 별개의 언어였다는 주장을 하는 이들은 한반도의 언어 상황을 다음과 같이 설명한다. 신라어와 백제어는 모두 한계(韓系) 언어로서 방언적 차이를 지니고 있었지만, 고구려어는 백제어, 신라어와 같은 계통의 언어이기는 하지만, 방언적 차이 이상의 언어적 차이를 지니고 있었다. 변한(후에 가야가 됨)의 언어는 부여계에 속할 가능성이 크고, 또한 일본어도 부여계 언어에 속한다. 그러므로 고구려어는 한국어와 알타이어, 일본어와 알타이어의 사이에 놓이는 '잃어버린 고리'(missing link)라 할 수 있다.

신라가 삼국을 통일함에 따라 옛 백제, 고구려 영토에도 신라어의 세력이 미치게 되어 한반도에 언어적 통일이 이루어졌다. 즉, 옛 고구려 땅에서 사용되던 언어가 고구려어에서 신라어로 바뀌게 된 것이다. 이후 고려 왕조가 들어섬에 따라 한반도의 언어상의 중심지가 경주에서 개성으로 옮기게 되었으며, 고려, 조선 시대에 걸쳐 신라어는 줄기차게 개성말에 영향을 미쳐서 고구려어의 영향이 줄어들었다. 고구려어가 사라지면서 어느 정도는 신라어에 영향을 끼쳤겠지만[88], 결국 중세 한국어는 신라어의 계통을 잇는 언어라 할 수 있다.

세 나라의 언어가 별개의 언어가 아니라 방언이었다는 주장을 하는 이들은 한반도의 언어 상황을 다음과 같이 설명한다. 지금까지 알려진

---

88) 피지배 계급의 언어가 사라지면서, 지배 계급의 언어에 영향을 미치는 일을 기층(基層, substratum)이라고 한다.

고구려어 단어 중에서 신라어, 중세 한국어와 비슷한 예가 3분의 1 이상이나 되므로, 고구려어와 신라어를 서로 다른 언어로 볼 수 없다. 삼국의 언어 차이는 그리 큰 것이 아니며 방언적 차이에 지나지 않는다.

신라가 삼국을 통일하여 옛 고구려 땅에 신라어가 세력을 뻗친 것은 사실이겠지만 언어의 치환이 그렇게 쉽게 일어나는 것은 아니다. 고구려 방언은 삼국 통일 후에도 자신의 특성을 거의 그대로 간직하고 있었을 것이며, 개성은 옛 고구려의 영토이므로 고려어의 형성에 가장 큰 영향을 끼친 것은 신라 방언이 아니라 고구려 방언이다. 그러므로 고대 한국어의 범위를 신라어로 한정할 것이 아니라, 고구려어와 백제어도 고대 한국어에 포함해야 한다. 즉, 신라의 뒤를 이은 고려어는 고구려어 방언을 근간으로 해서 이루어진 것이다.

이 같은 주장의 차이는 같은 자료를 놓고도 해석을 달리하는 데에까지 이른다. ≪주서≫89)에는 다음과 같은 기록이 있다.

> "(백제의) 왕의 성은 부여씨이고 *於羅瑕*(어라하)라고 부르며, 백성들은 *鞬吉支*(건길지)라고 부른다. 중국말로는 모두 왕이라는 뜻이다. (왕의) 처는 *於陸*(어륙)이라고 하는데 중국말로는 왕비라는 말이다."
>
> (王姓夫餘氏 號於羅瑕 民呼爲鞬吉支 夏言竝王也 妻號於陸 夏言妃也)

---

89) ≪주서≫(周書) : 중국 주(周) 나라의 역사를 기록한 책. 628년 당(唐) 나라 때 편찬되었다. 본문의 기록은 권49 이역전 백제조(異域傳 百濟條)에 나온다.

이 기록은 백제에서 왕을 부르는 말이 지배 계급과 백성들 사이에 달랐음을 보여 주는 것이다. 고구려어와 신라어가 별개의 언어라는 입장에서 보면, 이 기록은 백제의 지배 계급과 피지배 계급 사이에 언어의 차이가 있었음을 말해 주는 증거가 된다. 백제를 세운 지배 계급은 부여계[90]였으므로, 지배 계급은 고구려어를 사용하고 피지배 계급은 마한계의 언어를 사용했음을 유추해 볼 수 있으며, 이를 통해 한반도 북부의 언어와 한반도 남부의 언어의 언어에 어느 정도 차이가 있었음을 알 수 있다는 것이다. 이후 지배 계급의 고구려어는 피지배 계급의 백제어에 어느 정도 영향을 미치고 사라지게 된다.[91]

(3) 백제어의 두 모습

	북 = 부여계 언어	남 = 마한계 언어
왕	於羅瑕(어라하)	鞬吉支(건길지)

그러나 고구려어와 신라어가 방언적인 차이에 있었다는 입장에서 보

---

90) ≪삼국사기≫ 백제본기에 의하면 백제의 시조 온조(溫祚)는 고구려의 시조인 고주몽의 아들이다. 주몽이 부여에 두고 왔던 아들 유리가 주몽을 찾아와 왕위를 잇자, 온조와 비류가 함께 남쪽으로 내려와 백제를 세우게 된다.
　이를 뒷받침할 만한 사실은 백제 역사의 여러 곳에서 확인되는데, 백제 왕족의 성(姓)이 부여(夫余)씨이고, 고구려의 무덤 양식과 유사한 대형무덤이 한강 유역에서 나타나고 있는 점도 그중 하나다. 또한, 5세기 중반 개로왕이 북위에 보낸 국서에는 백제가 고구려와 함께 부여에 기원을 두고 있다고 하였으며 6세기 전반 성왕때에는 일시적으로 국호를 남부여라 칭하기도 하였다.
91) 지배 계급의 언어가 사라지면서 피지배 계급의 언어에 영향을 미치는 일을 상층(上層, superstratum)이라고 한다.

면, 같은 언어를 사용하는 사회 내에서도 계급 간의 어휘의 차이는 흔히 있는 법이라는 것이다. 백제어에 왕을 나타내는 말이 두 개 있는 것은 상류 지배층의 특수 어휘에 불과한 것이고, 이는 조선 시대 임금과 관련된 단어들이 일반 어휘들과 다른 것과 마찬가지이다[92]. 따라서 이러한 차이를 바탕으로 백제의 지배 계급의 언어(於羅瑕)와 피지배 계급의 언어(鞬吉支)가 달랐다고 주장하는 것은 지나친 일반화가 된다.

또한 ≪양서≫[93]에 나오는 다음 기록도 결국 백제 지배 계급의 언어 현상을 묘사한 것으로 해석할 수도 있고, 일반적인 백제어를 언급한 것으로 해석할 수도 있다.

> "(백제는) 지금 언어와 복장이 대체로 고구려와 같다."
>
> (今言語服章 略與高麗同)

이번에는 같은 단어를 가지고 세 나라의 언어를 비교해 보기로 하자. 먼저 왕을 가리키는 말을 살펴보자. 신라에서 왕을 가리키는 말은 다음과 같이 여러 번 변한다. 居西干(거서간), 次次雄(차차웅), 尼師今(이사금), 麻立干(마립간)[94]. 이들 단어에 대해서는 ≪삼국사기≫에 다음과

---

92) 조선 시대에 임금에게 올리는 진지를 '수라', 임금의 옷을 '곤룡포', 허리띠를 '옥대', 휴대용 변기를 '매화틀'이라 한 것 등이 널리 알려져 있다. 이 외에도 궁중에서는 버선을 '족건'(足巾), 솜을 '거해'(去核), 이불을 '기수'라 하였다.
93) ≪양서≫(梁書) : 중국 양 나라의 역사를 기록한 책. 위 기록은 열전 제이 백제조(列傳 諸夷 百濟條)에 나온다.
94) 왕(王)이라는 명칭은 503년 지증왕 때 처음 등장하는데, 사라(斯羅), 사로(斯盧), 신라(新羅) 등 다양하게 사용되고 있던 국명을 신라로 확정하는 등 이때부터 고대국가로서의 면모를 세우게 된다.

같이 풀이되어 있다.

"居西干(거서간)은 진한의 말로 왕을 뜻한다. 또는 존귀한 사람을 부르는 호칭이라고도 한다"

(居西干 辰言王 或云 呼貴人之稱).

"次次雄(차차웅)을 또는 慈充(자충)이라고도 하였다. 김대문이 말하기를, 방언에서 무당을 일컫는 말이다. 무당은 귀신을 섬기고 제사를 받드는 까닭에 세상 사람들이 그를 두려워하고 공경하여 마침내 존장자를 일컬어 자충이라 하였다"

(次次雄 或云 慈充 金大問云 方言 謂巫也 世人以巫事鬼神 尙祭祀 故畏敬之 遂稱尊長者 爲慈充).

"尼師今(이사금)은 방언으로 잇금을 일컫는 말이다. 옛날에 남해가 장차 죽을 즈음에 아들 유리와 사위 탈해에게 일러 말하기를 '내가 죽은 후에 너희 박, 석 두 성 가운데 나이가 많은 사람이 왕위를 이어라'고 하였다. 그 후에 김 씨 성이 또한 일어나 3성에서 나이가 많은 사람이 서로 왕위를 이었던 까닭에 이사금이라 불렀다"

(尼師今 方言也 謂齒理 昔南解將死 謂男儒理 壻脫解曰 吾死後 汝朴昔 二姓 以年長而嗣位焉 其後 金姓亦興 三姓以齒長相嗣 故稱尼師今).

"麻立(마립)은 방언에서 말뚝을 일컫는 말이다. 말뚝은 자리를 정하여 둔다는 뜻인데, 위계에 따라 설치되었다. 왕의 말

뚝은 주(主)가 되고 신하의 말뚝은 그 아래에 배열되었기 때
문에 이로 말미암아 (왕의) 명칭으로 삼았다"

(麻立者 方言謂也 謂操 准位而置 則王爲主 臣列於下 因以名之).

백제의 백성들이 왕을 불렀다는 '鞬吉支'(건길지)를 '鞬+吉支'로 분리
시킨다면, 왕의 명칭으로서 '吉支'는 다른 곳에서도 발견이 된다. 즉,
≪삼국사기≫와 무녕왕릉의 묘지석에서는 백제 무녕왕(武寧王)을 斯摩
王(사마왕)으로 표기하고 있는데, ≪일본서기≫[95])에서도 무녕왕을 '嶋
王'(sema kisi]로 나타내고 있다.

(4) 斯摩 + 王
   sema+ kisi

결국 이 두 자료의 비교를 통해서 백제어에서 '왕(王) = kisi'였음을
알 수 있고, 이 kisi는 '吉支'와 관련이 있을 것으로 생각되는 것이다.
게다가 16세기에 광주에서 간행된 ≪천자문≫[96])에는 '王 긔즈 왕'이라

---

95) ≪일본서기≫(日本書紀) : 일본 나라[奈良]시대 720년경에 편찬된 일본의 역사서.
   ≪백제기≫(百濟記), ≪백제본기≫(百濟本記), ≪백제신찬≫(百濟新撰) 등 현재는 전
   해지지 않는 한국의 사료(史料)와 ≪위서≫(魏書), ≪진서≫(晉書) 등 중국의 역사책
   을 이용하고 있어, 일본에서 비교적 객관적으로 저술한 역사책이라고 생각하고 있
   다. 그러나 이 책에 서술된 한국과의 관계는 왜곡된 부분이 많아, 진구황후[神功皇
   后]가 신라를 정복하였다는 터무니없는 대목이 있고, 또 연대(年代)도 백제의 기년
   (紀年)과는 약 120년의 차이가 있어, 한국에는 사서(史書)가 아니라고 평하는 이도
   많다.
96) ≪천자문≫(千字文) : 한문을 처음 배우는 사람들을 위한 한자 교과서. 중국 양(梁)

고 되어 있어 백제어에서 왕을 가리키는 말이 '吉支, kisi, 긔ᄌ'와 관련이 있다는 사실을 보여 주고 있다[97].

≪삼국사기≫의 고구려 지명 자료를 참고하면, 고구려어에서는 왕이 '皆'(개 = 가이)였을 것으로 보이며, '皆'는 고구려 관직명 '상가(相加), 고추가(古雛加)'와 부여의 관직명 '마가, 우가, 저가, 구가'[98] 등에 보이는 '加'(가)와도 관련이 있는 듯하다. 또한 앞서 언급한 於羅瑕(어라하)를 '於羅+瑕'로 분석하게 되면, 여기서도 임금의 명칭인 '瑕'('가'로 발음되었을 것으로 추정)가 보인다.

이처럼 왕을 나타내는 삼국의 언어가 달랐다는 것을 놓고도 의견은 대립된다. 즉, 왕을 나타내는 단어가 달랐으므로 세 나라 사이에 언어에 차이가 있었음을 입증하는 자료로서 이용될 수도 있다. 하지만, 신라의 '居西'와 백제의 '吉支' 그리고 고구려의 '皆次'[99]를 비교하여 오히려 세 나라 사이에 언어 차이가 없었음을 보여 주는 자료로 이용되기도 한다.

나라의 주흥사가 글을 짓고 동진(東晉)의 왕희지의 필적 중에서 해당하는 글자를 모아 만들었다고 하며 사언고시(四言古詩) 250구, 합해서 1,000자가 각각 다른 글자로 되어 있다. 내용은 '천지현황'(天地玄黃)에서 시작하여 '언재호야'(焉哉乎也)로 끝난다.

이 책이 한국에 전해진 연대는 확실치 않으나 285년 백제 때 왕인(王仁)이 ≪논어≫와 함께 ≪천자문≫을 일본에 전했다는 일본 고문헌의 기록으로 보아 이보다 훨씬 전에 들어온 것으로 추측된다. 우리나라에서는 조선 시대 선조 때의 명필 석봉(石峯) 한호(韓濩)가 쓴 ≪석봉천자문≫이 유명하다.

97) 기자조선(箕子朝鮮)의 고유명사라기보다는 기자 역시 통치자를 가리키는 말로 보인다.
98) 윷놀이에 사용되는 도·개·걸·윷·모 등의 명칭이 부여의 관직명인 마가(馬加 : 말)·우가(牛加 : 소)·저가(豬加 : 돼지)·구가(狗加 : 개) 등을 본뜬 것이라는 주장도 있다.
99) 王岐현은 皆次丁이라고도 한다(王岐縣 一云 皆次丁).

(5) kese(居西) ≒ kici(吉支) ≒ kaic^{h}i(皆次)

다음은 삼국의 지명을 살펴보자. 지명에는 각 지역에 따라 다음과 같은 말들이 붙어 있는 곳이 많다. 즉, 고구려 지역에는 '忽'로, 백제 지역은 '夫里'로, 신라 지역에는 '火'로 끝나는 지명이 많이 발견된다.

(6) a. 買忽, 冬比忽, 內未忽, 冬音忽, 冬斯忽, 馬忽, 沙伏忽,
        召尸忽, 乃勿忽, 甲忽

    b. 所夫里, 毛良夫里, 半奈夫里, 古眇夫里, 古良夫里, 尒陵
        夫里

    c. 達句火, 舌火, 雉省火, 退火, 音里火, 仇火, 屈阿火, 加
        主火

신라 지명에 보이는 '火'를 그 뜻에 따라 '불, 벌'과 같이 읽는다면, 여기서도 세 나라의 언어 상황을 엿볼 수가 있다. 또한 《삼국지》 위서 동이전에 의하면 마한은 여러 작은 나라로 이루어져 있었는데 그들 중 '內卑離國, 辟卑離國, 如來卑離國' 등에 보이는 '卑離'(비리) 역시 '夫里'와 관련이 있는 것으로 보인다.

이 자료 역시 두 가지로 해석될 수 있다. 즉, '夫里'와 '火'는 같은 언어로서 '벌판, 들' 정도의 의미를 가진 것임을 보여 주지만, '忽'은 성(城)의 뜻을 가진 말로서 서로 다른 말이라는 것이다. 따라서 한반도 남쪽의 백제, 신라어와 한반도 북부의 고구려어는 달랐다는 것이 한쪽의 의견이다. 반면, '홀 부리 블'을 모두 하나의 어휘의 방언 차이에 불과한 것이므로 세 나라의 언어는 동일하다고 보는 것이 또 다른 쪽의 의견이다.

지금까지 고구려, 백제, 신라가 서로 왕래할 때 통역을 썼다거나 말이 안 통해 문제가 되었다는 기록은 발견된 적이 없다. 고구려에 간 김춘추100) 역시 그가 통역을 데리고 갔다거나 하는 기록은 찾아볼 수 없다. 이런 것들을 어떻게 해석할지 역시 입장에 따라 달라질 수 있다.

그러므로 TV 사극 〈태조 왕건〉에 등장하는 고구려, 백제, 신라 삼국의 등장인물들이 자연스럽게 대화하는 것으로 묘사된 것은 이들 언어가 방언 차이에 있다는 입장에 따른 것으로 볼 수 있다. 그렇다고 하더라도 물론 고구려인들은 지금의 북한말 비슷하게, 백제인들은 지금의 전라 방언 비슷하게, 신라 사람들은 지금의 경상 방언 비슷하게 말을 했다면 좀 더 자세한 묘사가 되었을 것이다.

---

100) 신라 선덕왕 때(642년) 백제 의자왕은 고구려와 힘을 합하여 신라의 여러 성을 함락한다. 김춘추는 이 어려운 사정을 외교를 통해 해결하려고 결심을 하고 고구려에 가게 된다. 연개소문과 만난 김춘추는 고구려와 신라가 손잡는 것이 유리하다는 것을 설득시키려고 애를 썼지만, 김춘추는 결국 별관에 감금되는 몸이 된다. 한편, 고구려의 신하 선도해(先道解)가 김춘추에게 별주부 이야기를 들려준다. 김춘추는 선도해의 뜻을 짐작하여 보장왕께 글을 올리니 왕은 기뻐하며 김춘추를 돌려보내게 된다.

眞露와 참이슬

한자는 '모양'과 '소리'와 '뜻'의 세 가지로 구성되어 있다. 한자가 처음 한국이나 일본 등에 전해졌을 때에는 한자라는 문자의 모양(예를 들면, '音, 學')과 그 문자의 뜻(예를 들면, 소리, 배우다)와 그 문자의 소리(예를 들면, '음, 학')가 아울러 들어왔을 것이다. 문자를 수입한 한국이나 일본 등에 그 문자의 소리가 있을 리 없으므로, 이때 한자 모양 자체는 물론이고, 함께 들어온 그 한자의 뜻과 소리 역시 중국에서 사용되던 뜻과 소리라는 것은 당연한 일이 되는 것이다.

이는 한자뿐 아니라 다른 외국어에도 마찬가지로 적용할 수 있다.

일본에 유학했던 개그맨 이홍렬 씨의 한 수필에는 한국 한자음과 일본 한자음에 대한 내용이 있다.

"내가 일본어 공부를 하면 할수록 기이하게 여겼던 점이 있다. 우리말 발음과 유사한 일본어 발음이 꽤 많다는 것이다. 혹시 우리말이 일본으로 전해진 것은 아닐는지? 내가 만약 학자라면 신중한 연구를 통해 밝혀낼 의향도 있지만 난 개그맨이니까 내 직업에 충실해야겠지." [≪사요나라 개그나라≫, 도서출판 자작나무]

이 수필에는 다음과 같은 단어들이 예로 들어져 있다.

(1) 가구(家具)　　かぐ(카구)

　　간단(簡單)　　かんたん(칸탄)

　　관심(關心)　　かんしん(칸신)

　　구비(具備)　　ぐび(구비)

　　난민(難民)　　なんみん(난민)

　　다산(多産)　　たさん(타산)

　　무기(無期)　　むき(무키)

　　무시(無視)　　むし(무시)

　　무리(無理)　　むり(무리)

　　부분(部分)　　ぶぶん(부분)

분리(分離)	ぶんり(분리)
산보(散步)	さんぽ(산포)
시민(市民)	しみん(시민)
온도(溫度)	おんど(온도)
신자(信者)	しんじゃ(신쟈)

이처럼 처음 일본어를 공부하는 이들은 한국어와 일본어에 비슷한 말이 많다는 것을 보고 놀라곤 한다. 어떻게 이런 일이 일어난 것일까. 한자 자체가 중국에서 수입해 온 글자이고, 그 한자가 들어 올 때에 한자의 뜻과 소리 역시 따라서 들어왔기 때문에, 한자의 뜻과 소리는 대부분 원래 모두 중국 한자의 그것을 따라 흉내 낸 것이다.

이같은 상황은 한국어에서만 그런 것이 아니다. 예전에 한자를 빌려 썼고 한자를 가지고 말을 만들었던 일본어에서도 마찬가지이다[101]. 그

101) 베트남에서도 예전에는 한자와 한자를 변형한 문자인 쯔놈(字喃)을 사용했다. 쯔놈은 한자의 음을 그대로 빌리든가 또는 고유어의 음을 표기하는 한자와 그 뜻을 나타내는 한자를 합성하든가, 아니면 한자의 의미를 합성해서 베트남어를 표기하는 방법이다. 8세기경부터 근대에 이르기까지 쯔놈으로 시나 산문 등이 발표되고, 공식문자로도 채택되는 등 활발하게 이용이 되었지만, 쯔놈 문학의 발달에도 불구하고 쯔놈은 흔히 속자(俗字)로 여겨져 국가의 공식문서는 모두 한자로 기록되었다.

프랑스 선교사에 의하여 꿕응우(quoc ngu : 國語)라 부르는 로마자 표기법이 완성되어, 이 표기법이 19세기 말부터 20세기에 걸쳐 급속히 보급되면서 한자도 쯔놈도 베트남 사회에서는 더 이상 쓰지 않게 되었다.

러므로 한자말의 경우 한국어와 일본어에(그리고 베트남어까지) 중국어와 비슷하게 보이는 발음이 많은 까닭은 이들 언어들이 예전에 같은 말(중국어)을 빌려왔기 때문이다.

그런데 한국어와 일본어 그리고 중국어에는 비슷한 한자음도 많지만, 비슷하지 않은 한자음 역시 많이 있다. 이처럼 같은 말을 빌려왔음에도 닮지 않은 것들이 있음은 왜일까. 왜 한국, 일본, 중국의 한자음이 다 제각각이 되었을까.

여기에는 '언어는 끊임없이 변한다'라는 사실이 숨어있다. 그러므로 한국이건 일본이건 베트남이건 처음에는 중국음과 비슷한 한자음이었 겠지만, 한국, 일본, 베트남, 중국 각각의 나라에서 나름대로 언어의 변화를 겪게 되어 현재와 같이 서로 다른(또는 달라 보이는) 한자음이 생겨난 것이다.

그러나 한국과 일본, 베트남, 중국의 한자음들은 원래 하나의 한자음이었으므로 그 변화 후에도 비슷한 발음이 나는 것들이 많이 있으며 얼핏 보기에 달라 보이는 것들도 아무렇게나 다른 것이 아니라 규칙적으로 다르게 된다. 즉 체계적으로 닮고 또 체계적으로 다르다는 말이다. 앞서 말한 바 있는 음운 대응의 규칙성이 보인다는 뜻이다.

아래 표를 얼핏 보면 한국과 베트남, 중국 한자음이 비슷하고 일본의 한자음은 전혀 달라 보인다.

(2) 한자음 비교

	城	幸	病	領	行
한국	seong(성)	haeng(행)	byeong(병)	lyeong(령)	haeng(행)
일본	zyou(ジョウ)	kou(コウ)	byou(ビョウ)	lyou(リョウ)	kou(コウ)
베트남	thành	hạnh	bịnh	linh	hành
중국	chéng(청)	xìng(싱)	bìng(빙)	lǐng(링)	xíng(싱)

그러나 좀 더 자세히 들여다보면, 한국 한자음이나 중국 한자음에서 받침이 ng(ㅇ)으로 끝나는 말들은 일본 한자음에서는 u(ウ)로, 베트남 한자음에서는 nh로 대응되고 있다는 사실을 알 수가 있다. 즉, 다음과 같은 한자음 대응의 규칙성이 보이는 것이다.

(3) 한국어 ng : 일본어 u : 베트남어 nh : 중국어 ng

또 다른 예를 보기로 하자. 이번에는 한국, 일본, 베트남의 한자음이 비슷해 보이고, 중국의 한자음은 달라 보인다.

(4) 한자음 비교

	學	國	德	作	色
한국	hak(학)	kuk(국)	teok(덕)	jak(작)	saek(색)
일본	gaku(ガク)	koku(コク)	toku(トク)	saku(サク)	syoku(ショク)
베트남	häc	quốc	đức	tác	sắc
중국	xué(쒜)	guó(궈)	dé(더)	zuò(쭤)	sè(서)

그러나 여기에서도 한국 한자음에서 받침이 k(ㄱ)으로 끝나는 말들은 일본에서 ku(ク)로 대응되며, 베트남에서는 c, 중국에서는 '받침없음'으로 대응된다는 사실을 알 수 있다. 다음과 같은 한자음 대응의 규칙성이 보이는 것이다.

(5) 한국어 k : 일본어 ku : 베트남어 c : 중국어 ø

따라서 '城, 幸, 病, 領, 行'과 '學, 國, 德, 作, 色' 등의 한국, 일본, 베트남 및 중국의 한자음은 외견상 다르게 보이더라도 한자음들도 원래 같았던 시대의 모습을 내면에 숨겨 가지고 있다는 사실을 알 수 있다.

지금 우리는 '學'이라는 한자를 읽으려면, [학]이라는 소리 외에는 달리 읽을 수가 없다. 그러나 옛날 우리 선조들은 이를 [학]이라고 읽었을 뿐만 아니라, 때에 따라서는 이를 [배우다]라고도 읽었다. 이처럼 '學'을 읽을 때에 [학]이라고 읽는 방법을 '소리로 읽기'라고 하고, [배우다]라고 읽는 방법을 '뜻으로 읽기'라고 한다102).

지금의 관점에서 보면 한자 '뜻으로 읽기'는 좀 낯설기는 하지만, 우리 선조들이 고안해 낸 아주 훌륭한 한자 읽기 방법이었다. 요즘도 우리는 자신의 이름을 한자로 소개할 때에는, 예를 들어 '해미'(海美)라는 이름이라면, "제 이름은 바다 해

---

102) 이를 각각 '음독'(音讀)과 '석독'(釋讀)이라고 부른다.

[海], 아름다울 미[美]입니다.”라고 소개하는 것도 바로 ‘소리로 읽기’와 ‘뜻으로 읽기’를 모두 사용한 것이다.

따라서 현대의 우리들은 ‘眞露’(참 진, 이슬 로)라는 술 이름을 읽을 때에 [진로]라고 밖에 읽을 수 없지만, 예전 우리 선조들은 [진로]라고도 읽을 수도 있었고, [참이슬]이라고도 읽을 수 있었다. 마찬가지로 ‘大田’(큰 대, 밭 전)이라는 지명도 [대전]이라고만 읽는 우리와는 달리, 선조들은 이를 [한밭]이라고도 읽었다.

우리말에서는 이 같은 ‘뜻으로 읽기’가 사라졌지만, 현대 일본어에서는 지금도 ‘소리로 읽기’와 ‘뜻으로 읽기’를 사용해서 한자를 읽는다103).

(6) 소리로 읽기와 뜻으로 읽기

	한국	일본	
	소리로 읽기	소리로 읽기	뜻으로 읽기
映畫	영화	エイガ(에이가)	
運動	운동	ウンドウ(운도우)	
今日	금일		きょう(쿄우)
大人	대인		おとな(오토나)

이처럼 한자를 그 음에 따라 소리로 읽기도 하고, 그 뜻에 따라 뜻으로 읽기도 한 것은 우리 선조들이 고안해 낸 방법이었다. 결국 소리로 읽기나 뜻으로 읽기는 모두 그 발음은 같았던 것으로 생각된다. ≪삼국

---

103) 한자의 ‘소리로 읽기’와 ‘뜻으로 읽기’를 일본어에서는 ‘음독’(音讀)과 ‘훈독’(訓讀)이라고 한다. 그러므로 ‘석독’(釋讀)과 ‘훈독’(訓讀)은 같은 개념이다.

사기≫에 나오는 한 사람이름으로 설명하기로 하자.

(7) 素那를 金川이라고도 한다.(素那 或云 金川)

'素那'를 읽을 때는 '소리로 읽기'에 따르고, '金川'을 읽을 때는 '뜻으로 읽기'로 따른다면, 이 둘의 읽는 방법은 다음과 같다.

(8) 素那와 金川

	素	那
뜻		
소리	소	나
	金	川
뜻	쇠(소이)	내(나이)
소리		

그러므로 ≪삼국사기≫에서 '素那'로 표기되었든, 또는 '金川'으로 표기되었든 읽는 방법은 어느 것이나 같았다는 것이다. 그러다가 '뜻으로 읽기' 방법이 점차로 잊히면서 '金川'은 '소나, 쇠내'로 읽혀지는 일이 없이, 어느 경우에나 '금천'으로 읽히게 되었다는 것이다.

신라를 세운 임금인 박혁거세(朴赫居世)도 사실은 '뜻으로 읽기'에 따라야 한다. ≪삼국사기≫에 보면,

"赫居世왕은 … 모두 우리나라 말이다. 혹 弗矩內왕이라 하는

데, 빛으로 세상을 다스린다는 말이다."

(赫居世王 … 蓋鄉言也 惑作 弗矩內王 言光明理世也)

라는 기록이 있는데, '赫居世'를 '弗矩內'로 읽었음을 알 수 있다.

(9) 赫居世와 弗矩內

	赫	居	世
뜻	밝		뉘
소리		거	
	弗	矩	內
뜻			
소리	불	거	내
	光明		(理)世

글쓴이의 성(姓)이 '연' 씨인 까닭에 예전에는 연개소문(淵蓋蘇文)[104]
과 어떤 관계에 있느냐는 질문을 가끔 받고는 했다[105]. 그러나 필자의

---

104) 연개소문(?-666) : 고구려 말기의 대막리지(大莫離支), 장군. 642년 당나라의 침
입에 대비하고자 북쪽 1,000리에 이르는 장성(長城)을 축조하였다. 같은 해, 자신
을 제거하려는 대신 등 180여 명을 죽이고, 영류왕을 죽인 후 보장왕을 세우고
스스로 대막리지가 되어 정권을 장악한다.
신라와의 화해를 권고하는 중국 당 나라 태종의 요구를 물리치는 등 강경책을 쓰
자 이에 화난 당 태종이 645년 17만의 대군을 이끌고 침입하였다. 그는 고구려
군을 지휘하여 적에게 큰 타격을 가하고 마침내 안시성(安市城)에서 60여 일간의
공방전을 벌인 끝에 당군을 격퇴하였다. 그 후에도 4차례나 당나라의 침입을 받
았으나 이를 모두 막아냈다.
105) 심지어 '연산군'(燕山君)과 친척 관계가 아니냐고 묻는 사람까지 있었다. 연산군은

성은 '延'이고 연개소문의 성은 '淵'이니 전혀 관계 없다고 하겠다. 게다가 연개소문의 '淵'은 소리로 읽지 말고 뜻으로 읽어야 한다.

≪삼국사기≫를 비롯하여 중국의 모든 역사책에는 연개소문 대신 '천개소문'(泉蓋蘇文)으로 나온다106). 중국 당 나라의 첫 황제의 이름이 '이연'(李淵)이었기에 이를 피하여 다른 글자를 쓴 것이다107). 만약 '淵'이 소리로 읽혔다면, [연]으로 발음되는 다른 글자를 가져다 썼어야 했을 것이다. 그런데 '泉'자를 썼다는 것은 '淵'이나 '泉'을 소리로 읽지 말고 뜻으로 읽어야 한다는 사실을 보여 준다. '淵'(연못 연)과 '泉'(샘 천)의 뜻이 같기 때문이다.

또한 ≪일본서기≫에 나오는 연개소문의 다른 한자 표기 '伊梨柯須彌'를 보면, '淵, 泉'이 그 당시에 '伊梨'(이리)와 비슷하게 발음되었음을 알 수 있으며, 이는 지명 표기의 '於乙'[얼]과도 일치하고 있다108).

조선 시대 왕이니 당연히 '이'(李) 씨이지 않은가.

106) 개소문은 개금(蓋金)이라고도 한다. 성은 泉 씨인데 스스로 말하기를 물속에서 태어났다고 한다(蓋蘇文 或云 蓋金 姓泉氏 自云生水中).

107) 이를 피휘(避諱)라고 한다. 즉, 피휘란 임금이나 부모, 조상의 이름과 같은 글자를 피하거나 고쳐 쓰는 일을 말한다. 피휘는 여러 가지 방법으로 행해졌다. 피해야 할 글자가 나오면, 비슷한 음을 가진 다른 글자로 대체하거나, 공백으로 남겨 놓거나 '某'(모)자를 써넣기도 했으며, 피해야 할 글자의 마지막 한 획을 쓰지 않거나, 다른 글자로 고쳐 읽기도 했다.
우리나라에서 피휘는 특히 조선 시대에 오면 엄격히 시행되었는데, 조선 시대의 임금들은 되도록 일상생활에서 잘 사용되지 않는 한자로 이름을 지어서 백성들의 불편을 덜어주려고 했다고 한다.

108) 泉井군은 於乙買라고도 하였다(泉井郡 一云 於乙買).

(10) 淵蓋蘇文과 泉蓋蘇文

	淵, 泉		蓋	蘇	文
뜻	얼				
소리			개	소	문
	伊	梨	柯	須	彌
소리	이	리	가	수	미

　한편 ≪삼국사기≫에도 박혁거세가 하늘에서 내려왔다는 전설이 있는 곳인 '나정'(蘿井)이 '나을'(奈乙)109)로도 나타나고 있는데, 여기서도 '乙'은 물[井]과 관련이 있어 관심을 끈다110). 뜻으로 읽기가 완성된 것은 신라 시대의 향찰 표기라고 할 수 있다. 이에 대해서는 다음에 다시 살펴보기로 한다.

---

109) 지증왕은 시조가 내려와 태어난 곳인 나을(奈乙)에 신궁을 세워 그를 제향하였다 (智證王 於始祖誕降之地 奈乙 創立神宮 以享之)
110) 용이 알영정(閼英井)에 나타나 … 여자아이를 낳았다. … 우물의 이름을 따서 그의 이름을 지었다(龍見於閼英井 … 生女兒 … 以井名名之).

이두 표기

　지금까지 우리는 《삼국사기》 지리지에 나오는 땅이름 자료를 중심으로 해서 삼국 시대의 언어를 살펴보았는데, 그 자료들은 주로 어휘가 중심이 되었다. 이번에는 삼국 시대에 사용되던 문장에 대해 살펴보기로 하자.

　다음은 신라 땅이었던 지역에서 발견된 비석에 쓰여 있는 글 일부이다. 여기에 쓰인 문장들은 얼핏 보기에는 보통의 한문처럼 보이지만, 이를 자세히 살펴보면 한문 문장 구조와는 다르다는 것을 알 수 있다.

　　"今自三年以後 忠道執持 過失无誓"

　　(지금부터 3년 이후에 충도를 집지하고 과실이 없기를 맹세한다)

　이 문장의 배열은 다음과 같이 우리말의 어순에 정확하게 일치한다.

　(1)　今　自　三年　以後　忠道　執持　過失　无　誓
　　　（금　자　삼년　이후　충도　집지　과실　무　서）

　　지금부터 3년 이후에 충도를 집지하고 과실이 없기를 맹세한다

그러나 정상적인 한문이었다면 아래와 같이 한자의 순서가 바뀌어야 한다.

(2) 今自三年以後 忠道執持 過失无誓

自今三年以後 執持忠道 誓无過失

이처럼 한문의 어순을 무시하고 우리말 어순에 따라 한자를 재배열한 것은 당시 사람들이 한문의 문장 구조와 우리말의 문장 구조에 차이가 있었음을 인식하고 있었으며, 또한 한자를 빌어 우리말 문장을 표기하기 위한 노력을 보여 주는 예이다111).

이렇게 한자를 사용하여 우리말 문장을 표기하려는 노력은 이두(吏讀)112)를 낳는다. 이두는 한자를 이용하여 우리말을 표현하는 방법으로서, 고립어의 성격을 가지고 있는 한문을 이용하여 교착어인 우리말을 표현하기 위한 것이다. 다음 이두를 보자.

"經 成內 法者 楮根中 香水 散尒 生張令內彌"

(경 만드는 법은 저근에 향수 뿌리어 생장시키는 것이며)113)

이 문장에서 한자의 배열이 우리말의 문장 구조를 그대로 따르고 있

---

111) 여기에 인용된 글은 ≪임신서기석≫(壬申誓記石)(552년 또는 612년)의 일부이다. 북한에서는 ≪임신 맹서돌≫이라고 한다.
112) '讀'은 일반적으로 '독서'(讀書)에서와 같이 '독'으로 읽지만 '구두점(句讀點), 이두(吏讀)' 등에서는 '두'로 읽는다.
113) 이 자료는 1979년 발견된 ≪신라 화엄경 사경 조성기≫(⟨新羅華嚴經寫經造成記⟩)(755년)의 일부이다.

으며, 또한 內, 者, 中, 厼, 彌 등의 한자를 이용해서 우리말의 조사와 어미를 표현하고 있다.

(3) 經 成 內　法者 楮根中 香水 散 厼 生張令　內 彌
　　경 만드는　법은 저근에 향수 뿌리어 생장시키는 것이며

따라서 이두는 다음과 같은 특징을 갖는다.

① 한자의 배열이 우리말 문장 구조를 따른다.
② 우리말의 조사와 어미가 한자로 표기되어 있다.

이두는 삼국 시대는 물론, 고려, 조선을 거쳐 한글이 창제된 이후에도 19세기 말까지 계속 사용된다. '이'(吏)라는 한자가 보여 주듯이 이두는 주로 관공서에서 행정 실무를 보던 하급 관리인 서리(胥吏)들 사이에 오고 가는 문서에 많이 사용되어, 관청 문서에 깊은 뿌리를 박고 있었기 때문으로 보인다. 그리하여 현재 남아 있는 대부분의 이두 자료는 주로 조선 시대의 것이다. 조선 시대의 이두의 예를 들어보자114).

(4) 凡　子孫亦 祖父母　父母矣　教令乙　違犯　　不從爲旀
　　무릇 자손이 조부모　부모의　교령을　어기고 불복하며
　　(凡 子孫 違犯 祖父母父母教令)

---

114) 여기에 인용된 글은 ≪대명률직해≫(大明律直解)(1395년)의 일부이다.

(5) 奉養   有闕[115] 爲在乙良   杖一百   爲乎事

봉양에 유궐   하거들랑 장일백   할   일[116].

(奉養 有缺者 杖一百)

이러한 우리말 표기 빙법인 이두는 설총[117]이 지은 것이라고 알려져
왔다. 이 사실은 ≪제왕운기≫[118], ≪대명률직해≫[119] 등의 책에 실린
기록에 의한 것이다.

---

115) 여기서 '闕'은 '잘못하다, 모자라다'라는 의미이다.
116) 이해를 돕기 위해, '我待春'(나는 봄을 기다린다)라는 한문을 이두로 표현해 보면
    다음과 같다.
    한문 원문 : 我待春
    초기 이두 : 我春待
    후기 이두 : 我隱 春乙 待爲置
117) 설총(薛聰) : 7세기 말 신라 경덕왕 때의 학자로서, 신라 십현(十賢)의 한 사람. 원
    효대사의 아들. 〈화왕계〉(花王戒)를 지어 신문왕(神文王)을 충고한 일화가 있다.
    ≪삼국유사≫에는 "원효 역시 방언으로 당시 사람은 모두 우리나라 말로 시단(始
    旦)이라고 칭했다(元曉亦是方言也 當時人皆以鄉言 稱之 始旦也)"라는 기록이 있는
    데, '시단'(始旦)은 원단(元旦)의 의미를 가진 고유어 '설'로 읽어야 할 것이다. 따
    라서 설총의 '설' 역시 고유어를 한자로 적은 것이다.
118) ≪제왕운기≫(帝王韻紀) : 고려 말 1237년 유학자 이
    승휴(李承休)가 지은 장편 서사시. 단군에서 시작되는
    한국 역사를 중국 역사와 비교하면서 칠언오시(七言
    五詩)로 읊었다. 이 책은 고려 중기 이규보(李奎報)의
    〈동명왕편〉(東明王篇)과 함께 우리 문학사에서 장편
    역사시의 시대를 열었을 뿐만 아니라, 그 이전까지
    소외됐던 발해를 우리 역사에 포함시켰다는 점에서
    역사학사적인 의미도 큰 작품으로 평가된다.

119) ≪대명률직해≫(大明律直解) : 1395년 조선 태조 때 중국 명(明) 나라의 형법전인
    대명률(大明律)을 이두로 직해하여 출판한 법전. 우리나라의 실정에 맞지 않거나
    보충해야 할 부분 등을 수정, 보완한 책이다. 대한제국 말까지 한국 형법의 근간
    이 되었다.

"큰선비 성공이 이서(吏書)를 만들어서 세속 말과 우리 언어
로 학업과 사무를 통하게 하였다."

(弘儒薛公 製吏書 俗言鄕語 通科隸).

"우리나라 삼한 때에 설총이 지은 방언문자를 이도(吏道)라고
한다."

(本朝 三韓時 薛聰所製 方言文字 謂之吏道).

이러한 기록에 대해서, 설총 이전에도 이두로 기록된 자료가 나타나
고 있으므로, 설총은 이두를 만든 것이 아니라 집대성한 사람으로 보아
야 한다는 주장도 있다. 표기법이란 것이 어느 한 시기, 어떤 한 개인에
의해 만들어질 수는 없으므로, 이두는 한자를 오래 사용하는 동안 자연
스럽게 점차 발생하고 발전했다고 보아야 한다는 것이다.

그러나 최근에는 위 기록들에 나오는 이두를 구결의 의미로 이해하거
나 또는 이두, 구결, 향찰을 포함하는 넓은 의미의 이두로 사용된 것으
로 보아 설총이 한자를 빌어 우리말을 적는 방법을 창시한 것으로 보아
야 한다는 의견도 개진된 바 있다[120]. ≪삼국사기≫에도,

"(설총은) 방언으로서 구경을 읽어 후생을 가르쳤다."

(以方言讀九經 訓導後生).

라는 기록이 있는데, 경전을 읽을 때에 이두로 읽는 것이 아니라 구결

---

120) ≪새국어생활≫ 2001년 가을호 참고. 특집의 주제가 '설총 선생과 국어'이다.

을 달아 읽는 것으로 알려져 있기 때문에(다음에 소개할 '구결' 참고),
여기에서 '방언'을 구결이나 구결을 포함하는 넓은 의미의 이두로 보면
그 참뜻을 이해할 수 있다는 것이다.

구결 표기

앞에서 보았듯이, 이두는 한문의 원문을 우리말의 어순에 맞게 재배열하여, 우리말의 조사, 어미에 해당하는 한자를 덧붙인 것이다. 그러나 이러한 일은 무척 손이 많이 가는 작업이다. 우리나라에서 만들어진 글은 이두에 의해 적을 수 있었겠지만, 수많은 중국 서적들을 쉽게 읽기 위해서는 또 다른 방법이 고안되어야 했다.

먼저 다음 문장들을 비교해 보자. 한문의 원문 옆 한문을 끊어 읽는 부분에 다음과 같이, 우리말의 조사나 어미 등 문법 관계를 나타내는 요소를 첨가함으로써, 한문의 의미를 더 잘 이해할 수 있게 되고, 또한 다른 사람에게도 한문의 내용을 더 쉽게 이해시킬 수 있게 된다.

(1) 兎死狗烹121)

兎死하면 狗烹한다.

兎가 死하면 狗를 烹한다.

---

121) 토사구팽(兎死狗烹) : 중국 초나라의 항우(項羽)를 무찌르고 천하를 통일한 유방(劉邦)의 한나라에 가장 공로가 많은 한신(韓信)은 처음에 공로를 인정받아 초나라 왕의 자리에 임명되었다. 그런데, 한신의 힘을 두렵게 느낀 유방은 음모를 꾸미며 결국 한신을 처형하게 된다. 이때 한신은 자신의 심정을 이렇게 말하면서 죽어간다. "교활한 토끼가 죽으니 좋은 개는 삶겨지고, 높이 날던 새가 사라지니 좋은 활도 저장되고, 적국이 깨어지니 지략 있는 신하도 죽는구나!"

'하면, 한다, 가, 를'과 같은 요소는, 한문을 잘 아는 사람이라면 이것이 있거나 없거나 마찬가지이겠지만, 한문에 익숙하지 않은 사람에게는 이 같은 첨가 요소가 한문 원전 이해의 첫걸음이었다. 이처럼 한문의 뜻을 좀 더 쉽게 이해하기 위해 덧붙이는 요소를 구결122)이라고 한다.

조선 초기, 한문을 한글로 풀어서 펴낸 책에는 대부분 다음과 같이 한글로 된 구결이 붙어 있다.

　　(2) 國之語音이 異乎中國ᄒᆞ야 與文字로 不相流通ᄒᆞᆯᄊᆡ

　　　　(나랏말ᄊᆞ미 中國에 달아 文字와로 서르 ᄉᆞ뭇디 아니ᄒᆞᆯᄊᆡ)

우리말의 조사와 어미를 표현하기 위해, 한자로 된 구결을 이용하기도 하였다.

　　(3) 天地之間萬物之中厓　唯人伊　最貴爲尼

　　　　천지지간만물지중애 유인이 최귀하니

　　(4) 所貴乎人者隱　以其有五倫也羅

　　　　소귀호인자는 이이유오륜야라

---

122) 구결(口訣)이라는 용어는 '입겿, 입곁'의 한자 차용 표기이다. 흔히 '토'(吐)라고 하기도 한다. 1461년 간행된 ≪능엄경언해≫(楞嚴經諺解)에 "(세조 임금이) 친히 구결을 더하시고 구두(句讀)를 바로 잡으셨다(親加口訣 正其句讀)"라는 기록이 나온다. ≪천자문≫의 마지막 네 글자를 전통적으로 '焉(이끼 언) 哉(이끼 재) 乎(온호) 也(이끼 야)'라 불러 왔는데, 여기에서 '이끼'는 '입곁'이 변한 말이다.

그러므로, 한문 원문 옆에 쓰인 '厓, 伊, 尼, 隱, 羅' 등은 그 뜻인 '언덕, 저, 중, 숨기다, 벌리다' 등과는 아무 관계 없이 단지 그 소리인 '애, 이, 니, 은(는), 라'만 이용된 것이다. 다만, '爲'(할 위)는 '하(다)'라는 뜻이 이용되고 있는데, 이는 이두에서도 마찬가지이다.

　이러한 방식은 얼핏 보면 문법 관계를 표시하는 말만 덧붙인 것이라는 점에서는 이두와 비슷해 보이기도 한다. 그러나, 이두는 한문의 원문을 재배열하여 우리말 어순에 맞도록 바꾼 것임에 비해, 구결은 한문의 원문은 그대로 두고 있다는 점에서 큰 차이가 난다. 즉, 구결은 한문의 원전이 주어진 때에만 다는 것이 원칙이었다. 한문 원문을 정확하게 번역하고 이해하기 위한 수단으로 구결이 사용된 것이다. 구결의 특징은 다음과 같이 요약할 수 있다.

　① 한문 원문이 그대로 사용된다.
　② 우리말의 조사와 어미가 부가적으로 표기되어 있다.

　그러므로, 구결에서 문법 관계를 나타내는 말을 모두 빼내면 다음과 같이 곧바로 한문이 되어 중국 사람들도 이해할 수 있는 말이 되는 반면에, 이두에서는 중국 사람은 이해할 수 없는 한국식 문장이 된다는 차이가 있는 것이다.

　"天地之間萬物之中 唯人 最貴 所貴乎人者 以其有五倫也"
　(하늘과 땅 사이의 만물 가운데 오직 사람이 가장 귀하니 사

다음에는 '약체구결'에 대해 살펴보자. 교착어인 우리말은 조사와 어미가 중요하게 사용되고 있다. 그러므로 구결 문장에서 우리말의 조사와 어미에 해당하는 글자인 '厓, 伊, 爲尼, 隱, 羅' 등은 여러 번 반복하여 나오게 된다. 따라서 한문의 원문에 빨리 써넣기 위해 이 글자들은 점점 그 모양이 간단하게 변한다.

    (5) 天地之間萬物之中厓 唯人伊 最貴爲尼

        天地之間萬物之中厂 唯人亻 最貴ㆍㄴ

    (6) 所貴乎人者隱 以其有五倫也羅

        所貴乎人者亻 以其有五倫也ㅅ

즉, '厂, 亻, ㆍ, ㄴ, 阝, ㅅ' 등의 구결자들은 바로 '厓, 伊, 爲, 尼, 隱, 羅' 등을 간략하게 줄인 글자들이다124).

---

123) 이 예문은 ≪동몽선습≫의 첫 부분에서 딴 것이다. ≪동몽선습≫(童蒙先習)은 조선 시대에 서당에서 ≪천자문≫을 끝낸 아동들이 배우던 교과서로서, 조선 중종 때 박세무(朴世茂)가 지었다. 주로 오륜(五倫)에 대한 것과 우리나라와 중국의 역대 임금의 가계 등이 수록되어 있다.
124) 한자의 약자로 된 구결을 약체구결(略體口訣)이라고 한다.

(7) 구결자

𠂆 : 厓 바깥쪽	亻 : 伊 왼쪽
ソ : 爲 위쪽(爲 → 为 → ソ)	匕 : 尼 아래쪽
亽 : 羅 아래쪽(羅 → 罖 → 亽)	阝 : 隱 왼쪽

구결자 역시 소리로 읽기와 뜻으로 읽기로 나눌 수 있다. 예를 들어 다음 (8)의 구결자들은 소리로 읽기에 의해 만들어진 글자들이고, (9)의 구결자들은 뜻으로 읽기에 의해 만들어진 글자들이다.

(8) 소리로 읽기 구결자

厺 : 거 ← 去	㇕ : 은 ← 隱
亍 : 시 ← 示	斗 : 두 ← 斗

(9) 뜻으로 읽기 구결자

の : ᄃᆞ ← 入(들 입)	ナ : 겨 ← 在(겨실 재)
ㅌ : ᄂᆞᆯ ← 飛(날 비)	

구결의 약자 중에는 일본 문자인 가타가나와 닮은 것들이 있어 그동안 큰 주목을 받아왔다. ハ, カ, ナ, ロ, イ, ヒ 등등. 그러나 이 구결 약자가 언제 처음 만들어졌는지 밝힐 수가 없어 구결과 일본 문자의 역사적 관계를 증명하기가 쉽지는 않다[125].

125) 한자를 근간으로 하여 만들어진 문자는 아시아의 여러 나라에서 발견된다. 우리

1975년 ≪구역인왕경≫(舊譯仁王經)이 일반에게 공개되었는데, 여기에 쓰인 구결은 지금까지 연구된 구결과는 많이 달랐기 때문에 많은 이들의 관심을 받았다. 지금까지는 일반적으로 한문 원문의 오른쪽에 구결이 달린 평면적인 모습을 하고 있었다면, 이 책에 실린 구결은 한문 원문의 오른쪽과 왼쪽에 모두 기재되어 있어 주목을 끈 것이다.126) 이 구결들은 오른쪽에 달린 구결을 먼저 읽고, 오른쪽 구결 중에 '·'127)이 나오면 거슬러 올라가서 가장 가까운 왼쪽 구결을 읽는 방식으로 되어 있다. 이와 같은 방식으로 다음 구결을 읽어 보도록 하자.

(10) 汝ㄱ 今ᆞᆞ 無ㅌ夕 聽ㄲᄼ 我ㄱ 今ᆞᆞ 無ㅌ白夕ㅣ 說ㄲᄼ

이 구결은 다음과 같이 나누어 볼 수 있다.

(11) 오른쪽 구결이 달린 부분 : 汝ㄱ, 今ᆞᆞ, 聽ㄲᄼ, 我ㄱ, 今

나라에서 사용한 구결이나, 일본의 가나 문자를 비롯하여 거란, 서하, 여진, 베트남 등에서 한자를 고쳐서 문자를 만들었다.

▲ 거란 문자　　　▲ 여진 문자　　　▲ 서하 문자

126) 여기서는 편의상 오른쪽에 기재된 구결을 아래 첨자로, 왼쪽에 기재된 구결을 위 첨자로 나타낸다.
127) 이 점을 거꾸로 읽는 점, 즉 역독점(逆讀點)이라고 한다.

ᅟᅵ, 說ノア.

왼쪽 구결이 달린 부분 : 無ㄷ5, 無ㄷ白5ㅣ

거꾸로 읽는 점이 찍혀 있는 부분 : 聽ノア, 說ノア.

그러므로 '汝ㅣ, 今ᄼᅵ, 聽ノア.'을 차례로 읽어 내려가다가, '聽ノ
ア.'의 끝에 점이 있으므로 이를 읽고 바로 위로 올라가 왼쪽에 구결이
붙은 '無ㄷ5'을 읽는다. 여기에는 점이 없으므로 아래로 내려와 '我ㅣ,
今ᄼᅵ, 說ノア.'을 읽는다. '說ノア.'에 점이 있으므로 다시 위로 올라
가 왼쪽에 토가 붙은 '無ㄷ白5ㅣ'를 읽게 된다. 따라서 이 글을 읽는
순서는 다음 (12)와 같이 된다.

(12) 汝ㅣ 今ᄼᅵ 無ㄷ5 聽ノア 我ㅣ 今ᄼᅵ 無ㄷ白5ㅣ 說ノア.
　　① 　② 　④ 　　③ 　⑤ 　⑥ 　⑧ 　　　⑦

→ 汝ㅣ 今ᄼᅵ 聽ノア 無ㄷ5 我ㅣ 今ᄼᅵ 說ノア 無ㄷ白5ㅣ

이와 같이 점이 있어서 위로 올라가 읽을 때는 행의 왼쪽에 구결이
붙은 한자를 읽고 점이 없어서 내려와 읽을 때는 행의 오른쪽에 구결이
붙은 한자를 읽는 것이 이 구결을 읽는 원리이다. 이제 한자에 붙은 구
결자가 나타내는 소리를 한글로 옮기고[128], 원문의 소리로 읽는 글자와
뜻으로 읽는 글자를 구별하여 우리말로 새겨 읽으면 각각 다음 (13)과
같이 된다.

---

128) 그동안 밝혀진 모든 구결자를 여기에 모아 본다.

(13) 汝ㄱ 今ㆍㅣ 聽ㆍ냐. 無ㄴㅎㄱ 我ㄱ 今ㆍㅣ 說ㆍ냐. 無ㄴ白ㅎㄹㅣ

汝는 옅[129)]흔 聽홀 업스며 我는 옅흔 說홀 업스ᇑ

너는 지금은 들을(것) 없으며 나는 지금은 말할(것) 없습니다.

이처럼, 한자를 그 음으로 읽는 것이 아니라, 문장 안에서의 뜻으로 새겨 우리말 단어로 읽었으며, 그 읽는 순서도 우리말 어순에 따라 재배열하여 읽는 방법이 있었음을 알 수 있는데, 이를 가리켜 석독구결(釋讀口訣)이라고 한다. 현전 자료상으로 볼 때 석독구결은 12세기까지 이어진다.

이러한 석독구결에 대비되는 의미로, 한문의 원문 부분은 그 음에 따라 읽고, 구결로 쓰여진 부분만 우리말의 조사, 어미에 맞게 읽는 방법을 음독구결(音讀口訣)이라고 한다. 다음과 같이 비교해 볼 수 있다.

	1	2	3	4	5	6	7	8	9	10	11	12	13	14	15	16	17	18
구결	ハ	ㅅ	ナ	ㅁ	ホ	ㅅ	ㄱ	乃	ㄨ	ㅏ	ㅌ	ㅣ	ㅕ	ㄱ	ㄲ	ㅛ	夫	ㅅ
표음	ㄱ/기	거	겨	고	곰	과	ㄴ/은/는	나	노/뉴/ㄴ	ㄴ	다	뎌	뎡/뎌	도	두	디	디	ㄷ
원자	只/其	去	在	古	弥	果	隱	乃	奴	臥	飛	如	彼	丁	刀	斗	知	入

19	20	21	22	23	24	25	26	27	28	29	30	31	32	33	34
ㅊ	ㅿ	乙	ㄹ	罒	一	ㅈ	ㅅ	ㆆ	ㅑ	ㅑ	火	ㄴ	ㅅ	白	ㄱ
돌	딘	리/을/를	ㄹㄹ/읆	라	로	리	리	ㅁ/음	마	며	ㅂ/브	ㅅ	사	숧	아
冬	矣	乙		羅	以	利		音	ケ	彌	火	叱/時	沙	白	良

35	36	37	38	39	40	41	42	43	44	45	46	47	
ㄹ	ㅎ	ㅣ	ㅕ	下	ノ	ㅣ	十	ㅗ	ㅅ	ㄷ	여		오
예	의	이	뎌	하	호	히	ㅎ	힁/긔	히	시	여		오
之	衣	是	齊	下	乎	屎/分	爲	中	合	示	亦		乎

129) 여기서 나타나는 '옅'은 '여태까지'에 보인다.

(14) 唯　　人，　　　最　　　貴.,

　　　유　　인이　　　최　　　귀하니　　(음독구결의 읽는 방식)

　　　오직 사람이　가장　귀하니　　(석독구결의 읽는 방식)

　　음독구결과 마찬가지로 석독구결 역시 구결을 빼면 한문 원문이 된다. 다만, 음독구결이 우리말 조사와 어미에 해당하는 것만 구결을 달았다면, 석독구결은 원문의 오른쪽과 왼쪽을 모두 이용하고, 거꾸로 읽는 점 등을 이용해서 우리말의 어순까지도 표현해 낸 것이다. 석독구결의 특징을 다음과 같이 정리할 수 있다.

　　① 한자를 우리말에 맞추어 뜻으로 읽는다.
　　② 한문 원문을 우리말 문장에 맞게 어순을 바꾸어 읽는다.

　　2000년 7월에 지금까지와는 전혀 다른 구결이 발견되었다. 이른바 각필130)로 기록된 '부호구결'이 그것이다131). 부호구결은 점과 선으로 이루어져 있는데, 이러한 점과 선은 기존의 문자로 바꿀 수가 있다. 예를 들어 한자의 가운데에 있는 점, 즉 '□'은 구결자 'ㅣ'으로, 한자의 왼쪽 바깥에 온 점 즉 '·□'은 구결자 'ㄷ'로 바꾸는 등, 모두 자신만의 소릿값을 갖는다.

　　이 부호구결은 다른 구결보다 앞서는 것으로 생각된다. 즉, 고려 초

---

130) 각필(角筆) : 대나무, 사슴뿔, 상아 등을 뾰족하게 깎아 만든 필기도구. 이를 이용하여 종이를 눌러 움푹 들어가게 함으로써 문자를 기록한다.
131) 부호구결의 발견은 일본 학자에 의해 먼저 시도되었다.

기 10-11세기에는 하나의 체계적인 문자 형태로 부호구결이, 중기 12-13세기에는 석독구결이 있었으며, 고려 말 조선 초인 14-15세기에는 순독구결이 있었고 15세기에 가서야 한글 구결이 나온다[132].

이제 이러한 구결의 문자학적인 가치에 대해 생각해 보고자 한다. 훈민정음 이전 시기의 한국어에 대한 연구는 그동안 자료의 빈약성으로 말미암아 대부분의 연구는 어휘 연구에 집중되었다. 우리에게 남아 있는 자료 대부분은 사람이름, 땅이름 등의 고유명사 표기인데, 이와 같은 어휘 자료만으로는 우리말의 참모습을 드러내기에 역부족이었다. 한국어는 교착어인 까닭에 조사나 어미와 같은 문법형태들이 매우 긴요한 기능을 수행한다. 그러나, 고유명사 표기 자료들은 이들을 밝혀내는 데 그다지 도움을 주지 못한다.

그러나 석독구결의 발견은 지금까지 15세기에 한정 지었던 한국어 문법의 연구를 12세기까지 끌어올리는데 결정적인 역할을 하였다. 그러므로 구결은 우리말 역사 연구에 없어서는 안 될 중요한 보고이다.

---

132) 이해를 돕기 위해, '我待春'(나는 봄을 기다린다)라는 한문을 이두와 구결로 표현해 보면 다음과 같다.

한문 원문 : 我待春
초기 이두 : 我春待
후기 이두 : 我隱 春乙 待爲置
부호 구결 : 我待春(⊡   ·□)
석독 구결 : 我ᄀ待ᄏᄐ春乙(我春待ᄏᄐ乙로 읽는다)
정체 구결 : 我隱待爲應多春乙
약체 구결 : 我ᄀ待ᄏᄐ春乙
한글 구결 : 我는待ᄒ누다春을

특히, 고려 시대 구결 자료들은 한국어 역사 연구에 절대 불가결한 존재이다.

고려 시대 구결 자료들은 비교적 그 양이 많을 뿐만 아니라, 문법 형태들이 잘 나타나 있다. 그중에는 15세기 한국어의 문법으로 설명되지 않는 형태들이 적잖다. 따라서 고려 시대 구결 자료들은 고려 시대의 문법을 재구하는 데 있어 매우 귀중한 것이다.

일본에서는 한자를 훈독할 뿐 아니라, 한문 원문에 훈점[133]을 표시하여 한문을 일본어의 어순대로 읽고 있었다. 일본의 이 한문 훈독법이 어디에서 비롯되었는지 그동안 미심쩍었는데, 석독구결과 부호구결 자료가 발견됨으로써 그 전파 과정을 짐작해 볼 수 있게 되었다.

한문은 역사적으로 한일간의 공통 언어, 공통 문자 구실을 해 왔다. 석독구결과 부호구결의 발견을 통해서, 한국의 약체구결이 일본의 가타가나의 자형과 비슷한 것 외에도, 표기하는 방법과 읽는 방법에도 공통점이 있다는 사실을 확인하게 된 것이다. 즉, 석독구결과 부호구결의 발견은 한일간의 문자사 연구에 새로운 지평을 열게 되었다고 말할 수 있다.

---

133) 훈점(訓點) : 한문을 일본어 어법에 맞추기 위해, 읽어 가는 순서를 나타내는 부호나 일본어 어미나 조사 등을 점을 찍어 나타내는 방법. 한자의 좌우나 글자와 글자 사이 등에 적게 된다.

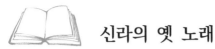 # 신라의 옛 노래

신라는 삼국을 통일한다. 이 당시의 언어를 알아볼 수 있는 자료는 ≪삼국유사≫134)와 ≪균여전≫135)에 실려 있는 향가(鄕歌)이다. ≪삼국유사≫에는 모두 14수의 향가와 ≪균여전≫에는 모두 11수의 향가가 실려 있어 그 당시의 언어가 어떠하였는지를 보여 주고 있다136). 여기서는 그중 한 편을 살펴보도록 하자.

(1) 東京明期月良/ 夜入伊遊行如可/

入良沙寢矣見昆/ 脚烏伊四是良羅/

二隱吾下於叱古/ 二隱誰支下焉古/

本矣吾下是如馬於隱/ 奪叱乙何如爲理古/

---

134) ≪삼국유사≫(三國遺事) : 1281년경 고려 충렬왕 때 보각국사(普覺國師) 일연(一然)이 3국의 여러 가지 옛 사건, 이야기 등을 모아서 지은 역사서. 김부식의 ≪삼국사기≫가 정사(正史)를 다루고 있는 데에 비해, 이 책은 이른바 야사(野史)를 다루고 있지만, ≪삼국사기≫에서 볼 수 없는 많은 고대 사료(史料)들을 수록하고 있어 소중한 가치를 지니고 있는 문헌이다. 특히 단군에 관한 서술은 현존하는 우리나라 역사책 중 가장 오래되었다.
135) ≪균여전≫(均如傳) : 1075년 고려 문종 때 만들어진 균여 대사의 전기.
136) 여기에 〈도이장가〉(悼二將歌)를 더해 26수로 보기도 한다. 여기서 '이장'(二將)이란, 고려 태조 왕건이 견훤과 싸울 때에 왕건을 대신해서 죽은 공신인 신숭겸과 김락을 가리키는 말이다. 두 사람의 공을 높이고자 태조 때부터 팔관회에서 추모하는 행사를 벌였는데, 이에 1120년 고려 예종이 감격해서 이 작품을 지었다고 한다. 신숭겸의 행적을 기록한 문헌 ≪평산신씨 장절공유사≫(平山申氏 壯節公遺事)에 전한다.

이 노래는 〈처용가〉라고 한다137). 그런데 이 노래를 어떻게 읽어야 할까? 만약 이를 한자음으로만 읽는다면 다음과 같이 되어 전혀 무슨 뜻인지 알아들을 수 없는 이상한 말이 될 것이다.

(2) 동경명기월량/ 야입이유행여가/
입량사침의견곤/ 각오이사시랑라/
이은오하어질고/ 이은수지하언고/
본의오하시여마어은/ 탈질을하여위리고/

우리는 앞서 옛 선조들이 한자를 읽을 때에 '소리로 읽기'와 '뜻으로 읽기'의 두 가지 방법을 고안해 낸 것에 대해 살펴본 바 있다. 따라서 이 노래는 이 두 가지 방법을 다 사용해서 읽어야 그 뜻에 접근할 수 있다. 편의상 두 구만 살펴보자.

---

137) 처용의 아내를 흠모하던 역신(疫神)이 밤에 그 집에 몰래 들어갔는데, 처용이 밖에서 놀다가 집에 돌아와 잠자리를 보니 두 사람이 누워 있었다. 처용은 이것을 보고 노래를 부르고 춤을 추며 물러 나갔다. 처용가(處容歌)를 들은 역신은 처용 앞에 꿇어앉아, "내가 당신의 아내를 흠모하여 지금 잘못을 범하였는데, 노하지 않으시니 감격하여 아름답게 여기는 바입니다. 이후로는 맹세코 당신의 모습을 그린 그림만 보아도 그 집에는 들어가지 않겠습니다."라고 말하였다. 이때부터 나라 사람들은 처용의 형상을 문에 붙여서 귀신을 물리쳤다고 한다.

(3) 〈처용가〉 읽기

	東	京	明	期	月	良	夜	入	伊	遊	行	如	可
뜻			붉		다ㄹ		밤	들		놀	니	다	
소리	東	京		기		라			이				가

이와 같이, 어떤 글자는 뜻으로 읽고, 어떤 글자는 소리로 읽게 되면, 모두 소리로 읽었을 때와는 달리 우리말로 뜻이 통하는 어떤 의미가 떠오르게 된다. 그러므로 처용가를 '동경명기월랑' 등과 같이 한자음으로 읽는 것보다는 '東京 볼기 다ㄹ라' 등과 같이 한자음과 한자의 의미를 함께 이용해 읽는 것이 나름대로 의의가 있다는 사실을 알 수 있다. 이와 같은 방법으로 처용가 전체를 읽으면 다음과 같다.

(4) 〈처용가〉 풀이[138]

　　東京 明期 月 良 / 夜 入伊 遊行如可 /
　　　東京 볼기 다ㄹ라 / 밤 드리 노니다가 /
　　入良沙 寢矣 見昆 / 脚烏伊 四是良羅 /
　　　드러ᅀᅡ 자릐 보곤 / 가로리 네히러라 /
　　二 隱 吾下於叱古 / 二 隱 誰支下焉古 /

---

138) 〈처용가〉에 쓰인 한자의 훈과 독은 다음과 같다.
　　明 : 밝을 명, 月 : 달 월, 入 : 들 입, 遊 : 놀 유,
　　行 : 다닐 행, 如 : 다 여, 寢 : 잠잘 침, 見 : 볼 견,
　　脚 : 다리 각, 四 : 넉 사, 二 : 두 이, 吾 : 나 오,
　　誰 : 누구 수, 奪 : 빼앗을 탈, 何 : 어찌 하, 爲 : 할 위

두브른 내해엇고 / 두브른 누기핸고 /
本矣 吾下是如馬於隱 / 奪叱乙 何如爲理古 /
본디 내해다마르는 / 아사눌 엇디후릿고

다행히 〈처용가〉의 경우, 한자로 기록된 향가 외에도 한글로 기록된 노래가 ≪악학궤범≫139)과 ≪시용향악보≫140)에 실려 있어 해독에 참고할 수 있었으며, 위와 같이 뜻과 소리를 이용한 향가 해독의 방법론을 세우는 데 도움이 되었다.

(5) 〈처용가〉 해독
東京 볼곤 드래 새도록 노니다가
드러 내 자리를 보니 가르리 네히로새라
아으 둘흔 내해어니와 둘흔 뉘해어니오

〈처용가〉를 현대 한국어로 옮기면 다음과 같다.

---

139) ≪악학궤범≫(樂學軌範) : 1493년 조선 성종 때 성현(成俔) 등이 지은 음악 이론 서. 이 책에는 〈동동〉(動動), 〈정읍사〉(井邑詞) 등의 가사가 한글로 실렸으며, 궁중 의식에서 연주하던 아악(雅樂), 당악(唐樂), 향악(鄕樂)에 관한 여러 사항을 그림으로 풀어 설명하고, 그 밖에도 악기, 의상, 무대장치 등의 제도, 무용의 방법, 음악 이론 등을 자세히 적고 있다.
140) ≪시용향악보≫(時用鄕樂譜) : 조선 명종 이전에 쓰인 것으로 추정되는 악보집. 〈사모곡〉(思母曲), 〈서경별곡〉(西京別曲), 〈정석가〉(鄭石歌), 〈청산별곡〉(靑山別曲), 〈귀호곡〉(歸乎曲, 가시리) 등 26편의 가사가 수록되어 있다.

(6) 〈처용가〉 현대 번역

서울 밝은 달밤에 / 밤 늦도록 노닐다가 /

들어와 자리를 보니 / 가랑이가 넷이어라 /

둘은 내 것이고 / 둘은 뉘 것인고 /

본디 내 것이다마는 / 앗아간 것을 어찌하리오 /

이처럼 한자의 뜻과 소리를 이용하여 우리말을 적은 향가의 표기법을 향찰(鄕札)이라고 한다. 향찰은 한자를 빌어 우리말을 표기했다는 점에서는 이두, 구결과 비슷하다. 그러나 이두, 구결이 한문 원문은 어떤 식으로든 그대로 살리고 우리말의 조사와 어미에 해당하는 부분만을 첨가하고 있는 데 비해서, 향찰은 비록 한자로 기록되어 있기는 하지만, 조사와 어미와 같은 문법적인 요소까지 표현함으로써 모든 문장을 온전하게 표기하고 있다는 데에 큰 차이가 있다.

그런데 향찰로 기록된 향가를 읽을 때에 어떤 글자를 뜻으로 읽고, 어떤 글자를 소리로 읽었는지, 또한 그 뜻과 소리를 어떻게 읽는지는 학자에 따라 의견이 달라진다. 여기에 향가 해독의 어려움이 있다[141]. 〈처용가〉의 경우 한글로 기록된 비슷한 내용의 노래가 있어 대부분 해독이 일치하지만, 그렇지 않은 다른 향가들의 해독에는 학자들 간에 많은 차이를 낳는다. 향가 〈모죽지랑가〉[142]의 앞부분을 인용해 보자.

---

[141] 여기에서 해독은 김완진 교수의 《향가해독법연구》를 인용한 것이다. 향가 해독은 일본인 학자 오구라 신페이(小倉進平) 교수가 최초로 시도하였고, 양주동 교수가 그 뒤를 이었다.

[142] 〈모죽지랑가〉(慕竹旨郎歌) : 신라 효소왕 때 낭도인 득오(得烏)가 화랑 죽지(竹旨)

(7) 〈모죽지랑가〉 읽기

	去	隱	春	皆	理	米
뜻	가		봄	모도		
소리		ㄴ			리	매
뜻	가		봄			
소리		ㄴ		그	리	매
뜻	가		봄	다	다ᄉ리	
소리		눈				몌

이를 보면, 해독의 차이는 '皆'(다 개, 모두 개)와 '理'(다스릴 리)를 어떻게 읽느냐에 따라 달라진다. 이들을 뜻으로 읽기도 하고, 소리로 읽기도 했으며, 뜻으로 읽었다 하더라도 '皆'의 경우는 '모두(모도)'로 읽느냐, '다'로 읽느냐에 따라 그 의미가 달라지는 것이다. 이를 보면, 25수(또는 26수)의 짧은 노래를 가지고 한 시대의 언어를 연구한다는 것이 얼마나 어렵고 힘든 일인지 알 수 있다.

≪삼국사기≫에는 888년 신라 진성여왕의 명으로 각간(角干) 위홍(魏弘)과 대구화상(大矩和尙)이 ≪삼대목≫(三代目)이라는 향가집을 편찬했다는 기록이 있다. 그러나 불행히도 이 책은 오늘날 전하지 않아 그 내용을 알 길이 없다[143].

를 사모하여 지었다고 전해지는 향가.

143) 비슷한 시기에 일본에서는 ≪만엽집≫(萬葉集)이 나온다. 이 책은 일본에서 가장 오래된 노래집으로서 향가와 비슷한 방식으로 기록된 노래 4,536수가 실려 있어 그 시대 일본어를 연구하는 데 많은 도움을 주고 있다.

연규동 교수 논저 일람

[저서]

1998   ≪통일시대의 한글 맞춤법≫, 박이정.

        ≪한청문감 「한어·청어색인」≫, 연세대학교 국학연구원. [공저]

1999   ≪해외동포를 위한 한국어 교재 (하)≫, 한국방송통신대학교 출판부.

        ≪서울대인의 언어≫, 태학사.

2000   ≪정조대의 한글문헌≫, 태학사. [공저]

2003   ≪인문학을 위한 컴퓨터≫, 태학사. [공저]

2011   *A Description of Najkhin Nanai*, SNU press. [공저]

        ≪문자의 원리≫ (번역서), 연세대학교 대학출판문화원.

2014   ≪남과 북의 맞춤법≫, 커뮤니케이션북스. [공저]

        ≪동서양 문자의 성립과 규범화≫, 한국문화사.

2015   ≪문자의 발달≫, 커뮤니케이션북스. [공저]

2016   ≪10대에게 권하는 문자 이야기 : 문자는 세상과 나를 이해하는 열
        쇠이다≫, 글담출판. [공저]

        ≪세계인이 바라보는 한글≫, 한국문화사. [공저]

        ≪세계의 언어사전≫, 한국문화사. [공저]

        ≪문자와 권력 : 동서양 공동체의 문자정책과 젠더 정체성≫, 한국
        문화사. [공저]

        ≪말한다는 것 : 연규동 선생님의 언어와 소통 이야기≫, 너머학교.

        ≪문자의 언어학≫ (번역서), 연세대학교 대학출판문화원.

        ≪각필의 문화사 : 보이지 않는 문자를 읽다≫, 한국문화사. [공저]

[논문]

1987 〈방언집석〉의 우리말 풀이 연구, 서울대학교 언어학과 문학석사학위 논문.

1991 중세어 어미의 형태분석에 대하여, 《언어연구》 3 : 37-46, 서울대학교 언어학과 언어연구회.

1993 용비어천가의 한자어에 대하여, 《언어학》 15 : 241-251, 한국언어학회.

1994 만주어의 계량언어학적 연구 ―한청문감을 중심으로―, 《알타이학보》 4 : 67-96, 한국알타이학회.

1995 近代韓國語の漢語について, 동경외국어대학 연구생 논문.

동문유해와 몽어유해의 비교 ―표제어를 중심으로―, 《언어학》 17 : 183-202, 한국언어학회.

역어유해 현존본에 대한 일고찰, 《국어학》 26 : 293-316, 국어학회.

1996 근대국어 어휘집 연구 ―유해류 역학서를 중심으로―, 서울대학교 언어학과 문학박사학위 논문.

1997 한자 특수 자형 연구 ―유해류 역학서를 중심으로―, 《언어연구》 15·16 : 21-60, 서울대학교 언어학과 언어연구회.

한글 맞춤법을 다시 읽는다, 《언어학》 21 : 157-184, 한국언어학회.

1998 노걸대의 모음조화, 《한글》 242 : 31-46, 한글학회.

1999 동문유해와 방언유석 대역만주어의 비교 ―한어 표제어가 동일한

연규동 선생의 우리말 어휘 이야기

어휘를 중심으로—, ≪언어의 역사≫ : 381-423, 태학사.

몽어노걸대 간행 시기에 관한 몇 문제, ≪알타이학보≫ 9 : 135-146, 한국알타이학회.

2000 중앙아시아 한인들의 한국어 연구, ≪한글≫ 247 : 5-72, 한글학회. [공제]

2001 근대국어의 낱말밭 —유해류 역학서의 부류배열순서를 중심으로—, ≪언어학≫ 28 : 101-128, 한국언어학회.

2003 북한의 외래어 —〈조선말대사전〉을 중심으로—, ≪언어학≫ 37 : 169-195, 한국언어학회.

조음 위치에 따른 우리말 배열사전 편찬을 위한 기초적 연구 —의성의태어를 중심으로—, ≪언어연구≫ 23 : 1-30, 서울대학교 언어학과 언어연구회.

2005 '힐후다' 의미 연구, ≪한국어의미학≫ 18 : 49-71, 한국어의미학회.

'-힐후다' 계열 동사들의 의미에 대하여, ≪언어학≫ 43 : 165-187, 한국언어학회.

2006 '짜장면'을 위한 변명 —외래어 표기법을 다시 읽는다—, ≪한국어학≫ 30 : 181-205, 한국어학회.

만주어의 친족 명칭 연구, ≪알타이학보≫ 16 : 53-76, 한국알타이학회.

2011 만주어 색채 관련 부가어 연구, ≪언어학≫ 61 : 185-209, (사)한국언어학회.

2012 실학시대의 어휘 연구, ≪한국실학사상연구≫ 3(연세국학총서 61) :

485-545, 연세대학교 국학연구원.

만주어의 원망법, ≪언어학≫ 62 : 3-33, (사)한국언어학회.

'문자' 관련 어휘의 사전 기술, ≪한국사전학≫ 19 : 91-133, 한국사전학회. [공제]

조선왕조실록에 나타난 '文字'의 의미, ≪동방학지≫ 158 : 143-182, 연세대학교 국학연구원. [공제]

만주어의 색채어, ≪알타이학보≫ 22 : 63-92, 한국알타이학회.

조선왕조실록 국역본에 나타난 '文字'의 번역 문제, ≪인문과학≫ 96 : 45-65, 연세대학교 인문학연구원. [공제]

2013 〈대청전서〉 런던대 SOAS도서관 소장본에 보이는 붉은 색 가필의 가치, ≪민족문화연구≫ 58 : 507-551, 고려대학교 민족문화연구원.

런던에 있는 『大淸全書』의 이본들, ≪대동문화연구≫ 81 : 423-457, 성균관대학교 대동문화연구원.

만주어와 만주문자, ≪만주이야기≫ : 69-106, 동북아역사재단.

만주어 동사 mutembi에 대하여, *Current Trends in Altaic Linguistics* : 291-302, Altaic Society of Korea.

2014 A Translation of the Bible in Manchu ―With Focus on Christian Terms, ≪인문과학≫ 100 : 131-159, 연세대학교 인문학연구원.

Meanings of Writing, ≪언어학≫ 68 : 175-196, (사)한국언어학회.

표기 규범과 문자 ―한자어의 표기 원라―, ≪한글≫ 304 :

141-176, 한글학회.

문자의 종류와 개념에 대한 새로운 이해, ≪국어학≫ 72 : 155-181, 국어학회.

2015   문자의 발달 원리와 한자의 육서, ≪언어학≫ 71 : 161-184, (사)한국언어학회.

활자본 『화어유초』의 서지학적 연구, ≪국어사연구≫ 20 : 227-251, 국어사학회.

2016   세계에서의 훈민정음 연구 —21세기 초 연구를 중심으로—, ≪국어학≫ 77 : 377-399, 국어학회.

조선시대 유해류 역학서의 어휘 배열 순서 —친족 명칭 어휘를 중심으로, ≪국제고려학≫ 16-1 : 109-125, 국제고려학회.

유해류 역학서의 종합적 검토, ≪국어사연구≫ 22 : 7-45, 국어사학회.

문자 관련 어휘의 사전 기술(2), ≪한국사전학≫ 27 : 153-200, 한국사전학회. [공제]

2017   일반문자학에서 바라본 훈민정음, ≪동방학지≫ 181 : 223-257, 연세대학교 국학연구원.

조선왕조실록 여진 인명 표기의 교정, ≪언어학≫ 79 : 105-134, (사)한국언어학회. [공제]

2018   훈민정음 확장 가능성에 대한 일반문자학적 검토, ≪한국어학≫ 80 : 125-150, 한국어학회.

2019   문자의 도상성과 훈민정음, ≪한글≫ 80-1 : 37-67, 한글학회.

A Study on Socio-Graphological Functions of Chinese

Characters in South Korea, ≪인문과학≫ 115 : 37-66, 연세대학교 인문학연구원.

훈민정음 후음자 'ㅇ'의 기능과 파스파 문자, ≪국어학≫ 90 : 83-109, 국어학회. [공제]

훈민정음의 음절 이론과 파스파 문자, ≪국어국문학≫ 188 : 5-32, 국어국문학회.

2021 '다짐'의 의미 변화, ≪국어학≫ 97 : 31-57, 국어학회.

한국 한자어 '편지(片紙/便紙)'의 형성 과정, ≪국어국문학≫ 194 : 73-96, 국어국문학회.

한글 맞춤법의 잉여성과 간결성, ≪한글≫ 82-2 : 429-453, 한글학회.

'사탕'의 의미 분화와 한국 한자어 '설탕'의 형성, ≪국학연구≫ 46 : 455-486, 한국국학진흥원. [공제]

한일 한어 학습서에 나타난 친족 어휘 비교, ≪언어학≫ 91 : 87-112, (사)한국언어학회. [공제]

2022 조선시대 유해류 역학서의 질병 관련 어휘 연구, ≪코기토≫ 96 : 63-109, 부산대학교 인문학연구소